Management-Buy-Out Gestaltungen beim Konzern-Spin-Off

Schriftenreihe zum Gesellschafts- und Kapitalmarktrecht

Herausgegeben von Lutz Michalski,
Axel Jäger und Klaus-Rudolf Wagner

Band 3

PETER LANG
Frankfurt am Main · Berlin · Bern · Bruxelles · New York · Oxford · Wien

Christian A. Eichner

Management-Buy-Out-Gestaltungen beim Konzern-Spin-Off

Unter besonderer Berücksichtigung der Unternehmenssteuerreform 2001

PETER LANG
Europäischer Verlag der Wissenschaften

Die Deutsche Bibliothek - CIP-Einheitsaufnahme

Eichner, Christian A.:

Management-buy-out-Gestaltungen beim Konzern-spin-off : unter besonderer Berücksichtigung der Unternehmenssteuerreform 2001 / Christian A. Eichner. - Frankfurt am Main ; Berlin ; Bern ; Bruxelles ; New York ; Oxford ; Wien : Lang, 2002
(Schriftenreihe zum Gesellschafts- und Kapitalmarktrecht ; Bd. 3)
Zugl.: Bayreuth, Univ., Diss., 2002
ISBN 3-631-39693-7

D 703
ISSN 1619-117X
ISBN 3-631-39693-7

www.peterlang.de

Meinen Eltern und Elisabeth gewidmet

Vorwort

Auch der Verfasser selbst ist nicht vom Bonmot Julius Hermann von Kirchmanns verschont geblieben, das in der Einleitung im Zusammenhang mit der Unternehmenssteuerreform 2001 noch referiert werden wird.
So wurden die Änderungen durch die Schuldrechtsreform sowie durch das Unternehmenssteuerfortentwicklungsgesetz, die sich an das Promotionsverfahren angeschlossen haben, noch nachträglich berücksichtigt bzw. in Bezug genommen.

Die vorliegende Arbeit hat mir viel Freude bereitet und schlechterdings unvermeidbare Ärgernisse waren nicht juristischer, sondern stets organisatorischer Natur.

Doch auch die düsteren Stunden wurden durch die stärkende Unterstützung mehr als wett gemacht, die ich im Verlaufe der Promotion von so vielen Seiten auf so unterschiedliche Art und Weise erfahren durfte.

Zunächst möchte ich daher meinem Doktorvater, Herrn Professor Dr jur. Karl-Georg Loritz danken, der mich stets unterstützt und beraten hat, sowie meinem Zweitkorrektur, Herrn Professor Dr. jur. Lutz Michalski, der mir unter anderem auch bei der Veröffentlichung weitergeholfen hat.
Ganz besonders bin ich beiden Herren für die schnelle Korrektur und Ihre Flexibilität zu Dank verpflichtet, die es mir erlaubte, das Promotionsverfahren trotz eines Auslandsaufenthaltes zu bewältigen.

Dank gilt ferner meinen Freunden, die mich in mitunter anstrengenden Phasen in überwiegend guter Stimmung gehalten haben.
Ganz besonders möchte ich mich an dieser Stelle bei meinem Freund Rechtsanwalt Michael Sinhart, bei meinem Vater, Dr. jur. Wolf Dietrich Eichner, sowie bei Herrn WP StB Detlef Kölschbach für den fruchtbaren Gedankenaustausch bedanken.

Vor allem aber bin ich meinen Eltern dankbar, dass sie mich in dieser wie auch in jeder anderen Lebensphase liebevoll beraten und unterstützt haben.

Mehr als Dank gilt schließlich meiner Verlobten, Rechtsanwältin Elisabeth Kölschbach, die mir immer den Rücken stärkt und mich jeden Tag aufs neue glücklich macht.

New York City, Februar 2002

Inhaltsübersicht

Kapitel IV Die zwei Grundarten des Unternehmenskaufs im Rahmen des Spin-Off-MBO

Kapitel V Mehrstufige Akquisitionsmodelle beim Spin-Off-MBO

Kapitel VI Spin-Off-MBO-taugliche Akquisitionsmodelle nach der Unternehmenssteuerreform 2001

Inhaltsverzeichnis

Kapitel V Mehrstufige Akquisitionsmodelle beim Spin-Off-MBO

Abkürzungsverzeichnis

a.. auch
a. A..................................... andere Ansicht/am Anfang
Abs..................................... Absatz
Abschn.............................. Abschnitt
abw.................................... abweichend
a. E..................................... am Ende
a. F..................................... alte Fassung
AfA..................................... Absetzung für Abnutzung
AG...................................... Aktiengesellschaft/
Die Aktiengesellschaft (Zeitschrift)
AktG.................................. Aktiengesetz
allg..................................... allgemein
Alt...................................... Alternative
Anm.................................... Anmerkung
AO..................................... Abgabenordnung
Art...................................... Artikel
AStG.................................. Außensteuergesetz
Aufl.................................... Auflage
BB...................................... Betriebsberater (Zeitschrift)
Bd...................................... Band
Beil.................................... Beilage
Beschl................................ Beschluss
BeteilG.............................. Beteiligungsgesellschaft
BewG................................. Bewertungsgesetz
BFH................................... Bundesfinanzhof
BFH/NV............................ Sammlung amtlich nicht veröffentlichter
Entscheidungen des Bundesfinanzhofes (Zeitschrift)
BGBl.................................. Bundesgesetzblatt
BGH................................... Bundesgerichtshof
BGHZ................................. Amtliche Sammlung von Entscheidungen des
Bundesgerichtshofs in Zivilsachen
BMF................................... Bundesminister(ium) der Finanzen
BStBl................................. Bundessteuerblatt
bzgl.................................... bezüglich
BT-Drucks......................... Bundestags-Drucksache
DB...................................... Der Betrieb (Zeitschrift)
DBA................................... Doppelbesteuerungsabkommen
ders.................................... derselbe
d. h .... das heißt

dies	dieselbe(n)
Diss	Dissertation
DNotZ	Deutsche Notarzeitschrift
DStR	Deutsches Steuerrecht (Zeitschrift)
EFG	Entscheidungen der Finanzgerichte
Einf	Einführung
Einl	Einleitung
ESt	Einkommensteuer
EStDV	Einkommensteuer-Durchführungsverordnung
evtl	eventuell
FAZ	Frankfurter Allgemeine Zeitung
FG	Finanzgericht
Fn	Fußnote
FR	Finanzrundschau (Zeitschrift)
gem	gemäß
GewSt	Gewerbesteuer
GewStG	Gewerbesteuergesetz
GewStR	Gewerbesteuer-Richtlinien 1998
GG	Grundgesetz
ggf	gegebenenfalls
GmbH	Gesellschaft mit beschränkter Haftung
GmbHG	Gesetz betreffend die GmbH
GmbHR	GmbH-Rundschau (Zeitschrift)
GrESt	Grunderwerbsteuer
GrEStG	Grunderwerbsteuergesetz
h. M.	herrschende Meinung
HGB	Handelsgesetzbuch
Hrsg	Herausgeber
hrsg	herausgegeben
i. d. R.	in der Regel
IdW	Institut der Wirtschaftsprüfer
i. H. v	in Höhe von
Inf	Die Information über Steuer und Wirtschaft
i. S. d./v	im Sinne des/von
i. V. m	in Verbindung mit
IWB	Internationale Wirtschaftsbriefe
JFE	Journal of Financial Economics (Zeitschrift)
JR	Juristische Rundschau (Zeitschrift)
Jura	Juristische Ausbildung (Zeitschrift)
JuS	Juristische Schulung (Zeitschrift)
JW	Juristische Wochenschrift (Zeitschrift)
JZ	Juristenzeitung (Zeitschrift)

KG.. Kommanditgesellschaft
Komm.................................... Kommentar
Krit....................................... kritisch
KSt.. Körperschaftsteuer
KStG.................................... Körperschaftsteuergesetz
KStDV.................................. Körperschaftsteuer-Durchführungsverordnung
KStG-E................................. Körperschaftsteuergesetz-Entwurf
KStR..................................... Körperschaftsteuer-Richtlinien 1995
LBO..................................... Leveraged Buy-Out
LMBO.................................. Leveraged Management Buy-Out
li. Sp..................................... linke Spalte
Lit... Literatur
LS... Leitsatz
lt... laut
M & A.................................. Mergers & Acquisitions
MBI..................................... Management Buy-In
MBO.................................... Management Buy-Out
m. E..................................... meines Erachtens
Mio...................................... Million(en)
Mrd...................................... Milliarde(n)
MünchKomm....................... Münchener Kommentar
m. w. Nachw........................ mit weiteren Nachweisen
n. F...................................... neue Fassung
NJW.................................... Neue Juristische Wochenzeitschrift
nrkr..................................... nicht rechtskräftig
n. v...................................... nicht veröffentlicht
NZG.................................... Neue Zeitschrift für Gesellschaftsrecht
OFD.................................... Oberfinanzdirektion
o. g...................................... oben genannt
OLG.................................... Oberlandesgericht
o. O..................................... ohne Ort
OWiG.................................. Gesetz über Ordnungswidrigkeiten
re. Sp.................................... rechte Spalte
Rev. eing.............................. Revision eingelegt
RG....................................... Reichsgericht
rkr.. rechtskräftig
Rn.. Randnummer
Rspr..................................... Rechtsprechung
s... siehe
S... Seite
sc... scilicet
sog....................................... so genannt

Sp....................................... Spalte
StSenkG.............................. Steuersenkungsgesetz
StSenkErgG......................... Steuersenkungsergänzungsgesetz
StbJb.................................. Steuerberater-Jahrbuch
str....................................... streitig
StuW.................................. Steuer und Wirtschaft (Zeitschrift)
SZ...................................... Süddeutsche Zeitung
Tz....................................... Textziffer
u. a...................................... unter anderem
u. ä...................................... und ähnliches
UmwG................................ Umwandlungsgesetz
UmwStG............................ Umwandlungssteuergesetz
UntStFG............................. Unternehmenssteuerfortentwicklungsgesetz
Urt..................................... Urteil
USt..................................... Umsatzsteuer
UStG.................................. Umsatzsteuergesetz
usw..................................... und so weiter
u. U..................................... unter Umständen
v.. vom, von
vgl....................................... vergleiche
WiSt................................... Wirtschaftswissenschaftliches Studium
wistra.................................. Zeitschrift für Wirtschaft – Steuer – Strafrecht
WM.................................... Wertpapier-Mitteilungen (Zeitschrift)
Wpg.................................... Die Wirtschaftsprüfung (Zeitschrift)
z. B..................................... zum Beispiel
ZfgK................................... Zeitschrift für das gesamte Kreditwesen
ZGR................................... Zeitschrift für Unternehmens- und Gesellschaftsrecht
ZHR................................... Zeitschrift für das gesamte Handels- und Wirtschaftsrecht
Ziff...................................... Ziffer
ZIP...................................... Zeitschrift für Wirtschaftsrecht
ZPO................................... Zivilprozessordnung
zutr..................................... zutreffend
zzgl..................................... zuzüglich
z. Z..................................... zur Zeit

Einleitung

Kaum ein Thema hat die wirtschaftsrechtliche Praxis in den letzten Jahren so sehr beschäftigt wie der Bereich des Unternehmenskaufs bzw. – im internationalen Kontext – das Schlagwort der Mergers & Acquisitions.[1] Zwei Unterformen dieses Themenkomplexes, den Management Buy-Out und den Konzern-Spin-Off, untersucht die vorliegende Arbeit. In concreto wird von der Konstellation ausgegangen, dass die Manager einer rechtlich selbständigen Tochter-GmbH eines Konzerns diese Tochtergesellschaft übernehmen.

Im wesentlichen sind es drei Gründe, die die Wahl gerade dieses Themas beeinflusst haben. Zum einen handelt es sich um einen Forschungsgegenstand, der bislang in der Rechtswissenschaft – anders als in den Wirtschaftswissenschaften[2] - in dieser Form noch nicht untersucht wurde. Dies mag damit zusammenhängen, dass in der Bundesrepublik Deutschland die Tendenz zu den hier behandelten Spielarten des Unternehmenskaufs erst in der letzten Dekade zunehmend an Bedeutung gewonnen hat. Die enorme Praxisrelevanz, die mittlerweile insbesondere dem Konzern-Spin-Off zukommt und die vielfältige Ursachen hat, ist also der zweite Grund der Themenwahl.

Schließlich hat der Steuergesetzgeber durch Erlass des Steuersenkungs- und des Steuersenkungsergänzungsgesetzes völlig veränderte Rahmenbedingungen für Unternehmenskäufe im Bereich des Kapitalgesellschaftsrechts geschaffen. Die Unternehmenssteuerreform 2001 relativiert alle bisherigen Darstellungen zum Bereich Unternehmenskauf und reiht sich damit ein in die Anwendungsfälle des viel zitierten Bonmot Julius Hermann von Kirchmanns: "(D)rei berichtigende Worte des Gesetzgebers und ganze Bibliotheken werden zu Makulatur"[3]. Insoweit soll die vorliegende Arbeit auch die neuen steuerrechtlichen Problemkreise und Lösungsansätze ausleuchten und zu einem für beide Parteien dieser besonderen Form des Unternehmenskaufs möglichst günstigen und praktikablen Ergebnis führen.

Aus Gründen der Logik und Übersichtlichkeit folgt der Gang der Arbeit dabei einer abschichtenden Darstellungsweise, die darauf abzielt, vor allem die steuerrechtlichen und gesellschaftsrechtlichen Problemkonstellationen beim Spin-Off-MBO in ihrer Wechselbezüglichkeit zu den dahinter stehenden wirtschaftlichen Interessen der Parteien des Unternehmenskaufs darzustellen und einer Lösung zuzuführen.

Die Abschichtung der unterschiedlichen Problemkreise mit den sie charakterisierenden steuer- und gesellschaftsrechtlichen Fragestellungen erlaubt ferner dem interes-

---

1 Vgl. die Zahlen bei Picot, G. (Hrsg.), Unternehmenskauf und Restrukturierung, 1998, S. 10 sowie die Beispiele und Statistiken, auf die in Kapitel I (S. 3 ff.) Bezug genommen wird.

2 Vgl. Vest, P., Der Verkauf von Konzernunternehmen durch Management Buy-Out; Nadig, L., Spin Offs mittels Management Buyout.

3 Kirchmann, J. H. von, Die Wertlosigkeit der Jurisprudenz als Wissenschaft, S. 23.

sierten Praktiker ein gezieltes Nachschlagen und soll so den Einsatzbereich der vorliegenden Arbeit erweitern.

Nach einer terminologischen und historischen Einführung in die Thematik (Kapitel I) wird die Aufgabenstellung der Arbeit (Kapitel II) definiert. Danach werden die unterschiedlichen wirtschaftlichen, steuer- und gesellschaftsrechtlichen Bestimmungsfaktoren, die den Spin-Off-MBO potentiell prägen, dargestellt. Das infolge der Unternehmenssteuerreform in dieser Form neu entstandene Problem des Zinsabzugs seitens der Erwerber-Gesellschaft wird hier ebenfalls behandelt – nicht zuletzt, um den folgenden Gang der Arbeit zu entzerren und transparent zu halten (Kapitel III). Sodann werden - ausgehend von den Grundmodellen des Unternehmenskaufs (Kapitel IV), die teils erhebliche Probleme im Hinblick auf die Kapitalerhaltungsvorschriften (§§ 30, 31 GmbHG) aufwerfen - mehrstufige Erwerbsgestaltungen erörtert und bewertet (Kapitel V), die sich grundsätzlich für einen Spin-Off-MBO eignen. In diesem Zusammenhang wird zugleich ausführlich auf die teils bereits in Kraft getretenen, teils noch ausstehenden Änderungen durch die Unternehmenssteuerreform 2001 eingegangen. Ein Schwerpunkt der Darstellung liegt bei den Grundmodellen (asset deal und share deal, Kapitel IV) sowie beim Kombinationsmodell (Kapitel V). In Kapitel VI werden zwei Modelle dargestellt und bewertet, die sich auch nach der Unternehmenssteuerreform 2001 potentiell für den Spin-Off-MBO eignen.
Eine Zusammenfassung der gefundenen Ergebnisse in Kapitel VII, die zugleich das für den Spin-Off-MBO nach der Unternehmenssteuerreform 2001 günstigste Modell vorstellt, beschließt die Erörterungen.

Kapitel I Grundlagen

§ 1 Begriff des Konzern-Spin-Off

A. Allgemeines

Der dem angelsächsischen Rechtsraum entlehnte Terminus des Konzern-Spin-Off meint die Veräußerung von nicht mehr als Kerngeschäft definierten Unternehmensbereichen eines Konzerns.[4] Im Rahmen der vorliegenden Arbeit soll diese Definition dahingehend spezifiziert werden, dass es sich um einen rechtlich selbständigen Unternehmensbereich eines Konzerns, also um eine eigenständige Tochtergesellschaft handelt. Im Hinblick auf die beteiligten Rechtsträger wird von einer Konzernmutter in der Rechtsform einer Aktiengesellschaft (AG) und einer Konzerntochter in der Rechtsform einer Gesellschaft mit beschränkter Haftung (GmbH) ausgegangen.[5]

Hintergrund dieser Verselbständigung eines Konzernteils sind zumeist strategische, unternehmenspolitische Überlegungen. So ist seit Ende der 1980er Jahre unter der Führung der U.S.A. in der betriebswirtschaftlichen Lehre eine deutliche Abkehr von der Diversifikation in unterschiedliche, häufig suboptimal zusammengeworfene unternehmerische Geschäftsfelder zu verzeichnen. Das aus den 1960er Jahren stammende Konzept der Diversifizierung sollte ursprünglich das wirtschaftliche Risiko streuen und Unabhängigkeit von branchenspezifischen Konjunkturschwankungen schaffen, war jedoch den Herausforderungen der sich immer schneller wandelnden Märkte und den Erfordernissen der Globalisierung nicht mehr gewachsen.[6]

Gegenüber hochspezialisierten Unternehmen sind stark diversifizierte Konglomerate nicht mehr wettbewerbsfähig – eine Erkenntnis, die durch die Entwicklung des europäischen Binnenmarktes mit seinem verstärkten Wettbewerbsdruck zusätzlich verschärft wurde. Ferner ist häufig das Management von Unternehmen überfordert, die auf unterschiedlichen nicht zusammengehörigen Geschäftsfeldern agieren.

---

4 Otto, H.-J., Buy-Out-Gestaltungen bei Konzern-spin offs mittels "umgekehrtem Kombinationsmodell", AG 1999, 173 (173); Nadig, L., Spin Offs mittels Management Buyout, 1992, S. 11; Caytas, I. G./Mahari, J. I., Investment Banking, 1988, S. 379; Matuschka, A. Graf, Konzern-Spin-Offs, 1988, S. 117; andere Akzentuierung bei Luippold, T. L., MBOs – Evaluation ihrer Einsatzmöglichkeiten in Deutschland, 1991, S. 16; Bernewitz, T., Spin-Off-Betriebsgründungen, 1989, S. 7 f.; Honert, J., Der deutsche MBO, 1995, S. 13 f. m. w. Nachw.; s. i. ü. a. unt. Kapitel I § 1 C. (S. 8 ff.).

5 Zwischen den denkbaren Konzernierungsformen (Vertragskonzern, qualifizierter und qualifizierter faktischer Konzern) wird im Rahmen der vorliegenden Arbeit nicht differenziert, weil konzernrechtliche Fragen sowohl auf Veräußerer- als auch auf Erwerberseite nicht näher behandelt werden. Ebenso bleiben kartellrechtliche Fragestellungen weitgehend unberücksichtigt. Statt dessen soll der Fokus insbesondere auf die steuerrechtliche und GmbH-rechtliche Problematik des Konzern-Spin-Off gerichtet werden.

6 Otto, Management Buy-Out, 1997, § 26, Rn. 15.

Der Verlustausgleich dieser Sparten mit anderen ertragreichen (sog. "cross-subsidies") belastet letztere, demotiviert das Management und schmälert die Kapitalrendite des Konzerns insgesamt und damit die Akquisitionswährung Aktienkurs.[7] Entsprechend sanktioniert auch die Börse Konglomerate unterschiedlicher Geschäftsfelder mit einem Kursabschlag ("conglomerate discount"), was umgekehrt die Konzentration auf das Kerngeschäft ("core business") und damit verbunden das Abstoßen von nicht zum Kerngeschäft gehörigen Unternehmensbereichen ("demerger") zunehmend attraktiver macht.[8]

Neben derartigen strategisch motivierten Umstrukturierungsmaßnahmen können auch nicht realisierte Synergieeffekte einzelner Geschäftssparten oder Beteiligungen ausschlaggebend für einen Konzern-Spin-Off sein[9], weil die Summe der einzelnen Unternehmensteile vielfach mehr wert ist als das Konzernganze, und daher eine Aufspaltung ökonomisch sinnvoll wird[10].
Schließlich zwingen teilweise auch kartellrechtliche Aspekte zur Ausgliederung aus dem Konzern.

Dementsprechend zeigt sich seit längerer Zeit die Tendenz einer Rückbesinnung auf die jeweiligen Kernkompetenzen – ein "back to basics"[11] -, was zur Ausgliederung von nicht mehr in das Konzernkonzept passenden Unternehmensbereichen und Tochtergesellschaften führt[12].
Im Ergebnis verfolgen die Partner eines Spin Off das gemeinsame Ziel[13], dass sowohl der Wert des verkaufenden als auch des verkauften Unternehmens gesteigert werden soll. Beim ausgegliederten Unternehmen lässt sich diese Wertsteigerung un-

---

7 Otto, H.-J., Buy-Out-Gestaltungen bei Konzern-spin offs mittels "umgekehrtem Kombinationsmodell", AG 1999, 173 (173).

8 Quasi als konstruktives Gegengewicht korrespondiert mit dieser Konzentrierung der Unternehmenskräfte die Tendenz, im Kerngeschäft eine kritische, möglichst global ausgerichtete Größe zu erreichen, um die oft gewaltigen Entwicklungs- und Markteinführungskosten verdienen zu können. Vor diesem Hintergrund werden auch grenzüberschreitende Konzernzusammenschlüsse, wie z.B. Daimler/Chrysler, Mannesmann/Vodafone, Eon/Powergen oder die intendierte, letztlich aber gescheiterte Fusion von Alcatel und Lucent, verständlicher. Vgl. a. Herzig, N., Gestaltung, DB 2000, 2236 (2236).

9 Hitschler, W., L(M)BOs – Bestimmungsfaktoren, Finanzierung und rechtliche Gestaltungsmöglichkeiten in der BRD, BB 1990, S. 1877 (1879).

10 Vgl. a. Matzen, T. J. C./Krenz, T. U., LBO und MBO als Option der strategischen Konzernplanung, 1989, S. 451 (454).

11 Otto, H.-J., Buy-Out-Gestaltungen bei Konzern-spin offs mittels "umgekehrtem Kombinationsmodell", AG 1999, 173 (173).

12 Vgl. Karsunky, R., Entwicklung/LMBO, 1992, S. 41; Bernewitz, T., Spin-Off-Betriebsgründungen, 1989, S. 13-21; Luippold, T. L., MBOs – Evaluation ihrer Einsatzmöglichkeiten in Deutschland, 1992, S. 18.

13 Vgl. Karsunky, R., Entwicklung/LMBO, 1992, S. 42.

ter anderem häufig auf wegfallende Overhead-Kosten oder größere Flexibilität zurückführen.[14]

Damit ist zugleich ausgesagt, dass Objekt eines Konzern-Spin-Off nicht etwa regelmäßig Verlustbringer, sondern durchaus gesunde Unternehmen sind, die sich jedoch auf Grund der dargelegten Faktoren im Konzernverbund nicht optimal zu entwickeln vermögen.[15]
Diese Aussage ist im Hinblick auf die beim Konzern-Spin-Off charakteristische hohe Fremdfinanzierung von eminenter Bedeutung, da sich insbesondere die kreditierenden Banken an den einschlägigen Ratings orientieren und nur bei einer soliden Einordnung Kredite zu günstigen Konditionen eingeräumt werden.[16]

B. Typologie wirtschaftlicher Motivationen für einen Konzern-Spin-Off

Versucht man die in der Wirtschaft anzutreffenden Motivationen für einen Konzern-Spin-Off gegeneinander abzugrenzen, lassen sich folgende typische Beweggründe feststellen:

I. Strategische Desinvestitionen

"Desinvestition" soll in diesem Zusammenhang verstanden werden als die "vollständige oder bedeutende Reduzierung des wirtschaftlichen Eigentumsanteils an einem aktiven Betrieb oder einer aktiven Tochtergesellschaft, die sich im Mehrheitsbesitz der Unternehmung befindet und keine Finanzinvestition darstellt, durch den Verkauf an eine nicht verbundene Unternehmung"[17].

---

14 Vgl. Quick, R., MBOs – Motive, 1991, S.311 (312).

15 Otto, H.-J., MBO, 1997, § 26 Rn. 16.

16 "Ratings" durch wichtige Rating-Agenturen, wie etwa die US-Ratingagenturen Moody's oder Standard & Poor's, entscheiden mit darüber, ob und in welcher Höhe ein Kredit vergeben wird und wie teuer die Aufnahme von Fremdkapital das jeweilige Unternehmen zu stehen kommt. Dementsprechend reagiert der Markt auch empfindlich auf Herauf- bzw. Herabstufungen (vgl. SZ Nr. 96 vom 26.04.2001: "Bonität der Unternehmen in Europa wird schlechter – Ratingagentur Moody's beurteilt im ersten Quartal sehr viele Emittenten kritischer/Wenige Heraufstufungen"). Die Bedeutung derartiger externer, vor allem aber bankinterner Ratings wird weiter steigen, da die anstehende Reform der Vorschriften zur aufsichtsrechtlichen Eigenkapitalunterlegung der Kreditrisiken international tätiger Banken (Basel II), die im Sommer 2001 beschlossen und 2004 in Kraft treten wird, sich entscheidend an der individuellen Bonitätsklassifizierung des einzelnen Kreditnehmers orientieren wird. Vgl. Niemann, W., Top oder Flop – Zur Bedeutung des Ratings für die Kreditvergabe an Unternehmen, DStR 8/2001 (Der Kommentar); ausführlich: Rolfes, B./Emse, C., Interne Rating-Verfahren zur Bonitätsklassifizierung, DStR 2001, S. 316 ff.

17 So Jansen, A., Desinvestitionen, 1986, S. 32.

Strategisch motivierte Desinvestitionsentscheidungen können zum einen darin bestehen, dass ein Unternehmen oder ein Unternehmensteil nicht mehr in die neu strukturierte Konzernkonzeption passt[18], was bei international operierenden Unter-

[18] Beispiele für derartige strategisch motivierte Desinvestitionsentscheidungen aus jüngerer Zeit sind Legion. So plant die Düsseldorfer Eon AG nach der freundlichen Übernehme des britischen Energieunternehmens Powergen Plc. im April 2001, sich ganz auf ihr Kerngeschäft mit Strom, Gas und Wasser zu konzentrieren und daher nach einer Umstrukturierungsphase von drei bis fünf Jahren ihre Chemietochter Degussa AG und ihre Immobilientochter Viterra AG zu verkaufen. Diese Desinvestitionsentscheidung war zudem auch kartellrechtlich motiviert (s. Kapitel I § 1 B. III. (S. 8)). Die Fokussierung auf das Kerngeschäft wurde umgehend von Analysten und der Börse honoriert. Die Tatsache, dass damit zugleich ein Ausgleich durch Erträge aus anderen Sparten mit divergenten Konjunkturverläufen wegfällt, wird gegenüber den strategischen Vorteilen eher gering geschätzt (vgl. Handelsblatt Nr. 71 vom 10.04.2001, S. 1, 13). Zuvor hatte sich die Eon AG bereits von Veba Electronics, Schmalbach-Lubeca und Gerresheimer Glas getrennt (vgl. FAZ Nr. 202 vom 31.08.2000, S. 33). Im Mai 2001 lag ein erstes Kaufangebot seitens der britischen Balli Group zwecks Erwerbes des "auf der Desinvestitionsliste stehenden Stahlhandelsunternehmens Klöckner & Co (Klöco)" des Eon-Konzerns vor (vgl. SZ Nr. 113 vom 17. 05. 2001, S. 28).
Ein weiteres Beispiel ist der im April 2001 bekannt gegebene Verkauf der Hanauer DMC², einem Hersteller von Kfz-Abgaskatalysatoren und keramischen Farbstoffen, durch die Degussa AG, die damit weiter zu einem reinen Spezialchemie-Konzern umgebaut werden soll (vgl. SZ Nr. 95 vom 25.04.2001, S. 32). Im Mai/Juni 2001 hat sich der Verkauf der Dental-Gruppe angeschlossen, so dass Degussa-Vorstand Felcht resümieren kann: "Mit der Abgabe von Dental haben wir nach Phenolchemie und dmc² das nächste bedeutende Desinvestitionsprojekt erfolgreich abschließen können." (SZ Nr. 124 vom 31. 05. 2001, S. 31). Mitte Juni 2001 veräußerte die Degussa AG ein weiteres Tochterunternehmen, die Dresdner AWD.pharma für 50 Millionen DM an den führenden mittel- und osteuropäischen Pharmahersteller Pliva. Vgl. SZ Nr. 135 vom 15.06.2001, S. 31.
Ferner verkaufte im April 2001 der französische Telekommunikations-Konzern Alcatel seine nicht zum Kerngeschäft gehörende Fertigung von Mobiltelefonen, was von der Börse sogleich mit einem Kursgewinn von fünf Prozent belohnt wurde (vgl. SZ Nr. 97 vom 27.04.2001, S. 28). Daran schloss sich die Veräußerung der DSL-Modem-Sparte an Thomson Multimedia nach der gescheiterten Fusion mit Lucent an (vgl. SZ Nr. 124 vom 31. 05. 2001, S. 31).
Weiter sei auf die Harpen-Gruppe hingewiesen, die Risikopositionen in ihrem Unternehmens-Portfolio zu bereinigen sucht und sich daher mittelfristig auf Immobilien und Energie, langfristig nur mehr auf das Immobiliengeschäft konzentrieren will (vgl. SZ Nr. 101 vom 03.05.2001, S. 29).
Schließlich ist auch der intendierte Verkauf der Aventis-Sparte CropScience an Bayer und BASF durch eine strategische Konzentration auf das Kerngeschäft motiviert. Mit dem Abstoßen der Pflanzenschutzsparte will sich Aventis weiter auf das Pharmageschäft konzentrieren (vgl. SZ Nr. 149 vom 02.07.2001, S. 26). In die gleiche Richtung weist der angekündigte Verkauf der Heiztechnik-Beteiligungen der Wolf GmbH durch die Preussag AG (vgl. SZ Nr. 27 vom 7./8.07.2001, S. 27).

nehmen auch geographische Hintergründe haben kann (z.B. Rückzug aus einer bestimmten Region).[19]
Zum anderen werden häufig Unternehmensbereiche wieder abgestoßen, die im Zuge externen Wachstums als Teil einer größeren Akquisition notgedrungen miterworben werden mussten.
Ferner sind Spin Offs ein probates Mittel, um nicht erfolgreiche Unternehmenskäufe zu korrigieren[20] oder Unternehmensteile abzustoßen, in die der Mutterkonzern nicht weiter investieren will.[21]
Schließlich können Spin Offs im Vorfeld einer befürchteten feindlichen Übernahme dazu dienen, den Mutterkonzern finanziell abzusichern, bzw. den Konzern durch Auslagerung des begehrten Unternehmens aus der "Schusslinie" zu bringen („crown jewels“).[22]
Endlich können Spin Offs im Vergleich zu einer Liquidation des Unternehmens häufig das kleinere Übel darstellen, da die Schließung eines Tochterunternehmens der Konzernmutter nicht nur eine schlechte Presse einbringen wird, sondern bei einer börsennotierten Konzernobergesellschaft auch auf die Akquisitionswährung Aktienkurs drückt und damit gegebenenfalls weiteres externes Wachstum hemmt.

II. Finanzierungstechnische Desinvestitionen

In manchen Fällen dient die Veräußerung eines Unternehmens oder eines Unternehmensteils der Finanzierung einer geplanten anderen, profitableren Akquisition.
Weiter können Spin Offs dazu instrumentalisiert werden, einen Liquiditätsengpass oder sogar die drohende Insolvenz abzuwehren.[23] Sie lassen sich im Einzelfall also als gezieltes Refinanzierungsmittel einsetzen.[24]

---

19 Vgl. Forst, M., MBO und MBI als Form der Übernahme mittelständischer Unternehmen, 1992, S. 63 f.; Stahl, M., Buyouts zur Privatisierung, 1995, S. 46.

20 Ein anschauliches Beispiel für eine derartige Desinvestitionsentscheidung ist der wohl anstehende Wiederverkauf der Anfang 1999 von der RAG übernommenen Imo-Gruppe (Autowaschstrassen) durch die Harpen-Gruppe. Die Imo-Gruppe war zunächst erworben worden, weil man sich von ihr ein sofort ausschüttungsfähiges Ergebnis versprochen hatte. Nachdem diese Erwartung jedoch enttäuscht wurde, soll der geplante Weiterverkauf der Korrektur dieser fehlgeschlagenen Akquise dienen (vgl. SZ Nr. 101 vom 03.05.2001, S. 29).

21 So wollte der Chemiekonzern DuPont nicht weiter rund 30 % seines Forschungsbudgets in die Medikamentensparte investieren, die lediglich einen Umsatzanteil von 5 % ausmachte, und veräußerte diesen Unternehmensteil an das US-Pharma-Unternehmen Bristol-Myers Squibb für 18 Milliarden DM. Vgl. SZ Nr. 131 vom 9./10.06.2001, S. 25.

22 Vgl. Menke, U., MBO als Konzept der Unternehmensübernahme, 1993, S. 25 f.; Michalski, L., Abwehrmechanismen gegen unfreundliche Übernahmeangebote („unfriendly takeovers“) nach deutschem Aktienrecht, AG 1997, S. 152 (159 f.).

23 Luippold, T. L., MBOs – Evaluation ihrer Einsatzmöglichkeiten in Deutschland, 1992, S. 21; Stahl, M., Buyouts zur Privatisierung, 1995, S. 46.

III. Kartellrechtlich motivierte Desinvestitionen

Spin Offs können schließlich auch das Ergebnis von Entflechtungsprozessen sein, wenn das Bundeskartellamt einem Unternehmenszusammenschluss nur unter Auflagen zustimmt oder auf europäischer Ebene die Kommission die Veräußerung eines Konzernteils verlangt, um einer marktbeherrschenden Stellung vorzubeugen.

Ein prominentes Beispiel ist die Loewe Opta GmbH, die der Philips-Konzern veräußern musste, um die kartellrechtliche Genehmigung für die Akquisition der Grundig AG zu erhalten.[25]

Auf Grund einer Entscheidung der EU-Kommission vom September 2000 ist der französische Automobilhersteller Renault S.A. gezwungen, zuerst seinen 50 %-Anteil an Irisbus zu veräußern, bevor Renault seine Nutzfahrzeugsparte Renault VI/Mack an Volvo AB verkaufen darf.[26]

Die Düsseldorfer Eon AG ist mittelfristig neben strategischen auch aus kartellrechtsähnlichen Gründen gezwungen, sich von ihren Randaktivitäten zu trennen, um so in den noch nicht deregulierten US-Energie-Markt einsteigen zu können. Denn nach dem "Public utility holding company act" (Puhca) aus dem Jahre 1935 dürfen aus ländische Energieerzeuger erst in den US-Markt einsteigen, wenn sie über 80 % ihres Umsatzes durch Gas- und Stromaktivitäten erzielen.[27]

Das aktuellste und spektakulärste Beispiel stellen die Zugeständnisse des US-Konzerns General Electric (GE) an die EU-Wettbewerbskommission dar. GE erklärte sich bereit, Sparten mit einem Umsatzvolumen von ca. 5 Milliarden DM abzugeben, um die kartellrechtlichen Voraussetzungen für die Übernahme des Elektronikkonzerns Honeywell zu schaffen, die schlussendlich jedoch von der EU-Kommission untersagt wurde.[28]

C. Abgrenzung zu anderen Verwendungsweisen des Begriffs "Spin Off"

Da der Begriff des Spin Off der Schnittstelle zwischen betriebswirtschaftlicher und rechtswissenschaftlicher Gestaltung bzw. Forschung erwachsen ist, bringt diese schillernde Begriffsnatur notgedrungen unterschiedliche Verwendungsweisen mit sich.

Der Begriff des Spin Off ist insbesondere bei Autoren mit überwiegend wirtschaftlich geprägtem Hintergrund anders besetzt als in der vorliegenden Arbeit, die sich mit der dargestellten Definition weitgehend an die juristische Fachliteratur anlehnt.

---

24 In diesem Zusammenhang diente der Verkauf der Anteile an der US-Telefongesellschaft Sprint Fon durch France Télécom nicht nur der strategischen Konzentration auf das Kerngeschäft, sondern auch dem Schuldenabbau (vgl. SZ Nr. 114 vom 18.05.2001, S. 28).

25 Vgl. Lamparter, D. H., Löwen gepackt, 1989, S. 20.

26 Vgl. SZ Nr. 103 vom 5./6.05.2001, S. 24.

27 Vgl. Handelsblatt Nr. 71 vom 10.04.2001, S. 13.

28 Vgl. SZ Nr. 135 vom 15. 06. 2001, S. 29.

So verbindet – vor einem betriebswirtschaftlich geprägten Hintergrund - *Hauschka* mit dem Terminus "Spin Off" das Phänomen, dass "ein( ) oder mehrere Manager das Unternehmen verlassen, um unabhängig von diesem eigenständig oder auf eigene Rechnung ein Unternehmen neu zu gründen. Es handelt sich hierbei um ein einfaches Ausscheiden von Personen in leitender Funktion aus einem Unternehmen, um sich eine eigene Existenz aufzubauen."[29]
An das "einfache Ausscheiden" der Manager eines Unternehmens, die "eine eigene Gesellschaft" gründen, knüpft auch *Honert* an, der allerdings konzediert, dass "möglicherweise Teile des Betriebsvermögens des früheren arbeitgebenden Unternehmens von den Managern übernommen werden" und die synergetischen Gestaltungsmöglichkeiten zwischen dem Alt-Unternehmen und der Neugründung betont.[30]
Am umfangreichsten ist die Spin Off-Definition und Abgrenzung zu verwandten Termini bei *Maselli*, die Spin Offs als "innovative Unternehmen bezeichnet, die von ehemaligen Mitarbeitern einer erwerbswirtschaftlichen Unternehmung aufgebaut werden", wobei die neue Unternehmung "rechtlich und wirtschaftlich selbständig" ist und ihr Aufbau "mit dem Einverständnis der Organisation (erfolgt), in der die Gründer zuvor beschäftigt waren." "Grundlegendes Kennzeichen einer Spin-off-Gründung ist der Transfer einer Erfindung in die Gründungseinheit." [31]
Gemeinsamer Nenner dieser Spin Off-Definitionen betriebswirtschaftlicher Couleur ist mithin, dass es sich um originäre Unternehmensgründungen mit der Ausbildung neuer Unternehmensstrukturen handelt, wenn auch teils Vermögensgegenstände aus dem Alt-Unternehmen eingebracht werden. Gesellschafts- und steuerrechtliche Unternehmenskaufsprobleme entstehen in derartigen Konstellationen nicht.

Die Verwendungsweisen des Begriffs Spin Off mit juristischem Fokus gehen hingegen von derivativen Unternehmensgründungen aus, die kein qualitativ neues Unternehmen aufbauen, sondern ein bestehendes Unternehmen oder einen bereits existenten Unternehmensteil – untechnisch gesprochen - ausgliedern und übernehmen. Dieses Vorgehen trifft man wegen der konzerntypischen Strukturierung am häufigsten im Konzernverbund an, weshalb Spin Off gelegentlich mit Konzern-Spin-Off synonym verwandt wird.
Die oben beschriebene unterschiedliche Akzentuierung findet sich auch in dem Begriffspaar Spin Off-Gründung und Spin Off wieder, mit dem *Hoffmann/Ramke*[32] sowie *Berger*[33] in ihren Untersuchungen operieren.

29 Hauschka, C. E., Aspekte des MBO, BB 1987, S. 2169 (2170, Fußnote 19).
30 Honert, J., Der deutsche MBO, 1995, S. 13 f.
31 Maselli, A., Spin-offs zur Durchführung von Innovationen, 1997, S. 12.
32 Hoffmann, P./Ramke, R., MBO in der Bundesrepublik Deutschland, 1992, S. 26.
33 Berger, M., MBO und Mitarbeiterbeteiligung, 1993, 10 f.

Es bleibt festzuhalten, dass bei der Ausfüllung des Terminus "Spin Off" eine Demarkationslinie durch die Disziplinen der Betriebswirtschaftslehre einerseits und der Rechtswissenschaft andererseits verläuft, die mit den spezifischen Interessenschwerpunkten korrespondiert: Geht es der Betriebswirtschaftslehre primär um wirtschaftliche Auswirkungen im neuen Unternehmen, widmet sich die juristische Betrachtungsweise vornehmlich dem in zivil-, gesellschafts-, arbeits-, kartell- und steuerrechtlicher Hinsicht problematischen Übernahmevorgang.

§ 2 Einordnung und Abgrenzung zum "Management Buy-Out" (MBO) und "Leveraged Buy-Out" (LBO)

Der Begriff des Konzern-Spin-Off wird häufig im Zusammenhang mit den termini technici des "Management Buy-Out" (MBO) und des "Leveraged Buy-Out" (LBO) genannt. Daher sollen diese Begrifflichkeiten erläutert und gegeneinander abgegrenzt werden, auch weil sich keine anerkannt einheitliche Verwendung der Terminologie findet.

A. MBO und LBO als Unterfälle des Unternehmenskaufs

Zunächst ist klarzustellen, dass jeder MBO im Ergebnis einen ganz "normalen" Unternehmenskauf darstellt[34], also eine hinsichtlich der Eigentumsverhältnisse vollständige oder zumindest mehrheitliche Unternehmensübernahme[35].
Die Besonderheit des MBO besteht lediglich darin, dass das Unternehmen nicht von fremden Dritten, sondern von seinen eigenen Managern übernommen wird, die damit selbst zu Unternehmern werden.[36] Von einem MBO spricht man jedoch nicht erst bei einem vollständigen Erwerb eines Unternehmens durch sein Management, sondern auch dann, wenn die Manager mit Unterstützung dritter Kapitalgeber eine maßgebliche Beteiligung erwerben, die ihnen faktisch die eigenverantwortliche Lei-

---

34 Vgl. Holzapfel, H.-J./Pöllath, R., Unternehmenskauf in Recht und Praxis, 2000, Rn. 328; Hitschler, W., L(M)BOs – Bestimmungsfaktoren, Finanzierung und rechtliche Gestaltungsmöglichkeiten in der BRD, BB 1990, S. 1877 (1877).

35 Holzapfel, H.-J./Pöllath, R., Unternehmenskauf in Recht und Praxis, 2000, Rn. 328; Hitschler, W., L(M)BOs, – Bestimmungsfaktoren, Finanzierung und rechtliche Gestaltungsmöglichkeiten in der BRD, BB 1990, S. 1877 (1877); Peltzer, M., Finanzierung/MBO, DB 1987, S. 973 (973).

36 Otto, H.-J., MBO, 1997, § 26, Rn. 1; Lutter, M./ Wahlers, H. W., Der Buyout; AG 1989, S. 1 (2); Peltzer, M., Finanzierung/MBO, DB 1987, S. 973 (973); Hitschler, W., L(M)BOs – Bestimmungsfaktoren, Finanzierung und rechtliche Gestaltungsmöglichkeiten in der BRD, BB 1990, S. 1877 (1877); Hauschka, C. E., Aspekte des MBO, BB 1987, S. 2169 (2170); Lowenstein, MBOs, 1985, 730 ff.; Booth, MBOs, 1985, S. 630 ff.; Armitage, B., Tax implications, 1985, S. 102 f.; Fanselow, K.-H., MBO, ZfgKr 1987, S. 696; Martin, A., Management Buy Out, WiSt 1988, S. 247 ff; Picot, G. (Hrsg.), Unternehmenskauf und Restrukturierung, 1998, S. 14.

tung des Unternehmens sichert.[37] Nicht erforderlich ist demgegenüber der Erwerb der Anteilsmehrheit oder die Stimmenmehrheit seitens des Managements zum Übernahmezeitpunkt. Maßgeblich ist allein, dass die Manager faktisch in der Lage sind, das übernommene Unternehmen eigenverantwortlich zu führen.
E contrario liegt kein MBO mehr vor, wenn die Entscheidung über Ob und Wie der Übernahme bei institutionellen oder industriellen Investoren liegt und die Manager nur in den Übernahmeprozess eingebunden werden, um sie auch zukünftig für das übernommene Unternehmen zu gewinnen und auf informeller Ebene Kündigungen vorzubeugen.[38]

Ein Management Buy-Out im Sinne dieser Arbeit ist also charakterisiert durch die Übernahme der rechtlichen Verfügungsgewalt über ein Unternehmen oder einen Unternehmensteil durch bereits vor der Veräußerung des Unternehmens bzw. Unternehmensteils beschäftigte, leitende Angestellte oder außenstehende Investoren mit maßgeblicher Beteiligung leitender Angestellter, wobei letztere jeweils faktisch in die Lage versetzt werden, die künftige Unternehmenspolitik eigenverantwortlich zu bestimmen.

Da der Kaufpreis nur in den seltensten Fällen von den Managern selbst aufgebracht werden kann und häufig auch institutionelle Investoren, wie Beteiligungsgesellschaften, als Eigenkapitalgeber in nur begrenztem Maße zu investieren gewillt sind, wird typischerweise ein MBO zu einem beträchtlichen Teil fremdfinanziert sein.[39] Die Kapitalstruktur des übernommenen Unternehmens wird also einen überdurchschnittlichen Anteil an Fremdkapital aufweisen.
Bleibt nun der Zins für das Fremdkapital unter der Gesamtkapitalrendite der mit dem Fremdkapital durchgeführten Investition – des Unternehmenskaufs -, so wirkt der erhöhte Fremdkapitaleinsatz im Hinblick auf die Rentabilität des Eigenkapitals wie ein Hebel (engl. "lever")[40] mit der Folge, dass –bei gleicher Gesamtkapitalrendite- sich die Rentabilität des Eigenkapitals umso mehr erhöht, je mehr Fremdkapital aufgenommen wurde.[41]

---

37 Jensen, M.C./Ruback, R.S., Market for Corporate Control, 1983, S. 5 (5).

38 Vgl. Vest, P., Verkauf von Konzernunternehmen, 1995, S. 15.

39 Otto, H.-J., MBO, 1997, § 26, Rn. 2; Hitschler, W., L(M)BOs – Bestimmungsfaktoren, Finanzierung und rechtliche Gestaltungsmöglichkeiten in der BRD, BB 1990, S. 1877 (1877); Carlson, D. G., Leveraged buyouts in bankruptcy, Georgia Law Review 1985, S. 74 (74 f.); Karsunky, R., Entwicklung/LMBO, 1992, S. 23; Kropp, M., MBOs, 1992, S. 13; Webb, I., MBO, 1985, S. 1 f.; Matuschka, A. Graf, Konzern-Spin-Off, 1988, S. 117 (118).

40 Kütting/Weber, Bilanzanalyse, 1993, S. 102 f.

41 Perridon, L./Steiner, M., Finanzwirtschaft der Unternehmung, 1999, S. 526 f.; Schneider, D., Investition, Finanzierung und Besteuerung, 1992, S. 546; Wöhe, G., Einführung in die Allgemeine Betriebswirtschaftslehre, 2000, S. 777 ff.

Diese "Hebelwirkung" (engl. "leverage") gibt dem Leveraged Buy-Out (LBO) seinen Namen, der also lediglich eine spezifische Finanzierungsform eines Unternehmenskaufs mit besonders hoher Eigenkapital-Fremdkapital-Relation[42] und spezieller Ausgestaltung des Kapitaldienstes darstellt.[43]
Der relativ geringe Eigenkapitaleinsatz kommt einerseits dem übernehmenden Management zugute[44], stellt andererseits jedoch zugleich eine notwendige Voraussetzung für den LBO dar, der unter Ausnutzung des Leverage-Effektes gerade auf einen besonders hohen "return on investment" gerichtet ist (mindestens 25-35 % p.a.).[45]

---

42 Zur Festsetzung bestimmter Richtgrößen zwecks Abgrenzung zu "normalen" Unternehmenskäufen in einzelnen Ländern im Hinblick auf diese Relation s. Otto, H.-J., MBO, 1997, § 26, Rn. 3; Gräper, M., MBO, 1993, S. 20 m. w. Nachw.; Thompson, R. S., Trends im MBO, 1988, S. 15; Wright, M./Coyne, J./Mills, A., MBOs, 1987, S. 1-13; Ebke, W. F., Management Buy-Outs, ZHR 155 (1991), S. 132 (135, Fußnote 16).

43 Folgendes Beispiel soll die "Leverage"-Wirkung illustrieren: Ein zu 100 % eigenkapitalfinanziertes Projekt, das eine anfängliche Investition von DM 100.000 erfordert und am Ende seiner Laufzeit einen Gewinn von DM 12.000 abwirft, ergibt eine Eigenkapital-Rentabilität von 12 %. Wäre das gleiche Projekt zu 50 % eigen- und zu 50 % fremdfinanziert worden, ergäbe sich bei gleichem Gewinn und einem hypothetischen Fremdkapitalzins i.H.v. 10 % (= DM 5.000) eine Eigenkapitalrentabilität von 14 % (Gewinn nach Zinsbelastung DM 7.000 bezogen auf Kapitaleinsatz von DM 50.000). Aus einer Eigenkapital-Fremdkapital-Relation von 1:4 folgt eine Eigenkapitalrentabilität von 20 %.
Allerdings ist folgendes zu bedenken: Unter perfekten Kapitalmarktbedingungen und unter Vernachlässigung von steuerlichen Gesichtspunkten gilt auf Grund der Miller-Modigliani Annahme I, dass die Kapitalstruktur eines Unternehmens keinen Einfluss auf dessen Wert nimmt. Erhöht sich die Fremd-Eigenkapital-Relation erhöhen sich zugleich das Risiko und damit die Anforderungen an die Rentabilität des Investments (Miller-Modigliani II). Vgl. ausführlich Ross, S. A./Westerfield, R. W./Jaffe, J., Corporate Finance, 2002, S. 390 ff.).

44 Damit ist nicht nur eine pekuniäre Erleichterung gemeint. Nach der so genannten „Control Theory of Debt" hat die hohe Schuldenlast insbesondere die folgenden drei (positiven) Auswirkungen auf das Management: Ein Management, das das Unternehmen trotz des beträchtlichen Kapitaldienstes wieder in die Gewinnzone bringt, beweist sich besonders eindrucksvoll auf dem Management-Markt („Bonding"). Durch den hohen Fremdkapitaleinsatz wird eine krisenähnliche Situation simuliert und das Management gezwungen, mögliche Rationalisierungsmassnahmen auch tatsächlich durchzuführen („Create a Crisis"). Schließlich erreicht ein höher verschuldetes Unternehmen weitaus früher den Punkt, an dem Insolvenz droht bzw. – positiv formuliert – wo einer weiteren Kapitalvernichtung der insolvenzrechtliche Riegel vorgeschoben wird („Early-Warning-System"/"Privatization of Bankruptcy"). Vgl. Jensen M. C., Agency Costs of Free Cash Flow Corporate Finance and Takeovers, American Economic Review 1986 S. 323 ff.; m. ausführlichen Nachw. Department of Finance, Leonard N. Stern School of Business (NYU), Restructuring Firms & Industries, o.O. 2001, S. 312 ff.

45 Vgl. statt aller Otto, H.-J., MBO, 1997, § 26 Rn.2.

Das Neuartige des LBO zeichnet sich dadurch aus, dass nicht ein im Markt etabliertes Unternehmen mit hohem Fremdkapitaleinsatz eine Akquisition durchführt, sondern dass ein originäres Unternehmen gegründet wird (Erwerber-Gesellschaft) mit dem speziellen Ziel der Unternehmensübernahme.

Charakteristisch für den LBO im Gegensatz zum traditionellen Unternehmenskauf ist ferner die Besicherung des Fremdkapitals durch Vermögensgegenstände des übernommenen Unternehmens (=Objekt- oder Ziel-Gesellschaft)[46] sowie die Bedienung und Tilgung des Fremdkapitals über Gewinn, cash flow und verfügbares Vermögen der Objekt-Gesellschaft[47] und weniger über die Verschuldungskapazität des Erwerbers.[48]

Handelt es sich nicht um die Übernahme eines sehr kleinen oder sanierungsbedürftigen Unternehmens durch sein Management, so sind MBOs in der Regel zugleich LBOs, weshalb auch teilweise der Begriff des "Leveraged Management Buy-Out" (LMBO) verwendet wird.[49]
Umgekehrt setzt ein LBO nicht notwendig die Eigenkapitalbeteiligung des Managements voraus, wenngleich diese aus Motivationsgründen nahe liegt.[50] Der – häufig institutionelle – Investor (z.B. Beteiligungsgesellschaft) wird in der Regel von den Managern sogar eine, gemessen an deren wirtschaftlichen Verhältnissen, erhebliche Risikoinvestition verlangen, um sie langfristig an das Unternehmen zu binden.[51]

---

46 Ein solches Vorgehen ist im allgemeinen Wirtschaftsverkehr typisch für den Immobilenerwerb.

47 Holzapfel, H.-J./Pöllath, R., Unternehmenskauf in Recht und Praxis, 2000, Rn. 328; Peltzer, M., Finanzierung/MBO, DB 1987, S. 973 (973); Hitschler, W., L(M)BOs – Bestimmungsfaktoren, Finanzierung und rechtliche Gestaltungsmöglichkeiten in der BRD, BB 1990, S. 1877 (1878).

48 Hitschler, W., L(M)BOs – Bestimmungsfaktoren, Finanzierung und rechtliche Gestaltungsmöglichkeiten in der BRD, BB 1990, S. 1877 (1877); aus finanzwirtschaftlicher Sicht vgl. Franke, G./ Hax, H., Finanzwirtschaft, 1994, S. 463-467; Schneider, D., Investition, Finanzierung und Besteuerung, 1992, S. 546-552; Perridon, L./Steiner, M., Finanzwirtschaft der Unternehmung, 1999, S. 473-479.

49 Karsunky, Entwicklung/LMBO, 1992, S. 20 ff.; Heidemann, Verhältnis/MBO, 1994, S. 45 (47); Graebner, LBOs, 1991.

50 Otto, H.-J., MBO, 1997, § 26, Rn. 3.

51 Otto, H.-J., MBO, 1997, § 26 Rn. 32; bei kleinem Transaktionsvolumen mag eine solche Eigenkapitalbeteiligung bei etwa 80 bis 100 TDM liegen, bei größeren Volumina entsprechend höher (Ormerod/Burns, S. 60); die anvisierte Verknüpfung von Motivation und Risiko wird anschaulich als "golden handcuffs" ("goldene Handschellen") umschrieben, vgl. Otto, H.-J., MBO, 1997, § 26 Rn. 32.

B. Systematische Einordnung von MBO und LBO

Sucht man MBO und LBO systematisch einzuordnen[52], so handelt es sich um die Akzentuierung bestimmter Aspekte eines Unternehmenskaufs.

Der MBO ist gekennzeichnet durch die Personen auf Erwerberseite, die dem Management des zu übernehmenden Unternehmens angehören. Er stellt also eine Spezialform des Unternehmenskaufs in personeller Hinsicht dar.
Ordnet man den MBO unter Zugrundelegung der betriebswirtschaftlichen Gründungsforschung[53] ein, so ist der MBO eine selbständig-derivative Gründungsform, da am Ende der Übernahme kein neues Unternehmen steht, sondern eine strukturell stark veränderte, aber bereits vorher existente Wirtschaftseinheit.

Demgegenüber betont der Terminus LBO die finanzierungstechnische Seite eines Unternehmenskaufs und ist durch eine besonders hohe Eigenkapital-Fremdkapital-Relation sowie die Besicherung der Kredite über das Vermögen der zu übernehmenden Ziel-Gesellschaft charakterisiert.

C. Varianten des MBO

Ebenso wie die personelle oder finanzierungstechnische Seite eines Unternehmenskaufs terminologisch in den Vordergrund gerückt werden kann, versucht eine Vielzahl von Termini, die allesamt um den Zusatz "Buy-Out" kreisen, weitere Phänomene des Unternehmenskaufs zu charakterisieren.

I. Belegschafts-Buy-Out

So beschreibt der sogenannte "Belegschafts-Buy-Out"[54] einen MBO, bei dem sich neben dem Management auch beträchtliche Teile der übrigen Beschäftigten des zu übernehmenden Unternehmens am Unternehmenskauf beteiligen.[55] In seiner Reinform meint der Belegschafts-Buy-Out den – mit Ausnahme von drohenden Insolvenzfällen – freilich äußerst seltenen Fall, dass eine Mehrzahl oder die Gesamtheit der abhängig Beschäftigten eines Unternehmens, die nicht der Führungsebene angehören, die Stimmenmehrheit und damit die faktische Leitungsbefugnis des Unternehmens übernehmen.

---

52 S. statt aller Hitschler, W., L(MB)Os – Bestimmungsfaktoren, Finanzierung und rechtliche Gestaltungsmöglichkeiten in der BRD, BB 1990, S. 1877 (1877).

53 S. dazu Vest, P., Verkauf von Konzernunternehmen, 1995, S. 16 m. w. Nachw.

54 Der "Belegschafts-Buy-Out" wird teils auch mit dem englischen Terminus "Employee-Buy-Out" (EBO) belegt, vgl. Kropp, M., MBO, 1992, S. 17.

55 Otto, H.-J., MBO, 1997, § 26 Rn. 4; Wagner, K.-R., Management Buy Out, 1993; Hauschka, C. E., Aspekte des MBO, BB 1987, S. 2169 (2170); Lerbinger, Unternehmensakquisition, Die Bank 1986, S. 133 (133).

Die spezifischen Probleme dieser Buy-Out-Variante liegen auf der Hand: Die Verflechtung der Stellung als Arbeitnehmer einerseits und Gesellschafter andererseits wirkt insbesondere bei Rationalisierungs- und sonstigen unpopulären Maßnahmen lähmend.
Im Vorfeld des Belegschafts-Buy-Out gehen ferner erhebliche zeitliche Risiken von einem in der Regel erhöhten Verhandlungsaufwand aus.
Dieses Hindernis wird im anglo-amerikanischen Raum durch Bildung eines "Employee Stock Ownership Trust" (ESOT) entschärft, der die Interessen der beteiligten Mitarbeiter kollektiv vertritt. Finanzierungstechnisch spielen ferner in den U.S.A. sogenannte "Employee Stock Ownership Plans" (ESOP)[56], also Mitarbeiterbeteiligungsgesellschaften, eine große Rolle.[57]
Staatlicherseits wird dieses Modell durch massive Steuerbegünstigungen unterstützt, was zu einer weiten Verbreitung von Employee Buy-Outs – auch bei gesunden Unternehmen – führt.[58]

II. Institutional Buy-Out

Bei "Institutional Buy-Outs"[59] handelt es sich letztlich um ganz normale Unternehmenskäufe, da hier Personen in institutionalisierter Konzentration ein Unternehmen erwerben, zu dem sie in keiner rechtlichen Verbindung stehen. Historisch gesehen umschreibt dieser Terminus lediglich die Entwicklung hin zu einer zunehmenden Professionalisierung von Unternehmenskäufen in Deutschland durch das konzertierte Zusammenwirken von Beteiligungsfonds, Venture-Capital-Firmen[60], Investment-

---

56 Vgl. Freiman, H. A., Economics of Leveraged ESOPs, 1990, S. 51-55; Schanz, G., Mitarbeiterbeteiligung, Die Betriebswirtschaft 1987, S. 655-671; Wächter, H./Koch, T., ESOPs – Nur Vorteile?, 1992, Zeitschrift für Betriebswirtschaft 1992, S. 293-296.

57 In diesem Zusammenhang sei kurz auf die auch im deutschen Rechtsraum denkbare Gestaltung von Mitarbeiterkapitalbeteiligungen hingewiesen, die eine geringere Verschuldung des Unternehmens, eine stärkere Bindung an den Arbeitgeber ermöglichen und schließlich einen Beitrag zur privaten Altersvorsorge leisten können. Eine konzeptionelle Ausgestaltung, die insbesondere auf die "Unsicherheiten der gesetzlichen Rentenversicherung und die Probleme im Zusammenhang mit den herkömmlichen Formen betrieblicher *Altersversorgungen*" hinweist, entwickeln *Loritz/Wagner*. Vgl. Loritz/Wagner, Konzeptionshandbuch der steuerorientierten Kapitalanlage, Bd. 2, 1995, Rn. 587 ff.

58 Vgl. Herz, R. H./Abahoonie, E. J., Divestiture alternatives, M & A 1988, S. 46.

59 Hauschka, C. E., Aspekte des MBO, BB 1987, S. 2169 (2170); Lerbinger, Unternehmensakquisition, Die Bank 1986, S. 133 (134).

60 Hierbei handelt es sich um Kapitalanlagegesellschaften, die Risikokapital sammeln, um einem breiteren Anlegerkreis die Beteiligung an mittelständischen Unternehmen zu ermöglichen. Andererseits gründen auch Banken und Großkonzerne VC-Gesellschaften, um sich an kleineren hochtechnologisierten Unternehmen zu beteiligen, vgl. Peltzer, M., Finanzierung/MBO, DB 1987, S. 973 (974).

banken und anderen Spezialisten[61], die seit Ende der 1980er Jahre[62] zu verzeichnen ist.

III. Treuhand Buy-Out

Im Zusammenhang mit der wirtschaftlichen Bewältigung der deutschen Einheit hatte sich der Begriff der "Treuhand MBOs" herausgebildet[63], worunter man Unternehmensverkäufe in Ostdeutschland unter der Regie der Treuhandanstalt versteht, an denen auf Erwerberseite (auch) Manager des zu übernehmenden Unternehmens beteiligt sind.[64] Gleichwohl waren diese Unternehmensverkäufe in den seltensten Fällen typische "MBOs", da sie in der Regel sanierungsbedürftige Unternehmen betrafen und sich daher für die charakteristische MBO-Finanzierung, die auf das Vermögen der Ziel-Gesellschaft zugreift (LBO), nicht eigneten.[65]

IV. Management Buy-In

Schließlich ist der Terminus der "Management Buy-Ins" (MBI)[66] geläufig, die quasi das Spiegelbild zum MBO darstellen, insoweit als hier eine Gruppe von Managern, die gerade nicht zum übernommenen Unternehmen gehört, den Unternehmenskauf initiiert. Mangels exakter Kenntnisse der betrieblichen Strukturen, Unsicherheiten bezüglich der Bewertung der Aktiva und etwaiger Ressentiments der Beschäftigten ist ein MBI regelmäßig weitaus risikoreicher als der MBO.

---

61 Peltzer, M., Finanzierung/MBO, DB 1987, S. 973 (973); Holzapfel, H.-J./Pöllath, R., Unternehmenskauf in Recht und Praxis, 2000, Rn. 328; Otto, H.-J., MBO, 1997, § 26 Rn. 18.

62 Vgl. Holzapfel, H.-J./Pöllath, R., Unternehmenskauf in Recht und Praxis, 2000, Rn. 228; Otto, H.-J., MBO, 1997, § 26 Rn. 12 ff.; Hitschler, W., L(M)BOs, – Bestimmungsfaktoren, Finanzierung und rechtliche Gestaltungsmöglichkeiten in der BRD BB 1990, S. 1877 (1877). Die Bedeutung von MBOs für die Aktivitäten von Risikokapitalgesellschaften in Europa lässt sich an den von der European Venture Capital Association (EVCA) veröffentlichten Zahlen für das Jahr 2000 ablesen, in dem in Management Buy-Outs und Management Buy-Ins insgesamt 14,4 Milliarden Euro investiert wurden (SZ Nr. 136 vom 16./17.06.2001, S. 32). Europas größte Beteiligungsgesellschaft 3i investierte im Geschäftsjahr 2000/2001 rund ¼ der Mittel in MBOs (SZ Nr. 114 vom 18.05.2001, S. 29).

63 Otto, H.-J., MBO, 1997, § 26 Rn. 17; Frommann, H., Beteiligungskapital und Management-Buy-Out, ZfK 1993, S. 444 ff.

64 S. zur Gesamtproblematik, Schwien, B., MBO insb. in den neuen Bundesländern, 1995; Menth, P., Privatisierung durch MBO in den neuen Bundesländern, 1997; Kokalj, L./Hüfner, P., Management-Buy-out-Buy-in als Übernahmestrategie ostdeutscher Unternehmen, Stuttgart 1994; Laub, J. C., Management Buy-outs und management Buy-ins in den neuen Bundesländern, Diss. St. Gallen, Wiesbaden 1995.

65 Otto, H.-J., MBO, 1997, § 26, Rn. 17 f.

66 Otto, H.-J., MBO, 1997, § 26, Rn. 5; Ballwieser, W./Schmidt, H., MBOs I, 1990, S. 299 (300).

Daher sind reine MBIs relativ selten, treten aber in Mischformen mit MBOs auf, wenn das ehemalige Management beim Unternehmenserwerb durch externe Manager unterstützt wird, die zusätzliches Kapital oder notwendige Expertise beisteuern.[67]

Eine weitere terminologische Auffächerung möglicher Buy-Out-Spielarten ist zwar denkbar, scheint in der Sache jedoch nichts wesentlich Neues zu bringen und hat sich auch nicht durchgesetzt.[68]

Wesentlicher erscheint die Abgrenzung zum sogenannten "Takeover", also dem Mehrheitserwerb an börsennotierten Gesellschaften durch andere (institutionalisierte) Gruppen von Investoren oder andere Unternehmen in Form von häufig öffentlichen Übernahmeangeboten.[69]
Erfolgt die Übernahme im Einklang mit dem Management des Übernahmekandidaten so liegt ein "Friendly Takeover" vor, und das Angebot wird als "Tender Offer" bezeichnet.[70] Wehrt sich das betroffene Management gegen die Übernahme, wird diese als "Hostile Takeover" und das Übernahmeangebot als "Takeover-Bid" bezeichnet.[71]
Der bedeutende Unterschied zum MBO liegt zum einen in der Person des Erwerbers, zum anderen aber auch in der Zielsetzung zumindest des "Hostile Takeover", der sehr oft auf Zerschlagung der Ziel-Gesellschaft und gewinnbringender Weiterveräußerung ihrer Unternehmensteile gerichtet ist.[72] Aus letzterem Grund geht es im

---

67 Kropp, M., MBO, 1992, S. 16.

68 S. insoweit Hauschka, der den eigentlichen MBO noch weiter in einen "Mixed Management Buy-Out" – der im wesentlichen dem o.g. LMBO entspricht – und einen "Sponsored Management Buy-Out" – der den Fall eines durch die Konzernobergesellschaft finanzierten Konzern-Spin-Offs darstellen soll (aber auch allg. für Übernahmen mit finanzieller Unterstützung durch die Verkäuferseite gebräuchlich ist) – zerlegt (Hauschka, C. E., Aspekte des MBO, BB 1987, S. 2169 (2171, Fußnoten 24 und 25)).

69 Hitschler, W., L(M)BOs – Bestimmungsfaktoren, Finanzierung und rechtliche Gestaltungsmöglichkeiten in der BRD, BB 1990, S. 1877 (1877 f.).

70 Hitschler, W., L(M)BOs – Bestimmungsfaktoren, Finanzierung und rechtliche Gestaltungsmöglichkeiten in der BRD, BB 1990, S. 1877 (1877).

71 Hitschler, W., L(M)BOs – Bestimmungsfaktoren, Finanzierung und rechtliche Gestaltungsmöglichkeiten in der BRD, BB 1990, S. 1877 (1877 f.); Peltzer, M., Finanzierung/MBO, DB 1987, S. 973 (973); Hauschka, C. E., Aspekte des MBO, BB 1987, S. 2169 (2170), Fußnote 18; Stoll, J., Rechtliche Aspekte von "feindlichen" Übernahmen von Aktiengesellschaften, BB 1989, S. 301-304; Otto, H.-J., Übernahmeversuche bei Aktiengesellschaften und Strategien der Abwehr, DB 1988, Beilage 12, S. 2 ff.

72 Hitschler, W., L(M)BOs – Bestimmungsfaktoren, Finanzierung und rechtliche Gestaltungsmöglichkeiten in der BRD, BB 1990, S. 1877 (1878); Peltzer, M., Finanzierung/MBO, DB 1987, S. 973 (973).

Rahmen der "Takeover"-Problematik auch maßgeblich um die Entwicklung von Instrumenten zur Abwehr feindlicher Übernahmen.[73]
Derartige "Takeover" mit oft beträchtlichen Finanzvolumina werden häufig als LBO ausgestaltet.[74]

D. Verhältnis des (L)MBO zum Konzern-Spin-Off

Aus dem bisher Dargestellten lässt sich im Hinblick auf eine Abgrenzung der Begriffe "Spin Off", "Management Buy-Out" und "Leveraged Buy-Out" folgern, dass diese nicht jeweils dichotom zueinander stehen, sondern vielmehr in Kombinationen auftreten können.

So impliziert der Begriff des "Spin-Off-MBO" eine Kombination aus MBO und Spin Off und umschreibt die Ausgliederung (im untechnischen Sinne) eines Konzernunternehmens aus dem Mutterkonzern durch Veräußerung an ehemals leitende Angestellte dieses Konzernunternehmens.[75]
Dieses Vorgehen empfiehlt sich insbesondere, um eine Stärkung der etablierten Konkurrenz zu vermeiden und um tendenziell gute Beziehungen zum ausgegliederten Unternehmen zu nutzen (z.B. Optimierung von Einkaufs- oder Absatzpreisen).
Ferner verhindert der Spin-Off-MBO, dass außenstehende Konkurrenten an sensible Unternehmensdaten aus dem Konzerninneren gelangen. Denn häufig werden Konkurrenten nicht aus ernsthaftem Kaufinteresse mitbieten, sondern um so an Informationen über das zu veräußernde Unternehmen zu gelangen.
Auch im Hinblick auf den Erlös schneiden Spin-Off-MBOs tendenziell gut ab, da ein qualifiziertes und motiviertes Management-Team eine wesentliche Voraussetzung für den weiteren Geschäftserfolg des Unternehmens bildet und umgekehrt bei einer Veräußerung an Dritte die Gefahr besteht, dass das alte Management das Unternehmen verlässt (sog. "Management Walk-Out").[76] Schließlich gestalten sich auch Geschäftsanbahnung und –durchführung ungezwungener, da sich die Kaufvertragsparteien als Verhandlungspartner bereits kennen und einzuschätzen vermögen.

---

73 Michalski, L., Abwehrmechanismen gegen unfreundliche Übernahmeangebote („unfriendly takeovers") nach deutschem Aktienrecht, AG 1997, S. 152 ff.; Hauschka, C. E./Roth, G. H., Übernahmeangebote und deren Abwehr im deutschen Recht, AG 1988, S. 181 (182); Otto, H.-J., Übernahmeversuche bei Aktiengesellschaften und Strategien der Abwehr, DB 1988 Beilage 12/1988, S. 1 ff.

74 Hitschler, W., L(M)BOs – Bestimmungsfaktoren, Finanzierung und rechtliche Gestaltungsmöglichkeiten in der BRD, BB 1990, S. 1877 (1878).

75 Jüngstes Beispiel eines Spin-Off-MBO ist der Verkauf der KraussMaffei Verfahrenstechnik GmbH an deren ehemalige Manager durch den KraussMaffei Konzern (vgl. SZ Nr. 103 vom 5./6.05.2001, S. 24: "Chefs kaufen KraussMaffei-Tochter – Nach Management-Buy-Out wird die Sparte Verfahrenstechnik eine AG").

76 Vgl. Garthe, E. C., MBO Finanzierung, 1989, S. 6.

Dass ein MBO ebenso wie ein Spin Off der spezifischen Finanzierungsgestaltung des Leveraged Buy-Out zugänglich sein können und auch typischerweise als LBO ausgestaltet sein werden, wurde bereits erwähnt und ist ebenfalls auf den Spin-Off-MBO übertragbar.

§ 3 Herkunft und praktische Bedeutung

Die Etymologie des Begriffes Management Buy-Out ist nicht mehr mit letzter Gewissheit feststellbar. Die Bezeichnung entstand wohl 1979 als interner Arbeitsbegriff für Unternehmensverkäufe mit maßgeblicher Beteiligung ehemals leitender Angestellter in der ICFC-Abteilung (Industrial and Commercial Finance Corporation Division) der Investorengruppe 3i PLC (Investors in Industry).[77]

Zwar sind bereits in den 1970er Jahren in den U.S.A.[78] erste Ansätze von MBOs auszumachen, jedoch beginnt die eigentliche MBO-Welle erst in den 1980er Jahren zu rollen. Hintergrund dieser Entwicklung ist die parallele Entstehung eines ausgeprägten LBO-Marktes, der von der volkswirtschaftlichen Gesamtsituation in den U.S.A. profitierte: Die damalige Inflation ließ die nominalen Unternehmenswerte in die Höhe schießen und bedingte damit gleichzeitig ein Anwachsen stiller Reserven, die für die Besicherung von Fremdkapital zur Verfügung standen. Steuerliche Begünstigungen unterstützten diese Tendenz weiter.
Ferner verbesserte sich das Investitionsumfeld, da amerikanische Versicherungsgesellschaften zunehmend risikobereiter wurden und die konservative frühere Kreditsicherungspolitik einer cash-flow-orientierten Besicherung wich. Diesem Beispiel folgten schließlich Ende der 1970er Jahre auch die US-amerikanischen Banken.[79]
Ein zusätzlicher Impuls lag im sich verlangsamenden Wirtschaftswachstum: Mangels anderer Investitionsmöglichkeiten standen große Eigenkapital- und Kreditvolumina zur Verfügung.

Die Zahl der amerikanischen MBOs zwischen 1982-1986 wird dabei auf rund 1.000 geschätzt. Die MBOs auf dem US-Markt nahmen von 981 im Jahre 1975 über 3.489 im Jahre 1985 auf 4.026 im Jahre 1988 zu.[80]
Dabei betrugen die Transaktionsvolumina[81] 1982 noch insgesamt 1 Milliarde US-Dollar, während 1986 schon 20 Milliarden US Dollar umgesetzt wurden.

---

77 Vgl. Luippold, T. L., MBOs - Evaluation ihrer Einsatzmöglichkeiten in Deutschland, 1991, S. 13; Nemec, E., Management Buy-Outs, 1991, S. 24.

78 Insgesamt zur historischen Entwicklung in den U.S.A. vgl. Graebner, U. A. C., LBOs, 1991, S. 37 ff.; Heidemann, K., MBOs, 1994, S. 67 ff.; Ebke, W. F., Management Buy-Outs, 1991, S. 132 ff.; Harbers, N., Zivilrechtliche Probleme beim MBO, 1992, S. 14 ff.

79 Vgl. Crawford, E. K., Management Guide, 1987, S. 3.

80 Zahlen nach Ebke, W. F., Management Buy-Outs, ZHR 155 (1991), 132 (137).

81 Zahlen nach Fanselow, K.-H., MBO/Selbständigkeit, 1987, S. 696 (698).

Als vorläufiger Höhepunkt des MBO-/LBO-Booms gilt die Übernahme des Nahrungsmittelkonzerns RJR Nabisco durch die New Yorker LBO-Firma Kohlberg, Kravis, Roberts & Co. (KKR)[82] im Jahre 1988 für rund 25 Milliarden US Dollar.[83] Die MBO/LBO-Transaktionen waren dabei zugleich auf den parallel entstandenen Markt für Risikoanleihen (so genannte "Junk Bonds"[84]) angewiesen. Dieser Junk-Bonds-Markt brach allerdings im Jahre 1989 zusammen, als sich für eine LBO-Finanzierung geeignete Übernahmekandidaten in nicht mehr ausreichender Zahl fanden und teils unsolide, zu riskante Finanzierungen in teils ungeeigneten, insbesondere zyklischen Branchen angewandt wurden.

Zwar hat sich mittlerweile der Markt für Risikoanleihen in den U.S.A. wieder erholt, doch ist der MBO/LBO-Markt nicht synchron mitgezogen, womit jedoch beim Überschreiten des konjunkturellen Aufschwungs in den U.S.A. zu rechnen sein dürfte, da mit nachlassendem Investitionsbedarf zugleich wieder mehr Unternehmen die für einen LBO notwendigen Kennziffern erfüllen und damit auch der MBO-Markt beflügelt werden wird.[85]
Ausgehend von den U.S.A. fand die Konstruktion des MBO auch in Europa seit Anfang der 1980er Jahre Verbreitung. Eine Vorreiterrolle übernahm Großbritannien, wo mit steigender Tendenz zwischen 1979-1987 insgesamt 1.845 MBOs mit einem Gesamtvolumen von rund 6,641 Milliarden Pfund zu verzeichnen waren.[86] Im Zeitraum von 1980-1990 wurden insgesamt 3.610 MBOs registriert.[87]
Bezogen auf das Jahr 1985 lagen dabei mehr als 50 % der Transaktionen bei einem Volumen von unter 1 Million Pfund und ungefähr 38 % zwischen 1 und 10 Millionen Pfund.[88]
Nach einem Gesamttransaktionsvolumen von 7,5 Milliarden Pfund im Jahre 1988 sanken Zahl und Gesamtwert der MBOs wieder ab, und es wurden zuletzt für 1993 insgesamt 477 MBOs im Gesamtwert von 2,85 Milliarden Pfund registriert.[89]

---

82 Der ehemalige Senior Partner von KKR, Jerome Kohlberg jr. gilt als Erfinder der Finanzierungstechnik des LBO, s. Otto, H.-J., MBO, 1997, § 26 Rn. 8.

83 Die Darstellung lehnt sich im wesentlichen an Otto, H.-J., MBO, 1997, § 26 Rn. 8 ff. an.

84 Bei "Junk Bonds" handelt es sich um Schuldverschreibungen mit einem überdurchschnittlich hohen Risiko bezogen auf standardisierte Bonitätsbeurteilungen - etwa durch "Moody's" oder "Standard & Poor's" – und einer besonders hohen Rendite. Vgl. Otto, H.-J., MBO, 1997, § 26, Rn. 68 m. w. Nachw.

85 Otto, H.-J., MBO, 1997, § 26 Rn. 10 a. E.

86 Zahlen nach Thompson, R. S., Trends in MBOs, S. 5 (15).

87 Hoffmann, P./Ramke, R., MBO in der Bundesrepublik Deutschland, 2. Auflage, Frankfurt a.M. 1992.

88 Zahlen nach Ormerod, J./Burns, I., Raising Venture Capital in the UK, 1988, S. 45 ff.

89 Europe Buyout Review 1994, S. iv.

In Deutschland verzeichnet der Europe Buyout Review für den Zeitraum von 1980-1993 mit stetig steigender Tendenz insgesamt 278 MBOs. Dabei wiesen die MBOs ein jährliches Gesamttransaktionsvolumen von ca. 1,5 Milliarden DM (Jahr 1989), 890 Millionen DM (1990), 680 Millionen DM (1991), 980 Millionen DM (1992) und 930 Millionen DM (1993) auf.
In den letzten Jahren ist eine spürbare Aufwärtsentwicklung mit sich stabilisierenden Gesamtzahlen von MBOs auf deutlich höherem Niveau festzustellen.[90]

Unterstützt wird diese Entwicklung durch das starke Anwachsen des Investment-Banking-Geschäfts in Deutschland und der damit verbundenen Bereitschaft, in großem Maße Eigen- und Fremdkapital – auch aus ausländischen Quellen - für Investitionen vorzuhalten. Prominente Beispiele der Hinwendung deutscher Großbanken zur Investment-Banking-Sparte sind die Übernahmen von Morgan Grenfell und Bankers Trust durch die Deutsche Bank sowie von Kleinworth-Benson und – jüngst – Wasserstein-Perella durch die Dresdner Bank. Nach überwiegender Meinung spielt die Positionierung im Investment-Banking sogar eine tragende Rolle für die künftige Gesamtentwicklung der deutschen Großbanken.[91]
In die gleiche Richtung weist auch die zunehmende Flexibilisierung des europäischen und deutschen Kapitalmarktes, die sich an einer Vielzahl neuer Venture-Capital- sowie Private-Equity-Firmen verdeutlicht.[92] So stellen Finanzinvestoren dem europäischen Markt und damit auch Deutschland auf Grund günstiger Faktoren rund 50 Milliarden Dollar Beteiligungskapital zur Verfügung.[93] In der Regel versuchen die vor allem in den deutschen Markt drängenden anglo-amerikanischen Investment-Fonds Firmen im Wege von MBOs zu kaufen, strategisch - beispielsweise über passende Zukäufe - weiter zu entwickeln und nach einigen Jahren mit Gewinn wieder abzustoßen.[94]

---

90 S. Otto, H.-J., MBO, 1997, § 26, Rn. 14; vgl. als weiteren Anhaltspunkt für die deutschen MBO-Aktivitäten auch die Investitionsvolumina der Beteiligungsgesellschaften (unt., Fußnoten 92, 93).

91 Vgl. SZ Nr. 46 vom 24./25.02. 2001, S. 32.

92 Einen Anhaltspunkt geben die vom Bundesverband Deutscher Kapitalbeteiligungsgesellschaften (BVK) veröffentlichten Jahresstatistiken: Das verfügbare Kapital der damals 60 Mitglieder betrug im Jahr 1990 noch 3,9 Mrd. DM (BVK–Statistik 1990, S. 1), im Jahr 1995 verteilten sich bereits 8,7 Mrd. DM auf 79 Mitglieder (BVK-Statistik 1995, S. 1). Im Jahr 1999 verzeichnete der BVK 138 Mitglieder mit einem verfügbaren Kapital von 25,1 Mrd. DM (BVK-Statistik 1999, S. 53), im Jahr 2000 insgesamt 221 Geschäftsstellen der BVK-Mitglieder und ein verfügbares Kapital von 36,4 Mrd. DM (<http://www.bvk-ev.de/fakten00/fakten.cfm>).

93 Vgl. FAZ Nr. 202 vom 31.08.2000, S. 33. Die BVK geht für das Jahr 1999 von einem Gesamtportfolio der Beteiligungsbranche auf dem deutschen Markt von 7,9 Mrd. DM aus. BVK Nachrichten – Special vom 05.07.2000, S. 1.

94 Vgl. FAZ Nr. 202 vom 31.08.2000, S. 33.

Parallel zu diesen Entwicklungslinien diversifizieren sich auch die Finanzierungsinstrumente, die zur Ermöglichung und Unterstützung von MBOs zur Verfügung stehen.

Der deutsche Gesetzgeber hat durch die Ergänzung des § 54a Versicherungsaufsichtsgesetz (VAG) im Jahre 1986[95] Versicherungsgesellschaften erlaubt, auch ihr im Sinne von § 54a I VAG gebundenes Vermögen in nicht börsennotierte Aktien oder GmbH-Anteile anzulegen und damit den Zugang zur Finanzierung von MBOs erweitert.
Schließlich wurde durch Gesetz vom 17.12.1990[96] die staatliche Genehmigungspflicht nach §§ 795 bzw. 808a BGB von Inhaberschuldverschreibungen im Sinne der §§ 793 ff. BGB aufgehoben und damit auch dem deutschen Finanzmarkt ein den amerikanischen Junk Bonds, also bonitätsmäßig schlecht eingestuften Schuldverschreibungen, vergleichbares Finanzierungsinstrument zur Verfügung gestellt, was die Generierung von Fremdkapital zusätzlich vereinfacht hat.

Ein weiterer Gesichtspunkt, der zu einem Anwachsen der MBO-Aktivitäten führte, ist die steigende Risikobereitschaft des deutschen Anlegermarktes und deutscher Manager.[97]
Verglichen mit dem MBO-Markt setzte die Tendenz zu Konzern-Spin-Offs weitaus langsamer ein. So konstatierte *Otto* noch im Jahre 1997[98], dass deutsche Konzerne im allgemeinen (noch) nicht bereit seien, Unternehmensbereiche, die nicht zum Kerngeschäft gehören, auszugliedern und dass allenfalls in Krisensituationen Spin Offs anzutreffen seien. Als Beispiele führte er die Verkäufe bei FAG Kugelfischer, der Metallgesellschaft sowie dem fusionierten Krupp-Konzern an. Bereits im Jahre 1999 stellte jedoch derselbe Autor fest, dass "(s)eit nunmehr ca. zwei Jahren (...) Verkaufsprogramme großer deutscher Konzerne zu einer erheblichen Belebung des deutschen Buy-Out-Marktes geführt (haben), bei tendenziell steigenden Transaktionsvolumina."[99]

Belegt wird diese Aussage durch eine ganze Reihe gewichtiger Konzern-Spin-Offs: So veräußerte Siemens seine Sirona Dentalsysteme für ca. 700 bis 800 Mio. DM sowie sein I-Center für ca. 500 bis 700 Mio. DM. Hoechst veräußerte Vianova für ca. 900 Mio. DM und Kalle·Nalo für ca. 170 Mio. DM. Thyssen führte einen Konzern-Spin-Off mit seiner Tochtergesellschaft Thyssen Schulte Bautechnik (Volumen: ca. 800 Mio. DM) durch und Schmalbach Lubeca/Péchiney veräußerte Impress Metal

95 S. BGBl. I 1985, S. 2488.

96 BGBl. I 1990, S. 2839.

97 Vgl. FAZ Nr. 202 vom 31.08.2000, S. 33.

98 Otto, H.-J., MBO, 1997, § 26, Rn. 16.

99 Otto, H.-J., Buy-Out-Gestaltungen bei Konzern-spin offs mittels "umgekehrtem Kombinationsmodell", AG 1999, S. 173 (173).

Packaging für ca. 1,3 Mrd. DM.[100] Die Eon AG trennte sich von Veba Electronics, Schmalbach-Lubeca und Gerresheimer Glas.[101] Die Degussa AG veräußerte DMC^2 für 2,35 Mrd. DM.[102]

Zwar sind dies nur die prominentesten und spektakulärsten Beispiele vergangener Konzern-Spin-Offs, doch ist die Tendenz zur wachsenden Bedeutung dieser Form der Desinvestition deutlich.[103]
Der Gesamtanteil der MBOs an den Konzern-Spin-Offs lässt sich mangels aussagekräftiger Langzeit-Statistiken nur schwer herausfiltern.
Die Schätzungen gehen für die U.S.A., bezogen auf den Zeitraum der 1980er Jahre, von ca. 35 % bis 40 % und für Großbritannien von etwa 30 % aus. In Deutschland dürfte der Anteil der Spin-Off-MBOs ungefähr bei 40 % bis 50 % liegen. Diese Zahl wird auch von der empirischen Forschung der Betriebswirtschaftslehre bestätigt.[104]

---

100 Otto, H.-J., Buy-Out-Gestaltungen bei Konzern-spin offs mittels "umgekehrtem Kombinationsmodell", AG 1999, S. 173 (173, Fußnote 3).

101 Vgl. FAZ Nr. 202 vom 31.08.2000, S. 33.

102 Vgl. SZ Nr. 95 vom 25.04.2001, S. 32.

103 So sprechen *Herden* und *Ficke* von Goldman Sachs & Co. von "eine(r) deutliche(n) Zunahme (...) von Restrukturierungsaktivitäten, insbesondere Spin-offs" im Jahr 2000. Zurückzuführen sei "dies auf die strategische Neuausrichtung vieler Unternehmen, die oftmals eine Konzentration auf die Kerngeschäftsfelder mit sich bringt. Mit AT&T, British Telecom und Worldcom finden sich insbesondere Telekom-Unternehmen unter den jüngsten Beispielen für Restrukturierungen." (M&A Review 2/2001, S. 59).

104 Vgl. zu diesen Zahlen Vest, P., Verkauf von Konzernunternehmen, 1995, S. 22 m. w. Nachw.

Kapitel II Aufgabenstellung

Nach Darstellung der vornehmlich terminologischen Grundlagen soll im zweiten Kapitel zum einen die Themenstellung der vorliegenden Arbeit konkretisiert werden. Es soll darüber hinaus erläutert werden, warum mit Blick auf die wirtschaftliche Praxis die gewählte Eingrenzung sinnvoll erscheint. Ferner wird eine Arbeitshypothese aufgestellt, die als "Leitfaden" und im Verlauf der Arbeit zu entwickelndes Zielobjekt dienen soll.

§ 1 Thematische Eingrenzung

Schon anhand des überblicksweise dargestellten Forschungsstandes wird ersichtlich, dass der Themenkomplex des MBO/LBO sowie des Konzern-Spin-Off eine Vielzahl unterschiedlichster wirtschafts-, finanz- und rechtswissenschaftlicher Problemstellungen aufwirft, die den Rahmen einer Dissertation sprengen würden.
Die vorliegende Arbeit beschränkt sich daher sowohl im Hinblick auf die möglichen an der Buy Out-Konstellation beteiligten Rechtsträger als auch hinsichtlich der daraus resultierenden denkbaren Probleme.

Die zu untersuchende Konstellation ist der so genannte Spin-Off-MBO, also der Auskauf eines rechtlich selbständigen Tochterunternehmens aus dem Konzernverbund durch das ehemalige Management zwecks selbständiger Fortführung des Unternehmens. Der besondere Reiz, den diese Konstellation ausübt, liegt vor allem im großen Anteil von ca. 40 % bis 50 %, den die Spin-Off-MBOs an der Gesamtzahl der MBOs in Deutschland ausmachen[105].
Verglichen mit der herausragenden Praxisrelevanz hat die juristische MBO-Forschung dieses Thema eher vernachlässigt, und es finden sich dazu hauptsächlich Arbeiten aus dem betriebswirtschaftlichen Bereich.

Innerhalb der Spin-Off-MBOs soll der Fall untersucht werden, dass die Konzernobergesellschaft in Gestalt einer AG ein Tochterunternehmen in der Rechtsform einer GmbH[106] veräußert. Auf Grund der großen Popularität, der sich die Rechtsform der GmbH erfreut und – umgekehrt – der relativ schwachen Durchdringung der

105 S. dazu Vest, P., Verkauf von Konzernunternehmen, 1995, S. 22 m. w. Nachw.

106 Wird die Konstruktion einer rechtlich selbständigen Tochtergesellschaft gewählt, wird in der Regel eine *GmbH* konzerniert. Vgl. Schwarz, S., Die GmbH als Konzerntochtergesellschaft. Recht, Steuer, Betriebswirtschaft, 1988, S. 21 f. sowie 214 f.

deutschen Unternehmenslandschaft mit Aktiengesellschaften[107], ist eine Konzentration auf die Konstellation mit einer GmbH als Ziel-Gesellschaft schon durch praktische Erwägungen gerechtfertigt. Ein typischerweise stark fremdfinanzierter MBO unter Beteiligung einer AG als Ziel-Gesellschaft ist vor allem wegen der besonders strengen Kapitalbindungsvoraussetzungen des Aktienrechts als seltene Ausnahme einzustufen[108].
Dementsprechend kommt auch die aktuellste empirische Untersuchung[109] zum MBO zu einer Rechtsformverteilung von fast 55 % zugunsten der GmbH.

Es sei jedoch an dieser Stelle darauf hingewiesen, dass sich bei einer AG als Ziel-Gesellschaft sowohl in gesellschaftsrechtlicher als auch in steuerrechtlicher Hinsicht analoge Probleme und Gestaltungsfragen stellen, die sich aus der verwandten Struktur von GmbH und AG als körperschaftlich organisierte Kapitalgesellschaften ergeben.[110] Die darüber hinaus gehenden interessanten Problemkomplexe, die sich bei einer AG mit breit gestreutem Aktionärskreis als Ziel-Gesellschaft zeigen, stellen sich im Konzernverbund typischerweise nicht. Denn die Konzernobergesellschaft hält hier 100 % der Anteile, so dass weder Schwierigkeiten im Hinblick auf qualifizierte Mehrheiten, die für MBO-typische Umstrukturierungsmaßnahmen nötig sind (vgl. § 179a AktG, §§ 65, 233 Abs. 2, 240 UmwG), auftreten, noch Probleme bezüglich des die Aktionäre schützenden Gleichbehandlungsgrundsatzes denkbar sind, denen häufig durch Beachtung besonderer Verfahrensvorschriften[111] und die Unterbreitung eines öffentlichen Übernahmeangebotes Rechnung getragen wird.

In rechtlicher Hinsicht fokussiert die vorliegende Arbeit gesellschafts- und steuerrechtliche Gestaltungsfragen, die sich bei einem Spin-Off-MBO den beteiligten Parteien stellen und ihre Entscheidungen maßgeblich beeinflussen werden.

---

107 Trotz des am 10.8.1994 in Kraft getretenen "Gesetz(es) für kleine Aktiengesellschaften und zur Deregulierung im Aktienrecht", das insbesondere für den Mittelstand die Rechtsform der AG attraktiver machen sollte, ist die Verteilung extrem "GmbH-lastig". *Hirte* geht für das Jahr 1998 von über 800.000 GmbHs gegenüber nur 4.000 AGs im Jahr 1996 aus (vgl. Hirte, H., Kapitalgesellschaftsrecht, 1999, Rn. 42, 44). *Hansen* geht für Anfang 2001 davon aus, "daß die Anzahl aller GmbH inzwischen deutlich mehr als 825.000 beträgt" (Hansen, H., Fast die Hälfte der steuerpflichtigen Umsätze entfallen auf GmbH und GmbH & Co. KG, GmbHR 2001, S. 286 (288)). Für das Jahr 1999 ist von einer Zahl von ca. 8.100 AGs auszugehen. Dass exakte Zahlen nicht ermittelt werden können, liegt daran, dass das Statistische Bundesamt Erhebungen über Bestand und Veränderungen bei den Kapitalgesellschaften nicht mehr durchführt und daher nur noch Hochrechnungen aus den Erhebungen zur Umsatzsteuer möglich sind.

108 S. dazu Kessel, B., Leveraged Buy-out der Aktiengesellschaft, 1998, S. 3; Nussbaum, P., Besicherung durch die Aktiva der Zielgesellschaft beim Leveraged Buyout, 1995, S. 9.

109 Jakoby, S., Erfolgsfaktoren von Management Buyouts in Deutschland, 2000, S. 244.

110 Vgl. a. den Hinweis bei Otto, H.-J., MBO, 1997, Rn. 195.

111 Vgl. Otto, H.-J., MBO, 1997, § 26 Rn. 196 f.

Nur am Rande wird die Problematik thematisiert, die sich für die Erwerberseite aus ihrer Doppelrolle als außenstehende Unternehmenskäufer einerseits und als die Ziel-Gesellschaft noch leitende Manager andererseits ergibt.
Die Frage der Finanzierungstechnik eines regelmäßig als LBO ausgestalteten MBO wird nur insoweit angeschnitten, als sie für das Verständnis gesellschafts- oder steuerrechtlicher Problemstellungen relevant wird.

§ 2 Arbeitshypothese

Die Arbeitshypothese, die dieser Arbeit zugrunde liegt, hat die wirtschaftliche Optimierung des Management Buy-Out beim Konzern-Spin-Off zum Ziel. Sie setzt an den im Rahmen des Spin-Off-MBO relevanten vier Schaltstellen an: Dem Interesse des Veräußerers an einem Verkauf der Gesellschaftsanteile statt der einzelnen Vermögensgegenstände und den Interessen des Erwerbers, der den Zinsabzug auf Grund einer hohen Fremdfinanzierung sicherstellen möchte, der möglichst weitgehend auf das Vermögen der Ziel-Gesellschaft zugreifen will, und der die Kaufpreissumme in steuerlich nutzbares Abschreibungsvolumen zu transformieren sucht.

Die einzelnen Problemkreise werden daher nicht nur herausgearbeitet, sondern aus den diskutierten Lösungsansätzen wird dasjenige Modell herausgefiltert, das der Interessenlage des Spin-Off-MBO am stärksten entspricht. Diese Darstellung bezieht insbesondere die gravierenden Änderungen, die sich infolge des am 23.10.2000 neugefassten (Steuersenkungsgesetz[112]) und des am 20.12.2000 (Steuersenkungsergänzungsgesetz[113]) überarbeiteten Körperschaftsteuergesetzes ergeben haben, mit ein. Insofern werden die bis dato gültigen Modelle mit der neuen Rechtslage konfrontiert, und es wird untersucht, ob und ab welchem Zeitpunkt infolge der Unternehmenssteuerreform 2001 die bisherigen Modelle sinnvollerweise nicht mehr anwendbar sind.

Die Arbeit wird beschlossen durch ein Modell des Spin-Off-MBO, das die erarbeiteten Ergebnisse zu den einschlägigen Problemkreisen auf Grundlage der Unternehmenssteuerreform 2001 zusammenführt. In diesem Modell kristallisiert sich die Arbeitshypothese, die im Hinblick auf die oben angesprochenen vier Schaltstellen des Spin-Off-MBO von folgenden Annahmen ausgeht: Das Interesse des Verkäufers an einem share deal ist erstens infolge des Steuersenkungsgesetzes weiter gewachsen, da nun zu den nichtsteuerlichen auch erhebliche steuerrechtliche Erwägungen hinzugetreten sind.
Zweitens hat die Steuerbefreiung so genannter Schachteldividenden zur neuen Problematik des Zinsabzugsverbotes auf Ebene der Erwerber-Gesellschaft geführt, die

112 BGBl. I 2000, S. 1433.
113 BGBl. I 2000, S. 1850.

jedoch durch ein Modell, das sich der körperschaftsteuerlichen Organschaft bedient, entschärft werden kann.
Drittens hat die Erwerber-Gesellschaft beim Zugriff auf das Vermögen der Ziel-Gesellschaft die Grenzen der GmbH-rechtlichen Kapitalerhaltungsvorschriften der §§ 30, 31 GmbHG einzuhalten, wobei zwischen der Besicherung und Darlehensausreichung durch die Ziel-GmbH zu differenzieren ist.
Viertens müssen angesichts der Änderungen durch das Steuersenkungsgesetz neue Modelle entwickelt werden, die eine Transformation des zunächst nicht abschreibungsfähigen Kaufpreises in aktives Abschreibungssubstrat ermöglichen. Als ein nach der Unternehmenssteuerreform 2001 gangbarer Weg kommt hier das Down-Stream-Merger-Modell in Betracht.

Kapitel III Parteien des Spin-Off-MBO

§ 1 Allgemeines

Bevor auf die einschlägigen konkreten Buy-Out-Gestaltungen eingegangen wird, sollen zunächst Veräußerer- und Erwerberseite mit ihren unterschiedlichen Interessen und Pflichten dargestellt werden, um so einen besseren Einblick in die Zwänge und Möglichkeiten zu gewinnen, die über die jeweiligen Gestaltungsalternativen zu berücksichtigen sind.

Rein technisch wird ein Spin-Off-MBO mit einem ersten Informationsgespräch eingeleitet, das die Veräußerungsbereitschaft der Konzernleitung klärt, sofern nicht die Durchführung des MBO ohnehin von der Konzernleitung initiiert wurde, wobei in diesem Fall dem Management des zu veräußernden Unternehmens diese Desinvestitionsabsicht typischerweise bekannt sein wird.[114]
Ein solches Vorgespräch empfiehlt sich insbesondere, um den charakteristischen Interessenkonflikt der Manager zwischen ihren dienstvertraglichen[115] Treuepflichten einerseits und andererseits ihrer persönlichen Motivation, einen möglichst niedrigen Kaufpreis auszuhandeln, zu entschärfen.

Da der MBO in der Regel stark fremdfinanziert sein wird und außenstehende Investoren ihre Finanzierungsentscheidung von den Kennziffern des Unternehmens abhängig machen werden, ist eine möglichst frühzeitige Absprache seitens der Manager mit der veräußernden Konzernleitung notwendig, um den dienstvertraglichen Verschwiegenheitspflichten zu genügen, die eine durch persönliche Gründe motivierte Weitergabe von Unternehmensinterna verbieten. Diese Pflicht zur Verschwiegenheit leitet sich aus der Treuepflicht des Geschäftsführers ab und ist im GmbHG – anders als in § 93 Abs. 1 Satz 2 AktG - zwar nicht explizit normiert, folgt jedoch mittelbar aus § 85 Abs. 1 GmbHG.[116]

---

114 Vgl. allg. zum typischen Ablauf eines Unternehmenskaufs Picot, G. (Hrsg.), Unternehmenskauf und Restrukturierung, 1998, S. 16 ff.

115 Obwohl im folgenden allgemein vom "Management" die Rede ist, soll hier die Pflichtenstellung der (Ziel-)GmbH-Geschäftsführer zugrundegelegt werden. Diese sind zwar wegen § 37 I GmbHG an die Weisungen der Gesellschafterversammlung gebunden, werden jedoch trotzdem nicht als Arbeitnehmer im Sinne von § 5 Abs. 1 Satz 1 ArbGG eingeordnet, da sich das Weisungsrecht der Gesellschafterversammlung nicht aus dem Anstellungsverhältnis, sondern aus der Organstellung der Gesellschafterversammlung ableitet. Ferner stünde eine Qualifizierung als Arbeitnehmer auch im Widerspruch zur gerichtlichen und außergerichtlichen Vertretungsbefugnis der GmbH-Geschäftsführer und ihrer mit Arbeitgeberfunktion ausgestalteten Repräsentantenstellung im Unternehmen (vgl. a. § 5 Abs. 1 Satz 3 ArbGG). S. dazu Zöllner, W./Loritz, K.-G., Arbeitsrecht, 1998, S. 47.

116 Vgl. Baumbach/Hueck-Zöllner, GmbHG, § 35 Rn. 21; Lutter/Hommelhoff, GmbHG, § 43 Rn. 8 f.; Raiser, T., Recht der Kapitalgesellschaften, § 32 Rn. 60 a. E. (S. 389).

Auf Grund der vertraglichen Primärpflicht der Manager, die versprochenen Dienste zu erbringen, und der Tatsache, dass sich ein Unternehmenskauf in der Regel nicht in der verbleibenden Freizeit abwickeln lässt, ist es ferner empfehlenswert, möglichst frühzeitig erfahrene externe Berater beizuziehen.

In den eigentlichen Vertragsverhandlungen werden sodann Leistungs- und Gegenleistungspflichten festgelegt sowie mögliche Risikokonstellationen geregelt. Neben den essentialia negotii bietet es sich auch an, bereits im Vorfeld Fragen der Haftung von Erwerber und Veräußerer zu klären[117].
Im Hinblick auf die Vorgehensweise empfiehlt sich im übrigen vor Aufnahme der Vertragsverhandlungen die Abgabe eines so genannten "Letter of Intent"[118], also einer einseitigen oder gegenseitigen, rechtlich unverbindlichen Absichtserklärung, um den Kreis potentieller Konkurrenten klein zu halten und im Interesse einer umfassenderen Geheimhaltungs- und Verhandlungssicherheit.[119]

Die Verhandlungsdauer eines MBO hängt in der Regel nicht nur unmittelbar von den Kaufvertragsparteien ab, sondern wird zumindest mittelbar auch durch die Entscheidungslaufzeiten der außenstehenden Investoren und Fremdkapitalgeber bzw. unter Umständen zusätzlich konkurrierender Mitbieter geprägt.
Zeitdruck auf Veräußerer- oder Erwerberseite führt häufig zu nachteiligen Verhandlungsergebnissen. Umgekehrt gefährdet eine zu lange Verhandlungsdauer die Informationspolitik des Verkaufs, weshalb teils sogar zu einer Verhandlungsdauer von nur drei Monaten als oberem Zeitlimit geraten wird.[120]
Die tatsächliche Verhandlungsdauer wird allerdings im Durchschnitt länger sein. Als Anhaltspunkt können – mangels aktuellerer Aufstellungen – zwei Studien für den angloamerikanischen[121] und den deutschen[122] Wirtschaftsraum herangezogen werden. Danach wird in den U.S.A. durchschnittlich 6,3 Monate und in Großbritannien vier Monate verhandelt. In Deutschland beträgt die Verhandlungsdauer im Mittel über sechs Monate.

---

117 Ferner werden im Kaufvertrag auch Vereinbarungen über den Unternehmenswert, den Beteiligungsumfang, die Transaktionsstruktur und –finanzierung sowie den Zahlungsmodus etc. getroffen. Vgl. ausführlich dazu Berens, W./Mertes, M./Strauch, J., Unternehmensakquisitionen, 1999, S. 21 (58 f.); Blumentritt, J., Unternehmensveräußerungen durch den Konzern, 1993, S. 242.

118 S. dazu Lütjen, G., Die Verhandlung mit dem Verkäufer, 1992, S. 135 (138); Beisel, W./Klumpp, H.-H., Der Unternehmenskauf, 1996, Rn. 50 ff.

119 Vgl. a. insgesamt zum Unternehmenskaufvertrag, Jung, W., Praxis des Unternehmenskaufs, 1993, S. 354 ff.

120 Vgl. Schwenkedel, S., Management Buyout – ein neues Geschäftsfeld für Banken, 1991, S. 66.

121 Hunt, J./Lees, S./Grumbar, J./Vivian, P. D., Acquisitions – The Human Factor, 1987, S. 38.

122 Möller, W.-P., Der Erfolg von Unternehmenszusammenschlüssen, 1983, S. 228 f.

Ferner ist auch die Sondersituation des übernehmenden Managements im Hinblick auf die Verhandlungsphase zu berücksichtigen: Da die Manager in den allermeisten Fällen auch noch während der Verhandlungsdauer in das Tagesgeschäft eingespannt sein werden, stehen sie unter einer doppelten Belastung, was negativ auf das Verhandlungsergebnis durchschlagen kann, insbesondere wenn sie – entgegen ihren dienstvertraglichen Pflichten - während ihrer Arbeitszeit verhandeln.[123]

A. Bestimmungsfaktoren auf Seiten des Veräußerers

I. Motivationslage

Zwar wurden bereits im Rahmen der Vorstellung des Begriffs des Konzern-Spin-Offs denkbare Anlässe und Motivationen auf Seiten der veräußernden Konzernobergesellschaft behandelt, doch bietet es sich an, die typologisch dargestellten Desinvestitionsentscheidungen an dieser Stelle zu konkretisieren, um ein genauer konturiertes Bild des Veräußerers zu entwerfen, dessen unterschiedliche Facetten auch die rechtlichen Gestaltungen beeinflussen können.

Spin-Off-MBOs können theoretisch auch als Instrument der Unternehmensnachfolge fungieren. Der praktische Anwendungsbereich dieser Fallgruppe ist allerdings denkbar gering, da der MBO zwecks Nachfolgeregelung hauptsächlich in kleineren Familienunternehmen anzutreffen ist, wo sich häufig der Familiengründer aus Alters- oder persönlichen Gründen aus dem Berufsleben zurückziehen will, aber keinen geeigneten Nachfolger aus der eigenen Familie hat.
In derartigen Konstellationen bietet es sich nicht zuletzt aus emotionalen Gründen an, das eigene Unternehmen einem engen Mitarbeiter im Wege eines MBO zu überantworten.

Beim typischen Konzern-Spin-Off steht dagegen ausschließlich die langfristige Unternehmenswert- und Anteilswertmaximierung im Vordergrund. Die Popularität der Börse und die wachsende Bedeutung des "shareholder value" haben diese Konzentration weiter unterstützt.

Ein Spin-Off-MBO bezweckt in vielen Fällen den Abbau der Unternehmensgröße bei gleichzeitiger Steigerung der Effizienz. Die heutige Tendenz zu Spin Offs erklärt sich historisch als Gegenbewegung zu der überholten Einschätzung, dass vor allem Größenvorteilen ("economies of scale"), der Generierung von Marktmacht und der Risikominimierung infolge von Diversifikation eine signifikante Bedeutung zukomme.[124] Befördert wurde diese Einschätzung zusätzlich durch das Macht- und

123 Vgl. Bamberger, B., Der Erfolg von Unternehmensakquisitionen in Deutschland, 1994, S. 238.

124 Vgl. Kamien, M. I./Schwartz, N. L., Market structure and innovation, 1982, S. 22 ff.

Prestigestreben der agierenden Manager, das sich vielfach am Hang zur Unternehmensvergrößerung ablesen lässt.[125]
Tatsächlich sinken die Vorteile, die reine Unternehmensgröße in sich birgt, auf Grund der neuen Technologien, der aus Kostengründen reduzierten Fertigungstiefe und der globalisierten Kapitalmärkte. Ferner greift der Ansatz, Synergieeffekte nutzen zu wollen, häufig zu kurz, da die konsekutiven Management- und Organisationsprobleme nicht ausreichend gelöst werden können, bzw. weil eine konsequente Umsetzung der intendierten Synergieeffekte in keinem Verhältnis zu ihren Auswirkungen steht. Dies hängt häufig damit zusammen, dass sich finanzielle Synergien (Erhöhung der Verschuldungskapazität, Vorteile am Kapitalmarkt, Ausgleichsmöglichkeiten hinsichtlich Devisen und Außenständen, Steuervorteile) zwar relativ einfach darstellen lassen, andererseits aber auch kein allzu großes Einsparungspotential mit sich bringen. Umgekehrt implizieren funktionale oder organisatorische Synergien ein hohes Potential. Sie lassen sich allerdings nur durch kostenintensive und schwer einschätzbare Maßnahmen realisieren.[126]
Diese negative Bewertung wird durch die "klassischen" Nachteile inflatorisch verstärkt, die ein großes Unternehmen zu bewältigen hat: Lange und dadurch auch anfälligere Kommunikations- und Entscheidungswege mindern die Flexibilität. Ein überdimensionierter "Overhead" verursacht Kosten, ist zu bürokratisch und träge und kann nur bedingt notwendige Verantwortungs- und Kontrollebenen strukturieren.[127]
Insbesondere durch die Akquisition fremder Unternehmen entstehen Reibungsverluste infolge von Implementierungsproblemen und auf Grund der Schwierigkeiten, unterschiedliche Unternehmenskulturen zusammenzuführen. Die Identifikation der Mitarbeiter mit "ihrem" Unternehmen steht regelmäßig indirekt proportional zur Unternehmensgröße.[128]
Ferner verkraften Unternehmen externes Wachstum tendenziell schlechter als ein Wachstum von innen heraus. Dies belegen auch die Zahlen einer Studie[129], wonach Akquisitionen, die in neuen Teilbereichen getätigt werden, zu mehr als 50 %, solche in ganz neuen Geschäftsfeldern zu über
60 % und solche in völlig unabhängige Bereiche sogar zu 74 % später wieder abgestoßen werden.

Schließlich ging auch die Hoffnung, durch ein diversifiziertes Portfolio Risiko zu streuen und daher für den Kapitalmarkt an Attraktivität zu gewinnen, in den seltensten Fällen auf. Der Kapitalanleger hat nämlich insofern eine andere Einschätzung

---

125 Vgl. Nadig, L., Spin Offs mittels Management Buyout, 1992, S. 47.
126 Vgl. Nadig, L., Spin Offs mittels Management Buyout, 1992, S. 48 f.
127 Nadig, L., Spin Offs mittels Management Buyout, 1992, S. 50.
128 Vgl. Nadig, L., Spin Offs mittels Management Buyout, 1992, S. 50 f.
129 Porter, M. E., From competitive advantage to corporate strategy, 1988, S. 35 (42).

des Risiko-Rendite-Verhältnisses, als er sich gerade an einer systematischen Risikosituation ausrichten möchte und eine Risikostreuung über sein eigenes Anlageportfolio steuern kann.[130] Eine derartige Risikominimierung wird zum einen eher dem individuellen Risikoprofil des Anlegers entsprechen und sich zum anderen kostengünstiger einkaufen lassen, da der Anleger eben nur den Marktpreis, nicht aber die mit der Diversifizierung verbundenen Kosten zu tragen hat. Dementsprechend stoßen Konzerne häufig Unternehmensbereiche ab, um derartige Diversifizierungsprozesse wieder rückgängig zu machen und sich stattdessen auf ihr Kerngeschäft zu konzentrieren.

Ferner werden Konzerne oft über rein finanzielle Restrukturierungsmaßnahmen in Form eines Spin Off neue Finanzmittel (etwa für andere Akquisitionen) generieren, indem sie rein finanzielle Beteiligungen abstoßen. Diese Vorgehensweise bietet sich ferner an, wenn kurzfristig Liquidität geschaffen werden muss.

Endlich kann ein Spin Off als Abschluss der erfolgreichen Einführung einer Ware oder Dienstleistung durch die Konzernobergesellschaft stehen, die sich zur Aufgabe gemacht hat, mit ihren Management-, Marketing-, Produktions- und Finanzkapazitäten ein Unternehmen an den Markt zu bringen, um es dann mit Gewinn weiterzuveräußern.[131]
Häufiger kommen allerdings Spin Offs im Zusammenhang mit einem starken Forschungs- und Entwicklungsengagement eines Konzerns vor: Stellt die Konzernleitung fest, dass eine Ware oder eine technische Erfindung, die anlässlich einer ganz anderen Forschungstätigkeit entwickelt wurde, nicht in das Unternehmenskonzept integrierbar ist, bietet es sich an, das Produkt in ein eigenständiges Unternehmen zu verlagern und dieses dann am Markt zu veräußern.
Ähnlich gelagert sind die Fälle, in denen ein Konzern ein anderes Unternehmen akquiriert hat und dieses nicht vollständig in das Kerngeschäft implementierbar ist. Auch dann bietet sich ein Konzern-Spin-Off an, um den betreffenden Unternehmensteil zu veräußern und auf diese Weise sowohl die eigene Unternehmensstrategie zu bereinigen als auch Finanzmittel zu generieren.

II. Primär- und Nebenpflichten des Veräußerers

Bei der Fixierung der Primär- und Nebenpflichten des Veräußerers im Rahmen eines Spin-Off-MBO stellen sich mutatis mutandis die gleichen Schwierigkeiten, auf die man allgemein beim Unternehmenskauf (i.S.d. asset deal) trifft, und die vor allem aus der Tatsache herrühren, dass ein Unternehmen sich nur schwer in das zivilrecht-

130 Vgl. Haley, C. W./Schall, L. D., The theory of financial decisions, 1979, S. 166 f., 202 ff. sowie Coenenberg, A. G./Sautter, M. T., Strategische und finanzielle Bewertung von Unternehmensakquisitionen, 1988, S. 691 (707).

131 Vgl. Nadig, L., Spin Offs mittels Management Buyout, 1992, S. 61.

liche Schema des Sach- und Rechtskaufs einfügen lässt[132], da es sich vielmehr um einen Inbegriff von Sachen und Rechten, Marktanteilen, Expektanzen, good will, Ressourcen, know how und tatsächlichen Beziehungen handelt.[133]
Zwar hat auch der Gesetzgeber des Schuldrechtsreformgesetzes[134] den Unternehmenskauf nicht explizit geregelt[135], doch findet sich zumindest in der Regierungsbegründung eine Bemerkung zu § 453 BGB n. F., wonach auf den Unternehmenskauf als Kauf von „sonstigen Gegenständen" die Vorschriften über den Kauf von Sachen entsprechende Anwendung finden.[136] Insofern muss also nicht mehr auf die vormalig bloß analoge Anwendung der Gewährleistungsvorschriften über den Sachkauf rekurriert werden.
Der share deal unterfällt als Rechtskauf unproblematisch § 453 Abs. 1 Alt. 1 BGB n. F. und damit (hinsichtlich der Rechtsfolgen) ebenfalls der Verweisung auf die Vorschriften über den Sachkauf.[137]

Gemäß § 433 Abs. 1 Satz 1 BGB n. F. wird der Verkäufer einer Sache durch den Kaufvertrag verpflichtet, dem Käufer die Sache zu übergeben und das Eigentum an der Sache zu verschaffen. Nach § 433 Abs. 1 Satz 2 BGB n. F. hat der Verkäufer dem Käufer die Sache frei von Sach- und Rechtsmängeln zu verschaffen. Wird ein Recht verkauft, das zum Besitz einer Sache berechtigt, so ist der Verkäufer verpflichtet, dem Käufer die Sache frei von Sach- und Rechtsmängeln zu übergeben (§ 453 Abs. 3 BGB n. F.).

---

132 Vgl. MünchKomm-Westermann, BGB, Bd. 3, § 433 Rn. 9.

133 Staudinger-Köhler, BGB, § 433 Rn. 53; MünchKomm-Westermann, BGB, Bd. 3, § 433 Rn. 9.

134 Gesetz vom 26. November 2001, BGBl. I 2001, S. 3138. Gemäß Art. 229 § 5 Satz 1 EGBGB findet auf Schuldverhältnisse, die vor dem 1.1.2002 entstanden sind, das alte Schuldrecht Anwendung. Maßgeblich ist allein der Vertragsschluss, unabhängig von Bedingungen oder Befristungen. Vgl. Lorenz, S./Riehm, T., Lehrbuch zum neuen Schuldrecht, 2002, Rn. 670 ff. Weiterführend vgl. Heß, B., Das neue Schuldrecht – In-Kraft-Treten und Übergangsregelungen, NJW 2002, S. 253 ff.

135 Allerdings rechtfertigte noch die Regierungsbegründung die Schuldrechtsreform auch mit dem regelungsbedürftigen Unternehmenskauf: Regierungsbegründung, BT-Drucks. 14/6040 v. 14.5.2001, S. 209.

136 Regierungsbegründung, BT-Drucks. 14/6040, S. 242. Vgl. a. Westermann, H. P., Das neue Kaufrecht, NJW 2002, S. 241 (242, Fußnote 10); Gronstedt, S./Jörgens, S., Die Gewährleistungshaftung bei Unternehmensverkäufen nach dem neuen Schuldrecht, ZIP 2002, S. 52 (53, re. Sp.); Dauner-Lieb, B./Thiessen, J., Garantiebeschränkungen in Unternehmenskaufverträgen nach der Schuldrechtsreform, ZIP 2002, S. 108 (109, li. Sp. ob.); Lorenz, S./Riehm, T., Lehrbuch zum neuen Schuldrecht, 2002, Rn. 468, 486.

137 Vgl. nur Gronstedt, S./Jörgens, S., Die Gewährleistungshaftung bei Unternehmensverkäufen nach dem neuen Schuldrecht, ZIP 2002, S. 52 (55).

Entscheiden sich die Parteien für den asset deal, so müssen alle Sachen und Rechte im Wege der Singularsukzession nach den jeweils einschlägigen Vorschriften übertragen werden.[138] Derartige Unternehmenskaufverträge bergen wegen ihres enormen, komplexen Umfangs und des sachenrechtlichen Bestimmtheitsgrundsatzes eine erhebliche Fehleranfälligkeit in sich.
Probleme können sich insbesondere dann ergeben, wenn die Übertragung von der Zustimmung Dritter abhängig ist (wie z.B. im Fall der privativen Schuldübernahme nach § 415 BGB) oder aber eine Abtretung über ein Abtretungsverbot ausgeschlossen worden ist (vgl. § 399 BGB, wobei hier auch an § 354a HGB zu denken ist). Derartige rechtliche Zustimmungserfordernisse wiegen bei der Übertragung von Dauerschuldverhältnissen besonders schwer.
Daher haben sowohl der Veräußerer, der seinen Primärpflichten nachkommen muss, als auch der Erwerber, der sich keinen Unsicherheiten und zeitraubenden Rechtsstreitigkeiten ausgesetzt sehen will, ein vitales Interesse daran, derartige typische Problempunkte im voraus mit den involvierten dritten Vertragspartnern zu klären.

Ferner tauchen beim Unternehmenskauf häufig Schwierigkeiten auf, weil der Veräußerer nicht nur die im weitesten Sinne fassbaren "assets" zu übertragen hat, sondern den Erwerber darüber hinaus auch in den gesamten Organismus, das Funktionieren des Unternehmens einzuweisen hat, damit dieser in der Lage ist, das Unternehmen auch effektiv fortzusetzen.[139] Die tatsächliche Einweisung bezieht sich auf das know how, den good will, Betriebsgeheimnisse und -abläufe, Kundenverbindungen etc. und erfolgt zum Beispiel durch Übergabe der Kundendateien, Einführung bei Kunden und sonstigen Geschäftspartnern, Einweihung in Betriebserfahrungen und Geschäftsgeheimnisse, Vorstellung des Personals und ähnliches.[140]
Beim MBO stellen sich die Verhältnisse in dieser Hinsicht jedoch einfacher dar: Denn das erwerbende Management ist in den Tätigkeitsbereich, die Geschäftskontakte, Hintergründe und die rein tatsächlichen Verhältnisse bereits eingeweiht, bzw. hat sie zum Großteil selbst mitgestaltet. Dies erspart dem Erwerber nicht nur Zeit- und Reibungsverluste, sondern gibt ihm auch ein Gefühl der Sicherheit und Kontinuität.

Entscheiden sich die Parteien hingegen für einen share deal im Sinne des § 453 Abs. 1 Alt. 1 BGB n. F., so gestaltet sich das dingliche Rechtsgeschäft wesentlich einfa-

---

138 Das heißt, dass z. B. Sachen nach §§ 929 ff. BGB, Forderungen nach §§ 398 ff. BGB, Grundstücke nach §§ 873, 925 BGB übertragen werden. Für geschützte Marken im Sinne von § 4 MarkenG gilt die Vermutungsregel des § 27 Abs. 2 MarkenG, wonach das Markenrecht im Zweifel von der Übertragung des Geschäftsbetriebs, zu dem die Marke gehört, erfasst wird.

139 Vgl. BGH NJW 1968, S. 392.

140 S. Baumbach/Hopt Einl. vor § 1, Rn. 42 a.E.

cher, da nicht alle Vermögensgegenstände einzeln, sondern lediglich die Gesellschaftsanteile gemäß §§ 398, 413 BGB übertragen werden müssen.[141]
Wegen § 15 Abs. 4 Satz 1 bzw. § 15 Abs. 3 GmbHG bedürfen sowohl das schuldrechtliche Verpflichtungsgeschäft als auch das dingliche Verfügungsgeschäft der notariellen Form.
Allerdings ist in der Regel auch beim share deal zu berücksichtigen, dass der Veräußerer den Erwerber in das Unternehmen einzuweisen hat. In diesem Zusammenhang ist zu beachten, dass die Beurkundungspflicht gemäß § 15 Abs. 4 Satz 1 GmbHG sich auch auf derartige Nebenabreden erstreckt[142], sofern diese mit der Abtretungsverpflichtung eine rechtliche und wirtschaftliche Einheit bilden[143] oder einen nicht abtrennbaren Teil des Verpflichtungsgeschäfts darstellen.[144] Allerdings ist im Hinblick auf den genauen Umfang der Beurkundungspflicht nach § 15 Abs. 3 und 4 GmbHG noch vieles streitig, was *Loritz* nachweist.[145] *Loritz* empfiehlt daher, "angesichts der bestehenden Unsicherheiten" "den Vertragsinhalt (...) vollständig zu beur-

141 Auf denkbare Konflikte mit dem Bestimmtheitsgrundsatz, insbesondere nach dem Erwerb weiterer Anteile durch die Alt-Gesellschafter infolge von Kapitalerhöhungen, weist *Loritz* hin. Vgl. Loritz, K.-G., Rechtsfragen der notariellen Beurkundung bei Verkauf und Abtretung von GmbH-Geschäftsanteilen, DNotZ 2000, S. 90 (103 f.). *Loritz* macht ferner auf die u. U. misslichen Folgen derartiger unwirksamer Anteilsübertragungen aufmerksam, indem er etwa an die fehlende Vertretungsmacht eines GmbH-Geschäftsführers, der durch nur vermeintliche Neu-Gesellschafter bestellt worden ist, erinnert (vgl. Loritz, K.-G., Ausgewählte Rechtsfragen bei der Übertragung und Teilung von GmbH-Anteilen, in: FS für H. Schippel, S. 440). Ferner können sich z. B. auch Probleme im Hinblick auf die Höhe und den Adressaten der Gewinnverteilung nach Anteilsübertragung ergeben. Vgl. dazu Loritz, K.-G., Das Recht des GmbH-Gesellschafters auf anteiligen Dividendenbezug nach Anteilsübertragung, DStR 1998, S. 84 ff.

142 Grund für diese weite Auslegung des § 15 Abs. 4 Satz 1 GmbHG sind Rechtssicherheitserwägungen und die Einheitlichkeit des Verpflichtungsgeschäfts. So die ganz h. M., vgl. Baumbach/Hueck-Hueck/Fastrich, GmbHG, § 15 Rn. 29; Scholz-Winter, GmbHG, § 15 Rn. 69; Lutter/Hommelhoff, GmbHG, § 15 Rn. 18.

143 BGH BB 1969, 1242.

144 BGH NJW 1983, 1343. Diese Rechtsprechungslinie hat der BGH jüngst – entgegen einem abweichenden Urteil aus dem Jahre 1986 (BGH v. 14.4.1986 – II ZR 155/85 ff.) – wieder bestätigt (vgl. BGH v. 27. 6. 2001 – VIII ZR 329/99). Vgl. dazu a. Pohlmann, P., GmbH-Anteilskauf: Formzwang für Nebenabreden und Vertragsübernahme; Heilung bei Veräußerungskette, GmbHR 2002, S. 41 (42 f., 46).

145 Vgl. Loritz, K.-G., Rechtsfragen der notariellen Beurkundung bei Verkauf und Abtretung von GmbH-Geschäftsanteilen, DNotZ 2000, S. 90 (99 f.). Eine systematisierte Aufstellung ausgewählter Fehlerquellen bei der Übertragung von GmbH-Anteilen findet sich bei Loritz, K.-G., Ausgewählte Rechtsfragen bei der Übertragung und Teilung von GmbH-Anteilen, in: FS für H. Schippel, S. 440.

kunden", da der Beratungspraxis mit den bestehenden Abgrenzungsversuchen aus Rechtsprechung und Lehre "nur wenig geholfen" sei.[146]

Neben den unmittelbar aus § 433 Abs. 1 BGB folgenden Pflichten werden häufig als Nebenpflichten Personalabwerbungsverbote sowie vor allem Wettbewerbsverbote zu Lasten des Veräußerers vereinbart, um das Unternehmen auch effektiv auf den Erwerber überzuleiten.[147]
Die Wirksamkeit eines solchen Wettbewerbsverbotes beurteilt sich nach nationalem Recht gemäß § 138 BGB sowie § 1 GWB. In Fällen mit europarechtlichem Bezug ist zudem Art. 81 EG zu beachten.[148]

§ 138 BGB fordert, dass der Veräußerer durch das Wettbewerbsverbot in seiner Erwerbstätigkeit nicht übermäßig eingeschränkt wird und die schützenswerten Interessen des Erwerbers nicht überschritten werden.[149]
Im Hinblick auf § 1 GWB ist zunächst klarzustellen, dass auch eine Nebenabrede in einem Austauschvertrag einen gemeinsamen Zweck im Sinne von § 1 GWB verfolgen kann.[150] Nur insoweit als das Wettbewerbsverbot notwendig ist, um dem Erwerber das Unternehmen samt Kundenstamm, know how und good will tatsächlich zu übertragen, liegt kein Verstoß gegen § 1 GWB vor.[151] Geht das Wettbewerbsverbot über dieses erforderliche Maß hinaus und schließt dadurch einen tatsächlichen oder potentiellen Wettbewerb aus, ist es grundsätzlich geeignet, den Markt spürbar zu beeinflussen und kann daher gegen § 1 GWB verstossen.[152] Zwar stellt die Neufassung des § 1 GWB an sich nicht mehr darauf ab, ob ein Verhalten geeignet ist, den

---

146 Vgl. Loritz, K.-G., Rechtsfragen der notariellen Beurkundung bei Verkauf und Abtretung von GmbH-Geschäftsanteilen, DNotZ 2000, S. 90 (100). *Loritz* empfiehlt ferner angesichts des fehlenden gutgläubigen Erwerbstatbestandes und der damit zusammenhängenden Unsicherheiten "bei Anteilsabtretungen immer die 'strengsten' Anforderungen zu wahren, also im Zweifel Beschlüsse der Gesellschafterversammlung und zusätzlich die Zustimmung bzw. Erklärung des Geschäftsführers zur Anteilsübertragung und Anteilsteilung einzuholen." Ferner sollte eine lückenlose und gewissenhafte Dokumentation der Vorgänge sichergestellt werden "mit der Möglichkeit des 'dauerhaften' Nachweises der Anteilsübertragungen (und) Anmeldungen (...)". Vgl. Loritz, K.-G., Ausgewählte Rechtsfragen bei der Übertragung und Teilung von GmbH-Anteilen, in: FS für H. Schippel, S. 452 m. w. Einzelheiten.

147 Vgl. dazu und zum folgenden Holzapfel, H.-J./Pöllath, R., Unternehmenskauf in Recht und Praxis, 2000, Rn. 834 ff. m. w. Nachw.

148 Holzapfel, H.-J./Pöllath, R., Unternehmenskauf in Recht und Praxis, 2000, Rn. 835.

149 Vgl. BGH NJW 1979, S. 1605 = BB 1979, S. 1163; insg. zu Wettbewerbsverboten vgl. a. Hirte, H., Zivil- und kartellrechtliche Schranken für Wettbewerbsverbote im Zusammenhang mit Unternehmensveräußerungen, ZHR 154 (1990), S. 443 ff.

150 Holzapfel, H.-J./Pöllath, R., Unternehmenskauf in Recht und Praxis, 2000, Rn. 840.

151 Holzapfel, H.-J./Pöllath, R., Unternehmenskauf in Recht und Praxis, 2000, Rn. 843 ff.

152 So BGH NJW 1982, S. 2000; BGH BB 1984, S. 1826.

Wettbewerb spürbar zu beeinflussen, doch wird das Merkmal der "Spürbarkeit" als ungeschriebenes Tatbestandsmerkmal weiter gefordert.[153]
In einer späteren Entscheidung hat der Bundesgerichtshof die Erforderlichkeit des Wettbewerbsverbots für den erfolgreichen Unternehmensübergang daran gemessen, ob eine funktionale Notwendigkeit des Wettbewerbsverbotes in sachlicher, räumlicher und zeitlicher Hinsicht besteht.[154]
Die europarechtliche Norm des Art. 81 EG entspricht tatbestandlich weitgehend der Auslegung des § 1 GWB. Unterschiede ergeben sich allenfalls in der tendenziell schärferen Prüfung von Wettbewerbsverboten durch die Kommission.

Jedenfalls beim Kauf von Vermögensgegenständen ("asset deal") ist die (gesonderte) Vergütung für ein Wettbewerbsverbot auch aus steuerlicher Sicht für den Erwerber wünschenswert. Ordnet man das Wettbewerbsverbot als Teil der Anschaffungskosten des Geschäftswertes im Sinne des § 7 Abs. 1 Satz 3 EStG in Verbindung mit § 8 Abs. 1 KStG ein[155], so ist eine Abschreibung über einen Zeitraum von 15 Jahren erforderlich. Vereinbart man hingegen ein selbständiges Wettbewerbsverbot, so darf dieses gesondert aktiviert und über seine konkret vereinbarte Laufzeit abgeschrieben werden.[156] Dies ist auch für den Veräußerer attraktiv, da dieser die Karenzentschädigung in den gegebenenfalls steuerbegünstigten Gewinn einbeziehen darf[157] und mittelbar über den Steuervorteil beim Erwerber eine zusätzliche Kaufpreissteigerung erhält. Zumindest im Fall des "asset deal" wird bei einer zeitlichen Befristung und einer gesonderten Vergütung von der Selbständigkeit des Wettbewerbsverbotes auszugehen sein. Aber auch beim "share deal" spricht viel für eine Anerkennung eines neben den Anschaffungskosten für die Geschäftsanteile selbständig aktivierbaren Wettbewerbsverbotes, sofern das Wettbewerbsverbot nicht eigentlich wertlos ist und die Karenzentschädigung nicht nur aus steuerlichen Gründen gewährt wurde.[158]

Von besonderer Bedeutung ist bei einem Konzern-Spin-Off der Regelungskomplex der fortbestehenden Geschäftsbeziehungen, da das ausgegliederte Unternehmen häufig ohne das zumindest befristete Fortbestehen von Abnahme- oder Lieferbeziehun-

153 Emmerich, V., Kartellrecht, 1999, § 3 9. (S. 44 ff.); Bechthold, R., GWB Kommentar, Einf. Rn. 18.
154 BGH ZIP 1986, S. 1489.
155 BFH/NV 1989, S. 780; BFH BStBl. II 1965, S. 612.
156 Vgl. Holzapfel, H.-J./Pöllath, R., Unternehmenskauf in Recht und Praxis, 2000, Rn. 169 (S. 150), 216 und 863 m. w. Nachw.
157 So BFH DB 1996, S. 1758 = BStBl. II 1996, S. 516 m. Anm.
158 Demgegenüber erkennt der BFH beim "share deal" eine gesonderte Aktivierung der Karenzentschädigung nicht an (BFH, BStBl. II 1984, 223); ausführlicher: Herrmann/Heuer/Raupach, EStG, Bd. 4, § 5 Anm. 1580 ff.

gen zur ehemaligen Konzernmuttergesellschaft wirtschaftlich nicht überleben könnte.[159]
Eine Vereinbarung des Fortbestehens derartiger Geschäftsbeziehungen sollte daher zu einem echten Vertragsbestandteil gemacht, also nicht nur als Global- oder goodwill-Erklärung abgefasst werden, und kann in Form einer gesonderten Vergütung[160] aus dem Kaufpreis ausgegliedert und über die entsprechende Laufzeit seitens des Erwerbers steuerwirksam abgeschrieben werden.

Schließlich soll noch am Rande darauf hingewiesen werden, dass bislang Konzernmütter bei Spin Offs ein noch rechtlich unselbständiges Desinvestitionsobjekt in Gestalt eines Teilbetriebs häufig in eine neu gegründete GmbH im Wege der Sachgründung gemäß §§ 5 Abs. 4 und 7 Abs. 3 GmbHG eingebracht haben, um so die Veräußerung zu erleichtern (nachfolgender "share deal"), bzw. einen optimal an die beiderseitigen Bedürfnisse angepassten Kaufgegenstand zu schaffen.[161]
Steuerrechtlich sind die für die Einbringung des Teilbetriebes zum Buchwert gewährten Gesellschaftsanteile einbringungsgeboren im Sinne von § 21 Abs. 1 Satz 1 UmwStG.[162]
Zwar ist die Einbringung selbst weiter steuerneutral, jedoch ändert sich künftig[163] die Besteuerung nach KStG von Gewinnen aus der Veräußerung von Gesellschaftsanteilen durch eine Körperschaft. Derartige Gewinne sind in Zukunft grundsätzlich gemäß § 8b Abs. 2 Satz 1 KStG n. F. steuerfrei. Allerdings nimmt § 8b Abs. 4 Satz 1 Nr. 1 KStG n. F. einbringungsgeborene Anteile im Sinne von § 21 UmwStG gerade von dieser Steuerfreiheit aus, sofern keine Unterausnahme gemäß § 8b Abs. 4 Satz 2 KStG n. F. vorliegt. Im Regelfall wird daher in Zukunft die bisherige Gestaltung der

---

159 Ein allerdings modifiziertes Beispiel für derartige nachgeschaltete Liefervereinbarungen zwischen veräußernder Konzernmutter und veräußertem Ziel-Objekt stellte das Vorgehen des ThyssenKrupp-Konzerns beim Verkauf seiner Eisenerzgruben-Gesellschaft Ferteco Mineracao S.A. in Brasilien dar. ThyssenKrupp hat mit der Käuferin, der Companhia Vale do Rio Doce (CVRD), nach dem Verkauf einen langfristigen Liefervertrag vereinbart. Vgl. SZ Nr. 99 vom 30.04.2001, S. 30.

160 Es muss allerdings darauf geachtet werden, dass die wertmäßige Zuordnung nicht überhöht und damit steuerlich als verdeckte Gewinnausschüttung qualifiziert wird. Vgl. auch Holzapfel, H.-J./Pöllath, R., Unternehmenskauf in Recht und Praxis, 2000, Rn. 874, 369, 367.

161 Vgl. dazu und zu weiteren Vorteilen eines solchen Vorgehens: Schwarz, S., Die GmbH als Konzerntochtergesellschaft, 1988, S. 123 ff.; Bühner, R., Betriebswirtschaftliche Organisationslehre, 1989, S. 285 ff.

162 Vgl. dazu Hörger, H./Scheipers, T., StSenkG: Einschränkung der Steuerfreiheit für Veräußerungsgewinne gem. § 8b Abs. 2 KStG durch § 8b Abs. 4 KStG, DB 2000, S. 1988 (1988 f.); Haritz, D., Unternehmenssteuerreform 2001: Begünstigte Veräußerungsgewinne bei einbringungsgeborenen Anteilen, DStR 2000, S. 1537 (1537 f.)

163 Sofern die (zu veräußernde) Kapitalgesellschaft ein kalenderjahrgleiches Wirtschaftsjahr hat, gelten die Neuregelungen gemäß § 34 Abs. 6d Satz 1 Nr. 2 in Verbindung mit § 34 Abs. 1 KStG n. F. ab dem 1. 1. 2002.

Einbringung eines Teilbetriebes in eine neu gegründete GmbH, deren dafür gewährte (einbringungsgeborene) Gesellschaftsanteile im Rahmen des MBO veräußert werden, für den Veräußerer angesichts der dann drohenden Körperschaftssteuerbelastung unattraktiv sein.

III. Sekundärpflichten des Veräußerers

Teils wird im Zusammenhang mit dem MBO im Gegensatz zum konventionellen Unternehmenskauf der Bereich der Gewährleistungsregeln mit dem Hinweis darauf ausgespart, dass das übernehmende Management die wirtschaftliche Situation des Unternehmens und die Werthaltigkeit seiner Bilanzpositionen genau kenne und daher eine Gewährleistung kaum denkbar sei.[164] Als rechtliche Grundlage wird auf die §§ 460, 439 Abs. 1 BGB a. F. bzw. § 442 Abs. 1 Satz 1 BGB n. F.[165] verwiesen, wonach der Verkäufer einen Mangel nicht zu vertreten hat, wenn der Käufer den Mangel bei Vertragsabschluss kennt, bzw. – im Fall des § 460 Satz 2 BGB a. F. bzw. § 442 Abs. 1 Satz 2 BGB n. F. – bei grob fahrlässiger Unkenntnis des Käufers, sofern dem Verkäufer kein arglistiges Verschweigen vorwerfbar ist bzw. sofern er keine entsprechende Garantie übernommen hat.[166]

Diese Einschätzung lässt sich allerdings so in der Praxis vor allem aus zwei Gründen nicht nachweisen: Zum einen entspricht der pauschale Verweis auf die umfassende Kenntnis des Unternehmens seitens des Managements nicht der Lebenspraxis.[167] Wegen der in einem Unternehmen anzutreffenden Asymmetrien der Informationsströme ist vielmehr davon auszugehen, dass auch dem Management nur im Einzelfall Gewährleistungsregeln auslösende Fehler bekannt sind. Dies gilt umso mehr in Fällen des Spin-Off-MBO, da nicht davon auszugehen ist, dass das Management einer ehemaligen Konzerntochtergesellschaft in alle für diesen Konzernteil maßgeblichen Zusammenhänge stets eingeweiht war.

Zum anderen übersieht die oben skizzierte Ansicht, dass typischerweise an einem MBO auf Erwerberseite nicht nur das Management beteiligt sein wird, sondern auch externe Investoren, die das Unternehmen nicht besser kennen als jeder sonstige außenstehende Dritte, und die sich auch nicht "blind" auf die Sonderkenntnisse der

---

164 So z.B. Peltzer, M., Finanzierung/MBO, DB 1987, S. 973 (975).

165 *Insoweit* ergeben sich zur bisherigen Rechtslage keine Unterschiede, da die erwähnte Beschränkung der Verkäuferhaftung im wesentlichen der Altregelung folgt. So a. Westermann, Das neue Kaufrecht, NJW 2002, S. 241 (247).

166 Teilweise wird beim Unternehmenskauf statt auf die §§ 439, 460 BGB a. F. auf § 254 BGB abgestellt, wobei hinsichtlich der materiellen Ausfüllung kaum ein Unterschied besteht. Vgl. Soergel-Huber, BGB, Bd. 3, § 459 Rn. 248.

167 Vgl. zur Kritik an Peltzers Ansicht (ob., Fußnote 164) Hauschka, C. E., Aspekte des MBO, BB 1987, S. 2169 (2176).

Manager verlassen werden, da letztere möglicherweise besonders stark daran interessiert sind, den Spin-Off-MBO zum Erfolg zu führen und daher befangen agieren. Das Bedürfnis nach Regelung der Gewährleistung wird von Seiten der externen Eigenkapitalgeber noch dadurch gesteigert, dass das Management als solventer Haftungsschuldner im Gewährleistungsfall gerade ausscheiden wird.

Im Hinblick auf die damit zu untersuchenden Gewährleistungsregeln ergeben sich kaum Unterschiede zum normalen Unternehmenskaufrecht, wobei der oben erwähnte Hinweis auf die §§ 460, 439 Abs. 1 BGB a. F. bzw. § 442 Abs. 1 BGB n. F. durchaus zu berücksichtigen ist.

Allerdings haben sich in diesem Bereich erhebliche Änderungen durch die Neufassung des Kaufrechts infolge des Schuldrechtsreformgesetzes ergeben, auf die im folgenden einzugehen ist.

1. Gleichstellung der Rechtsfolgen des asset deal und des share deal

Zunächst ist nochmals darauf hinzuweisen, dass es einer analogen Anwendung der kaufrechtlichen Gewährleistungsvorschriften weder beim asset deal[168] noch beim share deal[169] mehr bedarf, da über § 453 Abs. 1 BGB n. F. die Vorschriften über den Kauf von Sachen für entsprechend anwendbar erklärt werden.

Daher gelten die Vorschriften über den Sachkauf auf der Rechtsfolgenseite insbesondere auch für den share deal. Damit ist zugleich ausgesagt, dass es auf der Tatbestandsseite weiter zu Abgrenzungsschwierigkeiten kommen kann. Liegen etwa weder eine Beschaffenheitsvereinbarung im Sinne von § 434 Abs. 1 Satz 1 BGB n. F. noch eine nach dem Vertrag vorausgesetzte Eignung gemäß § 434 Abs. 1 Satz 2 Nr. 1 BGB n. F. vor, so muss auf den – dem objektiven Fehlerbegriff nachgebildeten[170] - § 434 Abs. 1 Satz 2 Nr. 2 BGB n. F. zurückgegriffen werden. Die Sache ist dann nur mangelfrei, wenn sie sich für die gewöhnliche Verwendung eignet und eine Beschaf-

---

168 Da ein Unternehmen nicht als „Sache" unmittelbar unter den Wortlaut der §§ 459 ff. BGB a. F. subsumiert werden konnte, sondern vielmehr einen Inbegriff persönlicher und sachlicher Mittel einschließlich aller sonstigen zugehörigen Werte, wie Kundschaft, Ruf, Geschäftsgeheimnisse, Warenzeichen, Firma oder Rechte aus Wettbewerbsregelungen darstellt, behalf sich die ständige Rechtsprechung mit dieser Konstruktion. So schon RGZ 63, S. 57 (60); st. Rechtsprechung des BGH, z. B. BGH NJW 1979, S. 33; Münch-Komm-Westermann, BGB, Bd. 3, § 459 Rn. 48; Staudinger-Honsell, BGB, § 459 Rn. 8 mit ausführlichem Rechtsprechungsnachweis.

169 Im Fall des share deal waren die §§ 459 ff. BGB a. F. dann entsprechend anwendbar, wenn der Kauf der Gesellschaftsanteile wirtschaftlich dem Kauf des Unternehmens gleichzustellen war, und wenn Mängel des von der Gesellschaft betriebenen Unternehmens oder einzelner ihrer Vermögensgegenstände inmitten standen. Vgl. Münch-Komm-Westermann, BGB, Bd. 3, § 459 Rn. 46 ff.; Palandt-Putzo, BGB, Vor § 459 Rn. 17.

170 Dauner-Lieb/Heidel/Lepa/Ring-Bündenbender, Das Neue Schuldrecht, 2002, S. 235 f.

fenheit aufweist, die bei Sachen der gleichen Art üblich ist und die der Käufer nach der Art der Sache erwarten kann. Bei der Veräußerung von Anteilen im Rahmen eines share deal unterfällt die bloße Werthaltigkeit des Rechts damit nicht § 434 Abs. 1 Satz 2 Nr. 2 BGB n. F., da weder die „gewöhnliche Verwendung" noch die gewöhnliche „Beschaffenheit" beeinträchtigt sind, „so dass trotz der Aufhebung der in § 437 BGB a. F. enthaltenen Regelung eine *Bonitätshaftung* des Verkäufers (...) nur bei besonderer Vereinbarung in Betracht kommt."[171] Die Abgrenzung von asset deal und share deal ist also auch für das kaufrechtliche Gewährleistungsrecht weiter von Bedeutung. Entsprechend der Rechtsprechung zum share deal unter dem Regime der Altregelung des BGB kommt daher eine Haftung für Mängel des Unternehmens nur in Betracht, wenn der Kauf der Gesellschaftsanteile wirtschaftlich dem Kauf des Unternehmens gleichzustellen ist, und wenn Mängel des von der Gesellschaft betriebenen Unternehmens oder einzelner ihrer Vermögensgegenstände inmitten stehen.[172] Dies ist für den Verkauf sämtlicher Anteile einer Gesellschaft unumstritten, weil damit nach der Verkehrsauffassung und dem wirtschaftlichen Zweck das Unternehmen als solches (mit-)verkauft wird. Außerhalb dieser Fallgestaltung stellt der BGH darauf ab, ob der Erwerber infolge des Erwerbs der Anteile eine beherrschende Stellung erlangt hat und die verbleibende Beteiligung des Veräußerers oder Dritter so gering ist, dass der Erwerber die unternehmerische Leitungsmacht ausüben kann.[173] Dabei werden von der Rechtsprechung die vom Käufer bereits gehaltenen Anteile nicht mitberücksichtigt.[174] Irrelevant ist hingegen, ob die beherrschende Beteiligung von mehreren Veräußerern oder durch mehrere Erwerber in einem einheitlichen Vertragswerk erworben wurde.[175] Im Hinblick auf die konkret zu fordernde Beteiligungsquote wird man wohl auf eine satzungsändernde Mehrheit abheben müssen.[176]

---

171 So Lorenz, S./Riehm, T., Lehrbuch zum neuen Schuldrecht, 2002, Rn. 485; andeutend a. Gronstedt, S./Jörgens, S., Die Gewährleistungshaftung bei Unternehmensverkäufen nach dem neuen Schuldrecht, ZIP 2002, S. 52 (55, re. Sp.).

172 Vgl. MünchKomm-Westermann, BGB, Bd. 3, § 459 Rn. 46 ff.; Palandt-Putzo, BGB, Vor § 459 Rn. 17.

173 Vgl. Baumbach/Hueck-Hueck/Fastrich, GmbHG, § 30 Rn. 7 m. w. Nachw.; *Westermann* fragt dementsprechend, ob "die Macht zum unternehmerischen wirtschaftlichen Einsatz des durch Anteilsbesitz vermittelten Einflusses als verkauft anzusehen ist" (MünchKomm-Westermann, BGB, Bd. 3, § 433 Rn. 16 a. E.).

174 Palandt-Putzo, BGB, Vor § 459 Rn. 18 a.E. m. Verw. auf Naumburg NJW-RR 1995, S. 799.

175 Holzapfel, H.-J./Pöllath, R., Unternehmenskauf in Recht und Praxis, 2000, Rn. 402, and. bei Abschluss mehrerer unabhängiger Verträge, s. Rn. 404; Palandt-Putzo, BGB, vor § 459 Rn. 17.

176 So a. Baumbach/Hueck-Hueck/Fastrich, GmbHG, § 30 Rn. 7, die aber auf schärfere Tendenz des BGH hinweisen. In diese Richtung auch *Winter*, der in Anlehnung an die §§ 50 Abs. 1, 61 Abs. 2 Satz 2 GmbHG verlangt, dass die verbleibenden Geschäftsanteile im allgemeinen 10 % unterschreiten. Vgl. Scholz-Winter, GmbHG, § 15 Rn. 113 a. E.

Für den Fall des Spin-Off-MBO, bei dem regelmäßig alle Geschäftsanteile veräußert werden, ist also von einer kaufrechtlichen Bonitätshaftung – wie schon unter dem BGB a. F. – auch sub specie § 434 Abs. 1 Satz 2 Nr. 2 BGB n. F. (i. V. m. § 453 Abs. 1 Alt. 1 BGB n. F.) auszugehen.

2. Streichung des § 463 BGB a. F.

Die Schuldrechtsreform hat in erheblichem Maße Abgrenzungsschwierigkeiten zwischen den kaufrechtlichen Gewährleistungsvorschriften und der Haftung aus c.i.c. beseitigt, die Folge einer weitgehend rechtsfolgenorientierten Rechtsprechung waren, welche einzelfallbezogen darum bemüht war, die unbillig kurze Verjährung auf Grund von § 477 BGB a. F. sowie die unpassende Rechtsfolge der Wandelung zu vermeiden.[177]

Besonders hervorzuheben ist in diesem Zusammenhang die Streichung des § 463 BGB a. F. Abgesehen von § 463 BGB a. F. kam nach bisherigem Recht für zusicherungsfähige Eigenschaften eine Haftung aus c.i.c. nur bei Vorsatz in Betracht. Dies hatte zur Folge, dass die (zusicherungsfähige) Eigenschaft doppelt sowohl gegen die einfache Beschaffenheitsangabe als auch gegen die nicht zusicherungsfähige Eigenschaft abzugrenzen war. Nach nunmehr geltendem Recht haftet der Verkäufer für alle fahrlässig mitgeteilten Fehlinformationen gemäß §§ 280 Abs. 1, 276 BGB n. F.[178]

Dies hat insbesondere für den Bereich der so genannten Abschlussangaben, z. B. über Umsätze und Gewinne, erhebliche Auswirkungen. Nach bisheriger Rechtslage kam hier das Vorliegen eines Fehlers im Sinne von § 459 Abs. 1 BGB a. F. von vornherein nicht in Betracht, da derartige die Ertragskraft betreffende Angaben dem Unternehmen nicht auf Dauer und nicht unmittelbar anhaften, sondern vielmehr stets auf neue durch unternehmerisches Kalkül erwirtschaftet und durch die allgemeine Konjunkturlage beeinflusst werden.[179] Lediglich vergangenheitsbezogene Angaben, die sich auf einen längeren und damit aussagekräftigeren Zeitraum beziehen mussten, sollten zumindest zusicherungsfähig im Sinne von § 459 Abs. 2 BGB a. F.

177 Vgl. Palandt-Putzo, BGB, § 459 Rn. 15; BGH NJW 1970, S. 653; Münch-Komm-Westermann, BGB, Bd. 3, § 459 Rn. 54 u. § 462 Rn. 48 sowie aus jüngerer Zeit BGH v. 4.4.2001, DStR 2001, S. 901 ff.

178 Vgl. dazu Gronstedt, S./Jörgens, S., Die Gewährleistungshaftung bei Unternehmensverkäufen nach dem neuen Schuldrecht, ZIP 2002, S. 52 (53).

179 Vgl. Münch-Komm-Lieb, HGB, Bd. 1, § 25 Rn. 55; Dauner-Lieb/Thiessen, J., Garantiebeschränkungen in Unternehmenskaufverträgen nach der Schuldrechtsreform, ZIP 2002, S. 108 (109).

sein.[180] Eine Einstandspflicht ergab sich also lediglich im Fall von § 463 BGB a. F. oder bei vorsätzlicher Verletzung einer entsprechenden Aufklärungspflicht.[181] Hingegen haftet nach der Neuregelung der Verkäufer bereits bei einfacher Fahrlässigkeit für derartige Fehlangaben. Die Haftungssituation zu Lasten des Verkäufers wird zusätzlich dadurch verschärft, „dass die Rechtsprechung bisher in zum Teil sehr weitem Umfang die Bilanzprüfer der Zielgesellschaft als Erfüllungsgehilfen des Verkäufers angesehen hat". Damit „entsteht aus der Neuregelung ein nicht zu vernachlässigendes Haftungsrisiko bei unsicheren Bilanz- und Bewertungsansätzen, dem die Parteien gegebenenfalls durch entsprechende Vertragsgestaltung Rechnung tragen sollten."[182]

3. Folgerungen aus der kodifizierten Erfüllungstheorie

Die bedeutendste Neuerung ist jedoch in der gesetzgeberischen Festschreibung der Erfüllungstheorie (auch für den Stückkauf) in § 433 Abs. 1 Satz 2 BGB n. F. zu sehen[183], wonach der Verkäufer dem Käufer die Sache frei von Sach- und Rechtsmängeln zu verschaffen hat. Auf diese Weise wird ein Gleichlauf von Sach- und Rechtsmängeln hergestellt und das Vorliegen eines Mangels zum Tatbestand der Leistungsstörung erhoben. Logische Folge war die Integrierung des Gewährleistungsrechts in das allgemeine Recht der Leistungsstörungen.[184]
Bezogen auf den Unternehmenskauf bedeutet dies, dass jede Verletzung einer Beschaffenheitsvereinbarung (§ 434 Abs. 1 Satz 1 BGB n. F.) die Rechte aus § 437 BGB, d.h. Nacherfüllung, Rücktritt, Minderung und Schadensersatz auslösen kann. Eines Ausweichens auf die c.i.c., das vor allem durch die kurze Verjährung des § 477 BGB a. F. sowie die unpassende Rechtsfolge der Wandelung motiviert war, bedarf es damit nicht mehr.
Soweit es an einer ausdrücklichen Vereinbarung fehlt, ist auf § 434 Abs. 1 Satz 2 BGB n. F. zurückzugreifen und es kommt auf die nach dem Vertrag vorausgesetzte Verwendung (Nr. 1) bzw. die Eignung für die gewöhnliche Verwendung an (Nr. 2).

---

180 Staudinger-Honsell, BGB, § 459 Rn. 32.

181 In diesem Bereich war die Rechtsprechung des BGH allerdings relativ rigoros und bürdete dem Verkäufer trotz der Verfolgung entgegengesetzter Interessen gesteigerte Aufklärungspflichten auf. Begründet wurde dies damit, dass der Käufer unabhängig von eigener Sachkunde stets auf Vollständigkeit und Richtigkeit der Verkäuferangaben angewiesen bleibt und dass mit dem Unternehmenskauf weitreichende wirtschaftliche Folgen verbunden seien. Vgl. BGH DStR 2001, S. 901 ff.

182 Gronstedt, S./Jörgens, S., Die Gewährleistungshaftung bei Unternehmensverkäufen nach dem neuen Schuldrecht, ZIP 2002, S. 52 (54).

183 Vgl. Canaris, C. W., Schuldrechtsreform 2002, 2002, S. XXI.

184 Boerner, D., Kaufrechtliche Sachmängelhaftung und Schuldrechtsreform, ZIP 2001, S. 2264 (2265).

Die Rechtsprechung zum Unternehmenskauf war bestrebt, die §§ 459 ff. BGB a. F. eher restriktiv auszulegen, um auf diese Weise mehr Raum für die flexiblere c.i.c. mit ihrer längeren Verjährung zu habe.
Eine entsprechende Anwendung der §§ 459 ff. BGB war in zwei Konstellationen denkbar: Zum einen dann, wenn ein Fehler vorliegt, der dem Unternehmen selbst unmittelbar anhaftete und für seinen Wert oder seine Brauchbarkeit bedeutend war.[185] Zum anderen sollte ein Fehler des Unternehmens aber auch dann vorliegen, wenn einzelne im Rahmen des asset deals veräußerte Vermögensgegenstände (Sachen oder Rechte[186]) derart fehlerhaft waren, dass dies auf das Unternehmen als solches durchschlug und seine wirtschaftliche Grundlage erschütterte.[187]

Wegen der verlängerten Verjährungsfrist des § 438 Abs. 1 Nr. 3 BGB n. F. besteht für diese restriktive Auslegung des Gewährleistungsrechts und ein Ausweichen auf die allgemeine Verschuldenshaftung nun kein Bedürfnis mehr.
Stellvertretend soll dies am bereits oben erwähnten Beispiel von fehlerhaften Umsatzangaben illustriert werden, die nunmehr Teil der Beschaffenheitsvereinbarung sein können.
Denn § 434 Abs. 1 Satz 1 BGB n. F., der nicht wie bisher den Mangel, sondern - quasi ex negativo - die Mangelfreiheit beschreibt[188], stellt lediglich auf die Beschaffenheitsvereinbarung der Parteien ab, die auch in der Feststellung bestimmter Umsatzzahlen liegen kann. Dieses Ergebnis wird zusätzlich dadurch bekräftigt, dass eben auch bisher bestimmte Abschlussangaben zusicherungsfähig waren und ausweislich der Gesetzesbegründung die bisherige Rechtsprechung vornehmlich durch das Bestreben, die kurze Verjährung des § 477 BGB a. F. zu meiden, motiviert war[189], was sich durch die Einführung der zweijährigen Verjährungsfrist des § 438 Abs. 1 Nr. 3 BGB n. F. nun erledigt hat.[190] Da es zudem ausweislich der Gesetzesbegründung unerheblich ist, ob die Abweichung dauerhaft ist oder außerhalb der Kaufsache liegt, es also im Gegensatz zu § 459 Abs. 1 Satz 1 BGB a. F. nicht mehr darauf an-

---

185 So BGH ZIP 1992, S. 1317 = NJW 1992, S. 2564; MünchKomm-Westermann, Bd. 3, § 459 Rn. 50.

186 Zur oft schwierigen Abgrenzung von Sach- und Rechtsmängelhaftung vgl. MünchKomm-Westermann, BGB, Bd. 3, § 459 Rn. 52. Der BGH nimmt bei Vorliegen eines derartigen, auf die Unversehrtheit des Unternehmens selbst durchschlagenden Rechtsmangels gleichwohl – bezogen auf das Unternehmen als solches – Sachmängelhaftung an, da die Beschaffenheit der Sachgesamtheit nicht vertragsgemäß sei. Vgl. die Nachweise bei Erman-Grunewald, BGB, § 434 Rn. 9

187 So BGH WM 1970, S. 819 (821); MünchKomm-Westermann, BGB, Bd. 3, § 459 Rn. 50.

188 Vgl. a. Westermann, H. P., Das neue Kaufrecht, NJW 2002, S. 241 (243).

189 BT-Drucks. 14/6040, S. 212, 242.

190 Vgl. a. Dauner-Lieb, B./Arnold, A./Dötsch, W./Kitz, V., Fälle zum neuen Schuldrecht, 2002, S. 178.

kommt, dass die Sache mit einem Fehler „behaftet" ist, sind auch Umsatzangaben von der Erfüllungspflicht des § 434 Abs. 1 Satz 1 BGB n. F. erfasst.
„Die Vertragspraxis hat sich insoweit auf eine potenzielle Verschiebung von der Verschuldenshaftung aus c.i.c. (negatives Interesse) hin zur verschuldensunabhängigen Erfüllungshaftung (positives Interesse) einzurichten."[191]

Zu erwähnen ist schließlich, dass die Regelung des § 459 Abs. 1 Satz 2 BGB a. F., wonach eine unerhebliche Minderung des Wertes oder der Tauglichkeit außer Betracht blieb, nur mehr in der Regelung zum Rücktritt (§ 323 Abs. 5 Satz 2 BGB n. F.) fortlebt, während Minderung und Schadensersatz in Zukunft auch bei geringfügigen Mängeln in Betracht kommen.[192] Beim Schadensersatz findet sich jedoch insofern eine Parallelregelung (§ 281 Abs. 1 Satz 3 BGB n. F.), als der Käufer hier auf den „kleinen Schadensersatz" beschränkt wird (§ 281 Abs. 1 Satz 1 BGB n. F.), wenn die Pflichtverletzung unerheblich war.[193]

4. Rechtsbehelfe des Käufers

Im Zusammenhang mit den Neuregelungen der Schuldrechtsreform soll noch ein kurzer Blick auf die in § 437 BGB n. F. genannten Rechtsbehelfe des Käufers im Rahmen des Spin-Off-MBO geworfen werden.

Ausweislich des Wortlautes des § 437 Nr. 1 BGB n. F.[194] und der durch § 281 Abs. 1 Satz 1 und § 323 Abs. 1 BGB n. F. angeordneten Reihenfolge ist der Anspruch des Käufers auf Nacherfüllung vorrangig gegenüber Rücktritt und Schadensersatz. Nach § 439 Abs. 1 BGB n. F. hat dabei der *Käufer*[195] die Wahl, die Beseitigung des Mangels oder die Lieferung einer mangelfreien Sache zu verlangen. Umgekehrt kann dies auch zu einer impliziten Belastung des Käufers führen, der zunächst dem Verkäufer Gelegenheit zur Nacherfüllung geben muss und sich nicht sogleich durch Wandelung vom Vertrag lösen kann.[196]
Bezogen auf den Spin-Off-MBO hätte die oben beschriebene Abkehr der Rechtsprechung von einer restriktiven Auslegung der Beschaffenheitsmerkmale eines Unter-

191 Gronstedt, S./Jörgens, S., Die Gewährleistungshaftung bei Unternehmensverkäufen nach dem neuen Schuldrecht, ZIP 2002, S. 52 (55).

192 Vgl. Gronstedt, S./Jörgens, S., Die Gewährleistungshaftung bei Unternehmensverkäufen nach dem neuen Schuldrecht, ZIP 2002, S. 52 (55).

193 Vgl. Lorenz, S./Riehm, T., Lehrbuch zum neuen Schuldrecht, 2002, Rn. 218, 232.

194 Anders als bei Nr. 2 fehlt hier das kumulative „und".

195 Zur Kritik an dieser Risikoverteilung vgl. Westermann, H. P., Das neue Kaufrecht, NJW 2002, S. 241 (248).

196 Westermann, H. P., Das neue Kaufrecht, NJW 2002, S. 241 (248); Bitter, G./Meidt, E., Nacherfüllungsrecht und Nacherfüllungspflicht des Verkäufers im neuen Schuldrecht, ZIP 2001, S. 2114 (2116).

nehmens hinsichtlich der Nacherfüllungspflicht zur Folge, dass der Verkäufer z. B. die vereinbarte oder vorausgesetzte Ertragskraft herstellen oder einzelne defekte Sachgegenstände nachliefern muss.[197]

Bei Unmöglichkeit entfällt die Nacherfüllungspflicht gemäß § 275 Abs. 1 BGB n. F. mit der Folge, dass der Käufer wegen der Sondervorschrift des § 326 Abs. 1 Satz 2 BGB n. F. – ohne Fristsetzung – nach § 326 Abs. 5 BGB n. F. zurücktreten kann. Weitere Fälle, in denen die Pflicht zur Nacherfüllung entfällt, sind in § 439 Abs. 3, § 440 Satz 1 BGB n. F. sowie § 275 Abs. 2 und 3 BGB n. F. genannt.[198]

Kommt eine Nacherfüllung nicht in Betracht kann der Käufer gemäß § 437 Nrn. 2 und 3 BGB n. F. vom Vertrag zurücktreten oder den Kaufpreis mindern und Schadensersatz oder Ersatz vergeblicher Aufwendungen[199] verlangen.
Mit Blick auf den Spin-Off-MBO ist festzuhalten, dass die Begrenzung des Rücktrittsrechts in § 346 Abs. 2 Satz 1 Nr. 2 BGB n. F. zu angemesseneren Ergebnissen führen wird, da nun nicht mehr die Gefahr besteht, dass der Verkäufer den Kaufpreis zurückerstatten muss und im Gegenzug ein für ihn mittlerweile auf Grund der häufig tief greifenden Umstrukturierungsmaßnahmen des Käufers funktionslos gewordenes Unternehmen erhält.[200] Statt der Rückgewähr hat der Verkäufer in einem solchen Fall lediglich Wertersatz zu leisten.

5. Haftungsausschluss nach § 444 BGB n. F.
Der Wortlaut des § 444 BGB n. F. hat insbesondere im Hinblick auf die im Unternehmenskaufrecht relevanten und üblichen „Garantien" bzw. „representations and warranties" viel Staub aufgewirbelt. Vielfach wurde schon befürchtet, dass ein Verkäufer gegebene Garantien im Hinblick auf die sich ergebenden Rechtsfolgen nicht mehr einschränken kann.[201]

---

197 Vgl. – a. zu weiteren Einzelheiten - Gronstedt, S./Jörgens, S., Die Gewährleistungshaftung bei Unternehmensverkäufen nach dem neuen Schuldrecht, ZIP 2002, S. 52 (61).

198 I. e. vgl. Lorenz, S./Riehm, T., Lehrbuch zum neuen Schuldrecht, 2002, Rn. 511 ff.

199 Krit. zu diesem Rechtsbehelf im Kontext des Unternehmenskaufs Gronstedt, S./Jörgens, S., Die Gewährleistungshaftung bei Unternehmensverkäufen nach dem neuen Schuldrecht, ZIP 2002, S. 52 (62 f.).

200 Vgl. dazu und zur Problematik des Wertersatzes bei einem über dem Verkehrswert liegenden „strategischen" Preis im Verhältnis zur Minderungsalternative nach § 441 BGB n. F.: Gronstedt, S./Jörgens, S., Die Gewährleistungshaftung bei Unternehmensverkäufen nach dem neuen Schuldrecht, ZIP 2002, S. 52 (61 f.).

201 Vgl. etwa Westphalen, F. Graf von, ZIP 2001, 2107; Gronstedt, S./Jörgens, S., Die Gewährleistungshaftung bei Unternehmensverkäufen nach dem neuen Schuldrecht, ZIP 2002, S. 52 (56 ff.).

Jedoch ist § 444 BGB n. F. vielmehr historisch im Zusammenhang mit dem systembedingt entfallenen Eigenschaftszusicherung zu sehen und im Begriffskontext der §§ 276, 442 BGB n. F. zu lesen, d.h., als freiwillige Verschärfung des Haftungsmaßstabs des § 276 BGB n. F.[202]
Richtigerweise ist § 444 BGB damit so zu verstehen, dass der Verkäufer – wie unter dem Regime des § 11 Nr. 11 AGBGB – nicht im Sinne eines venire contra factum proprium den Inhalt einer gegebenen Garantie dadurch konterkariert, dass er sie mit einer ihr widersprechenden Haftungsbeschränkung koppelt. Dies folgt schon daraus, dass der Verkäufer ja nicht gezwungen ist, überhaupt eine Garantie zu geben und daher a maiore ad minus erst recht privatautonom eine gegebene Garantie rechtsfolgenbezogen beschränken können muss.[203]

6. Beschränkung der Verkäuferhaftung nach § 442 BGB n. F.
Abschließend soll noch einmal auf die beim Spin-Off-MBO problematische Einordnung der §§ 439 Abs. 1, 460 BGB a. F. bzw. § 442 Abs. 1 BGB n. F. eingegangen werden.
Sofern als Käufer – wie üblicherweise – eine zu diesem Zweck gegründete Erwerber-GmbH auftritt, wird dieser die etwaige Kenntnis vom Mangel der Kaufsache im Sinne von § 442 Abs. 1 BGB n. F. gemäß § 166 Abs. 1 BGB zugerechnet. Dies gilt auch dann, wenn die Manager zwar nicht als geschäftsführende Organe der Erwerber-GmbH auftreten, diese aber gleichwohl als auf der Käuferseite maßgeblich Beteiligte nach außen repräsentieren.[204] *Otto* empfiehlt vor diesem Hintergrund als Ausweg, die Repräsentanten der externen Investoren mit der Verhandlungsführung zu betrauen und es bei einer "bloß interne(n) Beratung der Geschäftsführung von NeuGmbH durch die Manager der Zielgesellschaft" bewenden zu lassen, die "noch nicht zur Wissenszurechnung nach § 166 BGB" führe.[205]
Dieses Vorgehen ist m.E. aus zwei unterschiedlichen Gründen problematisch: Zum einen vergibt sich die Käuferseite damit in psychologischer und verhandlungstaktischer Hinsicht den gewichtigen Vorteil, dass sich die Parteien als Partner in der Vergangenheit gut kennen gelernt haben und daher weniger Raum für Animositäten und "Tricks" besteht.

---

202 Dies weisen *Dauner-Lieb/Thiessen* nach: Dauner-Lieb, B./Thiessen, J., Garantiebeschränkungen in Unternehmenskaufverträgen nach der Schuldrechtsreform, ZIP 2002, S. 108 (110 ff.).

203 So a. Lorenz, S./Riehm, M., Lehrbuch zum neuen Schuldrecht, 2002, Rn. 563; Dauner-Lieb, B./Thiessen, J., Garantiebeschränkungen in Unternehmenskaufverträgen nach der Schuldrechtsreform, ZIP 2002, S. 108 (114).

204 BGHZ 41, S. 18.

205 So Otto, H.-J., MBO, 1997, § 26, Rn. 77.

Zum anderen erscheint mir in rechtlicher Hinsicht die vorgeschlagene Konstruktion sub specie § 166 Abs. 2 BGB[206] zumindest dann problematisch, wenn die verhandelnde Investorengruppe sich intern mit dem im Hintergrund agierenden Management berät, was aus verhandlungstaktischer und betriebswirtschaftlicher Sicht wegen der Expertise der Manager sehr sinnvoll wäre.
Denn die Investoren handeln dann als durch die Organe der Erwerber-GmbH (unter-)bevollmächtigte Vertreter und unterliegen als solche auch Weisungen, wenn sie sich intern mit den Managern beraten. Es ist nämlich zu beachten, dass der Begriff der "Weisung" im Sinne von § 166 Abs. 2 BGB sehr weit auszulegen und auch dann einschlägig ist, wenn der Vertretene trotz Kenntnis nicht eingreift, obwohl er die Möglichkeit dazu hätte.[207] Daher erscheint das skizzierte Vorgehen zumindest risikoreich.
"Sauberer", wenngleich freilich schwerer durchsetzbar, ist demgegenüber eine vertragliche Abbedingung des Haftungsausschlusses nach § 442 BGB n. F.[208]

B. Bestimmungsfaktoren auf Seiten des Erwerbers

I. Motivationslage

Die Motivation auf Seiten des erwerbenden Management lässt sich grob in persönliche, strategische und finanzielle Aspekte einteilen.

In persönlicher Hinsicht übt die Aussicht, die Rolle eines eigenständigen, unabhängigen Unternehmers anzunehmen und eigene Ideen und Konzepte zu entwickeln sowie durchzusetzen, einen besonderen Reiz aus, dessen Differenzqualität gerade im Konzern auf Grund der stark hierarchischen Strukturen umso größer ausfällt.
Ex negativo sind derartige Gründe auch häufig die Kehrseite von Unzufriedenheit mit der Unternehmenssituation vor dem MBO: Die Überzeugung, dass das Geschäftspotential wegen schlechten Führungsstils inkompetenter Vorgesetzter nicht ausgeschöpft wird, die Vernachlässigung des Tochterunternehmens bei der konzerninternen Investitionszuteilung oder divergierende Unternehmenskulturen sind nicht nur Erklärungsmodelle für das Phänomen MBO an sich, sondern zugleich Umschreibungen möglicher Motivationen auf Erwerberseite.
Zu diesen Faktoren kommt auch die motivierende Aussicht hinzu, in Zukunft für das eigene Unternehmen wirtschaften zu dürfen.

206 § 166 Abs. 2 BGB gilt zwar nicht für die Organe einer juristischen Person, jedoch handeln diese in der vorgeschlagenen Konstellation ja gerade nicht, sondern lassen sich ihrerseits durch Unterbevollmächtigte vertreten.

207 MünchKomm-Schramm, BGB, Bd. 1, § 166 Rn. 40; Palandt-Heinrichs, BGB, § 166 Rn. 11.

208 Insgesamt zur vertraglichen Ausgestaltung der Haftungsklauseln beim Unternehmenskauf s. Roschmann, C., Haftungsklauseln in Unternehmenskaufverträgen, ZIP 1998, S. 1941 ff.

So zeigen auch empirische Forschungen[209], dass nicht finanzielle, sondern persönliche Gründe bei den meisten MBOs auf Seiten des erwerbenden Managements im Vordergrund stehen.
Wachsen sich die Differenzen hinsichtlich der Vorstellungen des Management im Tochterunternehmen bezüglich der Unternehmensführung zu denjenigen der Konzernleitung stark aus, so kann im Extremfall der MBO auch als Kündigungsalternative in Betracht kommen.[210]

Unter strategischen Gesichtspunkten ist ein MBO auf Grund der Doppelrolle des Management besonders attraktiv. Im Gegensatz zu einem "normalen" Unternehmenskauf gehen die Manager ein weitaus geringeres Risiko ein als ein außenstehender Erwerber, da sie Stärken und Schwächen des Unternehmens realistisch und langfristig einzuschätzen vermögen und einen gewachsenen, dauerhaften Einblick in die Unternehmensinterna haben, der sich im Rahmen einer herkömmlichen "due diligence" nur ansatzweise herstellen lässt und auch nur durch die Vermittlung externer Berater, die sowohl zur Ziel-Gesellschaft als auch zum Erwerber eine bloß geschäftsmäßige Beziehung aufbauen.
Aus ähnlichen Gründen ist der MBO auch gegenüber einer Unternehmensneugründung durch das Management die wesentlich attraktivere und sicherere Variante. Denn dem Erwerber sind aus eigener Erfahrung alle Informationen bezüglich Marktlage, Kunden, Lieferanten, Mitarbeiter, Absatzmöglichkeiten und Zukunftschancen bekannt, die bei einer Neugründung erst generiert und implementiert werden müssten. Kosten für die Entwicklung oder den Zukauf von know how entfallen. Ferner müsste das neu zu gründende Unternehmen in Konkurrenz zum Spin-Off-Unternehmen treten. Schließlich sind Neugründungen gerade im industriellen Bereich mit erheblichen zeitlichen Vorlaufzeiten verbunden, aber auch im tertiären Sektor häufig nur schwer darstellbar, wenn man beispielsweise an die Knappheit an qualifizierten Mitarbeitern im Bereich der Information Technology denkt.

Gegenüber der Konzernleitung kann das kaufinteressierte Management erheblichen Druck ausüben, wenn der Erfolg des Unternehmens maßgeblich von dem know how oder den persönlichen Kontakten der Manager abhängt. Die Manager können dann im Zweifel mit (ordentlicher) Kündigung drohen und dies auch den externen Kaufkonkurrenten kommunizieren, um so deren Übernahmeinteresse zu senken.
Schließlich hat das Management eine Art "Heimvorteil", sofern es gute Verbindungen zur Arbeitnehmerschaft und zum Betriebsrat aufgebaut und diese in Zukunftspläne eingeweiht hat. Die Aussicht auf eine sichere absehbare Zukunft wird zu einer

---

209 So Luippold, T. L., MBOs – Evaluation ihrer Einsatzmöglichkeiten in Deutschland, 1991, S. 124 sowie Forst, M., MBO und MBI als Form der Übernahme mittelständischer Unternehmen,1992, S. 87.

210 Hauschka, C. E., Aspekte des MBO, BB 1987, S. 2169 (2171).

erhöhten Unterstützung und Motivation seitens Betriebsrat und Arbeitnehmern führen.

In finanzieller Hinsicht lockt das Management oftmals zusätzlich die Erwartung langfristig gesteigerter Erträge.
Insbesondere in Zeiten gesamtwirtschaftlichen Aufschwungs können außenstehende Investoren das Management zum MBO drängen, um lukrative Anlagemöglichkeiten mit einem gegenüber einer Unternehmensgründung kalkulierbareren Rendite-Risiko-Verhältnis[211] auszunutzen. Als Fernziel kommt bei Unternehmen in mittelständischer Größe der Gang an die Börse in Betracht.
Neben Investment-Banken, Versicherungen, Venture Capital-Firmen, Kapitalbeteiligungsgesellschaften und Privatpersonen kann ein MBO auch von anderen Industrieunternehmen angeregt und begleitet werden, die auf diese Weise an technischen Neuentwicklungen und Spezialisierungen partizipieren wollen ("window on technology").[212]

II. Primär- und Nebenpflichten des Erwerbers

Gemäß § 433 Abs. 2 BGB ist der Käufer verpflichtet, dem Verkäufer den vereinbarten Kaufpreis zu zahlen und die gekaufte Sache abzunehmen.
Die Ausgestaltung der Kaufpreiszahlung kann in vielfacher Hinsicht modifiziert werden. Teils vereinbaren Käufer und Verkäufer einen erfolgsabhängigen Kaufpreis, eine Stundung oder partielle Verrechnung mit zukünftigen Leistungen des vom Management übernommenen Unternehmens an die Konzerngesellschaft.
Ferner besteht häufig ein strategisches Interesse der Konzernobergesellschaft, Geschäftsbeziehungen zum Spin-Off-Unternehmen aufrechtzuerhalten bzw. sogar mit diesem zu kooperieren, was in Form von Nebenpflichten, z.B. über Liefer- und Abnahmepflichten, Meistbegünstigungsklauseln, Einräumung von Sonderrechten im Bereich von Auftragsvergaben oder Werbevereinbarungen, unter Berücksichtigung kartellrechtlicher Schranken geregelt werden kann.[213]

Der Kaufpreis, den der Erwerber nennt, ist nicht identisch mit der Summe, die tatsächlich beim Veräußerer ankommt. Die Steuerbelastung erlangt in diesem Zusammenhang die größte Bedeutung. Dies gilt nach den einschneidenden Änderungen durch das Steuersenkungsgesetz vom 23.10.2000 und das Steuersenkungsergänzungsgesetz vom 20.12.2000 noch stärker ab dem Veranlagungszeitraum 2002, da

211 S. Quillmann, W., Venture Capital in den USA und Deutschland, Die Bank 1987, S. 669 (669 f.).

212 Hardenberg, Colin Graf von, Die Bereitstellung von venture capital durch Großunternehmen, 1989, S. 86 f.

213 Vgl. dazu insgesamt Holzapfel, H.-J./Pöllath, R., Unternehmenskauf in Recht und Praxis, 2000, Rn. 721 ff.

dann die Regelung des § 8b Abs. 2 KStG n. F. greift, wonach für Körperschaften im Sinne des § 1 Abs. 1 KStG Gewinne aus der Veräußerung eines Anteils an einer anderen Körperschaft steuerfrei bleiben.
Auf die Gestaltungsvarianten im Rahmen der aktuellen und künftigen Steuerrechtslage soll jedoch später eingegangen werden.[214]

Auf Aspekte der Finanzierung des Kaufpreises wird in der vorliegenden Arbeit nur insoweit eingegangen, als dies zum Verständnis der damit verbundenen gesellschafts- und steuerrechtlichen Fragen notwendig sein wird.

Schließlich ist kurz der problematische Interessenkonflikt der Manager als Organe der Ziel-Gesellschaft und gleichzeitig als Kaufinteressenten eben dieser Gesellschaft zu skizzieren, der unter dem Schlagwort der Offenbarungs- und Aufklärungspflichten des Käufers diskutiert wird.
Ausgangspunkt ist die Feststellung, dass grundsätzlich jede Vertragspartei Informationsvorsprünge zu ihrem Vorteil nutzen darf, soweit sie dadurch die andere Partei nicht aktiv täuscht oder durch Unterlassen einen bestehenden Irrtum pflichtwidrig aufrechterhält. Insbesondere gibt es keine Pflicht aus § 242 BGB, wonach sich die Parteien eines Kaufvertrages über den (wahren) Marktwert des Kaufgegenstandes aufzuklären haben, da die Aufklärungspflicht durch das Vertragsrisiko des anderen Teils begrenzt wird.[215] Aus dem nämlichen Grund ist auch die Anfechtung nach § 119 Abs. 2 BGB wegen Eigenschaftsirrtum bei Irrtum über den Wert der Kaufsache ausgeschlossen. Denn die Rechtsordnung orientiert sich am marktwirtschaftlichen System der freien Preisbildung, wonach der Marktpreis nicht vorgegeben ist, sondern sich ständig neu nach dem Gesetz von Angebot und Nachfrage bildet. Das Risiko, einen zu hohen Preis gezahlt oder einen zu niedrigen Preis verlangt zu haben, darf keinem der am Marktgeschehen Beteiligten abgenommen werden.[216]

Im Fall des Spin-Off-MBO hat das erwerbswillige Management auf Grund der Geschäftsführung in der Ziel-Gesellschaft in der Regel einen Informationsvorsprung gegenüber den Gesellschaftern als Veräußerern, der zudem häufig Motivation für den Kaufentschluss sein wird, da das Management davon ausgeht, in der Zukunft bestimmte Ertragschancen anders oder besser zu nutzen.
In diesem Zusammenhang hat man ferner zu berücksichtigen, dass der Geschäftsführer als Organ der GmbH kraft seiner sich aus § 43 Abs. 1 GmbHG ergebenden Sorgfaltspflicht auch so genannte Erwerbschancen ("corporate opportunities") nutzen

---

214 Siehe Kapitel IV bis VI (S. 139 ff.).

215 S. RGZ 111, S. 233 (234 f.); BGHZ 117, S. 280 (284 ff.); MünchKomm-Westermann BGB, Bd. 3, § 433, Rn. 83; MünchKomm-Kramer, BGB, Bd. 1, § 119, Rn. 114, § 123, Rn. 15; Jauernig-Vollkommer, § 242 Rn. 19.

216 Larenz, K./Wolf, M., Allgemeiner Teil des Bürgerlichen Rechts, 1997, § 36 Rn. 55 (S. 676).

muss. Dazu führt der BGH aus: "Er (sc. der GmbH-Geschäftsführer; Anm. des Verf.) hat Erwerbschancen nicht für sich, sondern nur für die Gesellschaft auszunutzen und hat ihr, wenn er hiergegen verstößt, einen dadurch entstandenen Schaden zu ersetzen."[217]
Vor diesem Hintergrund stellt sich insbesondere die Frage, ob dem erwerbswilligen Management Offenbarungs- und Aufklärungspflichten, z.B. in Bezug auf stille Reserven oder den Gesellschaftern unbekannte Gewinnpotentiale, obliegen. Diese Problematik wird immer dann offenkundig und virulent, wenn die Ziel-Gesellschaft nach Übernahme eine ungewöhnlich schnelle oder betragsmäßig überdurchschnittliche Ertragssteigerung verzeichnet. Dann steht entweder der Verdacht der untreuen Geschäftsführung zwecks Kaufpreissenkung in der Vergangenheit im Raum, der unter Umständen eine positive Vertragsverletzung des Dienstvertrages, § 826 BGB, § 823 Abs. 2 BGB in Verbindung mit § 266 Abs. 1 Alt. 1 StGB zu begründen vermag, oder eine Anfechtung des Kaufvertrages wegen arglistiger Täuschung gemäß § 123 Abs. 1 BGB.

Wie man dieses Dilemma löst, ist immer noch heftig umstritten. *Koppensteiner*[218] sieht die Manager als verpflichtet an, über alles werthaltige Wissen zu informieren, *Weber*[219] lehnt sich an die (strengen) Grundsätze zu den bereits erwähnten "corporate opportunities" an und konzediert dem Management nur Freiheiten, "soweit es sich außerhalb 'konkretisierter Beziehungen (bewegt), die sich aus der – weit verstandenen – (realen) Geschäftstätigkeit oder aus begründeten Interessen und Erwartungen ergeben'." *Otto*[220] schlägt vor, die Aufklärungspflicht auf "kaufpreiserhebliche Unternehmenseigenschaften" zu beschränken und nimmt davon insbesondere die zukünftige Ergebnisplanung aus.
M. E. sollte man angesichts dieser wenig trennscharfen Kriterien auf einer ersten Ebene zunächst einmal untersuchen, ob tatsächlich Raum für derartige Pflichtverletzungen gegeben ist, oder ob nicht vielmehr das Management in der Vergangenheit der Konzernleitung, bzw. - allgemeiner - den veräußernden Gesellschaftern Verbesserungsvorschläge hinsichtlich Unternehmensführung und Erwerbschancen vorgetragen hat, die jedoch nicht angenommen wurden.
Kann man auf diese Weise bestimmte Vorgänge nicht ausfiltern, sollte man prüfen, ob die unterbliebene Informierung der Konzernleitung eine Sorgfaltspflichtverlet-

---

217 BGH NJW 1986, S. 584 (585).

218 Koppensteiner, H.-G., GmbH-rechtliche Probleme des MBO, ZHR 155 (1991), S. 97 (103 f.).

219 Weber, D., GmbH-rechtliche Probleme des MBO, ZHR 155 (1991), S. 120 (126).

220 Otto, H.-J., MBO, § 26, Rn. 82 m. w. Nachw.

zung sub specie § 43 Abs. 1 GmbHG[221] dargestellt hätte, wenn die Ziel-Gesellschaft nicht veräußert worden wäre. Dabei sollte wegen des (zivilrechtlichen) Grundsatzes, dass den Käufer an sich keine Aufklärungspflichten treffen sollen, ein etwas weniger strenger Maßstab angesetzt werden.
Dieses Vorgehen rechtfertigt sich m.E. daraus, dass man mögliche Offenbarungs- und Aufklärungspflichten gerade nicht aus kaufrechtlichen Erwägungen ableitet, sondern aus der besonderen Doppelrolle des Käufers, der zusätzlich organschaftlichen Sorgfaltspflichten unterliegt.
Dann sollten aber auch diese Pflichten der (trennscharfe) Maßstab für das Verdikt über die Verletzung von Offenbarungs- und Aufklärungspflichten sein.[222]

Gleichwohl empfiehlt es sich, derartigen Risiken dadurch vorzubeugen, dass die Veräußerer an nachvertraglich erzielten Mehrergebnissen ab einer bestimmten Schwelle beteiligt werden oder eine Nachbesserung des Kaufpreises stattfindet. Die vertragliche Ausgestaltung einer derartigen Regelung ist denkbar flexibel.

III. Haftung des Erwerbers

Bei der Haftung des Erwerbers ist zwischen vertraglicher und zwingend gesetzlicher Haftung zu differenzieren. Diese Unterteilung hat auch steuerrechtliche Relevanz, insoweit als Verbindlichkeiten, die der Erwerber bewusst übernommen hat, den Kaufpreis erhöhen und mit ihm auf die erworbenen Anteile oder Vermögensgegenstände zu verteilen sind.
Hat der Erwerber hingegen eine gesetzlich zwingende Haftungsverbindlichkeit nicht bedacht, die sich post-akquisitorisch realisiert, muss er diese gewinnmindernd passivieren.[223]

Auch im Fall der Erwerberhaftung ist eine Aufteilung in die zwei Grundformen des Unternehmenskaufes, den asset deal und den share deal, zweckmäßig und soll bei der Darstellung der denkbaren Haftungstatbestände berücksichtigt werden.

Soweit es um GmbH-rechtliche Haftungsnormen geht, die den Erwerber treffen können, ist allein der share deal einschlägig. Insofern ergeben sich für den Konzern-Spin-Off allerdings kaum Besonderheiten: So haftet der Erwerber gemäß § 16 Abs. 3 GmbHG – anders als bei § 65 Abs. 1 AktG – für die zur Zeit der Anmeldung im

---

221 Die positive Vertragsverletzung des Anstellungsvertrages ist nach h. M. gegenüber § 43 Abs. 2 GmbHG subsidiär. Vgl. statt aller Baumbach/Hueck-Zöllner, GmbHG, § 43 Rn. 4 m. w. Nachw.; a. A. Scholz-Schneider, GmbHG, § 43 Rn. 13, 208; Schmidt, K., Gesellschaftsrecht, 1997, S. 1078.

222 Vgl. ausführlich Rhein, T., Der Interessenkonflikt der Manager beim Management Buy-Out, Diss. München 1996, S. 59 ff. (Teil B.).

223 Holzapfel, H.-J./Pöllath, R., Unternehmenskauf in Recht und Praxis, 2000, Rn. 631.

Sinne von § 7 GmbHG auf den Geschäftsanteil rückständigen Leistungen neben dem Veräußerer. Dies gilt selbst dann, wenn die Geschäftsanteile später wieder rückveräußert werden.[224]
Da beim Konzern-Spin-Off in der Regel die eigens zu diesem Zwecke gegründete Erwerber-Gesellschaft alle GmbH-Anteile der Ziel-Gesellschaft erwirbt, ist auf § 19 Abs. 4 GmbHG zu achten, wonach die Erwerber-Gesellschaft als Alleingesellschafterin innerhalb von drei Monaten alle noch ausstehenden Geldeinlagen voll einzahlen oder entsprechende Sicherheiten bestellen muss[225], wenn sich innerhalb von drei Jahren nach der Eintragung der Gesellschaft alle Gesellschaftsanteile in ihrer Hand vereinigen.[226]
Der Erwerber muss ferner nach § 16 Abs. 2 GmbHG alle vor der Anmeldung von der Gesellschaft gegenüber dem Veräußerer oder von diesem gegenüber der Gesellschaft in bezug auf das Gesellschaftsverhältnis vorgenommenen Rechtshandlungen gegen sich gelten lassen.
Für die nach der Anmeldung vorgenommenen Rechtshandlungen haftet der Erwerber ohnehin.
Der Erwerber haftet daher z.B. aus Gründerhaftung gemäß § 9 GmbHG, für eine etwaige Nachschusspflicht auf Grund von § 26 GmbHG oder auch für Nebenverpflichtungen nach § 3 Abs. 2 GmbHG.
Der Erwerber haftet allerdings nicht für Ansprüche der Gesellschaft aus § 31 GmbHG. Da die Erstattungspflicht qua Gesetz aus dem Empfang der unzulässigen Leistung resultiert, also eine persönliche Verpflichtung des betreffenden Gesellschafters darstellt und nicht mit dem Geschäftsanteil verknüpft ist, haftet der Erwerber nicht nach § 16 Abs. 3 GmbHG.[227]

Als weiteren Haftungstatbestand hat der Erwerber § 25 HGB zu beachten: Danach haftet, wer ein unter Lebenden erworbenes Handelsgeschäft unter der bisherigen Firma mit oder ohne Beifügung eines das Nachfolgeverhältnis andeutenden Zusatzes fortführt, für alle im Betriebe des Geschäfts begründeten Verbindlichkeiten (Abs. 1 Satz 1).
Erwerb meint dabei jede Unternehmensübertragung, also insbesondere den Unternehmenskauf.

---

224 BGH ZIP 1991, S. 724 ff. = GmbHR 1991, S. 311 ff.

225 Ansonsten fällt die Einforderung von Einzahlungen auf die Stammeinlage in die Kompetenz der Gesellschafterversammlung (§ 46 Nr. 1 GmbHG). Dieser Forderung kann über das Kaduzierungsverfahren als besonderes Vollstreckungsverfahren gemäß §§ 21 ff. GmbHG Nachdruck verliehen werden.

226 Vgl. Baumbach/Hueck-Hueck/Fastrich, GmbHG, § 19 Rn. 34 ff.

227 Vgl. Scholz-Westermann, GmbHG, § 31 Rn. 15; Hachenburg-Goerdeler/Müller, GmbHG, § 31 Rn. 19.

§ 25 Abs. 1 Satz 1 HGB setzt ein tatsächlich betriebenes kaufmännisches Handelsgeschäft[228] voraus. Da eine GmbH als Ziel-Gesellschaft gemäß § 13 Abs. 3 GmbHG als Handelsgesellschaft im Sinne des Handelsgesetzbuchs gilt und § 6 Abs. 1 HGB die Kaufleute betreffenden Vorschriften auch für Handelsgesellschaften für anwendbar erklärt, greift § 25 HGB unabhängig davon, ob die GmbH ein Handelsgewerbe im Sinne von § 1 Abs. 2 HGB betreibt.[229] Ferner muss der Erwerber zum einen das Handelsgeschäft in seinem wesentlichen Kern fortführen und – kumulativ – als zweites Kontinuitätselement nach außen auch die bisherige Firma in ihrem Kern fortführen.[230]
Als Rechtsfolge ordnet § 25 Abs. 1 Satz 1 HGB einen gesetzlichen Schuldbeitritt hinsichtlich aller im Betrieb des Geschäfts begründeten Verbindlichkeiten an[231], nicht hingegen für persönliche Verbindlichkeiten des Veräußerers.[232]
Um dieser strikten Haftungsfolge zu entgehen, ermöglicht § 25 Abs. 2 HGB dem Erwerber, durch unverzügliche Eintragung ins Handelsregister und Bekanntmachung im Sinne von § 10 HGB seine Haftung gegenüber allen Altgläubigern oder durch schlichte Mitteilung einzelnen Gläubigern gegenüber auszuschließen.

Schließlich knüpft auch die Haftungsnorm des § 75 AO an die Betriebsübernahme an. Der Erwerber haftet dann, wenn zumindest die wesentlichen Betriebsgrundlagen auf ihn übergegangen sind, für Betriebssteuern (also GewSt, - vorbehaltlich § 1 Abs. 1a UStG - USt – auch aus der Veräußerung des Unternehmens selbst -, Verbrauchs- und Versicherungssteuern) und für Steuerabzugsbeträge (LSt, KapESt).[233] Die Körperschaftsteuer unterfällt also nicht § 75 Abs. 1 Satz 1 AO.[234]
Zeitlich schränkt § 75 Abs. 1 Satz 1 AO die Haftung auf solche Steuertatbestände ein, die seit dem Beginn des letzten, vor der Übereignung liegenden Kalenderjahres entstanden sind und bis zum Ablauf von einem Jahr nach Anmeldung des Betriebes (§§ 137, 138 Abs. 1 AO) durch den Erwerber festgesetzt oder angemeldet wurden. Der Erwerber sollte daher baldmöglichst seinen Betrieb anmelden und gegebenenfalls mit dem Veräußerer einen Kaufpreisrückbehalt wegen der befristet bestehenden Unsicherheit einer etwaig unterbliebenen Steuerfestsetzung bzw.–anmeldung vereinbaren.

---

228 Vgl. Baumbach/Hopt, HGB, § 25 Rn. 3.

229 Canaris, C.-W., Handelsrecht, 2000, § 3 Rn. 40.

230 Vgl. statt aller Canaris, C.-W., Handelsrecht, 2000, § 7 Rn. 29.

231 Das können z.B. auch noch nicht fällige oder bedingte Ansprüche sein sowie Unterlassungsansprüche etwa auf Grund eines Wettbewerbsverbots (MünchKomm-Lieb, HGB, § 25 Rn. 95, 92). Ferner kann auch das Finanzamt den Haftungsbescheid auf § 25 Abs. 1 Satz 1 HGB stützen (neben § 75 AO).

232 Vgl. Schmidt, K., Handelsrecht, 1999, S. 249 f.; Röhricht/Westphalen-Ammon, § 25 Rn. 28 ff.

233 Holzapfel, H.-J./Pöllath, R., Unternehmenskauf in Recht und Praxis, 2000, Rn. 664 ff.

234 Holzapfel, H.-J./Pöllath, R., Unternehmenskauf in Recht und Praxis, 2000, Rn. 667 a. E.

Den Umfang der Haftung begrenzt § 75 Abs. 1 Satz 2 AO auf den Bestand des übernommenen Vermögens, wobei auch Surrogate erfasst sind.[235]

Auf denkbare Haftungstatbestände nach öffentlichem Recht, z.B. nach - landesrechtlich geregeltem - Sicherheitsrecht im Hinblick auf Altlasten oder nach dem Kreislaufwirtschafts- und Abfallgesetz, soll an dieser Stelle nur hingewiesen werden.

Im Zusammenhang mit der Haftung des Erwerbers soll schließlich noch auf § 613a BGB eingegangen werden. Zwar geht es bei dieser Vorschrift nur partiell um Haftung im engeren Sinne (vgl. § 613a Abs. 2 BGB), jedoch wird gleichwohl die Pflichtenstellung des Erwerbers als neuem Arbeitgeber definiert.[236]
Hinsichtlich des Unternehmenskaufs ist zunächst festzuhalten, dass § 613a BGB auf den share deal unanwendbar ist. Denn beim Erwerb der Geschäftsanteile kommt es zu keinem Übergang auf einen neuen Rechtsträger im Sinne von § 613a BGB, da die Ziel-Gesellschaft als Rechtsträgerin des Betriebes erhalten bleibt und lediglich ihr Gesellschafterkreis wechselt.
Wichtig für den Regelungsbereich der MBO-Gestaltungen ist ferner, dass ein Betriebsübergang qua Rechtsgeschäft auch im Fall einer Umwandlung vorliegt. Das stellt § 324 UmwG explizit für die Verschmelzung klar; allgemein für Umwandlungen ergibt sich dies im Wege eines argumentum e contrario § 613a Abs. 3 BGB.[237]
Wegen des Schutzzwecks des § 613a BGB, der verhindern will, dass dem Arbeitnehmer aus einem Betriebsübergang Nachteile erwachsen, sind entgegenstehende Vereinbarungen, insbesondere zwischen Veräußerer und Erwerber, unwirksam, d.h., § 613a BGB ist nicht disponibel.[238] Dies gilt auch für Vereinbarungen, die den Erwerber von Versorgungsverpflichtungen gegenüber den Arbeitnehmern freistellen sollen.[239] Diese Unabdingbarkeit des § 613a BGB ist folglich bei der Gestaltung des Unternehmenskaufvertrages zu berücksichtigen.
Für die zu untersuchenden Buy-Out-Gestaltungen ist von besonderer Relevanz, dass neben dem Betriebsübernehmer auch der bisherige Arbeitgeber für Verpflichtungen (gesamtschuldnerisch) weiterhaftet, soweit sie vor dem Zeitpunkt des Übergangs entstanden sind und vor Ablauf von einem Jahr nach diesem Zeitpunkt fällig werden (§ 613a Abs. 2 Satz 1 BGB). Diese Feststellung ist im Hinblick auf den Spin-Off-MBO insofern relevant, als sie die Attraktivität des asset deal aus Veräußerersicht mindert.

---

235 Zur Steuerhaftung bei Unternehmensveräußerung insgesamt vgl. Mösbauer, H., Die Steuerhaftung bei Unternehmensveräußerung, BB 1990 Beilage 3 zu Heft 4/90, S. 1 ff.

236 S. Zöllner, W./Loritz, K.-G., Arbeitsrecht, 1998, S. 259 ff.

237 Vgl. a. Zöllner, W./Loritz, K.-G., Arbeitsrecht, 1998, S. 260 m. w. Nachw.

238 Staudinger-Richardi/Annuß, BGB, § 613a Rn. 31 ff.

239 MünchKomm-Schaub, BGB, Bd. 4, § 613a Rn. 10; Palandt-Putzo, BGB, § 613a, Rn. 7 m. Verw. auf BAG NJW 1982, S. 1607.

Ferner leitet § 613a BGB zwar sowohl verfallbare als auch unverfallbare Versorgungsanwartschaften noch bestehender Arbeitsverhältnisse[240] auf den Betriebserwerber ohne Rücksicht auf den Fälligkeitstermin[241] über. Hingegen greift § 613a BGB nicht bezüglich Ruhestandsverhältnissen ein[242], so dass die veräußernde Konzernobergesellschaft weiter Pensionsverbindlichkeiten ausgesetzt ist und entsprechende Rückstellungen auch in der Konzernbilanz auf unbestimmte Zeit zu passivieren hat.[243] Das gleiche gilt für unverfallbare Versorgungsanwartschaften bereits beendeter Arbeitsverhältnisse.[244] Dies wird typischerweise ein ganz gewichtiges Argument gegen die Durchführung eines asset deal aus Sicht des veräußernden Konzerns sein.
Im übrigen ergeben sich keine weiteren durch einen Spin-Off-MBO bedingten Besonderheiten bezüglich der Anwendung von § 613a BGB.

C. Relative Steuerbarwertminimierung

Neben den eben behandelten primär zivilrechtlich geprägten Bestimmungsfaktoren, sind für die Parteien eines Spin-Off-MBO steuerrechtliche Überlegungen von ganz grundlegender Bedeutung.
Im Hinblick auf das Steuerinteresse des Veräußerers steht die möglichst körperschaftsteuerfreie Vereinnahmung des Veräußerungsgewinns an erster Stelle. Daneben sollte der Vorgang auch gewerbesteuerfrei[245] sein. Auf die in diesem Gliederungspunkt ebenfalls ausführlicher erörterte Umsatzsteuer und Grunderwerbsteuer soll im weiteren Verlauf der Arbeit nicht mehr eingegangen werden.
Als Grobziel des Erwerbers ist zunächst die nach Möglichkeit sofortige steuerliche Abzugsfähigkeit des Kaufpreises zu nennen. Sofern dies nicht darstellbar ist, sollte

---

240 Holzapfel, H.-J./Pöllath, R., Unternehmenskauf in Recht und Praxis, 2000, Rn. 700 sowie Zöllner, W./Loritz, K.-G., Arbeitsrecht, 1998, S. 264 m. Verw. auf BAG AP Nr. 27, 31 zu § 613a BGB; MünchKomm-Schaub, BGB, Bd. 4, § 613a Rn. 10; Soergel-Raab, BGB, Bd. 4/1, § 613a Rn. 84.

241 Vgl. Zöllner, W./Loritz, K.-G., Arbeitsrecht, 1998, S. 264.

242 Zöllner, W./Loritz, K.-G., Arbeitsrecht, 1998, S. 264 a.E. m. w. Nachw. (Fußnote 20); Säcker, F. J./Joost, D., Auswirkungen eines Betriebsübergangs auf Ruhestandsverhältnisse (I), DB 1978, S. 1030 (1035); (II) S. 1078 (1078); MünchKomm-Schaub, BGB, Bd. 4, § 613a Rn. 10; ebso. Holzapfel, H.-J./Pöllath, R., Unternehmenskauf in Recht und Praxis, 2000, Rn. 700.

243 Vgl. Otto, H.-J., Buy-Out-Gestaltungen bei Konzern-spin offs mittels "umgekehrtem Kombinationsmodell", AG 1999, S. 173 (174).

244 Soergel-Raab, BGB, Bd. 4/1, § 613a Rn. 83; MünchKomm-Schaub, BGB, Bd. 4, § 613a Rn. 10.

245 Grundsätzlich gilt eine Kapitalgesellschaft unabhängig von der Art der Tätigkeit im Wege einer Typisierung zum Zweck der Verwaltungsvereinfachung als Gewerbebetrieb im Sinne des Gewerbesteuerrechts (§ 2 Abs. 2 GewStG) (Tipke, K./Lang, J., Steuerrecht, 1998, § 12 Rn. 9).

der Abschreibungszeitraum wenigstens kurz sein. Mittel- bis langfristig ist ferner an eine Weiterveräußerung des Betriebes zu denken, so dass der Erwerber auch eine steuergünstige Wiederveräußerung der Beteiligung bzw. der Vermögensgegenstände in Erwägung ziehen wird.
Schließlich hat der Erwerber ein Interesse an der Abzugsfähigkeit der Kaufpreis-Finanzierungskosten, namentlich der Zinsen.[246]

Sucht man nach einer übergeordneten Methode[247], diesen – häufig gegenläufigen – steuerorientierten Interessen gerecht zu werden, so bietet sich die so genannte "relative Steuerbarwertminimierung" als Vorgehensweise an. Dahinter steckt die an sich recht simple Überlegung, dass sowohl der Barwert der Steuerbelastung minimiert als auch der Barwert der Steuerentlastung maximiert werden sollte. Der Terminus "Barwert" stellt darauf ab, dass auch die zeitliche Komponente eine Rolle spielt, das heißt, der Wert von Abzinsungen mitberücksichtigt wird. Daher kommt es – bezogen auf eine Zeitachse - nicht nur auf die vertikale Dimension, verstanden als (aktuelle) Höhe der Steuerent- oder –belastung an, sondern auch auf eine horizontale Dimension in Form des zeitlichen Eintritts von Steuerwirkungen.
Als "relativ" ist das Ziel der Steuerbarwertminimierung zu definieren, da die Steuergestaltung nur systemimmanent versucht, möglichst niedrige steuerbare Ergebnisse auszuwerfen, dabei aber den vorgegebenen wirtschaftlichen Erfolg des Unternehmens unberührt lässt und nicht etwa aus steuerlich motivierten Gründen wirtschaftliche Misserfolge intendiert.

Die relative Steuerbarwertminimierung[248] hat von den im Steuerrecht maßgeblichen "Stellschrauben" auszugehen, um in concreto deren Optimierung zu untersuchen. Die Faktoren, von denen der Steuerbarwert abhängig ist, sind die steuerliche Bemessungsgrundlage, der Steuersatz sowie sonstige steuerliche Sonderfaktoren.

Bezogen auf den Unternehmenskauf ist zwischen einer ertragsteuerlichen, umsatzsteuerlichen und gewerbesteuerlichen Belastung zu differenzieren.
Hinsichtlich der ertragsteuerlichen Besteuerung ergibt sich die Bemessungsgrundlage aus der Differenz von steuerwirksamem Ertrag und steuerlich abzugsfähigem Aufwand.
Bei der Ermittlung des Aufwands ist bei einer steuerorientierten Gestaltung betragsmäßig die Steigerung und zeitlich die Vorverlagerung von Abschreibungspotential von zentralem Interesse.

---

246 Vgl. a. Streck, M., Die Steuerinteressen und Steuermodelle beim Unternehmenskauf, BB 1992, S. 685 (685).

247 S. zum Folgenden die umfassende Darstellung von Hötzel, O., Unternehmenskauf und Steuern, 1997, S. 60 ff.

248 Vgl. Rödder, T., Gestaltungssuche im Ertragssteuerrecht, 1991, S. 52 f.

Wegen der typischerweise hohen Fremdfinanzierungsquote ist weiter die Abzugsfähigkeit von Finanzierungskosten von Bedeutung. Schließlich sollten auch Kosten für Beurkundung, Provisionen, Beratung, Abfindungen etc. abzugsfähig sein. Dabei ist ferner zu prüfen, ob derartige Positionen als Anschaffungsnebenkosten zu aktivieren oder aber als Betriebsausgaben sofort abzugsfähig sind.

I. Ertragsteuern

Im Hinblick auf die Ertragsermittlung wird insbesondere mit Inkrafttreten des Steuersenkungs- bzw. des Steuersenkungsergänzungsgesetzes von entscheidender Bedeutung sein, durch welche Gestaltungen die veräußernde Körperschaft in den Genuss der Steuerfreistellung des § 8b Abs. 2 KStG n. F. kommt. Für einen zeitlichen Übergangszeitraum schließt dies auch Konstruktionen mit ein, die zu einer zeitlichen Vorverlagerung der Neuregelungen führen.
Schließlich muss auch die Behandlung miterworbener steuerfreier Rücklagen bedacht werden, die bei einer späteren Gewinnrealisierung von steuerlicher Relevanz sein können, sowie die Vermeidung der Realisierung von stillen Reserven, die im Kaufobjekt enthalten sein können, berücksichtigt werden.

Bezogen auf den einschlägigen Steuersatz ergeben sich, abgesehen von der Gewerbesteuer, die vom jeweiligen gemeindlichen Hebesatz abhängt, kaum Gestaltungsspielräume.

Als steuerliche Sonderfaktoren kommen insbesondere die Behandlung von Verlustabzugspotential und verwendbarem Eigenkapital in Betracht, die im Rahmen der vorliegenden Arbeit jedoch weitgehend ausgeklammert bleiben.

II. Umsatzsteuer

In umsatzsteuerlicher Hinsicht muss eine steuerlich optimierte Gestaltung dem Umstand Rechnung tragen, dass die zeitliche Verschiebung zwischen Anfall der Umsatzsteuerbelastung und Rückerstattung des Vorsteuerabzugs eine zusätzliche Belastung der Liquidität des Erwerbers in Form einer faktischen Vorfinanzierung der Umsatzsteuer darstellt, die in der Konstellation des stark fremdfinanzierten Spin-Off-MBO besonders ungünstige Auswirkungen zeitigen kann.
Da die vorliegende Arbeit allerdings von einem Verkauf aller Gesellschaftsanteile einer rechtlich selbständigen Konzerntochtergesellschaft bzw. von einem Verkauf sämtlicher Vermögensgegenstände des Konzernunternehmens ausgeht, kommt eine hierauf bezogene umsatzsteuerliche Problematik von vornherein nicht in Betracht.
Für den share deal gilt, dass dieser schon nicht in den umsatzsteuerlichen Nexus des § 1 Abs. 1 UStG fällt. Für den asset deal regelt seit 1.1.1994 § 1 Abs. 1a UStG, dass die Umsätze im Rahmen einer Geschäftsveräußerung an einen anderen Unternehmer

für dessen Unternehmen nicht der Umsatzsteuer unterliegen. Dass dann, wenn das gesamte Unternehmen samt wesentlicher Betriebsgrundlagen veräußert wird, § 1 Abs. 1a UStG eingreift, ist unstreitig.
§ 1 Abs. 1a UStG setzt eine Geschäftsveräußerung im ganzen voraus und muss im Einzelfall gegen umsatzsteuerbare Einzelumsätze abgegrenzt werden. Wenn ein Unternehmen als lebensfähiger Organismus im ganzen auf einen neuen Erwerber übertragen wird, dem es möglich ist, das Unternehmen wie bisher fortzuführen, greift § 1 Abs. 1a UStG ein.[249]

Mit dem Unternehmenserwerb tritt der Erwerber in die Umsatzsteuer-Situation des Veräußerers ein, was zur Konsequenz hat, dass etwaige Berichtigungsfristen vom Erwerber zu wahren sind.[250] Dies gilt auch im Rahmen einer steuerlichen Außenprüfung (BP), für deren etwaig abweichende steuerliche Beurteilung Vertragsregelungen zu empfehlen sind.
Bei § 1 Abs. 1a Satz 3 UStG handelt es sich nicht um die Anordnung einer Rechtsnachfolge, was sich schon daraus ergibt, dass der Veräußerer nicht notwendig untergehen muss. Ferner leitet § 1 Abs. 1a Satz 3 UStG auch nicht Umsatzsteuerschulden automatisch auf den Erwerber über, da insoweit allein § 75 AO maßgeblich ist. § 1 Abs. 1a Satz 3 UStG hat vielmehr Bedeutung im Rahmen der Vorsteuerkorrektur nach § 15a UStG (Vorsteuer-Änderung infolge geänderter betrieblicher Verwendung eines Wirtschaftsguts) und führt dazu, dass der Erwerber "sich die für den Vorsteuerabzug maßgeblichen Verhältnisse im Erstjahr der Verwendung des erworbenen Wirtschaftsgutes durch den Veräußerer so zurechnen lassen muß, als habe diese Verwendung durch ihn stattgefunden. Soweit für § 15a UStG von Bedeutung, muß er sich auch jede zwischenzeitlich erfolgte Verwendungsänderung durch den Veräußerer als eigene zurechnen lassen."[251]

III. Grunderwerbsteuer

Bezogen auf die Grunderwerbsteuer ist zu prüfen, wie sich Tatbestände, die Grunderwerbsteuer auslösen, gegebenenfalls ganz vermeiden oder aber zumindest steuerlich optimieren lassen.
Wird ein inländisches Grundstück im Sinne von § 2 Abs. 1 Satz 1 GrEStG im Zuge eines asset deal verkauft, so löst dies den Tatbestand des § 1 Abs. 1 Nr. 1 GrEStG aus. Dabei knüpft das Grunderwerbsteuerrecht technisch nicht erst an den eigentlichen dinglichen Eigentumsübergang an, sondern erfasst bereits den zeitlich vorgela-

---

249 Reiß, W., Umsatzsteuer und Grunderwerbsteuer beim Unternehmens(ver)kauf, 2000, S. 283 (286 f.).

250 Vgl. ausführlich Holzapfel, H.-J./Pöllath, R., Unternehmenskauf in Recht und Praxis, 2000, Rn. 790 ff.

251 Reiß, W., Umsatzsteuer und Grunderwerbsteuer beim Unternehmens(ver)kauf, 2000, S. 283 (292f.) mit weiteren Erläuterungen.

gerten schuldrechtlichen Anspruch auf Übereignung, der im Kaufvertrag begründet wird.[252] Bemessungsgrundlage ist der auf das betreffende Grundstück entfallende anteilige Kaufpreis[253] (§ 8 Abs. 1 GrEStG in Verbindung mit § 9 Abs. 1 Nr. 1 GrEStG). Der Steuersatz beträgt gemäß § 11 Abs. 1 GrEStG 3,5 %.

Ist eine Kapitalgesellschaft, im Fall des hier behandelten Spin-Off-MBO also die Ziel-Gesellschaft-GmbH, Eigentümerin eines Grundstücks, und werden alle Gesellschaftsanteile veräußert, so löst der Unternehmenskaufvertrag gemäß § 1 Abs. 3 Nr. 1 GrEStG ebenfalls den Grunderwerbsteuer-Tatbestand aus. Der Steuersatz von 3,5 % bezieht sich jedoch gemäß § 8 Abs. 2 Satz 1 Nr. 3 GrEStG auf den Grundstückswert, der sich nach § 138 Abs. 2 und 3 BewG ermittelt, als Bemessungsgrundlage. Die entsprechende Bedarfsbewertung erfolgt nach §§ 138 ff. BewG und löst damit die (steuergünstigere) Einheitswertberechnung seit 1.1.1997 ab (vgl. § 138 Abs. 1 Satz 1 BewG).[254] Da auch die Grundstückswerte, die sich nach der neuen Bedarfsbewertung[255] ergeben, unter dem tatsächlichen Verkehrswert liegen, ist der share deal für die Beteiligten aus grunderwerbsteuerlicher Hinsicht in der Regel günstiger, als der asset deal, bei dem der anteilige Kaufpreis als Bemessungsgrundlage herangezogen wird.

Im Rahmen des share deal sind wegen der Formulierung von § 1 Abs. 3 Nr. 1 GrEStG in beschränktem Maße Gestaltungsmöglichkeiten gegeben, die den Anfall von Grunderwerbsteuer vermeiden, da § 1 Abs. 3 Nr. 1 GrEStG anordnet, dass ein Kaufvertrag nur steuerpflichtig ist, wenn sich der Veräußerer zur Übertragung von unmittelbar oder mittelbar mindestens 95 % der Gesellschaftsanteile an den Erwerber verpflichtet hat.

---

252 Vgl. Reiß, W., Umsatzsteuer und Grunderwerbsteuer beim Unternehmens(ver)kauf, 2000, S. 283 (308).

253 Vgl. Holzapfel, H.-J./Pöllath, R., Unternehmenskauf in Recht und Praxis, 2000, Rn. 802 m. Verw. auf FG Hessen v. 12.6.1990 – 5 K 112/85 und Biber, R., Umsatz- und Grunderwerbsteuer im Fall der Übernahme der Umsatz- und Grunderwerbsteuer durch den Erwerber eines Grundstücks, BB 1984, 1357 f. Vgl. a. Dietz/Foß/Weis-Foß, Grunderwerbsteuer, § 8 Rn. 3.

254 Die Erhöhung des Steuersatzes von 2 % auf 3,5 % sowie die Verbreiterung der Bemessungsgrundlage durch den Wechsel vom Einheits- zum Bedarfwert wurden durch das Jahressteuergesetz 1997 eingeführt. Das Steuerentlastungsgesetz 1999/2000/2002 hat darüber hinaus im Rahmen von Anteilsveräußerungen die Grunderwerbsteuer auslösende Beteiligungsquote von 100 % auf 95 % gesenkt. Durch diese Änderungen zu Lasten des Steuerpflichtigen ist das Grunderwerbsteuerrecht gerade im Bereich des Unternehmenskaufs zu einer ernst zu nehmenden Einschränkung geworden. Vgl. dazu Seibt, C. H., Unternehmenskauf und –verkauf nach dem Steuersenkungsgesetz, DStR 2000, S. 2061 (2076).

255 Vgl. dazu Heine, K., Das Jahressteuergesetz 1997 und die Grunderwerbsteuer, UVR 1996, S. 387 (387); Drews, M., Auswirkungen der Grundstückswerte nach dem Jahressteuergesetz ab dem 1.1.1997 auf die Grunderwerbsteuer, UVR 1996, S. 389 (389 f.).

Die Steuerpflicht wird allerdings nicht dadurch umgangen, dass zunächst weniger als 95 % der Anteile übertragen werden und nachträglich die restlichen 5 % + x im Wege von § 34 GmbHG eingezogen werden (Amortisation).[256] Ferner wird § 1 Abs. 3 Nr. 1 GrEStG auch nicht dadurch neutralisiert, dass die zurückgelassenen Anteile später übertragen werden. Dann fällt nämlich nicht etwa nur hinsichtlich der Minderheitsbeteiligung, sondern bezogen auf 100 % der Anteile Grunderwerbsteuer an.[257]

Als Gestaltungsmöglichkeiten kommen insbesondere zwei Vorgehensweisen in Betracht:
Erstens ist zu überlegen, ob die Grunderwerbsteuer nicht dadurch vermieden werden kann, dass das betreffende Grundstück im Fall des asset deal von der Ziel-Gesellschaft langfristig gemietet wird. Zweitens stellt sich beim share deal mit Blick auf § 1 Abs. 3 GrEStG die Frage, ob der Erwerb von unter 95 % der Anteile der Ziel-Gesellschaft zwecks Vermeidung der Grunderwerbsteuerpflicht nicht ausreichend ist.
Ferner ist zumindest an die Gründung einer eigenen Objektkapitalgesellschaft durch die Erwerber-GmbH zu denken, die ausschließlich das betreffende Grundstück erwirbt und an die Ziel-Gesellschaft vermietet. Dies hätte den Vorteil, dass bei einer späteren Weiterveräußerung der Anteile der Objektkapitalgesellschaft der Veräußerungsgewinn nach § 8b Abs. 2 KStG n. F. steuerbefreit wäre und im Ergebnis die stillen Reserven des Grundstücks dauerhaft eingefroren würden. Da § 8b Abs. 2 KStG n. F. keine Einschränkung im Sinne einer Objektklausel enthält, kann so das Veräußerungsprivileg genutzt werden, um Wertsteigerungen einer Besteuerung zu entziehen.[258]
Diese Vorteile werden allerdings dadurch eingeschränkt, dass dann der im Verhältnis zu § 1 Abs. 2a GrEStG strengere § 1 Abs. 3 GrEStG gilt, und dass der Erwerber der Anteile der Objektkapitalgesellschaft den gezahlten Kaufpreis nicht ohne weiteres in Abschreibungsvolumen transferieren kann.[259] Insbesondere wegen der fehlen-

256 Vgl. BGH BStBl II 1988, S. 959 (noch zur alten Rechtslage, wobei sich hieran durch das Gesetz vom 24.3.1999 nichts geändert hat).

257 So Holzapfel, H.-J./Pöllath, R., Unternehmenskauf in Recht und Praxis, 2000, Rn. 804.

258 Vgl. Lishaut, I. van/Förster, G., Steuersenkungsgesetz: Anteilsveräußerungen im neuen Recht, S. 1121 (1128) (insb. a. zur Kritik an der fehlenden Objektklausel) sowie Lishaut, I. van, Die Reform der Unternehmensbesteuerung aus Gesellschaftersicht, StuW 2000, S. 182 (193 f.).

259 Vgl. Seibt, C. H., Unternehmenskauf und –verkauf nach dem Steuersenkungsgesetz, DStR 2000, S. 2061 (2076).

den Abschreibungsmöglichkeit wird ein Erwerber daher nur bereit sein, einen niedrigeren Kaufpreis zu zahlen.[260]
Um den Rahmen der vorliegenden Arbeit nicht zu sprengen, sollen diese Hinweise auf die grunderwerbsteuerliche Problematik und denkbare Gestaltungsmöglichkeiten ausreichen.

D. Betriebswirtschaftliche Anforderungen an das Zielunternehmen

Die allgemeinen betriebswirtschaftlichen Anforderungen, die an die Ziel-Gesellschaft im Rahmen eines Spin-Off-MBO zu stellen sind, werden durch die MBO-typische Finanzierungsform des LBO vorgegeben, für den ein hoher Grad an Fremdfinanzierung sowie der Zugriff auf die Aktiva der Ziel-Gesellschaft zur Bedienung des Schuldendienstes charakteristisch sind.
Dementsprechend werden sich die außenstehenden Investoren, die den (L)MBO erst ermöglichen, an bestimmten wirtschaftlichen Eckdaten des Zielunternehmens orientieren, wobei insbesondere ein deutlich positiver cash-flow[261], besicherbares Aktivvermögen möglichst mit umfänglichen stillen Reserven sowie eine gesicherte Marktposition in einer von Schwankungen weitgehend unabhängigen Branche die wichtigste Rolle spielen.[262]

Da zumindest teilweise am MBO auch konventionelle Kreditgeber beteiligt sein werden, die sich an traditionellen Maßstäben der Kreditbewertung ausrichten, sollte die Ziel-Gesellschaft stetig wachsende Umsätze und Gewinne über eine zurückliegende Zeitspanne von etwa 3-5 Jahre, idealiter über den zur Zins- und Schuldentilgung eingeplanten Zeitraum aufweisen.
Am wichtigsten sind allerdings die Gewinne des laufenden Jahres, die häufig über die Buy-Out-Phase extrapoliert werden. Demgegenüber bergen bloß potentielle Gewinne, die auf Grund von Rationalisierungsmaßnahmen oder Markterwartungen kalkuliert werden, für einen externen Anleger keine verlässliche Bewertungsgrundlage.

---

260 Zu weiteren Gestaltungsmöglichkeiten vgl. Werra, M., Unternehmenssteuerreform: Aspekte des nationalen und internationalen Konzernsteuerrechts, FR 2000, S. 645 ff.; Rösel, F., Grunderwerbsteuerfreie Übertragungen aller Anteile an einer Kapitalgesellschaft mit Grundbesitz zum Jahreswechsel 1999/2000, DStR 1999, S. 1844 f.

261 Der cash-flow stellt aus finanzwirtschaftlicher Sicht "eine Näherungsgröße zur Bestimmung des Innenfinanzierungsvolumens" dar. "Unter dem finanzwirtschaftlichen Cash-Flow versteht man den erwarteten Mittelrückfluss aus dem Umsatzprozeß, der nicht in Kürze zu Auszahlungen führt." Vereinfachend lässt sich folgende cash flow-Definition zugrunde legen: Der Brutto-cash flow berechnet sich aus dem Gewinn zuzüglich Abschreibungen zuzüglich langfristigen Rückstellungen. Dementsprechend errechnet sich der Netto-cash flow aus dem Brutto-cash flow abzüglich der anstehenden Gewinnsteuerzahlungen und Gewinnausschüttungen. Vgl. Wöhe, G., Einführung in die Allgemeine Betriebswirtschaftslehre, 2000, S. 689 f. m. w. Nachw.

262 Vgl. zum folgenden insb. Jung, W., Praxis des Unternehmenskauf, 1993, S. 452 ff.

Ferner werden Investoren auch dann zurückhaltend sein, wenn eine Gesellschaft erst vor kurzem in die Gewinnzone gekommen ist, weil dann die weitere Entwicklung im Zweifel noch mit erheblichen Imponderabilien behaftet sein kann.
Insgesamt gesehen sollte das Unternehmen einen deutlich positiven cash-flow aufweisen, der nicht durch kurz- oder mittelfristig notwendige Investitionen oder Instandhaltungsrückstellungen belastet ist, was voraussetzt, dass der Forschungs- und Entwicklungsaufwand relativ niedrig gehalten werden kann.
Dadurch soll sichergestellt werden, dass sowohl in guten wie schlechten Jahren die erwirtschafteten Gewinne wenigstens Schuldzinsen und Tilgungsraten inklusive eines notwendigen Vorhaltebedarfs jenseits der Stammkapitalziffer, bezogen auf die Laufzeit des MBO, decken. In diesem Zusammenhang empfiehlt sich in Zeiten eines konjunkturellen Aufschwungs, auch einen Blick zurückzuwerfen und zu prüfen, wie sich das Unternehmen in Phasen einer gesamtwirtschaftlichen Rezession verhalten hat.
All dies setzt zugleich voraus, dass der dynamische Verschuldungsgrad[263] sowie die Effektivverschuldung relativ gering sind[264], da Anleger nicht durch die Rückzahlung der Forderungen Dritter zusätzlich ihr Investment belastet sehen wollen.

Die Branche, in der die Gesellschaft wirtschaftet, sollte stabil sein und über ein ausreichendes Wachstum verfügen, das wenigstens dem des Bruttosozialproduktes, der Inflation und der Marktgröße entspricht. Als für einen MBO günstiges Wachstum sind etwa 10-15 % einzustufen.[265]
Ein schnelleres Wachstum ist unerwünscht, da es in der Regel ein höheres, auf den cash flow drückendes Umlaufvermögen voraussetzt.[266]
Denn der externe Anleger ist daran interessiert, das finanzielle Risiko möglichst niedrig zu halten und wenige Unbekannte in seiner Rechnung zu haben. Daher eignen sich eher Branchen mit Produkten, die gut eingeführt und ausgereift sind und mit wenig Unsicherheiten, wie z.B. Patentstreitigkeiten oder technisch bedingten Qualitätsproblemen, behaftet sind.

---

263 Darunter versteht man den Quotienten aus Verbindlichkeiten und durchschnittlichem Netto-cash flow (cash flow, der um die Ausgaben für Investitionen, Steuern und etwaige Gewinnausschüttungen gekürzt ist). Der dynamische Verschuldungsgrad gibt die Zeitdauer an, die bei gleichbleibenden Verhältnissen anzusetzen ist, um das gesamte aufgenommene Fremdkapital durch die finanzwirtschaftlichen Überschüsse zu tilgen. Ein Quotient mit dem Faktor 5 besagt also, dass das Unternehmen 5 Jahre benötigt, um bei konstantem cash flow die aufgenommenen Verbindlichkeiten zu tilgen. Vgl. i. e. Wöhe, G., Einführung in die Allgemeine Betriebswirtschaftslehre, 2000, S. 1086.

264 S. Otto, H.-J., MBO, 1997, § 26, Rn. 23.

265 Vgl. Jung, W., Praxis des Unternehmenskaufs, 1993, S. 453.

266 S. a. Matzen, T. J. C./Krenz, T. U., LBOs und MBOs als Option der strategischen Konzernplanung, 1989, S. 451 (463).

Die Branche sollte ferner durch keinen zu hohen Wettbewerbsdruck gekennzeichnet sowie durch hohe Marktzutrittsbarrieren abgeschottet sein, auch um den bereits oben angesprochenen Forschungs- und Entwicklungsstand niedrig zu halten und statt dessen vorhandene Liquidität zum Kapitaldienst verwenden zu können.[267] Die Ziel-Gesellschaft sollte in der betreffenden Branche eine umsatzstarke Marktstellung innehaben, die bei einem LBO mehr Sicherheit als die (dünne) Eigenkapitaldecke bietet.
Schließlich sollte die Branche nicht jahressaisonalen Schwankungen ausgesetzt sein, da nur so ein beständiger, gleichmäßiger cash-flow darstellbar ist.[268] Umgekehrt werden Investoren hinsichtlich Unternehmen zurückhaltend sein, die periodisch bedeutende Steigerungen des Umlaufvermögens benötigen, um z.B. ihre Vorräte oder Produktbestandteile aufzustocken. Investoren werden ungern ihre Kredite über unverkaufte Vorräte finanzieren, die innerhalb eines kurzen Zeitraums abgesetzt werden müssen.

Beliebte[269] Kandidaten eines MBO sind daher Unternehmen des verarbeitenden Gewerbes, die als regionale oder nationale Marktführer in einer Branche tätig sind, die z.B. technisch ausgereifte Markenartikel herstellt, wobei nicht nur das einzelne Produkt, sondern die gesamte Produktpalette maßgeblich ist.[270] Derartige Unternehmen sind weniger konjunkturellen Schwankungen ausgesetzt, die Entwicklung ihres Umlaufvermögens sowie der Investitionsbedarf des Anlagevermögens sind eher einschätzbar.[271]
Ferner verfügen Unternehmen, die mit der Herstellung von Waren befasst sind, typischerweise in großem Umfang über besicherbare Aktiva. In Betracht kommen etwa - nach Möglichkeit dinglich unbelastete – Grundstücke und Gebäude, Maschinen, Betriebsausstattung, Vorräte sowie Forderungsbestände. Idealerweise sollte das Anlagevermögen über umfangreiche stille Reserven verfügen, d.h. fast vollständig abgeschrieben sein, jedoch noch eine recht lange Nutzungsdauer und einen hohen Restveräußerungswert aufweisen.

---

267 So Hitschler, W., L(M)BOs – Bestimmungsfaktoren, Finanzierung und rechtliche Gestaltungsmöglichkeiten in der BRD, BB 1990, S. 1877 (1880).

268 Otto, H.-J., MBO, 1997, § 26 Rn. 25.

269 In der empirischen Forschung hat dies die Arbeit von *Jacoby* (wieder) bestätigt. Vgl. Jacoby, S., Erfolgsfaktoren von MBOs in Deutschland, 2000, S. 155 ff.

270 In diese Kategorie fällt z.B. auch der Management-Buy-Out, der zur Veräußerung der KraussMaffei Verfahrenstechnik GmbH durch den KraussMaffei-Konzern geführt hat: Die KraussMaffei Verfahrenstechnik GmbH weist einen 25-prozentigen Weltmarktanteil im Sektor von Spezial-Filterzentrifugen auf. Vgl. SZ Nr. 103 vom 05./06.05.2001, S. 24 ("Chefs kaufen KraussMaffei-Tochter – Nach Management-Buy-Out wird die Sparte Verfahrenstechnik eine AG").

271 Jung, W., Praxis des Unternehmenskaufs, 1993, S. 455.

Schließlich ist quasi als "Polster" für etwaige Fehleinschätzungen oder wirtschaftlich rezessive Phasen ein bestimmtes Quantum an nicht betriebsnotwendigen Wirtschaftsgütern mit hohen stillen Reserven vorteilhaft, das als Liquiditätsspritze einsetzbar ist[272].
An diesen Kriterien zeigt sich, dass ein Unternehmen der Dienstleistungsbranche als Ziel-Unternehmen tendenziell ungeeignet sein wird, da sein stärkstes Aktivvermögen der – nicht beleihbare – good will ist.

Sucht man die LBO-spezifischen Faktoren einer bestimmten Unternehmensmorphologie zuzuordnen, so kristallisieren sich zwei Subformen von Unternehmen heraus: Zum einen Ziel-Gesellschaften mit einem sehr starken cash flow, zum anderen solche, die eher "asset-based" sind, d.h. über große stille Reserven in der Unternehmenssubstanz verfügen.[273]
Hinsichtlich der damit korrespondierenden Finanzierungsmöglichkeiten ist zu konstatieren, dass das so genannte "business value lending", das nicht an die Verkehrswerte der Aktiva, sondern an den cash flow des Unternehmens anknüpft zwar einerseits höhere Kreditvergabemöglichkeiten in sich birgt, andererseits aber auch wegen der stets mit Unsicherheiten behafteten Prognose der cash flow-Entwicklung durch höhere Schuldzinsen gekennzeichnet ist.[274]

E. Finanzierung von (Leveraged) Buy-Outs

Neben der Möglichkeit, den Spin-Off-MBO durch Eigenkapital, sei es in Form von Selbstfinanzierung durch die Manager, sei es in Form von Beteiligungsfinanzierung durch außenstehende Eigenkapitalgeber, und der Variante der partiellen Liquidation von nicht betriebsnotwendigem Vermögen der Ziel-Gesellschaft zu finanzieren, ist die wichtigste Quelle des Spin-Off-MBO die Fremdfinanzierung. Die einzelnen Finanzierungsinstrumente sollen an dieser Stelle jedoch nur insoweit vorgestellt werden, wie dies für das Verständnis der Arbeit notwendig ist.

Zunächst ist im Hinblick auf die grundsätzlichen Formen der Finanzierung festzuhalten, dass die Fremdkapitalgeber in der Regel nicht identisch mit den Investoren sind, die Eigenkapital zur Verfügung stellen. Dies hat einen technischen Grund, weil es in diesem Bereich zu unterschiedlichen Spezialisierungen gekommen ist, und ei-

---

272 Weitere Finanzierungsinstrumente, um zügig Fremdverschuldung abzubauen, sind insbesondere Sale-and-Lease-back-Maßnahmen, Factoring, Abbau von Vorräten oder Verkürzung der Zahlungsziele für Kunden. So Hitschler, W., L(M)BOs – Bestimmungsfaktoren, Finanzierung und rechtliche Gestaltungsmöglichkeiten in der BRD, BB 1990, S. 1877 (1880); zur Funktionsweise von Leasingmodellen vgl. a. Loritz/Wagner, Konzeptionshandbuch der steuerorientierten Kapitalanlage, Bd. 2, 1995, Rn. 660 ff.

273 So Otto, H.-J., MBO, 1997, § 26, Rn. 27.

274 Vgl. Krieger, I. (Hrsg.), MBOs, 1990, S. 133 ff.

nen (gesellschafts-)rechtlichen Hintergrund, da bei Gesellschaftern, die ihrer Gesellschaft Fremd- statt Eigenkapital zur Verfügung stellen, die §§ 32a, 32b GmbHG bzw. die entsprechenden Grundsätze der Rechtsprechung zu eigenkapitalersetzenden Darlehen im Rahmen der §§ 30, 31 GmbHG analog im Raum stehen und eine Umqualifizierung des (eigenkapitalersetzenden) Fremdkapitals in gebundenes Eigenkapital droht.

Die Fremdkapitalfinanzierung lässt sich, wie folgt, systematisieren[275]: Als "Seniorkredite" ("senior debt") werden solche Darlehen verstanden, die gegenüber den übrigen Fremdkapitalgebern vorrangig zu bedienen sind. In ihrer Ausgestaltung und Besicherung entsprechen sie typischen Bankkrediten und sind daher z.B. hypothekarisch gesichert.[276]
Auf einer Stufe zwischen Mitteln, die bereits Eigenkapital darstellen, und reinem Fremdkapital rangiert das so genannte "mezzanine financing". Dieses umfasst nachrangiges, unbesichertes Fremdkapital ("Juniorkredit" oder "subordinated debt") mit einer risikobedingt höheren Verzinsung. Die Nachrangigkeit bezieht sich dabei nicht auf das Verhältnis aller Gläubiger, sondern regelt speziell das Rangverhältnis der MBO-Fremdkapitalinvestoren untereinander.
Als analoge Formen des "mezzanine financing" kommen hierzulande vor allem Gesellschafterdarlehen[277], partiarische Darlehen[278], stille Genußrechte und eine vom Verkäufer gestundete (Teil-)Kaufpreisfinanzierung ("seller's note")[279] in Betracht.

---

275 Vgl. zum Folgenden Otto, H.-J., MBO, 1997, § 26, Rn. 52 ff.; Vest, P., Der Verkauf von Konzernunternehmen durch MBO, 1995, S. 243 ff.

276 Instruktiv zum Verfahren, nach dem eine kreditierende Bank über die Vergabe eines Akquisitionskredites entscheidet Früh, A., Kreditsicherung und Mithaftung bei Krediten an Konzernunternehmen, GmbHR 2000, S. 105 (109 f.).

277 Im Rahmen eines Finanzplankredits stellen die Gesellschafter auf Grund des Finanzierungsplans der Gesellschaft ergänzend zum Eigenkapital Finanzmittel als Gesellschafterkredit zur Verfügung. Derartige Gesellschafterdarlehen werden regelmäßig eigenkapitalersetzenden Charakter im Sinne der §§ 32a, 32b GmbHG haben. Da ein Finanzplankredit seitens der Gesellschafter keinen besonderen Fall des gesetzlichen Eigenkapital-Ersatzrechts verkörpert (vgl. BGH NJW 1999, S. 2309), ist hinsichtlich der Rechtsfolgen zwischen einer Umqualifizierung nach §§ 32a, 32b GmbHG bzw. den Rechtsprechungsgrundsätzen zu den §§ 30, 31 GmbHG und der besonderen finanzplanmäßigen Bindung auf Grund der entsprechenden gesellschaftsvertraglichen Vereinbarung zu unterscheiden. Vgl. ausführlich Baumbach/Hueck-Hueck/Fastrich, GmbHG, § 32a Rn. 46a f.; Hachenburg-Ulmer, GmbHG, § 32a Rn. 48, 61, 111; Scholz-Schmidt, GmbHG, § 32a Rn. 37, 42, 85 ff.

278 Ein partiarisches oder Beteiligungsdarlehen ist ein Darlehen gemäß § 607 BGB, für das der Darlehensgeber – in der Regel neben festen Zinsen – einen Gewinnanteil an dem Geschäft erhält, dem das Darlehen dient. Palandt-Putzo, BGB, Einf. vor § 607, Rn. 17; ausführlich: Larenz, K./Canaris, C.-W., Lehrbuch des Schuldrechts, Bd. II/2, § 63 III 2 (S. 56 ff.).

279 Über einen Teil des Kaufpreises kann auch ein Schuldschein ausgestellt werden ("promissory note"). So Hitschler, W., L(M)BOs – Bestimmungsfaktoren, Finanzierung und rechtliche Gestaltungsmöglichkeiten in der BRD, BB 1990, S. 1877 (1880).

Eine Mezzanine-Finanzierung wird immer dann notwendig, wenn die Eigenkapitalgeber an ihre finanziellen Grenzen stoßen und für Seniorkredite keine besicherbaren Aktiva der Ziel-Gesellschaft mehr zur Verfügung stehen.

§ 2 Beteiligte des Buy-Out

A. Veräußerer

Auf Veräußererseite steht im Rahmen der Konstellation, die dieser Arbeit zugrunde liegt, eine Aktiengesellschaft. Diese Aktiengesellschaft soll 100 % der GmbH-Anteile halten. Inwieweit darüber hinaus Bindungen, etwa in Form eines Beherrschungs- und Gewinnabführungsvertrages bestehen, soll offen bleiben, da Fragen des GmbH-Konzernrechts nicht thematisiert werden.

B. Erwerber

I. Erwerbergesellschaft in Form einer GmbH

Die Erwerberseite ist im Rahmen eines Spin-Off-MBO in der Regel in Form einer eigens gegründeten (Erwerber-)GmbH strukturiert. In ihr schließen sich die Manager einerseits und die (institutionellen) Eigenkapitalgeber andererseits zusammen. Dies hat unter anderem den Vorteil, dass bereits im Vorfeld der eigentlichen Transaktion wichtige Fragen, wie etwa die Beteiligungsquoten, die Geschäftsführung oder die Einräumung von Sonderrechten, geregelt werden können und damit die Übernahmephase auch zeitlich entlastet wird.

Die Gründung einer eigenständigen Erwerber-Gesellschaft ist im Fall des asset deal unabdingbar, da die einzelnen Vermögensgegenstände auf einen Rechtsträger übertragen werden müssen.

Der Präferierung der GmbH als Rechtsform liegen haftungstechnische, rechtsgestalterische sowie – vor allem in Zukunft - steuerliche Überlegungen zugrunde. Im Rahmen der vorliegenden Arbeit soll grundsätzlich diese Rechtsform auf Seiten der Erwerber-Gesellschaft vorausgesetzt werden, sofern einzelne Gestaltungsüberlegungen keine andere Rechtsform bedingen.

1. Haftungsrechtliche Vorzüge gegenüber Personengesellschaften

Nach § 13 Abs. 2 GmbHG haftet den Gläubigern der ordnungsgemäß gegründeten und in das Handelsregister eingetragenen GmbH für die Verbindlichkeiten der Gesellschaft nur das Gesellschaftsvermögen, eine persönliche Haftung der beteiligten Gesellschafter scheidet abgesehen von den Tatbeständen der Durchgriffshaftung, die vorliegend nicht problematisiert werden[280], grundsätzlich aus. Demgegenüber unter-

---

280 Vgl. im Zusammenhang mit dem MBO dazu Otto, H.-J., MBO, 1997, § 26 Rn. 101 m. w. Nachw. Allg. vgl. nur Baumbach/Hueck-Hueck/Fastrich, GmbHG, § 13 Rn. 10 ff. m. w. Nachw.

liegen die Gesellschafter einer Personengesellschaft (offene Handelsgesellschaft, § 105 HGB, bzw. Kommanditgesellschaft, § 161 BGB) gemäß § 128 HGB bzw. auf Grund der §§ 161 Abs. 2 in Verbindung mit § 128 HGB einer persönlichen, unmittelbaren, primären, gesamtschuldnerischen und akzessorischen Haftung.

Um diese strengen Haftungsfolgen zu vermeiden, werden unterschiedliche Gestaltungsalternativen diskutiert. Die Gründung einer GmbH & Co. KG, die rechtlich KG, wirtschaftlich aber der GmbH angenähert ist, stellt allerdings häufig keinen praktikablen Ausweg aus der persönlichen Haftungsfolge dar. Denn zwischen der Gründung der GmbH & Co. KG und ihrer Eintragung im Handelsregister vergeht zuweilen ein nicht unbeträchtlicher Zeitraum. Beginnt innerhalb dieser Zeitspanne die GmbH & Co. KG bereits Geschäfte zu tätigen, also insbesondere die Ziel-Gesellschaft zu erwerben, haften auch die Kommanditisten gleich einem persönlich haftenden Gesellschafter gemäß § 176 Abs. 1 Satz 1 HGB in Verbindung mit § 128 HGB. Andererseits stehen gerade MBO-Abschlüsse oft unter einem erheblichen Zeitdruck – etwa auf Grund von Konkurrenzangeboten durch Mitbewerber -, so dass eine Eintragung häufig nicht abgewartet werden kann. Allerdings lässt sich die Haftungsfolge des § 176 Abs. 1 HGB dadurch vermeiden, dass die Kommanditisten ihren Beitritt unter die aufschiebende Bedingung der Eintragung im Handelsregister stellen.[281]
Ein weiteres Problem kann sich allerdings daraus ergeben, dass das Registergericht eine im Vorfeld des MBO beantragte Eintragung der GmbH & Co. KG in das Handelsregister im Zweifel mit dem Hinweis auf den zu diesem Zeitpunkt noch fehlenden kaufmännischen Geschäftsbetrieb ablehnt.[282]

Die Praxis behilft sich deshalb damit, dass die Erwerber zunächst GmbH-Holdings gründen, die
100 % der Gesellschaftsanteile der GmbH & Co. KG halten, und die Erwerbergruppe so von jeder personengesellschaftsrechtlichen Haftung abschirmen.[283] Über eine solche mittelbare Beteiligung können auch problemlos Anteile an einer oHG gehalten werden.
Für den personengesellschaftsrechtlichen Charakter der GmbH & Co. KG ist es unschädlich, wenn an ihr lediglich Kapitalgesellschaften (etwa eine Komplementär-GmbH und eine Kommanditisten-GmbH) beteiligt sind.[284]

---

281 Vgl. dazu Baumbach/Hopt, HGB, § 176 Rn. 1.

282 Vgl. Otto, H.-J., MBO, 1997, § 26 Rn. 189 sowie Otto, H.-J., Buy-Out-Finanzierungen: Neue Akquisitionsstrukturen nach neuem Umwandlungsrecht, DB 1994, S. 2121 (2122).

283 Otto, H.-J., Buy-Out-Finanzierungen: Neue Akquisitionsstrukturen nach neuem Umwandlungsrecht, DB 1994, S. 2121 (2123).

284 Vgl. Otto, H.-J., MBO, 1997, § 26 Rn. 190 m. w. Nachw. Zur Fähigkeit der GmbH, Gesellschafterin von (Personen)Gesellschaften zu sein, vgl. nur Baumbach/Hueck-Hueck/Fastrich, GmbHG, § 13 Rn. 4 m. w. Nachw.

Die Variante, dass die Erwerber als unmittelbare Gesellschafter einer GmbH & Co. KG oder vermittelt über Holding-GmbHs die Kapitalgesellschaftsanteile an der Ziel-Gesellschaft erwerben, ist mit Inkrafttreten des neuen Umwandlungsrechts am 1. 1. 1995 und des neuen Umwandlungssteuerrecht, attraktiver geworden. Denn nach alter Rechtslage war die Umwandlung einer Kapitalgesellschaft in eine haftungsbeschränkte Personengesellschaft, also insbesondere die GmbH & Co. KG mit ihrer Komplementär-GmbH als persönlich haftender Gesellschafterin, wegen § 1 Abs. 2 UmwG a. F. nicht zulässig.
Demgegenüber ist nach der Neufassung des Umwandlungsgesetzes die Umwandlung durch Formwechsel oder durch Verschmelzung zur Aufnahme in eine Personengesellschaft möglich, an der auch oder ausschließlich beschränkt haftende Kapitalgesellschaften sei es als oHG-Gesellschafter, Komplementäre oder Kommanditisten, beteiligt sind.
Für die Umwandlung durch Formwechsel folgt dies aus § 1 Abs. 1 Nr. 4 in Verbindung mit § 191 Abs. 1 Nr. 2, Abs. 2 Nr. 2 UmwG.
Für die Verschmelzungsalternative ergibt sich dies grundsätzlich[285] aus § 1 Abs. 1 Nr. 1, § 3 Abs. 1 Nrn. 1 und 2 UmwG in Verbindung mit §§ 39 ff. UmwG. Auch diese Verschmelzungsvariante führt im Ergebnis zu einem Rechtsformwechsel.
An dieser Stelle soll der Hinweis auf diese alternativen Rechtsformen der Erwerber-Gesellschaft ausreichen, die im Zusammenhang mit den einzelnen Gestaltungsformen des Spin-Off-MBO in steuerlicher und gesellschaftsrechtlicher Hinsicht im Einzelfall erörtert werden.
Nicht zuletzt um dem rechtstatsächlichen Phänomen der Praxis zu genügen, wo die GmbH als Rechtsform der Erwerber-Gesellschaft eindeutig vorherrscht[286], soll auf dieser Gesellschaftsform der Schwerpunkt der folgenden Untersuchung liegen.

2. Flexibilität der mitgliedschaftlichen Ausgestaltung

Im GmbH-Recht ist das Verhältnis der Gesellschafter untereinander – im Gegensatz zum Aktienrecht - weitgehend vom Grundsatz der Vertragsfreiheit dominiert (vgl. z.B. § 45 Abs. 2 GmbHG). Neben der Tatsache, dass die Gründung einer AG als Erwerber-Gesellschaft auch teurer und zeitaufwendiger wäre, liegt hierin der ausschlaggebende Vorzug der GmbH als flexiblerer Rechtsform gegenüber der AG.

---

285 Vgl. Widmann/Mayer-Schwarz, Umwandlungsrecht, Bd. 1, § 3 UmwG Rn. 2.1, der darauf hinweist, dass § 3 Abs. 1 die Verschmelzungsfähigkeit bestimmter Rechtsträger nur grundsätzlich klärt, über die Zulässigkeit des tatsächlich intendierten Verschmelzungsvorgangs aber erst in Verbindung mit den Vorschriften des Besonderen Teils entschieden werden kann.

286 Vgl dazu zwei empirische Untersuchungen aus der betriebswirtschaftlichen Forschung: Luippold, T. L., 1992, MBOs – Evaluation ihrer Einsatzmöglichkeiten in Deutschland, S. 242, 343 sowie Vest, P., Der Verkauf von Konzernunternehmen durch MBO, 1995, S. 237.

Zwar gibt es auch im GmbH-Recht non disponible, zwingende Normen, jedoch fehlt eine § 23 Abs. 5 AktG vergleichbare Vorschrift, die die Satzungsstrenge des Aktienrechts begründet, und die bestimmt, dass die Satzung der AG von den Vorschriften des AktG nur abweichen darf, wenn dies ausdrücklich gesetzlich zugelassen ist. Demgegenüber darf im GmbH-Recht alles gesellschaftsvertraglich geregelt werden, was nicht zwingend der Disponibilität entzogen ist.
Der Hintergrund dieser konträren Regelungsansätze liegt in der kapitalistischen Struktur der AG gegenüber der eher personalistisch geprägten Konzeption der GmbH mit der Folge, dass das Aktienrecht durch den Grundsatz der Satzungsstrenge vor allem der Fungibilität der Aktie[287], dem Kapitalmarktrecht, dem Gläubiger- und dem Anlegerschutz[288] Rechnung trägt.

Die sich im Einzelfall aus der aktienrechtlichen Mitbestimmung (vgl. § 96 AktG, Mitbestimmungsgesetz 1976) ergebenden nachteiligen Folgen werden in der Regel kein Argument gegen die Aktiengesellschaft als Rechtsform der Erwerber-Gesellschaft beim Spin-Off-MBO sein, da die Erwerber-Gesellschaft typischerweise als reine Holdinggesellschaft ausgestaltet ist und daher nicht in den Anwendungsbereich des § 1 Abs. 2 MitbestG 1976 fällt, der voraussetzt, dass in der Regel mehr als 2000 Arbeitnehmer beschäftigt werden. Allerdings sollte dieser Aspekt immer dann bedacht werden, wenn die Erwerber-Gesellschaft nicht nur Anteile an der Ziel-Gesellschaft hält, sondern zusätzlich selbst ein Unternehmen führt.[289]

Im GmbH-Gesellschaftsvertrag eines Spin-Off-MBO wird zwischen den Eigenkapital gebenden, meist institutionellen Investoren und den Managern in der Regel sichergestellt werden, dass die Manager trotz einer deutlich geringeren kapitalmäßigen Beteiligung einen bestimmenden Einfluss auf die Gesellschaft ausüben.
Im Gegensatz zur AG, in der der Vorstand weitgehend unabhängig von der Hauptversammlung eigenverantwortlich die Geschäfte führt (vg. § 76 Abs. 1 AktG und e contrario § 119 Abs. 2 AktG), kann der Geschäftsführer einer GmbH gesellschaftsvertraglich stark an die Gesellschafterversammlung gebunden werden, die sogar Weisungen im Einzelfall zu erteilen vermag (vgl. § 37 Abs. 1 GmbHG). Eine den §§ 76 Abs. 1, 119 Abs. 2 AktG vergleichbare Regelung fehlt hier. Der dauerhafte dominierende Einfluss auf die Geschäftsleitung der Erwerber-GmbH lässt sich aber nicht einfach im Gesellschaftsvertrag sicherstellen, da dieser mit qualifizierter ¾ -

287 Geßler/Hefermehl/Eckhardt/Kropff-Eckhardt, AktG, § 23 Rn. 106.

288 So Hüffer, AktG, § 23 Rn. 34; Mülbert, P. O., Aktiengesellschaft, Unternehmensgruppe und Kapitalmarkt, 1996, S. 86 f.; allg.: Wiedemann, H., Gesellschaftsrecht, 1980, S. 472 ff.; Raiser, T., Recht der Kapitalgesellschaften, 1992, § 11 III Rn. 24 (S. 50 f.).

289 S. zur Mitbestimmung in Unternehmensorganen und zur Mitbestimmung im Konzern (bei Leitungsrecht der Erwerber-Gesellschaft) Zöllner, W./Loritz, K.-G., Arbeitsrecht, 1998, S. 608 ff. sowie S. 616 f.

Mehrheit der abgegebenen Stimmen gemäß § 53 Abs. 2 Satz 1 GmbHG[290] abänderbar ist.
Die Bestimmung der Geschäftsführung durch die Manager wird daher entweder durch eine von der betragsmäßigen Stammeinlage in ihrer Gewichtung abweichende Mehrheitsbeteiligung gewährleistet, was nach § 5 Abs. 3 Satz 1 GmbHG möglich ist, oder den Managern werden, bezogen auf ihre Minderheitsbeteiligung, überproportionale Stimmrechte eingeräumt, was ebenfalls qua Gesellschaftsvertrag vereinbart werden kann, da der insoweit maßgebliche § 47 Abs. 2 GmbHG wegen der Bestimmung des § 45 Abs. 1 und 2 GmbHG disponibel ist.
Die Organstellung als Geschäftsführer der Erwerber-GmbH können sich die Manager über ein bindendes Vorschlagsrecht (auch Benennungs- oder Präsentationsrecht genannt) in Kombination mit einer Einschränkung der Abberufbarkeit auf wichtige Gründe im Gesellschaftsvertrag sichern lassen.[291]

Die Einräumung derartiger "Privilegien" zu Gunsten der Manager rechtfertigt sich aus ihrer für den Erfolg des MBO in betriebswirtschaftlicher Hinsicht entscheidenden Rolle.
Typischerweise werden die (institutionellen) Investoren gleichwohl einen auch finanziellen Einsatz des Managements verlangen, um dessen vorzeitigem Ausscheiden auch in pekuniärer Hinsicht vorzubeugen. Als Beispiele für das Verhältnis von Anteil am Stammkapital und zugestandener Beteiligungsquote bezieht sich *Otto*[292] auf Zahlen aus Großbritannien, die hier als Anhaltspunkt herangezogen werden können, und die besagen, dass bei einer Beteiligung von mehr als 20 % am Haftungskapital dem Management regelmäßig eine Mehrheitsbeteiligung an den Geschäftsanteilen der Gesellschaft eingeräumt wurde.

Können die Manager die Finanzierung einer derartigen Kapitalbeteiligung nicht darstellen, bleibt immer noch der Weg über die Einräumung von Mehrstimmrechten. Ferner kann umgekehrt ein entsprechendes Ergebnis auch über die Vereinbarung eines Höchststimmrechts zu Lasten der Investoren erzielt werden.[293]

---

290 § 53 Abs. 2 Satz 1 GmbHG ist eine zwingende Vorschrift, was sich aus einem Gegenschluss zu § 53 Abs. 2 Satz 2 GmbHG ergibt, der bestimmt, dass lediglich "noch" höhere Anforderungen an eine satzungsändernde Mehrheit qua Gesellschaftsvertrag gestellt werden können.

291 Vgl. statt aller Baumbach/Hueck-Hueck/Fastrich, GmbHG, § 6 Rb. 16 sowie § 38 Rn. 6, 10 und § 46 Rn. 64.

292 Otto, H.-J., MBO, 1997, § 26 Rn. 33.

293 Die gesellschaftsvertragliche Vereinbarung eines Mehrstimmrechts bzw. eines Höchststimmrechts ist gemäß § 45 Abs. 1 GmbHG möglich, wobei jeweils bei nachträglicher Einführung ein Verstoß gegen den Gleichbehandlungsgrundsatz drohen kann. Vgl. Baumbach/Hueck-Zöllner, GmbHG, § 47 Rn. 43.

Eine weitere Möglichkeit, den Managern einen finanziellen Anreiz zu geben und damit ihre Sonderkenntnisse zu honorieren, besteht darin, dass die Investoren im Gegensatz zum Management mit einem Aufgeld (Agio) belastet werden, das heißt, dass die GmbH-Geschäftsanteile an sie mit einem über dem Nennbetrag liegenden, höheren Ausgabebetrag ausgereicht werden. Ein solches Agio wird als Kapitalrücklage im Sinne von § 272 Abs. 2 Nr. 1 HGB behandelt und bewirkt, dass die Manager ihre Anteile verhältnismäßig günstiger erwerben können.[294]

Die Einsetzung einer GmbH als Rechtsform kann im Einzelfall dadurch weiter optimiert werden, dass nicht eine GmbH neu gegründet, sondern ein GmbH-Mantel gekauft wird. Eine solche Mantelverwendung ist – in Abgrenzung zur grundsätzlich unzulässigen, verdeckten Mantelgründung – gesellschaftsrechtlich zulässig und meint im Fall des Mantelkaufs den Erwerb von Geschäftsanteilen einer bestehenden GmbH zum Zweck der Änderung des Unternehmensgegenstandes im Wege einer Satzungsänderung. Auf diese Weise erhält ein neues Unternehmen ohne Neugründungsaufwand die Rechtsform einer GmbH und die den Mantel bildende GmbH erhält ein für sie neues Unternehmen.[295]
Die wesentlichen Vorteile eines solchen Vorgehens liegen in der Zeitersparnis, der Vermeidung des organisatorischen Gründungsaufwandes sowie dem Wegfall der so genannten Vorbelastungshaftung, die eingreift, wenn die bereits gegründete, aber noch nicht eingetragene Vor-GmbH bereits zu wirtschaften beginnt.[296] Die Vorbelastungs- bzw. Unterbilanzhaftung ist für die Gründer-Gesellschafter besonders ge-

---

294 Vgl. Otto, H.-J., MBO, 1997, § 26 Rn. 34.

295 Vgl. Baumbach/Hueck-Hueck/Fastrich, GmbHG § 3 Rn. 13 ff.

296 Umstritten ist, ob nach Durchführung der Mantelverwendung, das heißt nach Kauf der Geschäftsanteile und Eintragung der Satzungsänderung in das Handelsregister gemäß § 54 Abs. 1 Satz 1 GmbHG, eine registergerichtliche Kontrolle der Unversehrtheit des Stammkapitals gemäß § 9c GmbHG analog zu erfolgen hat. Die bisher h.M. bejahte dies mit dem Hinweis auf eine sonst drohende Umgehung der Stammkapitalaufbringungsvorschriften der § 5 Abs. 1 und § 7 Abs. 2 GmbHG. Ferner liege wirtschaftlich betrachtet eine Neugründung vor (vgl. OLG Frankfurt, GmbHR 1999, S. 32). Dem hielt die bisherige Mindermeinung entgegen, dass das GmbHG nur eine einmalige registergerichtliche Prüfung vorsehe, der bereits mit erstmaliger Eintragung der Mantel-GmbH Rechnung getragen wurde. Dieser Ansicht hat sich nun in einer neueren Entscheidung auch das BayObLG angeschlossen: Für eine Analogie sei kein Raum, da schon keine planwidrige Regelungslücke vorliege, weil die §§ 9c, 7 und 8 GmbHG eben nur die Entstehung der GmbH beträfen. Ferner stelle die Mantelverwendung gerade keine Gründung dar, die Kapitalaufbringungsvorschriften seien vielmehr schon früher geprüft worden (BayOblG, DStR 1999, S. 1037). And. jetzt ein Beschluss des LG Frankfurt (Oder), das eine registergerichtliche Prüfung verlangt, wenn der Mantelkauf einer wirtschaftlichen Neugründung gleichkommt (DB 2001, S. 692 f.). Vgl. a. Göz, P./Ehlich, J., Die Haftung von Gesellschafter und Geschäftsführer bei Verwendung eines GmbH-Mantels, ZIP 1999, S. 1653 ff.; Baumbach/Hueck-Hueck/Fastrich, GmbHG, § 3 Rn. 15 m. w. Nachw.

fährlich, da es sich um eine unbeschränkte persönliche Binnenhaftung pro rata handelt.[297]
Früher hatte diese Konstruktion noch den weiteren steuerrechtlichen Vorteil, dass der BFH zeitweise einen steuerlichen Verlustabzug nach § 10d EStG auch bei einem grundlegenden Gesellschafterwechsel einer vermögenslosen Kapitalgesellschaft anerkannte und daher ein miterworbener Verlustvortrag den cash flow der Erwerber-Gesellschaft zusätzlich entlasten konnte.[298]
Dieser steuerlich attraktiven Gestaltung wurde jedoch durch das Steuerreformgesetz 1990 in Gestalt des § 8 Abs. 4 KStG eine Absage erteilt. § 8 Abs. 4 Satz 1 KStG verlangt nun für die Anerkennung eines Verlustabzugs nach § 10d EStG, dass eine Körperschaft nicht nur rechtlich, sondern auch wirtschaftlich mit der Körperschaft identisch ist, die den Verlust erlitten hat, was bei der Mantelverwendung gerade nicht der Fall ist.

3. Steuerrechtliche Erwägungen

Die Rechtsform der GmbH ist auch in steuerlicher Hinsicht flexibel. So können die GmbH-Gesellschafter frei darüber beschließen, inwieweit Gewinnausschüttungen, die zur Steuerpflicht bei den Gesellschaftern als natürlichen Personen gemäß § 20 Abs. 1 Nr. 1 EStG führen[299], vorgenommen werden sollen (§ 46 Abs. 1 Nr. 1 Alt. 2 GmbHG). Nicht ausgeschüttete, also thesaurierte, Gewinne unterliegen auf Ebene der GmbH lediglich einer – auf Grund des Steuersenkungsgesetzes einheitlichen – Körperschaftsteuer in Höhe von 25 % (§ 23 Abs. 1 KStG n. F.). Demgegenüber fallen Gewinne bei einer Personengesellschaft unabhängig von einem Gewinnausschüttungsbeschluss gemäß § 121 Abs. 1 HGB bzw. § 168 Abs. 1 HGB an und führen zu einer einkommensteuerrechtlichen Besteuerung beim Gesellschafter gemäß § 15 Abs. 1 Satz 1 Nr. 2 EStG.[300]

Im Hinblick auf die Abzugsfähigkeit von Schuldzinsen, die bei dem stark fremdfinanzierten MBO entstehen, war vor dem Steuersenkungsgesetz die Rechtsform der GmbH ebenfalls vorteilhaft. Halten die Manager und die übrigen Investoren die Anteile der Ziel-Gesellschaft im Privatvermögen, so ist die Abzugsfähigkeit der Kreditzinsen in Form von Werbungskosten nur insoweit problematisch, als im Einzelfall die Gewinnerzielungsabsicht fraglich sein kann, wenn, bezogen auf die Totalge-

---

297 Lutter/Hommelhoff, GmbHG, § 11 Rn. 20; Baumbach/Hueck-Hueck/Fastrich, GmbHG, § 11 Rn. 59 m. w. Nachw.

298 Herfort, C., Besteuerung von MBOs in der Bundesrepublik Deutschland, 1991, S. 80.

299 Voraussetzung ist ferner, dass die Gesellschaftsanteile im Privatvermögen gehalten werden.

300 Zum steuerrechtlichen Verhältnis der Personengesellschaft zum –gesellschafter: Schmidt-Schmidt, EStG, § 15 Rn. 160 ff.; Kirchhof-Kirchhof, EStG KompaktKommentar; § 2 Rn. 56 ff.; Tipke, K./Lang, J., Steuerrecht, 1998, § 9 Rn. 21; Loritz, K.-G., Einkommensteuerrecht, 1988, Rn. 210 f.

winnperiode, kein Überschuss der Einnahmen aus der Beteiligung über die Zinsausgaben zu erwarten ist.[301]
Grundsätzlich hat jedoch die Abzugsfähigkeit der Schuldzinsen bei der zwischengeschalteten Erwerber-GmbH, die aus den zur Kaufpreisfinanzierung aufgenommenen Fremdmitteln resultieren, als Betriebsausgaben bislang keine Probleme aufgeworfen.[302] Dies hat sich jedoch durch den Systemwechsel vom Vollanrechnungsverfahren zum Halbeinkünfteverfahren drastisch geändert. Auf diese Änderungen soll wegen des besseren Verständnisses aber erst bei Erörterung der Ziel-Gesellschaft eingegangen werden.[303]

a) Veränderungen der ESt-Besteuerung der Erwerber-Gesellschaftsanteile auf Grund des Steuersenkungsgesetzes (§ 17 Abs. 1 Satz 1 EStG n. F.)

Einen weiteren steuerrechtlichen Vorteil bot die frühere Fassung des § 17 EStG[304], der die Veräußerung von im Privatvermögen gehaltenen Anteilen an Kapitalgesellschaften regelt.
Nach § 17 Abs. 1 Satz 1 EStG a. F. waren – gemäß dem einkommensteuerlichen Grundsatz, dass Vermögensmehrungen in der Privatsphäre nicht in den steuerlichen Nexus fallen sollen – Wertsteigerungen der Kapitalgesellschaftsanteile, die infolge einer Veräußerung realisiert wurden, nur steuerbar, wenn der Veräußerer innerhalb der letzten fünf Jahre am Kapital der Gesellschaft wesentlich beteiligt war. Ferner durfte es sich auch nicht um ein privates Veräußerungsgeschäft ("Spekulationsgeschäft") im Sinne von § 23 Abs. 1 Satz 1 Nr. 2 EStG[305] oder um die Veräußerung von einbringungsgeborenen Anteilen[306] nach § 21 Abs. 1 Satz 1 UmwStG handeln.
Nach § 17 Abs. 1 Satz 4 EStG in der Fassung, die bis zum 31.12.1998 galt, lag eine wesentliche Beteiligung nur vor, wenn der Veräußerer an der Gesellschaft für eine juristische Sekunde zu mehr als einem Viertel unmittelbar oder mittelbar beteiligt war. Diese Beteiligungsquote wurde jedoch durch das Steuerentlastungsgesetz 1999/2000/2002 vom 23.4.1999 auf nur mehr mindestens 10 % vermindert und damit die Steuerverstrickung von Wertsteigerungen, die im Privatvermögen erzielt werden, erheblich ausgeweitet.

---

301 Zum Tatbestand der Liebhaberei vgl. Schmidt-Seeger, EStG, § 2 Rn. 22; Kirchhof-Reiß, EStG KompaktKommentar, § 15 Rn. 34 ff.; Loritz, K.-G., Einkommensteuerrecht, 1988, Rn. 110 ff.

302 S. noch Holzapfel, H.-J./Pöllath, R., Unternehmenskauf in Recht und Praxis, 2000, Rn. 365.

303 S. Kapitel III § 2 C. I. (S. 89 ff.).

304 Gemeint ist die durch Gesetz vom 24.3.1999 geänderte Fassung (BGBl. I 1999, S. 402).

305 Gemäß § 23 Abs. 2 Satz 2 in Verbindung mit § 23 Abs. 1 Satz 1 Nr. 2 EStG sind private Veräußerungsgeschäfte insoweit vorrangig gegenüber § 17 EStG.

306 Einbringungsgeborene Anteile sind Anteile an einer Kapitalgesellschaft, die dem Veräußerer als Einbringendem gewährt wurden (vgl. die Legaldefinition in § 21 Abs. 1 Satz 1 UmwStG).

Mit dem Steuersenkungsgesetz vom 23.10.2000 hat der Gesetzgeber jetzt den oben zitierten Grundsatz der fehlenden Steuerbarkeit von Privatvermögensmehrungen weiter stark eingeschränkt, indem er die tatbestandlichen Voraussetzungen des § 17 EStG n. F. nun dahingehend abgesenkt hat, dass es ausreichen soll, wenn der Veräußerer innerhalb der letzten fünf Jahre am Kapital der Gesellschaft unmittelbar oder mittelbar zu mindestens 1 % beteiligt war.
Bezogen auf den MBO bedeutet dies, dass die Veräußerung einer Beteiligung an der Erwerber-GmbH durch einzelne Manager in den meisten Fällen die Steuerpflicht nach § 17 Abs. 1 Satz 1 EStG n. F. auslösen wird. Allerdings ist es steuerlich unschädlich, wenn einem Gesellschafter, der eine Beteiligungsquote unter 1 % hält, eine höhere Beteiligung an Stimmrechten, Gewinnbezugsrechten und am Liquidationserlös eingeräumt wird.[307] Nur am Rande sei darauf hingewiesen, dass die Absenkung der Wesentlichkeitsgrenze in § 17 Abs. 1 Satz 1 EStG n. F. auch Auswirkungen auf die Wegzugbesteuerung gemäß § 6 AStG hat, da der Steueranfall systemwidrig nicht dem neuen Halbeinkünfteverfahren angeglichen wurde. Dies kann insbesondere nachteilig auf die Mobilität von am Spin-Off-MBO beteiligten Managern durchschlagen.[308]

Das Steuersenkungsgesetz hat die Steuervergünstigung des § 34 Abs. 2 Nr. 2 in Verbindung mit Abs. 2 EStG a. F. gestrichen, so dass Veräußerungsgewinne nach § 17 EStG n. F. künftig nicht mehr als außerordentliche Einkünfte im Sinne von § 34 Abs. 1 EStG n. F. behandelt werden.
Stattdessen unterfällt der Gewinn aus der Veräußerung von im Privatvermögen gehaltenen Kapitalgesellschaftsanteilen in Höhe einer Beteiligungsquote von mindestens 1 % in Zukunft dem so genannten Halbeinkünfteverfahren nach § 3 Nr. 40 Satz 1 lit. a EStG n. F.
Gegenüber der Tarifbegünstigung der so genannten Fünftel-Regelung des § 34 EStG a. F. hat das neue Halbeinkünfteverfahren den Vorteil, dass es keine Höchstbetragsgrenze kennt.
Ferner hat die endgültige Gesetzesfassung auf den ursprünglich noch geplanten Progressionsvorbehalt für den steuerbefreiten Teil des Veräußerungsgewinns verzichtet.
Das Halbeinkünfteverfahren besagt gemäß § 3 Nr. 40 Satz 1 lit. c EStG n. F., dass die Hälfte des Veräußerungs*preises*, also nicht des Veräußerungs*gewinns*, steuerfrei ist. Mit dieser Steuerbefreiung korrespondiert § 3c Abs. 2 EStG n. F., der bestimmt, dass entsprechend auch nur die Hälfte der Veräußerungs- und Anschaffungskosten abzugsfähig ist, so dass im Ergebnis tatsächlich die Hälfte der Einkünfte besteuert wird. Gemäß der Konzeption des Halbeinkünfteverfahrens sollen auch Verluste im Sinne des § 17 EStG n. F. nur zur Hälfte berücksichtigt werden können.

---

307 Vgl. BFH v. 25.11. 1997, BStBl II 1998, S. 257 = DStR 1998, S. 413; R 140 Abs. 2 EStR; Schmidt-Weber-Grellet, EStG, § 17 Rn. 38, 40.

308 Vgl. zu diesem Problemkomplex Seibt, C. H., Unternehmenskauf und –verkauf nach dem Steuersenkungsgesetz, DStR 2000, S. 2061 f. m. w. Nachw.

In diesem Zusammenhang ist allerdings das Problem der zeitlichen Anwendbarkeit der durch das Steuersenkungsgesetz erfolgten Neufassung zu berücksichtigen.
So regeln die § 52 Abs. 34a EStG n. F. in Verbindung mit § 34 Abs. 1 KStG n. F., dass § 17 EStG n. F. erstmals auf die Veräußerung von Anteilen der GmbH anwendbar ist, wenn das erste Wirtschaftsjahr der Gesellschaft, auf welches das neue Körperschaftsteuergesetz Anwendung findet, abgelaufen ist.
Nach § 34 Abs. 1 KStG n. F. ist das neue Körperschaftssteuergesetz erstmals für den Veranlagungszeitraum 2001 anzuwenden, der am 31.12.2001 abgelaufen ist, so dass die Neuregelung des § 17 EStG grundsätzlich im Veranlagungszeitraum 2002 erstmals greift.

Die zeitliche Anwendbarkeit von § 34 Abs. 2 Nr. 1 EStG n. F., der § 17 EStG nicht mehr erwähnt, ergibt sich aus § 52 Abs. 47 Satz 2 EStG n. F. Danach wird ein zeitlicher Gleichlauf zwischen der erstmaligen Anwendbarkeit des Halbeinkünfteverfahrens und derjenigen von § 34 Abs. 2 Nr. 1 EStG n. F. hergestellt, so dass auch § 34 Abs. 2 Nr. 1 EStG n. F. erstmals ab 01.01.2002 zeitlich anwendbar ist, sofern die Gesellschaft, deren Anteile veräußert werden, ein kalenderjahrgleiches Wirtschaftsjahr hat. Auf diese Weise wird verhindert, dass Veräußerungsgewinne, die dem Halbeinkünfteverfahren unterliegen, zusätzlich der Tarifermäßigung des § 34 Abs. 2 Nr. 1 EStG n. F. unterliegen.[309]

Als Zwischenergebnis lässt sich also festhalten, dass § 17 EStG n. F. erstmals im Veranlagungszeitraum 2002 greift.
Hat die Kapitalgesellschaft, deren Anteile veräußert werden sollen, allerdings ein vom Kalenderjahr abweichendes Wirtschaftsjahr, so ist § 17 EStG n. F. erstmals nach Ablauf des Wirtschaftsjahres 2001/2002 anwendbar (§ 52 Abs. 34a EStG n. F. in Verbindung mit § 34 Abs. 1a KStG n. F.). Auf diese Weise läuft die zeitliche Anwendbarkeit des § 17 EStG n. F. synchron mit derjenigen des Halbeinkünfteverfahrens (vgl. § 3 Nr. 40 lit. c EStG n. F. in Verbindung mit § 52 Abs. 4a Nr. 2 EStG n. F.).[310]

Sucht man diese unterschiedlichen zeitlichen Anwendungsräume für den veräußernden Anteilseigner nutzbar zu machen, empfiehlt sich zunächst eine Aufgliederung nach den von der Alt- bzw. Neufassung des § 17 EStG unterschiedlich betroffenen Steuerpflichtigen.
Dabei ist insbesondere zu beachten, dass § 17 Abs. 1 Satz 1 EStG n. F. keine Übergangsregelung kennt, so dass es ab dem Veranlagungszeitraum 2002 ausreicht, wenn der Veräußerer innerhalb der letzten fünf Jahre vor der Veräußerung eine juristische

309 Vgl. Oppenhoff & Rädler-Schmitt, Unternehmensbesteuerung, 2000, S. 122.
310 Oppenhoff & Rädler-Lechner, Unternehmensbesteuerung, 2000, S. 82.

Sekunde mit mehr als 1 % beteiligt war, unabhängig davon, ob § 17 Abs. 1 Satz 4 EStG a. F. dies als wesentliche Beteiligung eingestuft hätte.

b) Beteiligungsquote von weniger als 1 %

Unproblematisch ist die Fallgruppe der Anteilseigner, die weniger als 1 % der Kapitalgesellschaftsanteile im Privatvermögen halten. Liegt kein privates Veräußerungsgeschäft innerhalb der einjährigen "Spekulationsfrist" gemäß § 22 Nr. 2 in Verbindung mit § 23 Abs. 1 Satz 1 Nr. 2 EStG vor, so ist der Veräußerungsgewinn nicht steuerbar.

c) Beteiligungsquote zwischen 1 % und 10 %

Hält der Anteilseigner hingegen zwischen 1 % und 10 % der Gesellschaftsanteile, so sollte er sich nach Möglichkeit die Steuerbefreiung der Altregelung sichern, d. h. also noch vor Inkrafttreten der Neuregelung am 1.1.2002 (im Fall eines kalenderjahrgleichen Wirtschaftsjahres) die Anteile veräußern.

aa) Umstellung auf das Kalenderjahr als Gestaltungsmaßnahme

Die zeitliche Anwendung des - bezogen auf die Wesentlichkeitsgrenze - strengeren § 17 EStG n. F. kann bei einem Wirtschaftsjahr der Gesellschaft, das vom Kalenderjahr abweicht, dadurch hinausgeschoben werden, dass im Jahr 2001 auf das Kalenderjahr umgestellt wird.[311] Dann greift § 17 EStG n. F. erst ab dem 1.1.2003. Denn das neue Körperschaftsteuergesetz, an dessen Anwendung § 52 Abs. 34a EStG anknüpft, greift wegen § 34 Abs. 1a KStG bei einem nicht mit dem Kalenderjahr übereinstimmenden Wirtschaftsjahr, das vor dem 1.1.2001 beginnt, noch nicht im Veranlagungszeitraum 2001 ein, so dass das Körperschaftsteuergesetz erstmalig im - nach Umstellung - kalenderjahrgleichen Veranlagungszeitraum 2002 anwendbar ist. Am 31.12.2002 endet daher das erste Wirtschaftsjahr, auf das das neue Körperschaftsteuergesetz erstmals Anwendung findet, und § 17 EStG n. F., der auf den Ablauf des ersten Wirtschaftsjahres unter Geltung des neuen Körperschaftsteuergesetzes abstellt, findet erstmalig Anwendung.
Die Umstellung vom kalenderjahrungleichen Wirtschaftsjahr auf das Kalenderjahr bedarf auch nicht der Zustimmung des Finanzamtes, was sich im Wege eines argumentum e contrario aus § 7 Abs. 4 Satz 3 KStG, § 4a Abs. 1 Satz 1 Nr. 2 Satz 2 EStG, 8b Nr. 2 EStDV, Abschn. 25 EStR 1999 ergibt.[312] Allerdings ist zu beachten, dass es bei einer Kapitalgesellschaft eines satzungsändernden Beschlusses bedarf,

---

311 Vgl. a. Schaumburg/Rödder-Hötzel, Unternehmenssteuerreform 2001, 2000, S. 283 ob.

312 Vgl. a. Blümich-Rengers, EStG/KStG/GewStG, Bd. 4, § 7 KStG Rn. 41; Streck, KStG, § 7 Rn. 11.

der erst mit Eintragung ins Handelsregister wirksam ist (§ 181 Abs. 3 AktG bzw. § 54 Abs. 3 GmbHG).[313]

bb) Steuerentstrickung der stillen Reserven

An dieser Stelle ist nochmals darauf hinzuweisen, dass § 17 EStG n. F. keine Übergangsregelung enthält, so dass Konstruktionen, die zu einer Absenkung der Beteiligung unter die Wesentlichkeitsgrenze führen sollen, nur mit Vorbehalt anzuraten sind. Hält beispielsweise der Steuerpflichtige 4 % und wendet nun mit wirtschaftlicher Wirkung zum 31.12.2001 davon 3,01 % schenkungsweise seiner Ehefrau zu, so wird sein Anteil in Höhe von 0,99 % gleichwohl als wesentliche Beteiligung im Sinne von § 17 Abs. 1 Satz 1 EStG n. F. behandelt, wenn er ihn vor dem 31.12.2006 weiterveräußert. Gleiches würde wegen § 17 Abs. 1 Satz 4 EStG n. F. auch für die Ehefrau gelten, wenn dieser nur 0,99 % geschenkt worden wären. Bei einer Veräußerung ist die Ehefrau wegen § 17 Abs. 2 Satz 3 EStG an die Anschaffungskosten des Ehemanns als Rechtsvorgänger gebunden.[314] Daneben ist zu beachten, dass die obige Verfügung zugunsten der Ehefrau schenkungssteuerpflichtig wäre, wobei eventuell ein gegenüber dem Veräußerungswert niedrigerer Steuerwert anzusetzen ist. Zwar wird dieses rückwirkende Zugrundelegen der 1 % - Grenze ebenso heftig kritisiert[315], wie die Tatsache, dass eine nach neuem Recht steuerbare Veräußerung ab dem Veranlagungszeitraum 2002 alle bis dahin gebildeten, nach früherem Recht gerade nicht steuerverstrickten stillen Reserven erfassen soll. Jedoch ist zu berücksich-

---

313 Da das Einvernehmen des Finanzamtes nicht erforderlich ist, bedarf es lediglich insoweit der Kenntnis von der Umstellung als diese als wirksame Grundlage der Besteuerung zu berücksichtigen ist. Maßgeblicher Zeitpunkt ist aber allein die eigentliche Umstellungsentscheidung des Steuerpflichtigen. Allerdings muss die Umstellung zivilrechtlich wirksam sein, im Falle der GmbH also im Wege einer Satzungsänderung mit ¾-Mehrheit, notarieller Beurkundung des Gesellschafterbeschlusses und Eintragung ins Handelsregister erfolgen. Eine Rückwirkung auf den Zeitpunkt vor Eintragung der Satzungsänderung in das Handelsregister ist grundsätzlich nicht möglich, jedoch hat der BFH entschieden, dass eine (beschränkte) handelsrechtliche und steuerliche Rückwirkung möglich ist, wenn die Eintragung noch innerhalb des *neuen* Wirtschaftsjahres erfolgt. A. A. FG Nürnberg. Vgl. dazu Dötsch/Eversberg/Jost/Witt-Pung, Die Körperschaftsteuer, Bd. 2, § 7 Rn. 44.

314 Äußerst riskant ist daher – zumindest bis zur Klärung durch die Finanzverwaltung, den BFH oder das BVerfG – das von *Schulte* vorgeschlagene Vorgehen, der ein unentgeltliches Aufsplitten einer 10 % - Beteiligung in Beteiligungen unter 1 % empfiehlt, da dann die "Beteiligung dauerhaft der Besteuerung entzogen" wäre. Momentan trifft dies erst 5 Jahre nach Erwerb des wirtschaftlichen Eigentums an den geschenkten Anteilen unter 1 % zu. Vgl. Erle/Sauter-Schulte, Reform der Unternehmensbesteuerung, 2000, S. 96 f.

315 Vgl. ausführlich zu den verfassungsrechtlichen Bedenken Bornheim, W., Die Erweiterung der Besteuerung nach § 17 Abs. 1 EStG durch das StSenkG, DB 2001, S. 162 ff. Gegen eine Rückwirkung der geminderten Wesentlichkeitsgrenze des § 17 Abs. 1 EStG n. F. aus verfassungsrechtlichen Gründen: FG Baden-Württemberg, Beschl. v. 8.12.2000, DStR 2001, S. 119 ff. (m. Anm. Füllsack).

tigen, dass die Finanzverwaltung bereits bei Absenkung der wesentlichen Beteiligungs-Grenze durch das Steuerentlastungsgesetz 1999/2000/2002 nach den oben dargestellten Grundsätzen entschieden hat.[316]

Als steuerlich wirkungsvollere Gestaltungsalternative ist - m. E. – bei der Definition des Veräußerungsgewinns anzusetzen, also dem Betrag, um den der Veräußerungspreis nach Abzug der Veräußerungskosten die Anschaffungskosten – inklusive Anschaffungsnebenkosten – übersteigt. Hat man die Möglichkeit, innerhalb des Familienkreises unter Berücksichtigung der Grundsätze zu Rechtsgeschäften unter nahen Angehörigen[317] eine noch steuerfreie Veräußerung eines später steuerverstrickten Anteilspaketes vorzunehmen, und entspricht der vereinbarte Veräußerungspreis dem aktuellen Verkehrswert, so fällt einerseits für den Ehemann, der z. B. 5 % seiner Anteile an seine Ehefrau veräußert unter dem Regime des § 17 EStG a. F. keine Einkommensteuer an. Andererseits – und darin liegt der Sinn dieser Konstruktion – werden auf diese Weise stille Reserven steuerentstrickt, indem sich der gemäß § 17 EStG n. F. steuerverstrickte Veräußerungsgewinn einer Anteilsweiterveräußerung der Ehefrau an einen Dritten unter Zugrundelegung der verkehrswertidentischen Anschaffungskosten berechnet. Die so erfassten Wertsteigerungen können im Einzelfall minimal sein, so dass der Veräußerungsvorgang zwar steuerbar ist, die Bemessungsgrundlage jedoch erheblich geschmälert wurde, da Wertsteigerungen vor der Erstveräußerung nicht mehr erfasst werden können.

---

316 Vgl. Abschn. 140 Abs. 2 Satz 3 EStR 1999; diese Ansicht setzen ebenfalls voraus: Freshfields Bruckhaus Deringer, Unternehmenssteuerreform, NJW-Beilage 51/2000, S. 41; Schaumburg/Rödder-Hötzel, Unternehmenssteuerreform 2001, S. 281, 283 f., der insbesondere darauf hinweist, dass bezüglich der Anwendungsfolgen das Gleiche gilt, wie nach dem Steuerentlastungsgesetz 1999/2000/2002; ebso. Jakobs, N./Wittmann, H.-J., Steuersenkungsgesetz: Besteuerung von Anteilsveräußerungen, GmbHR 2000, S. 910 (915 re. Sp.); ferner: Dötsch, E./Pung, A., Die Änderung des § 17 des Einkommensteuergesetzes durch das Steuerentlastungsgesetz 1999/2000/2002, BB 1999, S. 1352 f.; Blümich-Ebling EStG § 17 Tz. 109; Kröner, M., Ausweitung der Besteuerung privater Veräußerungsgewinne bei Beteiligungen an Kapitalgesellschaften, StbJb 1997/98, S. 193 (218); zur Erfassung auch alter stiller Reserven vgl. BFH v. 19.3.1996, BStBl II 1996, S. 312.

317 Vgl. überblicksweise Schmidt-Heinicke, EStG, § 4 Rn. 520 (Angehörige/Angehörigenverträge).

Will der Gesellschafter seine Beteiligung behalten, sollte er die stillen Reserven dadurch der Besteuerung entziehen, dass er seine Beteiligung zum Teilwert[318] in ein Betriebsvermögen einbringt.
Dabei sind vielfältige Gestaltungen möglich:[319]
Erstens ist an eine unentgeltliche verdeckte Einlage in eine gewerbliche oder gewerblich geprägte Personengesellschaft (GmbH & Co. KG) zu denken. Dies ist als nicht steuerbare Einlage im Sinne von § 6 Abs. 1 Nr. 5 EStG zu qualifizieren. Die Einlage ist gemäß § 6 Abs. 1 Nr. 5 Halbs. 1 EStG mit dem Teilwert anzusetzen, sofern sie bereits mindestens 3 Jahre gehalten wurde (§ 6 Abs. 1 Nr. 5 Halbs. 2 lit. a EStG).

Zweitens kann der Gesellschafter seine nach § 17 EStG a. F. nicht wesentliche Beteiligung im Wege der offenen Einlage in eine gewerbliche oder gewerblich geprägte Personengesellschaft gegen Gewährung von Mitunternehmeranteilen einbringen ("tauschähnliches Veräußerungsgeschäft"[320]). Die eingebrachten Anteile sind bei der aufnehmenden Personengesellschaft mit ihrem gemeinen Wert zu aktivieren. Beim Alt-Anteilseigner ist der Vorgang steuerneutral und im Gegensatz zur verdeckten Einlage auch nicht von einer Haltefrist abhängig.

Drittens können die Anteile auch offen oder verdeckt in eine Kapitalgesellschaft eingelegt werden, was ebenfalls als tauschähnliches Veräußerungsgeschäft anzusehen ist.[321]
Bei der Kapitalgesellschaft werden die Anteile mit ihrem Teilwert bilanziert, und es kommt zu einer Wertaufstockung; beim Alt-Anteilseigner erhöhen sich entsprechend die Anschaffungskosten auf die Beteiligung.
Werden nun später die Holding-Anteile veräußert, so sind die bis zur Einbringung eingetretenen stillen Reserven nicht mehr der Besteuerung unterworfen.
Die Einlage der Kapitalgesellschaftsanteile in eine Holding-Kapitalgesellschaft hat den weiteren Vorteil, dass die Holding die eingebrachten Anteile ihrerseits gemäß § 8b Abs. 2 KStG n. F. steuerfrei veräußern kann und zwar unabhängig von jeder Hal-

---

318 Unter dem Teilwert versteht man den Betrag, den ein Erwerber des ganzen Betriebes im Rahmen des Gesamtkaufpreises für das einzelne Wirtschaftsgut ansetzen würde, wobei das Gesetz von der Betriebsfortführung ausgeht (sog. "going-concern-principle", vgl. § 6 Abs. 1 Nr. 1 Satz 3 EStG). Vgl. zum Teilwertbegriff Loritz, K.-G., Einkommensteuerrecht, 1988, Rn. 874 f.; Beck'scher Bilanz-Kommentar-Hoyos/Schramm/Ring, § 253 Rn. 300; Doralt, W., Der Teilwert als Anwendungsfall des Going-Concern-Prinzips, 1984, S. 141 ff.; Euler, W., Gemeiner Wert und Teilwert, 1984, S. 155 ff.; Krause, G., Die geltende Auslegung des steuerlichen Teilwertbegriffs, Inf 1984, S. 293 ff.

319 Vgl. zum Folgenden auch Oppenhoff & Rädler-Lechner, Unternehmensbesteuerung, 2000, S. 84 f.

320 So BFH v. 19.10.1998, DB 1999, S. 615.

321 Oppenhoff & Rädler-Lechner, Unternehmensbesteuerung, 2000, S. 84.

tefrist.[322] Dem steht auch nicht die Ausnahmevorschrift des § 8b Abs. 4 Satz 1 Nr. 1 KStG n. F. entgegen, da die von der Holding veräußerten Anteile nicht "einbringungsgeboren im Sinne des § 21 des Umwandlungssteuergesetzes" (§ 8b Abs. 4 Satz 1 Nr. 1 KStG n. F.) sind. Denn einbringungsgeboren in diesem Sinne sind nur die Anteile an der Holding, die dem Alt-Gesellschafter für die Einlage seiner Anteile gewährt wurden. Ferner greift auch nicht die Ausnahme nach § 8b Abs. 4 Satz 1 Nr. 2 KStG n. F., da die Holding die Anteile gerade nicht zu "einem Wert unter dem Teilwert erworben" hat. Werden hingegen nicht stille Reserven aufgedeckt, so ist die 7-jährige Sperrfrist des § 8 Abs. 4 Satz 2 Nr. 1 KStG n. F. zu beachten.[323]
Die von Seiten der Holding steuerfrei vereinnahmten Gewinne können dann gegebenenfalls wieder reinvestiert werden.[324]

Bei derartigen Einbringungsgestaltungen ist allerdings § 42 AO zu beachten, da die Finanzverwaltung einen Gestaltungsmissbrauch annimmt, wenn eine Anteilsübertragung auf eine Zwischengesellschaft nicht dauerhaft erfolgt, sondern gerade bezweckt, dadurch die Anteile an der Alt-Gesellschaft steuerfrei zu veräußern.[325]
Es sollten daher nachvollziehbare wirtschaftliche Gründe die Maßnahme rechtfertigen. *Hötzel* sieht derartige Gründe bereits dann als gegeben an, "wenn verschiedene wirtschaftliche Aktivitäten des Steuerpflichtigen in der Holding gebündelt werden sollen."[326] Ferner sollte sicherheitshalber ein Zeitraum von mindestens 1 Jahr zwischen Einbringungs- und Veräußerungsvorgang verstreichen.

d) Beteiligungsquote von mindestens 10 %

Hält der Anteilseigner eine Beteiligung von mindestens 10 %, die schon nach der alten Fassung des § 17 EStG einen steuerpflichtigen Veräußerungsgewinn ausgelöst hat, so sollte der Gesellschafter die steuerliche Wirksamkeit des Veräußerungsvorgangs hinauszögern, um in den Genuss des gegenüber der Fünftel-Regelung des § 34 EStG a. F. in der Regel günstigeren Halbeinkünfteverfahrens der Neufassung des § 17 EStG zu kommen.
Ist die Anteilsübertragung hingegen verlustträchtig, empfiehlt es sich, den Veräußerungsverlust – bei Berücksichtigung des Verlustausgleichsverbotes gemäß § 17 Abs.

322 Die halbjährige Haltefrist, die das Steuersenkungsgesetz vom 23. 10. 2000 noch vorsah, wurde durch das Steuersenkungsergänzungsgesetz vom 20. 12. 2000 wieder gestrichen.

323 Vgl. a. Jakobs, N./Wittmann, H.-J., Steuersenkungsgesetz: Besteuerung von Anteilsveräußerungen, GmbHR 2000, S. 910 (915 f. und Fn. 48).

324 Zu weiteren Gestaltungsmöglichkeiten vgl. Oppenhoff & Rädler-Lechner, Unternehmensbesteuerung, 2000, S. 85; Seibt, C. H., Unternehmenskauf und –verkauf nach dem Steuersenkungsgesetz, DStR 2000, S. 2061 (2065).

325 BMF v. 3.2.1988, DStR 1998, S. 421; FG Münster v. 21. 10. 1996, EFG 1997, S. 482; FG Münster v. 18.4.1997, DStRE 1997, S. 753.

326 Schaumburg/Rödder-Hötzel, Unternehmenssteuerreform 2001, 2000, S. 281 a. E.

2 Satz 4 EStG a. F. - noch unter dem Regime der Altfassung des § 17 EStG zu realisieren, da das neue Halbeinkünfteverfahren nur den hälftigen Abzug von Veräußerungsverlusten zulässt, während nach bisherigem Recht grundsätzlich ein Vollabzug möglich ist.

Ausgehend von einem Anteilseigner, der mehr als 10 % der Gesellschaftsanteile hält und einen Veräußerungsgewinn erzielen wird, stellt sich daher die Frage, wie der Veräußerungsvorgang zeitlich in den Veranlagungszeitraum 2002 verlagert werden kann. Ein bloßes Zuwarten wird in vielen Fällen nicht möglich sein, weil insbesondere wirtschaftliche Zwänge entgegenstehen.
Die Beraterpraxis hat ein umfangreiches Gestaltungsinstrumentarium entwickelt, um einerseits den Parteien zu ermöglichen, die Veräußerungsbedingungen bereits vertraglich zu fixieren, andererseits aber die Anteilsveräußerungen im Hinblick auf ihre steuerliche Wirksamkeit zeitlich hinauszuschieben. Ein probates Mittel ist zum Beispiel der so genannte Terminverkauf.[327]

aa) "Terminverkauf"

Auszugehen ist vom Begriff der "Veräußerung" im Sinne von § 17 Abs. 1 Satz 1 EStG n. F., worunter die entgeltliche Übertragung des wirtschaftlichen Eigentums der Kapitalgesellschaftsanteile vom Veräußerer auf den Erwerber zu verstehen ist.[328] Im Regelfall setzt daher die steuerwirksame Anteilsveräußerung sowohl die Vornahme des schuldrechtlichen Kausalgeschäfts (bei Kauf von GmbH-Anteilen: § 433 Abs. 1 Satz 2 BGB, § 15 Abs. 4 GmbHG in Verbindung mit dem Kaufvertrag) als auch des dinglichen Verfügungsgeschäfts (§ 398 BGB, § 15 Abs. 3 GmbHG) voraus. Wird also beispielsweise der entgeltliche Kaufvertrag im Veranlagungszeitraum 2001 geschlossen, während das dingliche Erfüllungsgeschäft erst zu einem bestimmten Stichtag im Veranlagungszeitraum 2002 vorgenommen wird, so tritt die steuerliche Wirkung auch erst zu diesem späteren Termin ein ("Terminverkauf")[329]. Allerdings modifiziert § 39 Abs. 2 Nr. 1 AO diese zivilrechtlichen Grundsätze dahingehend, dass der maßgebliche steuerrechtliche Anknüpfungspunkt beim Auseinanderfallen von rechtlichem und wirtschaftlichem Eigentum der Übergang des wirtschaftlichen Eigentums ist.
Im Fall von Kapitalgesellschaftsanteilen erlangt der Erwerber das wirtschaftliche Eigentum, wenn er die Verfügungsgewalt über die Anteile erhält und ihm die gesellschaftsrechtlichen Verwaltungs- und Vermögensrechte der Anteile zustehen[330],

327 Vgl. zum Folgenden Seibt, C: H., Unternehmenskauf und –verkauf nach dem Steuersenkungsgesetz, DStR 2000, S. 2061 (2065 f.).

328 BFH v. 21.10.1999, DStR 2000, S. 374 (376); Schmidt-Weber-Grellet, EStG, § 17 Rn. 97; Blümich-Ebling, EStG/KStG/GewStG, Bd. 2, § 17 EStG Rn. 130.

329 Schaumburg/Rödder-Hötzel, Unternehmenssteuerreform 2001, 2000, S. 238 f.

330 Vgl. BFH v. 15.12.1999, DStR 2000, S. 462 (463) = IStR 2000, S. 176 (178).

wenn er also eine rechtlich gesicherte, gegen den Willen des Veräußerers nicht mehr entziehbare Position erworben hat und auch die mit dem Anteil verbundenen wesentlichen Rechte sowie das Risiko einer Wertminderung und die Chance einer Wertsteigerung auf den Erwerber übergegangen sind.[331]
Dies vorausgeschickt, ergeben sich nun unterschiedliche Gestaltungen, den steuerwirksamen Veräußerungsvorgang in einen späteren Veranlagungszeitraum zu verlagern.

Die bloße Einräumung einer Kauf- oder Verkaufsoption ohne weitere Vereinbarungen führt noch nicht zu einer "Veräußerung" im Sinne von § 17 Abs. 1 Satz 1 EStG n. F., da hierdurch weder das rechtliche noch das wirtschaftliche Eigentum übertragen wird. Allerdings wird dadurch dem Erwerber auch eine denkbar schwache Rechtsposition eingeräumt, mit der er sich im Zweifel nicht zufrieden geben wird.

Als Alternative kommt daher die Einräumung einer Kaufoption (Call-Option) zugunsten des Erwerbers bei gleichzeitiger Vereinbarung einer Verkaufsoption (Put-Option) zugunsten des Veräußerers in Betracht, wobei zusätzlich festgelegt wird, dass die Ausübung der jeweiligen Option im gleichen Zeitkorridor und zu gleichen wirtschaftlichen Bedingungen erfolgen soll.
Bei dieser Konstruktion ist allerdings Vorsicht geboten, und sie eignet sich m. E. nicht, um wirklich sicher eine zeitliche Verlagerung des Veräußerungsgewinns herbeizuführen. Denn zumindest teilweise wurde bei derartigen Doppeloptionen mit übereinstimmenden Ausübungsfristen und –preisen auch gerichtlich[332] angenommen, dass damit bereits das wirtschaftliche Eigentum im Sinne von § 39 Abs. 2 Nr. 1 AO übergehe. Begründet wird diese Ansicht damit, dass regelmäßig die Partei, für die im Ausübungszeitraum die Option günstig ist, ihr Kaufrecht ausüben wird.[333]
Diese Einschätzung wird zwar mit gewichtigen Gegenargumenten erschüttert, gleichwohl wird sich nach dem Gebot des sichersten Weges ein solches Vorgehen nicht empfehlen.[334]

---

331 Vgl. BFH v. 10.3.1988, BStBl. II 1988, S. 832; FG Münster v. 18.11.1999 Rev. eingelegt, EFG 2000, S. 374; BFH v. 15.12.1999, DStR 2000, S. 462.

332 Vgl. BFH v. 27.1.1977, BStBl II 1977, S. 754 = GmbHR 1977, S. 288; FG Münster v. 18.11.1999, EFG 2000, S. 374 ff.; and. aber FG Hamburg v. 24.9.1987, EFG 1988, S. 475 ff.; Klein-Brockmeyer, AO, § 39 Rn. 26.

333 Oppenhoff & Rädler-Benz, Unternehmensbesteuerung, 2000, S. 244.

334 Vgl. Jakobs, N./Wittmann, H.-J., Steuersenkungsgesetz: Besteuerung von Anteilsveräußerungen, GmbHR 2000, S. 910 (921); Schaumburg/Rödder-Hötzel, Unternehmenssteuerreform 2001, S. 239; van Lishaut, I. van/Förster, G., Steuersenkungsgesetz: Anteilsveräußerungen im neuen Recht, GmbHR 2000, S. 1120 (1126), die darauf hinweisen, dass Doppeloptionen "äußerst riskant und haftungsträchtig" seien und Finanzämter diesbezüglich keine "verbindliche(n) Auskünfte erteilen werden."

So wendet *Seibt* überzeugend ein, dass mangels Verfügungsmacht sowie mangels Übertragung der mit den Anteilen verbundenen Verwaltungs- und Vermögensrechte noch kein wirtschaftliches Eigentum übergegangen ist. Ferner werde auch verkannt, dass bei nicht börsennotierten, d.h. nicht "marktmäßig verobjektivierten" Kapitalgesellschaftsanteilen die Ansichten darüber, ob ein Erwerb günstig oder ungünstig sei, durchaus divergieren können.[335]

Aus ähnlichen Erwägungen ist auch davon abzuraten, ein unwiderrufliches Kauf- oder Verkaufsangebot, das mit der Entgegennahme des Kaufpreises verbunden ist, zu vereinbaren. Denn zumindest teilweise wird auch hier von einer Auslösung der Steuerpflicht ausgegangen.[336]
Ferner sollte keine auf die vollständige Kaufpreiszahlung aufschiebend bedingte Anteilsübertragung vorgenommen werden, da dann der Veräußerer die Rechtsposition des Erwerbers nicht mehr einseitig beschränken kann.[337]

bb) "Kapitalerhöhungsmodell"

Geht die Interessenlage der Parteien dahin, dem Erwerber bereits weitgehend die Verfügungsmacht über die Gesellschaftsanteile einzuräumen, andererseits aber das wirtschaftliche Eigentum im Sinne von § 39 Abs. 2 Nr. 1 AO erst später übergehen zu lassen, so wird zuweilen auf das so genannte Kapitalerhöhungsmodell zurückgegriffen.[338]
Die Anteilseigner der zu veräußernden Gesellschaft beschließen dazu gemäß §§ 55 Abs. 1, 53 Abs. 1, 2 GmbHG eine Barkapitalerhöhung, zu der sie - unter Ausschluss ihrer eigenen Bezugsrechte[339] - ausschließlich den Erwerber zulassen. Der Erwerber übernimmt beispielsweise 52 % des Stammkapitals. Ferner räumt der Veräußerer dem Erwerber eine Call-Option auf die von jenem noch gehaltenen Anteile ein und – vice versa- vereinbart der Erwerber mit dem Veräußerer eine Put-Option.

---

335 Seibt, C. H., Unternehmenskauf und –verkauf nach dem Steuersenkungsgesetz, DStR 2000, S. 2061 (2065).

336 So FG Düsseldorf v. 15.12.1994, EFG 1995, S. 550; a. A. FG Hamburg v. 24.9.1987, EFG 1988, S. 475, 477 und FG Hamburg v. 10.1.1985, EFG 1995, S. 501.

337 Vgl. Jakobs, N./Wittmann, H.-J., Steuersenkungsgesetz: Besteuerung von Anteilsveräußerungen, GmbHR 2000, S. 910 (921).

338 Die Darstellung folgt Seibt, C. H., Unternehmenskauf und –verkauf nach dem Steuersenkungsgesetz, DStR 2000, S. 2061 (2066).

339 Zwar ist das Bezugsrecht der GmbH-Gesellschafter gemäß § 55 Abs. 2 GmbHG anerkannt, kann aber – wie im Aktienrecht – unter bestimmten Voraussetzungen abbedungen werden. Ein Bezugsrechtsausschluss muss aus Gesellschaftsinteressen heraus begründet, erforderlich und verhältnismäßig sein. Vgl. i. e. Baumbach/Hueck-Zöllner, GmbHG, § 55 Rn. 15.

Dabei ist insbesondere darauf zu achten, dass der Bezugsrechtsverzicht nicht entgeltlich erfolgt, da dann die ausschließliche Zulassung des Erwerbers eine Veräußerung im Sinne von § 17 Abs. 1 Satz 1 EStG n. F. darstellen würde.[340]
Um den Veräußerern im Ergebnis eine angemessene Abgeltung sicherzustellen, könnte der Erwerber im Rahmen der Übernahme der Stammeinlagen auch die stillen Reserven abgelten. Da dies jedoch einen erheblichen Finanzbedarf auslösen würde, die Veräußerer aber immer noch eine qualifizierte Minderheitsbeteiligung halten, wird häufig vereinbart, dass die Übernahme lediglich zum Nominalwert erfolgt, die Veräußerer aber zum späteren Zeitpunkt den Marktwert des Unternehmens, den es abzüglich des bereits gezahlten Nennbetrages vor der Kapitalerhöhung hatte, erhalten sollen.[341] Allerdings muss bei einer solchen Gestaltung geklärt werden, ob die Finanzverwaltung dies gegebenenfalls bereits als Veräußerung im Sinne von § 17 Abs. 1 Satz 1 EStG n. F. einordnet. Ferner sollten sich die Ausübungszeiträume der Doppeloptionen nicht überschneiden und die Ausübungspreise sollten nicht gleich sein, um dem Verdikt des § 42 AO vorzubeugen.

e) Anpassung der Beteiligungsquote an § 17 Abs. 1 Satz 1 EStG n. F.

Im Hinblick auf die abgesenkte Wesentlichkeitsgrenze des § 17 EStG n. F. ist eine vorausschauende Anpassung der Anteilsquote der beteiligten Manager auf unter 1 % nur schwer vorstellbar. Zwar ist es – wie bereits in Kapitel III § 2 B. I. 2. (S. 70 ff.) erörtert – im GmbH-Recht durchaus möglich, einem Gesellschafter nur einen geringen Anteil am Nennkapital einzuräumen, ihn aber an Stimmrechten, Gewinnbezugsrechten und Liquidationserlös überproportional partizipieren zu lassen. Allerdings ist diese Divergenz faktisch dadurch begrenzt, dass die übrigen Eigenkapitalgeber nicht derart ungleich behandelt werden wollen und nicht damit einverstanden sein werden, für einen weitaus größeren und teureren Gesellschaftsanteil verhältnismäßig wenig Rechte eingeräumt zu bekommen.
Allerdings ist eine entsprechende Anpassung mit der Gewährung überproportionaler Verwaltungs- und Vermögensrechte auch steuerlich anerkannt[342] und im Fall von Gesellschaftern mit - im Verhältnis zu ihrer Verantwortung und Bedeutung - geringeren Finanzierungsmöglichkeiten ein interessantes Gestaltungsmittel, um langfris-

---

340 Vgl. Blümich-Ebling, EStG/KStG/GewStG, Bd. 2, § 17 EStG Rn. 149; Schmidt-Weber-Grellet, EStG, § 17 Rn. 104.

341 Zu den dann notwendig werdenden zusätzlichen Absicherungen vor einer einseitigen Begünstigung des Erwerbers im Fall der Weiterveräußerung der Anteile, der Liquidation o. ä. vgl. i. e. Seibt, C. H., Unternehmenskauf und –verkauf nach dem Steuersenkungsgesetz, DStR 2000, S. 2061 (2066)

342 Vgl. Abschn. 140 Abs. 2 EStR 1999.

tige Beteiligungserlöse auch unter dem Regime von § 17 EStG n. F. steuerfrei vereinnahmen zu können.[343]

f) Veränderungen im Bereich des Körperschaftsteuergesetzes auf Grund des Steuersenkungsgesetzes (§ 8b Abs. 1, 2 KStG n. F.)

Andererseits hat jedoch die Rechtsform der GmbH in steuerlicher Hinsicht infolge des Steuersenkungsgesetzes auch stark an Attraktivität hinzugewonnen.
Nach § 8b Abs. 1 KStG n. F. wurde auf Grund des Systemwechsels vom Anrechnungsverfahren zum Halbeinkünfteverfahren zugunsten von Körperschaften die Vereinnahmung von Dividenden aus der Beteiligung an Kapitalgesellschaften (Schachteldividenden) steuerfrei gestellt. Daher kann in Zukunft die Erwerber-GmbH Dividendenausschüttungen der Ziel-GmbH steuerbefreit vereinnahmen.[344]
Parallel zur Steuerbefreiung von Dividenden wurden in § 8b Abs. 2 KStG n. F. auch Gewinne aus der Veräußerung von Anteilen an Kapitalgesellschaften steuerfrei gestellt. Veräußert die Erwerber-Gesellschaft also Anteile an der Ziel-Gesellschaft, so kann sie ebenfalls die daraus resultierenden Gewinne steuerfrei vereinnahmen. Diese Regelung soll eine Mehrfachbesteuerung in Unternehmensketten verhindern und dem Umstand Rechnung tragen, dass die Einkünfte der Tochter-GmbH bereits mit einer Definitivbesteuerung von 25 % belastet wurden.[345]

Da wegen der Einführung des Halbeinkünfteverfahrens im Einkommensteuerrecht und auf Grund der systembedingten Änderungen im Körperschaftsteuerrecht die nachteilige Absenkung der wesentlichen Beteiligungs-Schwelle zumindest relativiert wurde, soll auf Grund der weiter gegebenen Vorteile zu Gunsten der GmbH als Rechtsform für die Erwerber-Gesellschaft im folgenden grundsätzlich davon ausgegangen werden, dass der Erwerb der Ziel-Gesellschaft durch eine zu diesem Zweck mit ausreichendem Eigen- und Fremdkapital ausgestattete Erwerber-GmbH erfolgt. Ergibt sich auf Grund einer rechtlichen Gestaltungsmaßnahme im Verlaufe der Arbeit einmal etwas anderes, wird darauf gesondert hingewiesen.

II. Typische Kapitalstruktur der Erwerber-GmbH

Um eine anschaulichere Vorstellung von der Kapitalstruktur einer Erwerber-Gesellschaft zu vermitteln, soll nachfolgend beispielhaft eine MBO-typische Bilanz

---

343 Zur gesellschaftsrechtlichen Ausgestaltung s. a. Fox, T./Hüttche, T./Lechner, F., Mitarbeiterbeteiligung an der GmbH, GmbHR 2000, S. 521 (523 ff.).

344 Oppenhoff & Rädler-Benz, Unternehmensbesteuerung, 2000, S. 230 ff.

345 Schaumburg/Rödder-Hötzel, Unternehmenssteuerreform 2001, 2000, S. 547; Eisgruber, T., Unternehmenssteuerreform 2001: Das Halbeinkünfteverfahren auf der Ebene der Körperschaft, DStR 2000, S. 1493 (1494).

einer Erwerber-GmbH dargestellt werden[346]. Dabei wird davon ausgegangen, dass die GmbH für den Erwerb der Ziel-Gesellschaft ein Kapital von DM 15 Millionen benötigt, und dass die Manager durch Belastung der Eigenkapital zuschießenden Investoren mit einem Agio mittelbar begünstigt werden.
Die Kapitalstruktur der Erwerber-GmbH stellt sich bilanziell, wie folgt, dar:

Aktiva	**Passiva**	
Anteile Ziel-GmbH DM 15 Mio.	Stammkapital – Manager 1: (25,5 %)	DM 357.000
	Stammkapital – Manager 2: (25,5 %)	DM 357.000
	Stammkapital BeteilG: (49 %)	DM 686.000
	Stammkapital insg.:	DM 1.400.000
	Rücklagen (Agio):	DM 300.000
	Gesellschafterdarlehen BeteilG:	DM 1.300.000
	Bankverbindlichkeiten:	DM 12.000.000
DM 15.000.000		**DM 15.000.000**

Ausgehend von dieser Bilanz soll zum einen das Verhältnis Fremdkapital/Eigenkapital (debt-to-equity-ratio) sowie weiter die besondere Begünstigung des Managements näher betrachtet werden.
Zunächst ist festzuhalten, dass das Verhältnis Fremd-/Eigenkapital nach Zurechnung der nachrangigen Gesellschafterdarlehen zum Eigenkapital bei 4:1 liegt. Erfolgt allerdings nach Erwerb der Ziel-Gesellschaft der Zugriff auf deren Vermögen, müssen etwaige Betriebsmittelkredite zusätzlich neben dem Akquisitionskredit berücksichtigt werden. Geht man etwa von einem Betriebsmittelkredit von DM 6 Millionen aus, so erhöht sich damit das Verhältnis
Fremd-/Eigenkapital von 4:1 auf 6:1. Dabei ist zu bedenken, dass, je höher dieses Verhältnis ausfällt – je größer also der Leverage-Grad ist -, desto höher auch das Risiko für die Beteiligten des MBO zu bewerten ist.

346 Vereinfachte Übernahme des Beispiels bei Otto, H.-J., MBO, 1997, § 26 Rn. 37 ff.

Zum anderen lässt sich an der obigen Bilanz auch ablesen, dass es die MBO-Konstellation den Managern erlaubte, mit einem zwar spürbaren, aber in der Relation recht geringen Finanzierungsaufwand von lediglich insgesamt DM 714.000 die Mehrheitsbeteiligung an einem Unternehmen im Wert von DM 15 Millionen zu erwerben.[347]

C. Ziel-Gesellschaft

Die vorliegende Arbeit untersucht einen Spin-Off-MBO, der sich auf eine rechtlich selbständige Konzerntochtergesellschaft in Form einer GmbH als Ziel-Gesellschaft richtet.
Kennzeichnend für einen stark fremdfinanzierten MBO, der in der Regel als LBO ausgestaltet sein wird, ist der möglichst umfassende Zugriff auf das Vermögen der Ziel-Gesellschaft. Der Erwerber verfolgt in diesem Zusammenhang drei Ziele: Erstens will er die laufenden Schuldzinsen vom vereinnahmten Gewinn der erworbenen Gesellschaft vor Steuern abziehen, zweitens soll die Besicherung und Tilgung des aufgenommenen Fremdkapitals über Vermögensgegenstände und cash flow der Ziel-Gesellschaft erfolgen, und drittens soll der cash flow der Ziel-Gesellschaft durch eine Erhöhung der Abschreibungen gesteigert werden.

I. Zinsabzug

Im Hinblick auf das Interesse des Erwerbers, die laufend anfallenden Schuldzinsen, die aus der Kaufpreisfinanzierung resultieren, als Betriebsausgaben geltend zu machen, ist zweckmäßigerweise wieder zwischen asset deal und share deal als den beiden Grundformen des Unternehmenskaufs im Rahmen eines MBO zu differenzieren.

Beim asset deal ergeben sich hinsichtlich der Abzugsfähigkeit der Schuldzinsen als Finanzierungskosten keinerlei Probleme. Die Zinsaufwendungen stellen als Finanzierungskosten sofort abziehbare Geldbeschaffungskosten dar.[348] Da hier die Erwerber-GmbH selbst das operative Geschäft an sich zieht, also keine steuerfreien Schachteldividenden der Ziel-GmbH vereinnahmt, stehen insbesondere keinerlei Probleme im Hinblick auf das Zinsabzugsverbot des § 3c Abs. 2 EStG n. F. im Raum.

---

347 Zu weiteren Beispielen für die Kapitalstruktur von Erwerber-Gesellschaften beim MBO vgl. Vest, P., Der Verkauf von Konzernunternehmen durch MBO, 1995, S. 247 ff. m. w. Nachw.

348 Vgl. Schmidt-Glanegger, EStG, § 6 Rn. 140 (Finanzierungskosten); Blümich-Ehmcke, EStG/KStG/GewStG, Bd. 1, § 6 EStG Rn. 375 (Finanzierungskosten).

Anders kann dies aber beim share deal auf Grund der Rechtsprechung des Bundesfinanzhofs[349] zum Werbungskostenabzug bei Kapitalerträgen sein, wenn der Erwerber die Anteile der erworbenen Ziel-Gesellschaft im Privatvermögen hält. Zwar darf übergangsweise die Zinslast die Dividendenerträge übersteigen, jedoch muss, bezogen auf die Totalperiode, ein Überschuss erzielt werden, da es sonst, bezogen auf die Vereinnahmung von Einkünften nach § 20 Abs. 1 Nr. 1 EStG, an der Einkünfteerzielungsabsicht fehlt. Dementsprechend führt die dauerhafte Thesaurierung von Gewinnen zum Zinsabzugsverbot.
Steht hingegen nicht die Absicht im Vordergrund, Einkünfte aus Kapitalvermögen zu erzielen, sondern geht es dem Steuerpflichtigen bei dem Erwerb der Kapitalgesellschaftsanteile vornehmlich um die Realisierung von Wertsteigerungen im Privatvermögen, greift das Verlustabzugsverbot des
§ 3c EStG a. F. bzw. § 3c Abs. 1 n. F., wenn kein Fall von § 17 EStG, § 23 Abs. 1 Satz 1 Nr. 2 EStG oder § 21 Abs. 1 Satz 1 UmwStG vorliegt, und die Wertsteigerung in der Substanz dementsprechend nicht steuerbar bleibt.
Nach dem Bundesfinanzhof ist es für den Zinsabzug jedoch unschädlich, wenn bei Anteilserwerb neben der Absicht, laufende Gewinnausschüttungen zu erzielen, auch die Hoffnung auf Realisierung möglicher, späterer Wertsteigerungen eine Rolle spielte, solange dieses Motiv nicht ausschlaggebend war.[350]

Da vorliegend jedoch davon ausgegangen werden soll, dass die einzelnen Manager und Investoren über eine Erwerber-GmbH die Kapitalgesellschaftsanteile an der Ziel-GmbH halten, stellt sich das eben skizzierte Problem hier nicht. Ist die Erwerbergruppe in Form einer GmbH organisiert, hat die Abzugsfähigkeit von Schuldzinsen, die aus der Kaufpreisfinanzierung entstehen, als Betriebsausgaben grundsätzlich keine Schwierigkeiten aufgeworfen. Dies hat sich allerdings infolge der Unternehmenssteuerreform teilweise erheblich verändert.

Problematisch kann der Zinsabzug in drei Konstellationen werden: Zum einen können Abzugsverbote aus Sachverhalten mit Auslandsbezug[351] resultieren (Zinsabzugsverbote im Zusammenhang mit internationalen Schachtelprivilegien, § 8b Abs. 2 KStG a. F. sowie § 8a Abs. 1 KStG a. F.).

---

349 BFH v. 21.7.1981, BStBl II 1982, S. 36 f.

350 BFH v. 21.7.1981, BStBl II 1982, S. 36.
Demgegenüber hat die Finanzverwaltung bei gleichzeitigem Vorliegen von steuerbaren Einkünften aus Kapitalvermögen und nicht steuerbaren Einkünften aus einer Anteilsveräußerung eine Aufteilung in abzugsfähige und nicht abzugsfähige Werbungskosten verfügt.
Zur Kritik an dieser Vorgehensweise vgl. Hötzel, O., Unternehmenskauf und Steuern, 1997, S. 246

351 Vgl. zum Folgenden a. die Darstellung bei Hötzel, O., Unternehmenskauf und Steuern, 1997, S. 247 ff.

Zum anderen können - nun auch bei rein inländischem Sachverhalt - Probleme beim Zinsabzug im Rahmen der Gesellschafter-Fremdfinanzierung aus der deutlich verschärften Neufassung des § 8a Abs. 1 KStG erwachsen.
Schließlich ergeben sich mit dem Systemwechsel vom Vollanrechnungsverfahren hin zum Halbeinkünfteverfahren durch das Steuersenkungsgesetz vom 23.10.2000 jetzt auch Schwierigkeiten hinsichtlich des Zinsabzuges für Körperschaften, die inländische Beteiligungen an Kapitalgesellschaften halten. Denn das vormals internationale Schachtelprivileg – also die Steuerfreistellung ausländischer Beteiligungserträge (§ 8b Abs. 1 KStG a. F.) – wurde nun auch auf nationale Beteiligungen ausgeweitet (§ 8b Abs. 1 KStG n. F.), so dass auch hier im Zusammenhang mit § 3c Abs. 1 EStG n. F. Zinsabzugsverbote drohen.

1. Sachverhalte mit Auslandsbezug

Zwar sind gerade bei Beteiligung von Konzernen Sachverhalte mit Auslandsbezug häufig anzutreffen, da aber die vorliegende Arbeit den inländischen Spin-Off-MBO zum Gegenstand hat, soll die folgende Darstellung lediglich die wesentlichen Problemkreise beleuchten.[352]

Auslöser möglicher Probleme beim Zinsabzug ist bei Sachverhalten mit Auslandsbezug primär die Vorschrift des § 3c EStG a. F. bzw. § 3c Abs. 1 EStG n. F., da in derartigen Konstellationen häufig Steuerbefreiungen eingreifen, die in einem unmittelbaren wirtschaftlichen Zusammenhang zu Ausgaben in Form von Schuldzinsen stehen können.
Im Hinblick auf Steuerfreistellungen auf Grund von Doppelbesteuerungsabkommen (internationales Schachtelprivileg) wird daher ein Abzug von Schuldzinsen in Höhe der im gleichen Veranlagungszeitraum zugeflossenen Auslandsdividenden versagt, da insofern ein unmittelbarer wirtschaftlicher Zusammenhang im Sinne von § 3c EStG a. F. bzw. § 3c Abs. 1 EStG n. F. vorliegt.[353] Nur insoweit die Finanzierungs-

[352] Die Darstellung der zur teils alten Rechtslage ergangenen Rechtsprechung rechtfertigt sich zudem dadurch, dass wegen § 8b Abs. 1 KStG n. F. die ursprünglich auf ausländische Beteiligungen beschränkte Problematik des Abzugsverbotes nach § 3c EStG nun auch inländische Schachtelbeteiligungen umfasst und daher dem besseren Verständnis zu dienen vermag.

[353] Teilweise wurde das Betriebsausgabenabzugsverbot auch darauf gestützt, dass sich die Steuerfreistellung lediglich auf "Einkünfte" und nicht auf "Einnahmen" beziehe. Da es sich bei "Einkünften" bereits um eine Nettogröße handle, sei ein Abzug ohnehin ausgeschlossen.
Dieser Ansicht ist der BFH allerdings entgegengetreten, indem er klargestellt hat, dass das internationale Schachtelprivileg Dividendeneinnahmen freistelle und daher ein Zinsabzug grundsätzlich denkbar ist. Vgl. BFH v. 29.5.1996, IWB Fach 3a Gruppe 1, S. 555 ff.

aufwendungen die nach dem anwendbaren Doppelbesteuerungsabkommen steuerfreien Dividenden übersteigen, sind sie steuerlich abzugsfähig.[354]
Die Praxis behalf sich damit, dass Ausschüttungen ausländischer Dividenden so gesteuert wurden, dass möglichst eine vollständige Thesaurierung erfolgte (Konzept des "Ballooning")[355], da es dann gerade am unmittelbaren wirtschaftlichen Zusammenhang zwischen den Fremdkapitalzinsen und den erst in einem späteren Veranlagungszeitraum ausgeschütteten Auslandsdividenden fehlt.[356]
Die thesaurierten Gewinne der ausländischen Tochtergesellschaft werden vielmehr kumuliert, bis das Anschaffungsdarlehen vollständig zurückgeführt ist oder bei entsprechender betragsmäßiger Höhe en bloc möglichst zu Beginn eines Veranlagungszeitraums ausgeschüttet, um das Finanzierungsdarlehen weitestgehend zu tilgen. Die danach gegebenenfalls noch anfallenden Schuldzinsen, die bei der nächsten Dividendenausschüttung in Höhe des ausgeschütteten Betrages dem Abzugsverbot unterliegen, sollten nur noch geringfügig sein.
Dieses "Ballooning"-Konzept büßte allerdings seit Einführung der Betriebsausgabe-Pauschale gemäß § 8b VII KStG a. F., die nach § 34 Abs. 6d KStG erstmals für den Veranlagungszeitraum 1999 galt, stark an Bedeutung ein. Denn gemäß § 8b Abs. 7 KStG a. F. wird für Zinsaufwendungen bis zu einem Betrag in Höhe von 5 % der ausgeschütteten Auslandsdividenden fingiert, dass sie mit den ausgeschütteten Dividenden in unmittelbarem wirtschaftlichem Zusammenhang stehen. Ein Pauschbetrag in Höhe von 5 % der ausgeschütteten Dividenden wird also als nicht abzugsfähige Betriebsausgaben behandelt. Diese Regelung übernimmt seit Inkrafttreten des Steu-

---

354 Vgl. BFH, BStBl II 1997, S. 57 (60, 63).

355 S. a. Haarmann, W., Steuerliche Folgen des grenzüberschreitenden Erwerbs oder Zusammenschlusses von Unternehmen, 1992, S. 297 (309).

356 So BFH v. 29.5.1996, IWB Fach 3a Gruppe 1, S. 555 ff.

ersenkungsgesetzes vom 23.10.2000 nun § 8b Abs. 5 KStG n. F.[357] in redaktionell geänderter und erweiterter Fassung.[358]
Angesichts der Steuerfreistellung von inländischen Schachteldividenden gemäß § 8b Abs. 1 KStG n. F., auf die unter Punkt 3. (S. 103 ff.) noch ausführlich eingegangen wird, eröffnet das pauschalierte Abzugsverbot des § 8b Abs. 5 KStG n. F. einen neuen Gestaltungsspielraum. Denn mit der Steuerfreistellung des § 8b Abs. 1 KStG n. F. korrespondiert ein vollständiges Abzugsverbot von Finanzierungsaufwendungen, die in unmittelbarem wirtschaftlichem Zusammenhang mit den entsprechenden Beteiligungen stehen (§ 3c Abs. 1 EStG n. F.). Daher kann es für die ansonsten § 3c Abs. 1 EStG n. F. unterfallende Körperschaft durchaus interessant sein, über die Zwischenschaltung einer ausländischen Holdinggesellschaft die inländische Beteiligung zu erwerben, um so zumindest jenseits des pauschalierten Zinsabzugsverbotes des § 8b Abs. 5 KStG n. F. die überschießenden Finanzierungsaufwendungen als Betriebsausgaben geltend machen zu können.

Im Hinblick auf § 8b Abs. 2 Satz 1 KStG a. F., der Gewinne aus einer späteren Veräußerung ausländischer Kapitalgesellschaftsanteile steuerfrei stellt, hat der Bundesfinanzhof ausgehend von der ratio legis, die eine wirtschaftliche Stärkung des inländischen Gesellschafters und des Wirtschaftsstandortes Deutschland bezweckt, einen ausschließlichen Zusammenhang der Schuldzinsen mit steuerfreien Einkünften verneint und daher einen Zinsabzug erlaubt.
In einer jüngeren Entscheidung[359] hat der Bundesfinanzhof dann allerdings seine Rechtsprechung zu den internationalen Schachtelprivilegien auf Grund von Doppel-

357 S. dazu a. BMF-Schreiben, DStR 2000, 112.

358 Weiter streitig ist, ob es bei der fingierten Pauschale auch bleibt, wenn überhaupt keine Kosten entstanden sind. Die Finanzverwaltung bejaht dies unter Verweis auf den pauschalierenden Charakter der Norm. Teile der Literatur wenden dagegen ein, dass damit das Abzugsverbot mehr als 100 % der angefallenen Kosten erfasse. Vgl. Füger, R./Rieger, N., Die fehlgeschlagene Verschärfung des § 3c EStG oder "Die wundersamen Fiktionen des § 8b Abs. 7 KStG", IStR 1999, S. 25G7 ff.; Thömmes, O., Unvereinbarkeit des neuen § 8b Abs. 7 KStG mit der EG-Mutter-/Tochterrichtlinie, DB 1999, S. 500 ff.; Prinz, U., Steuerentlastungsgesetz 1999/2000/2002 – Auswirkungen auf den Holdingstandort Deutschland, FR 1999, S. 356 ff. Auf eine denkbare Europarechtswidrigkeit bei geringfügigen Betriebsausgaben im Zusammenhang mit Auslandsdividenden weist *Werra* hin, der m. E. allerdings problematischerweise die Ungleichbehandlung von Auslands- und Inlandsdividenden im Hinblick auf die Abzugsbeschränkungen als Anknüpfungspunkt wählt, da der insoweit ungünstigere Regelungszusammenhang von § 8b Abs. 1 KStG n. F., § 3c Abs. 1 EStG allenfalls eine – grundsätzlich nicht europarechtswidrige (so EuGH, Rs. 175/78 (Saunders), Slg. 1979, S. 1129; Verb. Rs. 35 u. 36/82 (Morson), Slg. 1982, S. 3723; Oppermann, T., Europarecht, 1999, Rn. 1429) - Inländerdiskriminierung darstellt. Vgl. Werra, M., Unternehmenssteuerreform: Aspekte des nationalen und internationalen Konzernsteuerrechts, FR 2000, S. 645 (649 re. Sp. ob.).

359 BFH, BStBl II 1997, S. 57 (60, 63) = IStR 1996, S. 437; entsprechendes BMF-Schreiben, BStBl I 1997, S. 99.

besteuerungsabkommen auf den Tatbestand des § 8b Abs. 2 KStG a. F. ausgeweitet mit der Folge, dass Finanzierungsaufwendungen, die einem inländischen Anteilseigner hinsichtlich der ausländischen Schachtelbeteiligung entstehen, nur insoweit steuerlich abzugsfähig sein sollen, als sie im jeweiligen Veranlagungszeitraum einen gemäß § 8b Abs. 2 KStG a. F. steuerfreien Veräußerungsgewinn übersteigen.
Die Beraterpraxis hat darauf mit dem Einsatz des oben beschriebenen "Ballooning"-Konzeptes auch auf Sachverhalte, die § 8b Abs. 2 KStG a. F. unterfallen, reagiert.

§ 8b Abs. 2 KStG ist zwar durch das Steuersenkungsgesetz vom 23.10.2000 bzw. das Steuersenkungsergänzungsgesetz vom 20.12.2000 völlig neu gefasst worden, jedoch gilt § 8b Abs. 2 KStG a. F. noch bis zum Inkrafttreten des neuen § 8b Abs. 2 KStG, was sich nach § 34 Abs. 6d Satz 1 Nr. 2 in Verbindung mit § 34 Abs. 1, 1a KStG beurteilt. Ist das Wirtschaftsjahr der Gesellschaft, welche die Gewinne aus der Veräußerung der ausländischen Beteiligung erzielt hat, mit dem Kalenderjahr identisch, greift § 8b Abs. 2 KStG n. F. erstmals ab dem Veranlagungszeitraum 2002. Bis zum 31.12.2001 ist in diesem Fall daher noch § 8b Abs. 2 Satz 1 KStG a. F. anwendbar (vgl. § 34 Abs. 6d Satz 2 KStG).

Ferner ist noch darauf hinzuweisen, dass die oben skizzierten, im Hinblick auf den Zinsabzug problematischen Konstellationen nur dann virulent werden, wenn sich überhaupt eine konkrete Zweckbestimmung zwischen aufgenommenem Fremdkapital und Beteiligungserwerb rekonstruieren lässt. Schließlich lassen sich Abzugsverbote teils auch durch die Einschaltung einer ausländischen Zwischenholding vermeiden.[360]

Abschließend soll das Zinsabzugsverbot, das aus § 8a KStG a. F. resultiert, noch kurz vorgestellt werden.[361] Hintergrund dieser Vorschrift ist zwar nicht der unmittelbare wirtschaftliche Zusammenhang zwischen steuerfreien Einkünften und Ausgaben, die den Erwerb dieser Einkunftsquelle erst ermöglicht haben und daher gemäß § 3c EStG a. F. bzw. § 3c Abs. 1 EStG n. F. nicht abzugsfähig sein sollen. Gleichwohl soll § 8a KStG a. F. im Anschluss an die beiden oben genannten Konstellationen untersucht werden, da auch diese Norm einen Auslandsbezug voraussetzt.
§ 8a KStG a. F. qualifiziert unter gewissen Voraussetzungen Zinsaufwand, also Aufwendungen, die für die Bereitstellung von Fremdkapital, vorgenommen werden, in verdeckte Gewinnausschüttungen um, die - entgegen echtem Zinsaufwand - nicht als Betriebsausgaben abzugsfähig sind.
Im Rahmen des Spin-Off-MBO hat § 8a KStG a. F. nur Relevanz, wenn ein ausländischer Gesellschafter-Investor der Erwerber-Gesellschaft ein die Grenzen des § 8a

360 Auf beide Gesichtspunkte soll an dieser Stelle nur hingewiesen werden. Eine vertiefte Darstellung findet sich bei Hötzel, O., Unternehmenskauf und Steuern, 1997, S. 249 ff.

361 Ausführlich zu § 8a KStG a. F. mit vielen Gestaltungshinweisen: Prinz, U., Steuerorientierte Kaufpreisfinanzierung, 2000, S. 249 ff.

KStG a. F. übersteigendes Quantum an Fremdkapital zur Verfügung stellt, um den Erwerb der Ziel-Gesellschaft sicherzustellen.
§ 8a KStG n. F. wird diese Konstellation auch in Zukunft regeln, da unter § 8a Abs. 1 Satz 1 KStG n. F. zwar zunächst sowohl inländische wie ausländische Anteilseigner zu subsumieren sind , Abs. 1 Satz 2 jedoch gerade diejenigen Anteilseigner ausnimmt, die im Inland im Rahmen einer Veranlagung erfasst werden. Da § 8a KStG a. F. also einen recht speziellen, wenn auch keineswegs exotischen Fall regelt, sollen diese Hinweise ausreichen. § 8a KStG a. F. ist ferner auf Grund der im Zuge des Steuersenkungsgesetzes ergangenen Neufassung im Regelfall zeitlich seit dem 1.1.2001 nicht mehr anwendbar (§ 34 Abs. 1 KStG n. F.). Etwas anderes gilt nur dann, wenn die Erwerber-Gesellschaft ein vom Kalenderjahr abweichendes Wirtschaftsjahr aufweist, das im Veranlagungszeitraum 2001 endet und vor dem 1.1.2001 begonnen hat. Dann greift §8a KStG n. F. erstmals für den Veranlagungszeitraum 2002. In concreto bedeutet dies, dass § 8a KStG a. F. bei einer Kapitalgesellschaft, deren Wirtschaftsjahr vom 1.10. bis zum 30.9. des Folgejahres läuft, noch bis zum 30.9.2001 zeitlich anwendbar ist.

2. Zinsabzugsverbot als Folge von § 8a Abs. 1 KStG n.F. (Gesellschafter-Fremdfinanzierung)

Die tatbestandlichen Voraussetzungen, unter denen insbesondere Zinszahlungen einer Gesellschaft an ihre Anteilseigner als verdeckte Gewinnausschüttungen umqualifiziert werden und daher nicht als Betriebsausgaben abzugsfähig sind, wurden zuungunsten der fremdkapitalfinanzierten Gesellschaft abgesenkt. Dadurch wurde der Grundsatz der Finanzierungsfreiheit deutlich eingeschränkt. Die entscheidenden Änderungen des § 8a KStG n. F. liegen in der systembedingten Streichung des Kriteriums der körperschaftsteuerlichen Anrechnungsberechtigung, der vollständigen Streichung der Abzugsmöglichkeit für hybride, d.h. erfolgsabhängige, Fremdfinanzierungen und der Absenkung der Eigenkapital-/Fremdkapital-Relationen ("Safe Haven"), die den sachlichen Anwendungsbereich des § 8a KStG n. F. auslösen

a) Zeitlicher Anwendungsbereich

Mangels speziellerer Vorschriften greift § 34 Abs. 1 und 1a KStG n. F. ein, wonach § 8a KStG n. F. ab dem Veranlagungszeitraum 2001 zeitlich anwendbar ist, wenn die fremdfinanzierte Gesellschaft ein kalenderjahrgleiches Wirtschaftsjahr hat.
Bei einem nicht mit dem Kalenderjahr identischen Wirtschaftsjahr, das vor dem 1.1.2001 beginnt, ist § 8a KStG n. F. erstmals für den Veranlagungszeitraum 2002 anzuwenden: Läuft das Wirtschaftsjahr einer Gesellschaft also beispielsweise vom 1.11. bis zum 31.10. eines jeden Jahres, so greift § 8a KStG a. F. noch bis zum 31.10.2001 ein. Die Neuregelung findet in diesem Fall erstmals ab dem 1.11.2001 Anwendung.

§ 8a KStG n. F. enthält keinen Bestandsschutz für Altfälle in Gestalt einer Übergangsregelung ("Grandfather-Clause"), sondern erfasst einheitlich alte und neue Finanzierungstatbestände.[362]

b) Persönlicher Anwendungsbereich

§ 8a KStG a. F. musste gesetzgeberisch schon auf Grund des Systemwechsels vom Vollanrechnungsverfahren zum Halbeinkünfteverfahren angepasst werden, da die tatbestandliche Anknüpfung an den "nicht zur Anrechnung von Körperschaftsteuer berechtigten Anteilseigner" der Altfassung keinen Sinn mehr machte.

Maßgeblich für den persönlichen Anwendungsbereich des § 8a KStG n. F. ist nunmehr allein die wesentliche Beteiligung im Sinne von § 8a Abs. 3 KStG n. F., die bei einer unmittelbaren oder mittelbaren Beteiligung von mehr als 25 % am Grund- oder Stammkapital der Kapitalgesellschaft vorliegt.

Bezogen auf den Spin-Off-MBO sollen zwei Konstellationen untersucht werden: Zum einen – quasi als Normalfall – die wesentliche Beteiligung der Erwerber-Gesellschaft oder ihrer Gesellschafter (also z.B. der Manager), zum anderen die Konstellation, die § 8a Abs. 1 Satz 3 Halbs. 2 KStG n. F. unterfällt.

Gewährt die zu 100 % beteiligte Erwerber-Gesellschaft der Ziel-Gesellschaft ein (Gesellschafter-)Darlehen, so sind die sich daraus ergebenden Zinsen unter den Voraussetzungen des § 8a Abs. 1 Satz 1 KStG n. F. für die Ziel-Gesellschaft nicht als Betriebsausgaben abzugsfähig, sondern werden als verdeckte Gewinnausschüttungen behandelt. Wird allerdings die Zinsvergütung bei dem Anteilseigner im Inland im Rahmen einer Veranlagung erfasst[363], so greift die Umqualifikation nicht ein.

---

362 § 8a KStG n. F. stellt den Fall einer unechten (retrospektiven) Rückwirkung, also einer tatbestandlichen Rückanknüpfung dar, die abzugrenzen ist von der – verfassungsrechtlich wesentlich problematischeren – echten (retroaktiven) Rückwirkung, d.h. einer Rückbewirkung von Rechtsfolgen. Vgl. eingehender Erle/Sauter-Löwenstein, Reform der Unternehmensbesteuerung, 2000, S. 201.

363 Diese Einschränkung auf im Inland veranlagte Anteilseigner verstößt wohl gegen die Grundfreiheit der Niederlassungsfreiheit gemäß Art. 43 EG. Bereits im Eurowings-Urteil (EuGH v. 26.10.1999, DB 1999, 2246) hat der EuGH für den Fall des § 8 Nr. 7 GewStG a. F. die Anknüpfung an eine rein inländische Veranlagung als europarechtswidrig qualifiziert. Dieser Verstoß wird nun mit der Neufassung des § 8a Abs. 2 Satz 2 KStG n. F. in neuem Gewand wiederholt. Auch bei § 8a KStG n. F. drängt sich der Verdacht einer versteckten Diskriminierung auf, da fast ausschließlich Teilnehmer aus der Gruppe der nicht im Inland veranlagten Steuerausländer erfasst werden, und die Zahl der veranlagungslosen Inländer demgegenüber verschwindend gering sein dürfte. Auch scheidet eine Rechtfertigung aus Kohärenzgesichtspunkten aus. Ferner kommt auch ein Verstoß gegen Diskriminierungsverbote nach Doppelbesteuerungsrecht in Betracht (Art. 24 Abs. 5 OECD-Musterabkommen). Vgl. Hinweise bei Prinz, U., Neues zur Gesellschafter-Fremdfinanzierung (§ 8a KStG), FR 2000, S. 1061 (1066).

Als Fazit bleibt daher festzuhalten, dass der Anwendungsbereich des § 8a Abs. 1 KStG n. F. bei wesentlicher Beteiligung eines inländischen Anteilseigners, der im Inland im Rahmen einer Veranlagung erfasst wird, nicht eröffnet ist, die Ziel-Gesellschaft daher weiter ihre Finanzierungsaufwendungen als Betriebsausgaben geltend machen kann. § 8a Abs. 1 KStG n. F. erfasst daher – wie seine Vorgängernorm – vornehmlich[364] so genannte "Inbound-Gestaltungen", also Investments von Steuerausländern in Deutschland. Systematischer Hintergrund dieser Regelung ist die Überlegung, dass nur bei Anteilseignern, die keiner Veranlagung im Inland unterliegen, eine inländische Einmalbelastung von Gewinnen erforderlich ist. Demgegenüber sind nach "allgemeinen Regeln im Inland veranlagte Steuerpflichtige (...) nicht betroffen; denn dem inländischen Erwerbsabzug auf der einen Seite steht ein inländischer Erwerbsbezug auf der anderen Seite gegenüber , so daß die inländische steuerliche Erfassung sichergestellt ist."[365]

Anders liegt der Fall hingegen, wenn eine Konstellation im Sinne von § 8a Abs. 1 Satz 3 Halbs. 2 KStG n. F. gegeben ist: Danach werden die Finanzierungsaufwendungen als verdeckte Gewinnausschüttungen behandelt, wenn das entsprechende Darlehen der Ziel-Gesellschaft von einem Dritten (z.B. einer Bank) gewährt wurde und dieser Dritte auf den Anteilseigner oder eine ihm nahestehende Person – im Wege der Kreditsicherung – zurückgreifen kann.

§ 8a Abs. 1 Satz 3 Halbs. 2 KStG n. F. unterscheidet nicht danach, ob der den Kredit sichernde Anteilseigner im Inland im Rahmen einer Veranlagung erfasst wird oder nicht, so dass auch inländische Anteilseigner mitumfasst sind. Insbesondere fehlt eine Verweisung auf § 8a Abs. 1 Satz 2 KStG n. F.[366] Voraussetzung ist die Stellung einer Personal- oder dinglichen Sicherheit, die zugunsten des Kreditgebers einen zivilrechtlichen Anspruch begründet.[367]

Bereits gegen § 8a KStG a. F. bestanden europarechtlich motivierte Bedenken (vgl. FG Münster v. 24.1.2000, GmbHR 2000, S. 623), die zu einem Vorabentscheidungsersuchen des FG Münster gemäß Art. 234 Abs. 1 lit. a EG führten.

Lechner/Zimmermann weisen angesichts des völligen Wegfalls des "Safe Haven" für hybride Finanzierungen zudem auf eine mögliche Verletzung von Art. 56 Abs. 1 EG hin, der den freien Kapitalverkehr – also insb. Investitionen - schützt (Oppenhoff & Rädler-Lechner/Zimmermann, Unternehmensbesteuerung, 2000, S. 223).

364 Neben steuerausländischen Gesellschaftern werden auch "veranlagungslose" Steuerinländer erfasst.

365 Prinz, U., Neues zur Gesellschafter-Fremdfinanzierung (§ 8a KStG), FR 2000, S. 1061 (1062).

366 Vgl. Erle/Sauter-Löwenstein, Reform der Unternehmensbesteuerung, 2000, S. 204

367 *Löwenstein* weist darauf hin, dass die Finanzverwaltung im Zusammenhang mit § 8a KStG a. F. bereits die faktische Rückgriffsmöglichkeit ausreichen lassen wollte. Erle/Sauter-Löwenstein, Reform der Unternehmensbesteuerung, 2000, S. 204 m. Verw. auf BMF v. 15.12.1994, BStBl I 1995, S. 25, Tz. 21.

Im Zusammenhang mit dem Spin-Off-MBO sind vor allem drei Fallgruppen relevant.
Erstens unterfällt die so genannte "Back-to-Back"-Finanzierung nunmehr § 8a KStG n. F.[368] Darunter versteht man die Konstellation, in der eine Bank einer Gesellschaft ein Darlehen gewährt und die daraus resultierenden Darlehenszinsen beim Darlehensgeber im Zusammenhang mit Ausgaben stehen, die unmittelbar oder mittelbar an den Anteilseigner der darlehensnehmenden Gesellschaft oder an eine diesem nahestehende Person fließen.[369]

Zweitens erfasst § 8a Abs. 3 Satz 3 Halbs. 2 KStG n. F. auch den Sachverhalt, dass eine Bank der Erwerber-Gesellschaft ein Darlehen ausreicht, für das die Anteilseigner, also z.B. die Manager, sich gemäß § 765 BGB verbürgen.[370]

Drittens unterliegt auch der Fall den Beschränkungen des § 8a KStG n. F., in dem ein Kreditinstitut ein Darlehen an die Ziel-Gesellschaft ausreicht und die Erwerber-Gesellschaft das Darlehen über eine Garantieerklärung oder eine "harte" Patronatserklärung[371] sichert.
Die Relevanz dieser dritten Fallgruppe wird dadurch verschärft, dass die Finanzverwaltung[372] bislang – d.h. bei § 8a KStG a. F. - in Konzernfällen im Wege einer Anscheinsvermutung die Haftungsübernahme der Konzernmuttergesellschaft unterstellt hat. Nach den Regeln des prima-facie-Beweises[373] muss daher die beweisbelastete Ziel-Gesellschaft die Regressvermutung dadurch erschüttern, dass sie konkrete Tatsachen behauptet und nötigenfalls beweist, die auf eine andere Möglichkeit als die Haftungsübernahme der Muttergesellschaft hindeuten.
Für die Praxis bedeutet dies, dass bei faktischem Nichtvorliegen einer Garantieerklärung oder einer ähnlichen Sicherungsabrede seitens der Konzernmuttergesellschaft gleichwohl ausdrücklich im Kreditvertrag zwischen Ziel-Gesellschaft und Darlehensgeber festgehalten werden sollte, dass die Erwerber-Gesellschaft keinerlei Si-

---

368 Erle/Sauter-Löwenstein, Reform der Unternehmensbesteuerung, 2000, S. 204.

369 Vgl. Freshfields Bruckhaus Deringer, Unternehmenssteuerreform, NJW-Beilage 51/2000, S. 40; Erle/Sauter-Löwenstein, Reform der Unternehmensbesteuerung, 2000, S. 204; Streck, KStG, § 8a Rn. 11.

370 Vgl. Freshfields Bruckhaus Deringer, Unternehmenssteuerreform, NJW-Beilage 51/2000, S. 40.

371 Vgl. dazu MünchKomm-Habersack, BGB, Bd. 5, Vor § 765 Rn. 44 f.; Palandt-Sprau, BGB, vor § 765 Rn. 21; Larenz, K./Canaris, C.-W., Lehrbuch des Schuldrechts, Bd. II/2, § 64 V 1 (S. 82 f.).

372 So BMF v. 15.12.1994, BStBl I 1995, S. 25, Tz. 22 (= "Einführungserlass"); Hinweise bei Streck, KStG, § 8a Rn. 11 (noch zur a. F.).

373 Vgl. zum Anscheinsbeweis sowie zu der damit verbundenen gestuften Beweislastverteilung Zöllner-Greger, ZPO, Vor § 284 Rn. 29; Thomas/Putzo-Thomas, ZPO, § 286 Rn. 12 ff.

cherheiten gestellt hat. Auf diese Weise wird einer Anscheinsvermutung von vornherein der Boden entzogen.

Nach alter Rechtslage wurde § 8a KStG a. F. im Wege des so genannten "Einführungserlasses"[374] der Finanzverwaltung in den Fällen teleologisch reduziert, in denen die Zinszahlungen beim nicht anteilsberechtigten Fremdkapitalgeber der deutschen Besteuerung unterlagen und keine "Back-to-Back"-Finanzierung vorlag. Diese ungeschriebene Vergünstigung wurde nicht in den Gesetzeswortlaut aufgenommen. Ob der "Einführungserlass" insoweit weiter von der Finanzverwaltung angewandt wird, bleibt abzuwarten.[375] Bis dahin geht die vorliegende Arbeit sicherheitshalber vom für den Steuerpflichtigen "worst case"-Szenario aus. Allerdings ist an dieser Stelle festzuhalten, dass die Neufassung die Grundentscheidung der Rdnr. 23 des § 8a-Erlasses in systematischer Hinsicht nicht tangiert und der Steuerpflichtige nicht durch über die ungünstige Neuregelung des § 8a KStG hinausgehende zusätzliche Repressalien belastet werden sollte.

c) Sachlicher Anwendungsbereich

Im Rahmen des sachlichen Anwendungsbereichs des § 8a KStG n. F. haben sich in zweierlei Hinsicht gravierende Veränderungen ergeben. Zum einen unterfallen erfolgsabhängige Vergütungen für die Gewährung von Fremdkapital (so genannte hybride Finanzierungen) per se dem sachlichen Anwendungsbereich des § 8a KStG n. F., der in Abs. 1 Satz 1 Nr. 1 ausnahmslos alle "nicht in einem Bruchteil des Kapitals bemessene Vergütung(en)"erfasst.[376]

Zum anderen wurde der Anwendungsbereich des § 8a KStG n. F. dadurch verbreitert, dass der Gesetzgeber für fest verzinste Darlehen die der Norm unterfallenden Eigenkapital-/Fremdkapital-Relationen deutlich abgesenkt hat, d. h., die so genannten "Safe Havens" herabgesetzt hat.

Da hybride Finanzierungen von vornherein § 8a KStG n. F. unterfallen, ist in diesem Bereich nicht mehr entscheidend, ob ein "Safe Haven" vorliegt, sondern allein, ob die entsprechende Vergütung als gewinn- oder umsatzabhängig anzusehen ist. Von der Finanzverwaltung wurden unter erfolgsabhängige Vergütungen bislang gewinn-

---

374 Vgl. BMF v. 15.12.1994, BStBl I 1995, S. 25 Tz. 23.

375 Vgl. a. Freshfields Bruckhaus Deringer, Unternehmenssteuerreform, NJW-Beilage 51/2000, S. 40; Erle/Sauter-Löwenstein, Reform der Unternehmensbesteuerung, 2000, S. 205; Oppenhoff & Rädler-Lechner/Zimmermann, Unternehmensbesteuerung, 2000, S. 222; Schaumburg/Rödder-Rödder, Unternehmenssteuerreform 2001, 2000, S: 528.

376 Die Vorgängervorschrift knüpfte die sachliche Anwendbarkeit des § 8a Abs. 1 Satz 1 Nr. 1 KStG a. F. an die weitere Voraussetzung, dass nur insoweit eine verdeckte Gewinnausschüttung fingiert wurde, wie "das Fremdkapital zu einem Zeitpunkt des Wirtschaftsjahrs die Hälfte des anteiligen Eigenkapitals" überstiegen hat.

abhängig gestaffelte Zinssätze, gewinnabhängige Vergütungen mit Mindest- und Höchstzinssätzen, feste Zinssätze, die aber an eine Erfolgskomponente gekoppelt sind, der Ausschluss von Zinsen in Verlustjahren, eine Vergütungsstundung in Verlustjahren sowie festverzinsliche Teilschuldverschreibungen mit einem Umtauschrecht in Gesellschaftsanteile subsumiert.[377]
Dass damit auch Vergütungen mit teils ertragsabhängigen, teils ertragsunabhängigen Komponenten § 8a Abs. 1 Satz 1 Nr. 1 KStG n. F. unterfallen, liegt daran, dass die Finanzverwaltung Ziffer 1 als einen Auffangtatbestand behandelt.

Liegt keine hybride, sondern eine rein ertragsabhängige Vergütung vor, so kommt es darauf an, ob die Schwelle der nach § 8a Abs. 1 Satz 1 Nr. 2 bzw. Abs. 4 Satz 1 KStG n. F. zulässigen Eigenkapital-/Fremdkapital-Quote noch eingehalten oder bereits überschritten wird.
Die bisherigen Relationen wurden von einer Eigenkapital-/Fremdkapital-Verteilung von 1:3 auf 1:1,5 (Abs. 1 Satz 1 Nr. 2) halbiert und – bei Holdinggesellschaften[378] – von 1:9 auf 1:3 (Abs. 4 Satz 1) herabgesenkt.
Die Bemessung des bisherigen "Safe Haven" hat an die bei Einführung im Jahre 1994 ermittelte statistische durchschnittliche Eigenkapitalquote deutscher Unternehmen angeknüpft, die § 8a Abs. 1 Satz 1 Nr. 2 a. F. entsprechend bei damals 25 % festgelegt wurde, was einem Eigenkapital-/Fremdkapital-Verhältnis von 1:3 entspricht.[379]
Bei einer herabgesetzten Verteilung von 1:1,5 geht also der Gesetzgeber mittlerweile von einer Eigenkapitalquote von 40 % aus. Die von der Deutschen Bundesbank im Jahr 2000 empirisch festgestellte durchschnittliche Eigenkapitalquote lag allerdings bei lediglich 18,5 %.[380] Die gesetzgeberische Vorgehensweise entbehrt daher jeder

377 So BMF v. 15.12.1994, BStBl I 1995, S. 25, Tz. 55.

378 Der Spin-Off-MBO mit zwischengeschalteter Erwerber-Gesellschaft wird § 8a Abs. 4 Satz 1 Alt. 2 KStG n. F. unterfallen, wenn die Erwerber-GmbH, die 100 % der Anteile der Ziel-GmbH hält, wenigstens noch eine weitere Tochtergesellschaft hält. Vgl. Erle/Sauter-Löwenstein, Reform der Unternehmensbesteuerung, 2000, S. 207 a. E. Vgl. i. ü. die Legaldefinition des § 8a Abs. 4 Satz 1 KStG n. F. sowie Streck, KStG, § 8a Rn. 18 (noch zur a. F.).

379 Bei Holdinggesellschaften gemäß § 8a Abs. 4 Satz 1 KStG a. F. wurde von einer Eigenkapitalquote in Höhe von 10 % (Verhältnis 1:9) ausgegangen.

380 Vgl. Deutsche Bundesbank, Monatsbericht März 2000, S. 42, zit. nach Erle/Sauter-Löwenstein, Reform der Unternehmensbesteuerung, 2000, S. 205 a. E.

empirisch verankerten Begründung und ist daher wohl als typische Maßnahme der Gegenfinanzierung einzuordnen.[381]
Vor diesem Hintergrund wird dem nach § 8a Abs. 1 Satz 1 Nr. 2 Halbs. 2 Alt. 1 bzw. Abs. 4 Satz 2 Alt. 1 KStG n. F. weiter zulässigen Fremdvergleich in Zukunft noch größere Bedeutung zukommen. Kann dieser Fremdvergleich erfolgreich geführt werden, ist die Fiktion einer verdeckten Gewinnausschüttung, bezogen auf die Zinszahlungen der fremdfinanzierten Erwerber-Gesellschaft, widerlegt. Maßgeblich ist demnach, ob die kreditnehmende Kapitalgesellschaft das Fremdkapital bei sonst gleichen Umständen auch von einem fremden Dritten hätte erhalten können. Ausgehend von der konkreten Vereinbarung ist dabei von der Höhe der Vergütung, Höhe des eigenen Vermögens der Kapitalgesellschaft, der Sicherheit der Kapitalanlage sowie der Bonität der Gesellschaft auszugehen.[382]

Sieht man von denkbaren Sachverhalten mit Auslandsbezug einmal ab, so wird beim Spin-Off-MBO § 8a KStG n. F. vor allem in zwei Konstellationen relevant sein:
Zum einen greift § 8a Abs. 1 Satz 3 Halbs. 2 KStG n. F. ein, wenn eine Bank der Erwerber-Gesellschaft einen Kredit gewährt, die Anteilseigner hierfür Sicherheiten stellen und der "Safe Haven" von 1:1,5 überschritten wird. Dann hilft nur noch ein Drittvergleich, um eine Umqualifizierung der Finanzierungsaufwendungen der Erwerber-Gesellschaft in verdeckte Gewinnausschüttungen zu vermeiden.[383]

Zum anderen unterfällt § 8a KStG n. F. auch der Fall, in dem eine Bank an die Ziel-Gesellschaft ein Darlehen ausreicht, die Erwerber-Gesellschaft hierfür eine Garantieerklärung abgibt und der "Safe Haven" von 1:1,5 überschritten wird (ebenfalls Konstellation des § 8a Abs. 1 Satz 3 Halbs. 2 KStG n. F.). Auch in diesem Fall hilft nur noch ein Fremdvergleich.

---

381 So auch *Lechner/Zimmermann*, die zusätzlich auf die günstigeren Daten im internationalen Vergleich hinweisen. Oppenhoff & Rädler-Lechner/Zimmermann, Unternehmensbesteuerung, 2000, S. 223; mit Einschränkungen bezüglich der neuen Holdingregelungen und Hinweisen auf eine kontraproduktive Verschlechterung des Investitionsstandortes Deutschland auch Prinz, U., Neues zur Gesellschafter-Fremdfinanzierung (§ 8a KStG), FR 2000, S. 1061 (1061, 1064).

382 So BMF v. 15.12.1994, BStBl I 1995, S. 25, Tz. 60.

383 *Prinz* weist allerdings zu Recht darauf hin, dass "(d)ie Führung des Fremdvergleichs (...) bei unverändertem Eigenkapital im Vergleich zur bisherigen Rechtslage vermutlich tendenziell schwieriger (wird); denn die als Maßstab dienende Normvorstellung der Finanzverwaltung zur Höhe des Eigenkapitals ist gestiegen." Siehe Prinz, U., Neues zur Gesellschafter-Fremdfinanzierung (§ 8a KStG), FR 2000, S. 1061 (1068).

d) Gestaltungshinweise

Bei Sachverhalten, die nicht § 8a Abs. 1 Satz 2 KStG n. F. unterfallen und einen Auslandsbezug haben, bietet sich als Gestaltungsmaßnahme an, die Schwelle der wesentlichen Beteiligung im Sinne von § 8a Abs. 3 KStG n. F. zu unterschreiten. Ferner erfasst § 8a KStG n. F. nur Kapitalgesellschaften, so dass der ausländische Investor an eine Finanzierung über Einschaltung einer Personengesellschaft denken sollte.[384]

Bei rein inländischen Sachverhalten wird § 8a KStG n. F. häufig über die Konstellation des § 8a Abs. 1 Satz 3 Halbsatz 2 Alt. 2 KStG n. F. zur Anwendung kommen. In einem solchen Fall bieten sich als steuerliche "Stellschrauben" nur eine Anpassung der Eigenkapital-/Fremdkapital-Relation an den gesetzlichen "Safe Haven" oder der Regresskonditionen an einen Fremdvergleich[385] an.

Bei einer entsprechenden Gestaltung des "Safe Haven" an die von § 8a Abs. 1 Nr. 2 KStG n. F. vorgegebenen Relationen kommen zum einen eine Rückführung des Fremdkapitals, zum anderen eine Aufstockung des Eigenkapitals und schließlich die Erzielung eines großzügigeren "Safe Haven" durch Einsatz einer Holdinggesellschaft in Betracht.

Bei der Aufstockung des Eigenkapitals ist zwischen offenen und verdeckten Kapitalerhöhungen zu unterscheiden.[386] Die offene Kapitalerhöhung gemäß § 55 Abs. 1 GmbHG wird erst mit ihrer Eintragung (vgl. § 54 Abs. 3 GmbHG) wirksam. Die bloße Einzahlung auf die zwar bereits beschlossene, aber noch nicht eingetragene Erhöhung des Nennkapitals ändert an der Quote des § 8a Abs. 1 Satz 1 Nr. 2 KStG n. F. noch nichts.[387]

Umgekehrt werden bloß ausstehende, aber noch nicht eingezahlte Einlagen ebenfalls nicht berücksichtigt (vgl. Wortlaut des § 8a Abs. 2 Satz 2 Halbs. 1 KStG n. F.).

Die verdeckte Kapitalerhöhung hat bereits durch Einzahlung in die freie Kapitalrücklage des § 272 Abs. 2 Nr. 4 HGB Auswirkungen auf die Quote des § 8a Abs. 1 Satz 1 Nr. 2 KStG n. F., ohne dass es einer Eintragung in das Handelsregister bedarf. Teilweise wird sogar vertreten, dass bereits der entsprechende Gesellschafterbe-

---

384 Dazu muss gegebenenfalls eine bereits bestehende Kapitalgesellschaft in eine Personengesellschaft umgewandelt werden oder steuerneutral nach § 24 UmwStG in eine Personengesellschaft eingebracht werden. Vgl. näher Oppenhoff & Rädler-Lechner/Zimmermann, Unternehmensbesteuerung, 2000, S. 226; Seibt, C. H., Unternehmenskauf und –verkauf nach dem Steuersenkungsgesetz, DStR 2000, S. 2061 (2076).

385 Vgl. Blümich-Menck, EStG/KStG/GewStG, Bd. 4, § 8a KStG Rn. 39 ff.

386 Vgl. Oppenhoff & Rädler-Lechner/Zimmermann, Unternehmensbesteuerung, 2000, S. 225 m. w. Nachw.

387 Vgl. Oppenhoff & Rädler-Lechner/Zimmermann, Unternehmensbesteuerung, 2000, S. 225 m. Verw. auf Tz. 31 des Einführungserlasses.

schluss diese Folgen auslöse, da es insoweit nur auf den bilanzierten Anspruch der Gesellschaft und nicht auf die tatsächliche Einzahlung ankomme.[388]
Ferner hat der Gesellschafter möglicherweise auch die Gelegenheit, auf ein Gesellschafter-Darlehen im Wege eines Erlassvertrages nach § 397 Abs. 1 BGB zu verzichten mit der Folge, dass der werthaltige Teil der Forderung in die Kapitalrücklage einzustellen ist, wohingegen der nicht werthaltige Teil als Gewinn realisiert wird.[389]
Daneben kann die Eigenkapitalbasis eventuell auch durch Ausübung entsprechender handelsbilanzieller Wahlrechte verbreitert werden.

Schließlich lässt sich eine Verbesserung des Eigenkapital-/Fremdkapital-Verhältnisses als solchem durch Einsatz einer Holdinggesellschaft erreichen. Nach § 8a Abs. 4 Satz 1 KStG n. F. liegt hier der "Safe Haven" immerhin bei einer Quote von 1:3, mithin bei einer Eigenkapitalausstattung von 25 %. Im Rahmen des Spin-Off-MBO wird die Erwerber-Gesellschaft als Holdinggesellschaft im Sinne von § 8a Abs. 4 Satz 1 KStG n. F. anerkannt, wenn sie neben der Tochter-Ziel-Gesellschaft noch mindestens eine weitere Tochtergesellschaft hält.[390]

3. Zinsabzugsverbot als Folge des Regelungszusammenhangs von § 3c Abs. 1 EStG n. F. und § 8b Abs. 1 KStG n. F.

Im Zusammenhang mit dem aus den §§ 3c Abs. 1 EStG n. F. und 8b Abs. 1 KStG n. F. resultierenden Zinsabzugsverbot ist an die Überlegungen anzuknüpfen, die der Rechtsprechung des Bundesfinanzhofs zum internationalen Schachtelprivileg auf Grund von Doppelbesteuerungsabkommen sowie zu § 8b Abs. 2 KStG a. F. zugrunde lagen.
Denn mit der Einführung von § 8b Abs. 1 KStG n. F. im Zuge der Abschaffung des Körperschaftsteueranrechnungssystems gibt es nun auch auf nationaler Ebene ein "Schachtelprivileg"[391].

---

388 Vgl. Oppenhoff & Rädler-Lechner/Zimmermann, Unternehmensbesteuerung, 2000, S. 225 m. Verw. auf Beck'scher Bilanz-Kommentar-Förschle/Kofahl, § 272 Rn. 67; ebso. *Löwenstein*, der zwischen der handelsrechtlichen und der gliederungsrechtlichen Wirksamkeit einer solchen Kapitalerhöhung differenziert und auf BFH v. 29.5.1996, BStBl II 1997, S. 93 f., verweist. Erle/Sauter-Löwenstein, Reform der Unternehmensbesteuerung, 2000, S. 207.

389 Vgl. Oppenhoff & Rädler-Lechner/Zimmermann, Unternehmensbesteuerung, 2000, S. 225.

390 Vgl. Blümich-Menck, EStG/KStG/GewStG, Bd. 4, § 8a KStG Rn. 82; Erle/Sauter-Löwenstein, Reform der Unternehmensbesteuerung, 2000, S. 207 a. E.

391 Der Begriff "Schachtel*privileg*" ist angesichts der durch die Systemumstellung notwendig gewordenen, umfassenden Anpassungen hin zu einer allgemeinen Freistellung von Beteiligungserträgen und Gewinnen aus der Veräußerung von Beteiligungen wohl nicht mehr treffend. Vgl. a. Erle/Sauter-Steinhoff, Reform der Unternehmensbesteuerung, 2000, S. 212.

Trotz der Steuerfreistellung von inländischen Dividenden auf Ebene des Anteilseigners ist es bei der (vorläufigen) Belastung der vereinnahmten Dividenden mit Kapitalertragsteuer geblieben. Gemäß § 43 Abs. 1 Nr. 1 lit. b EStG n. F. in Verbindung mit § 43a Abs. 1 Nr. 1 EStG n. F. ist die Kapitalertragsteuer in Höhe von 20 % einzubehalten und auf die sonstige Steuerschuld des Anteilseigners anzurechnen (§ 36 Abs. 2 Nr. 2 Satz 1 EStG n. F.). Im Fall des Spin-Off-MBO, bei dem die die Schachteldividenden vereinnahmende Erwerber-Holdinggesellschaft in der Regel kein sonstiges Einkommen erzielt, wird die Kapitalertragsteuer im Zuge der Veranlagung wieder erstattet.[392] Da sich daraus keine weiteren steuerrechtlichen Folgeprobleme ergeben, wird auf die Kapitalertragsteuer im weiteren Verlauf der Arbeit nicht mehr eingegangen.

Die zeitliche Anwendbarkeit von § 8b Abs. 1 KStG n. F. regelt § 34 Abs. 6d Nr. 1 KStG n. F. in Verbindung mit § 34 Abs. 10a Satz 1 KStG n. F., der auf den Zeitpunkt abstellt, zu dem bei der ausschüttenden Körperschaft das alte Anrechnungsverfahren keine Anwendung mehr findet.[393]
Ist das Wirtschaftsjahr der ausschüttenden Gesellschaft kalenderjahrgleich, so greift § 8b Abs. 1 KStG n. F. erstmalig für offene Gewinnausschüttungen, die ab dem 1.1.2002 für das Wirtschaftsjahr 2001 oder frühere Wirtschaftsjahre erfolgen (vgl. § 34 Abs. 10a Satz 1 Nr. 1 KStG n. F.). Vorabgewinnausschüttungen sowie verdeckte Gewinnausschüttungen, die ab dem 1.1.2001 erfolgen, unterliegen bereits ab diesem Zeitpunkt der Neuregelung (vgl. § 34 Abs. 10a Satz 1 Nr. 2 KStG n. F.).[394]
Unterscheidet sich das Wirtschaftsjahr der ausschüttenden Gesellschaft vom Kalenderjahr, ist das KStG n. F. erstmals für den Veranlagungszeitraum 2002 anzuwenden, wenn das erste im Veranlagungszeitraum 2001 endende Wirtschaftsjahr vor dem 1.1.2001 beginnt (§ 34 Abs. 1a KStG n. F.). Daher sind die Vorschriften des Anrechnungsverfahrens letztmals für offene Gewinnausschüttungen anzuwenden, die im Wirtschaftsjahr 2002 erfolgen. Läuft das Wirtschaftsjahr der Gesellschaft also beispielsweise vom 1.12.2001 bis 30.11.2002, so greift § 8b Abs. 1 KStG n. F. erstmalig für offene Gewinnausschüttungen, die nach dem 1.12.2002 für vorangegangene Wirtschaftsjahre erfolgen.
Bei anderen Ausschüttungen und sonstigen Leistungen verschieben sich die eben skizzierten Anwendungsräume um ein Jahr nach vorne, so dass § 8b Abs. 1 KStG n.

392 Vgl. Oppenhoff & Rädler-Benz, Unternehmensbesteuerung, 2000, S. 234; Schaumburg/Rödder-Rödder, Unternehmenssteuerreform 2001, 2000, S. 545 f. (vgl. hier auch den Hinweis auf die in systematischer Hinsicht problematische Anordnung einer Abgeltungswirkung des Kapitalertragsteuerabzugs bei einer beschränkt steuerpflichtigen Mutterkapitalgesellschaft, die die Anteile an der Tochterkapitalgesellschaft nicht über eine inländische Betriebsstätte hält).

393 Vgl. zu dieser unübersichtlichen Regelung auch Oppenhoff & Rädler-Benz, Unternehmensbesteuerung, 2000, S. 234 f. sowie Oppenhoff & Rädler-Krebs, ebd., S. 293 f.

394 Vgl. Rödder/Schaumburg-Schumacher, Unternehmenssteuerreform 2001, 2000, S. 623.

F. z.B. verdeckte Gewinnausschüttungen erfasst, die nach dem 1.12.2001 für vorangegangene Wirtschaftsjahre erfolgen.[395]

Vor dem Steuersenkungsgesetz war die Abzugsfähigkeit von Zinsen, die infolge der Kaufpreisfinanzierung eines share deal anfielen, problemlos möglich: Da die von der Erwerber-Kapitalgesellschaft vereinnahmten Dividenden der im Zuge des Anteilskaufs erworbenen Ziel-Kapitalgesellschaft unter Anrechnung der von der Tochtergesellschaft bereits bezahlten Körperschaftsteuer steuerpflichtig waren, kam ein unmittelbarer wirtschaftlicher Zusammenhang von Betriebsausgaben mit steuerfreien Einnahmen im Sinne von § 3c EStG a. F. von vornherein nicht in Betracht. Einer Verrechnung der von der Tochterkapitalgesellschaft ausgeschütteten Dividenden mit den Finanzierungsaufwendungen der Mutterkapitalgesellschaft stand mithin nichts im Wege. Überstieg die anrechenbare Körperschaftsteuer der Tochtergesellschaft die Körperschaftsteuer der Muttergesellschaft, so wurde letzterer der überschießende Teil erstattet.

Dies hat sich jedoch mit Neufassung des § 8b Abs. 1 KStG, wonach nun auch Dividenden inländischer Tochterkapitalgesellschaften von der Mutterkapitalgesellschaft steuerfrei vereinnahmt werden können, drastisch geändert.
Mit Aufgabe des Anrechnungssystems und der Einführung der Definitivbesteuerung in Höhe von
25 % auf der Ebene der ausschüttenden Gesellschaft, die den Gewinn originär erwirtschaftet hat, soll durch diese Steuerbefreiung unabhängig von Beteiligungsquote oder Haltedauer eine Mehrfachbesteuerung von Dividenden in einer Unternehmenskette vermieden werden.[396] Mit seiner Verweisung auf § 20 Abs. 1 Nr. 1 EStG erfasst § 8b Abs. 1 KStG n. F. nicht nur Gewinnausschüttungen, die auf einem Gewinnverteilungsbeschluss für ein abgelaufenes Wirtschaftsjahr beruhen (offene Gewinnausschüttungen), sondern auch "sonstige Bezüge" (§ 20 Abs. 1 Nr. 1 Satz 1 EStG n. F.) und insbesondere verdeckte Gewinnausschüttungen (§ 20 Abs. 1 Nr. 1 Satz 2 EStG n. F.).[397] Über § 7 GewStG gilt diese Steuerbefreiung auch für die Gewerbesteuer[398] auf Grund der Maßgeblichkeit des körperschaftsteuerlichen Einkommensbegriffs (§ 8 Abs. 1 KStG).[399]
Zwar sind Betriebsausgaben, einschließlich der Finanzierungsaufwendungen für den Erwerb der inländischen Beteiligung, damit grundsätzlich abzugsfähig. Jedoch untersagt § 3c Abs. 1 EStG n. F. – Abs. 2 gilt nur für Fälle des § 3 Nr. 40 EStG n. F. – den Abzug von Betriebsausgaben, die im gleichen Veranlagungszeitraum mit steuer-

395 Vgl. Rödder/Schaumburg-Schumacher, Unternehmenssteuerreform 2001, 2000, S. 623.
396 Vgl. a. Oppenhoff & Rädler-Benz, Unternehmensbesteuerung, 2000, S. 230.
397 S. Oppenhoff & Rädler-Benz, Unternehmensbesteuerung, 2000, S. 230.
398 Vgl. Freshfields Bruckhaus Deringer, Unternehmenssteuerreform, NJW-Beilage 51/2000, S. 9 f.
399 Oppenhoff & Rädler-Benz, Unternehmensbesteuerung, 2000, S. 232.

freien Dividendeneinnahmen nach § 8b Abs. 1 KStG n. F. in unmittelbarem wirtschaftlichem Zusammenhang stehen.[400] Nur der die Dividendenausschüttung überschießende Teil der Schuldzinsen ist mithin steuerlich abzugsfähig. Eine Pauschalierung des Betriebsausgabenabzugs wie in § 8b Abs. 5 KStG n. F. fehlt für inländische Schachteldividenden.[401]
Entsprechend entfällt der Betriebsausgabenabzug auch in Höhe des steuerfrei vereinnahmten Gewinns aus einer etwaigen späteren Veräußerung der Kapitalgesellschaftsanteile der Erwerber-Gesellschaft, weil § 8b Abs. 2 KStG n. F. ebenfalls eine notwendig mit § 3c Abs. 1 KStG n. F. korrespondierende Steuerbefreiung anordnet.

Die durch die Steuerbefreiung ausgelöste Folge des Abzugsverbotes nach § 3c Abs. 1 EStG n. F. kann, gemessen an der bisherigen Rechtslage, eine erhebliche Mehrbelastung darstellen.[402] Systematisch muss zudem berücksichtigt werden, dass die bei der Mutterkapitalgesellschaft ankommenden Dividenden ja bereits körperschaftsteuerbelastet sind. Die Versagung der Abzugsfähigkeit von Betriebsausgaben stellt sich im Ergebnis – trotz vorgeblich günstiger Steuerbefreiung – gegenüber der bis dato geltenden Regelung als nachteilig dar.[403]

a) "Ballooning"-Konzept

Ein Ausweg aus dem beschriebenen anteiligen Zinsabzugsverbot auf Grund § 3c Abs. 1 EStG n. F. in Verbindung mit § 8b Abs. 1 KStG n. F. bei der steuerfreien Vereinnahmung inländischer Schachteldividenden könnte das oben[404] beschriebene "Ballooning"-Konzept[405] sein.

---

400 Dies galt schon nach bisherigem Recht für bestimmte Inlandsdividenden, die aus EK 01 finanziert wurden (vgl. § 8b Abs. 4 KStG a. F. sowie Oppenhoff & Rädler-Benz, Unternehmensbesteuerung, 2000, S. 231).

401 S. a. Eisgruber, T., Das Halbeinkünfteverfahren auf der Ebene der Körperschaft, DStR 2000, S. 1453 (1454 f.); sowie Freshfields Bruckhaus Deringer, Unternehmenssteuerreform, NJW-Beilage 51/2000, S. 47.

402 Vgl. die Rechenbeispiele bei Rödder, T./Schumacher, A., Unternehmenssteuerreform 2001 – Eine erste Analyse des Regierungsentwurfs aus Beratersicht, DStR 2000, S. 353 (355); Schiffers, J., Die Besteuerung der Kapitalgesellschaften und deren Anteilseigner nach dem Regierungsentwurf eines "StSenkG", GmbHR 2000, S. 205 (207).

403 Vgl. Freshfields Bruckhaus Deringer, Unternehmenssteuerreform, NJW-Beilage 2000, S. 29 mit Rechenbeispiel.

404 Vgl. bereits Kapitel III § 2 C. I. 1. (S. 91 ff.).

405 Zum "Ballooning"-Konzept vgl a. Rödder, T./Schumacher, A., Unternehmenssteuerreform 2001 – Eine erste Analyse des Regierungsentwurfs aus Beratersicht, DStR 2000, S. 353 (357); Grotherr, S., Das neue Körperschaftsteuersystem mit Anteilseignerentlastung bei der Besteuerung von Einkünften aus Beteiligungen, BB 2000, S. 849 (855); Utescher, T./Blaufus, K., Unternehmenssteuerreform 2001: Begrenzung des Betriebsausgabenabzugs bei Beteiligungserträgen, DStR 2000, S. 1581 (1585 f.).

Um das anteilige Abzugsverbot des § 3c Abs. 1 EStG n. F. zu vermeiden, werden die Inlandsdividenden solange bei der Tochterkapitalgesellschaft thesauriert, bis die Mutterkapitalgesellschaft das Kaufpreisfinanzierungsdarlehen getilgt hat. Bis dahin können die Zinsen vollumfänglich als Betriebsausgaben berücksichtigt werden und schmälern den steuerpflichtigen Gewinn der Mutterkapitalgesellschaft. Eine zweite Variante des "Ballooning" besteht darin, die thesaurierten Gewinne der Tochterkapitalgesellschaft am besten zu Beginn des Wirtschaftsjahres der Mutterkapitalgesellschaft in toto auszuschütten und zur möglichst weitgehenden Rückführung des Anschaffungsdarlehens zu verwenden. Die in diesem Veranlagungszeitraum eventuell noch anfallenden nicht abziehbaren Zinsaufwendungen werden zu verschmerzen sein.[406]

Die letztgenannte Konstruktion bietet sich ebenfalls bei der Vereinnahmung von steuerfreien Gewinnen aus der Veräußerung von Inlandsbeteiligungen nach § 8b Abs. 2 KStG n. F. an.
Entscheiden sich die Gesellschafter des Spin-Off-MBO also, ihre Beteiligungen an der Ziel-Gesellschaft zu veräußern, sollten die daraus resultierenden Veräußerungsgewinne möglichst zu Beginn des Wirtschaftsjahres der Erwerber-Gesellschaft realisiert werden, um damit den noch zu tilgenden Teil der Refinanzierung zurückzufahren und so etwaige, noch anfallende, wegen § 3c Abs. 1 EStG n. F. nicht abzugsfähige Zinsaufwendungen niedrig zu halten.

Allerdings wird der Charme des "Ballooning" von Erträgen im Sinne von § 8b Abs. 1 KStG n. F. im Zweifel erheblich dadurch eingeschränkt, dass es infolge der Thesaurierung der Dividenden auf Ebene der Tochtergesellschaft zu Liquiditätsengpässen auf Ebene der Muttergesellschaft kommen kann. Als Ausweg ist die Ausreichung von Darlehen durch die Tochtergesellschaft an die Muttergesellschaft denkbar, die im Hinblick auf die Verzinsung einem Drittvergleich standhalten sollten und im Wege der Aufrechnung getilgt werden können, wenn die Tochtergesellschaft ihre (kumulierten) Gewinne an die Muttergesellschaft ausschüttet.[407] Allerdings steht bei dieser Gestaltung der Missbrauchsvorwurf des § 42 AO im Raum.[408]

406 Zwar will § 3c Abs. 2 EStG n. F. das "Ballooning" von Erträgen einschränken, jedoch bezieht sich diese Regelung ausweislich der Verweisung auf die Korrespondenzvorschrift des § 3 Nr. 40 EStG n. F. und ist auf Schachteldividenden von Körperschaften daher nicht anwendbar. Vgl. Eisgruber, T., Unternehmenssteuerreform 2001: Das Halbeinkünfteverfahren auf der Ebene der Körperschaft, DStR 2000, S. 1493 (1494 f.); im Ergebnis a. Oppenhoff & Rädler-Benz, Unternehmensbesteuerung, 2000, S. 234 ob., der aber Befürchtungen äußert, die Finanzverwaltung könne eventuell trotzdem § 3c Abs. 2 EStG n. F. auf § 8b Abs. 1 KStG n. F. anwenden (Oppenhoff & Rädler-Benz, ebd. S. 236 ob.).

407 Vgl. Eilers, S./Wienands, H.-G., Steuersenkungsgesetz: Besteuerung der Dividendeneinnahmen von Körperschaften nach der Neufassung von § 8b Abs. 1 KStG, GmbHR 2000, S. 957 (963). S. sogleich 3. d) (S. 101 f.).

408 Vgl. BMF v. 20.1.1997, BStBl I 1997, S. 99 f. = DStR 1997, S. 115.

Richtet man angesichts dieser umfangreichen Neuregelungen den Fokus auf die Konstellation des Spin-Off-MBO, in der die Erwerber-GmbH 100 % der Anteile der Ziel-GmbH hält, stellt sich hinsichtlich der eben vorgestellten Gestaltungsmöglichkeit des "Ballooning"-Konzeptes ein weiteres Problem: Die Erwerber-Gesellschaft ist typischerweise als reine Holdinggesellschaft ausgestaltet und erzielt daher, abgesehen von den (Schachtel-)Dividenden, keine weiteren Einkünfte.[409]
Die vollständigen Betriebsausgaben in Form von Schuldzinsen bei Anwendung des "Ballooning"-Konzepts bzw. der Teil der Betriebsausgaben, der die ausgeschüttete Dividende übersteigt, können daher nicht mit anderweitigen steuerbaren Einkünften verrechnet werden. Diese Betriebsausgaben erzeugen daher lediglich einen Verlustvortrag, der jedoch endgültig ungenutzt bleibt, wenn die Holdinggesellschaft eben einzig und allein steuerfreie Einkünfte aus ihrer Beteiligung an der Ziel-Gesellschaft erzielt.

Deshalb ist zu prüfen, welche Möglichkeiten bestehen, die auf Ebene der Erwerber-Gesellschaft anfallenden Betriebsausgaben, insbesondere Finanzierungsaufwendungen, mit operativen Ergebnissen der Ziel-Gesellschaft zu verrechnen.
Dabei sind insgesamt vier Ansatzpunkte zu untersuchen: Zunächst muss sichergestellt werden, dass tatsächlich der Anwendungsbereich des § 3c Abs. 1 EStG eröffnet ist, da ansonsten überhaupt kein Abzugsverbot eingreift. Sodann sind drei Gestaltungsvarianten näher zu beleuchten, die als Organschafts-, Umschuldungs- und Verschmelzungs-Lösung bezeichnet werden sollen.

b) Restriktive Auslegung von § 3c Abs. 1 EStG n. F.

Bei der Frage, ob die Finanzierungsaufwendungen überhaupt der Vorschrift des § 3c Abs. 1 EStG n. F. unterfallen, ist zu prüfen, ob sie in unmittelbarem wirtschaftlichem Zusammenhang mit den nach § 8b Abs. 1 KStG n. F. steuerfrei vereinnahmten Schachteldividenden stehen.
Im Hinblick auf die Auslegung des "unmittelbaren wirtschaftlichen Zusammenhangs" wird von vielen Seiten eine enge Interpretation vorgeschlagen.[410] Begründet

---

409 Köster, B.-K., StSenkG: Befreiung innerkonzernlicher Beteiligungserträge, FR 2000, S. 1263 (1269 li. Sp. ob.).

410 Eine Anlehnung an die restriktive BFH-Rechtsprechung zum DBA-Schachtelprivileg (BFH, BStBl II 1997, S. 57 = IStR 1996, S. 437 = DStR 1996, S. 1164) wird angedeutet bei Freshfields Bruckhaus Deringer, Unternehmenssteuerreform, NJW-Beilage 51/2000, S. 29. Ein Verweis auf die enge Auslegung gemäß dem BMF-Schreiben vom 20.1.1997 (BStBl I 1997, S. 97) findet sich bei Erle/Sauter-Steinhoff, Reform der Unternehmensbesteuerung, 2000, S. 218 a.E.

wird dies damit, dass es ansonsten gegenüber der bisherigen Rechtslage zu einer faktischen Mehrbelastung der die Anteile haltenden Unternehmen komme und dies den eigentlichen Gesetzeszweck, der das Anrechnungsverfahren durch eine Steuerfreistellung ersetzt, konterkariere.[411]
Ferner wird ins Feld geführt, die Nichtangleichung des § 3c Abs. 1 EStG n. F. an das neue Körperschaftsteuergesetz sei systemwidrig. Denn die Regelung des § 3c EStG n. F. soll lediglich verhindern, dass bei steuerfreien Einnahmen ein zusätzlicher Vorteil in Form eines Abzugs von mit diesen steuerfreien Einnahmen in unmittelbarem wirtschaftlichem Zusammenhang stehenden Betriebsausgaben in Anspruch genommen wird. Die von § 8b Abs. 1 KStG n. F. erfassten Beteiligungserträge würden jedoch "nicht freigestellt, um eine Vergünstigung zu gewähren, sondern um eine systemwidrige mehrfache Besteuerung zu verhindern. Wird hier das Abzugsverbot angewendet, führt dies im Regelfall dazu, dass mit (auf Ebene der Basiseinheit) versteuerten Erträgen in Zusammenhang stehende Aufwendungen nicht abzugsfähig sind. Lediglich soweit die Basiseinheit selber steuerfreie Einnahmen erzielt hat, wäre das Abzugsverbot des § 3c Abs. EStG (n. F.) hier sachgerecht. Während hinsichtlich Auslandserträgen zur Rechtfertigung angeführt werden kann, dass ohne ein entsprechendes Abzugsverbot Deutschland lediglich Aufwendungen berücksichtigen würde, ohne die zugehörigen Erträge besteuern zu können, ist eine solche Rechtfertigung im Inlandsfall nicht möglich. Die Anwendung von § 3c Abs. 1 EStG (n. F.) auf die Steuerfreistellungen des § 8b KStG (n. F.) benachteiligt damit mehrstufig aufgebaute Kapitalgesellschaften (Konzerne) in systemwidriger Weise."[412] [413]

Teils wird jedoch generell die unverändert gebliebene Einschränkung des § 3c Abs. 1 EStG n. F. auf einen "*unmittelbaren*" wirtschaftlichen Zusammenhang als "systemwidrig" kritisiert und vorgebracht: "Aufwendungen, die im Zusammenhang mit steuerpflichtigen Einnahmen stehen, sind abzugsfähige Werbungskosten, Aufwendungen im Zusammenhang mit steuerfreien Einnahmen fallen unter § 3c." So Kirchhof-von Beckerath, EStG Kompakt-Kommentar, § 3c Rn 13 m. Verw. auf Wassermeyer, F., Will Baden-Württemberg wirklich das Veranlassungsprinzip des deutschen Ertragsteuerrechts abschaffen?, DB 1998, S. 642 ff. Die relativ restriktive Linie des BFH im Hinblick auf die Anwendbarkeit des § 3c EStG sei "nicht nur systematisch unzutreffend und führ(e) zu Zufallsergebnissen, sondern provozier(e) auch eine das Abzugsverbot vermeidende Ausschüttungspolitik."

411 Haarmann, W. (Leitung), Podiumsdiskussion auf der Steuerfachtagung vom 22. September 1999, in: Wpg 2000, S. 78 (84); Freshfields Bruckhaus Deringer, Unternehmenssteuerreform, NJW-Beilage 51/2000, S. 29.

412 Erle/Sauter-Steinhoff, Reform der Unternehmensbesteuerung, 2000, S. 219.

Vor diesem Hintergrund ist eine restriktive Auslegung des § 3c Abs. 1 EStG n. F. im Zusammenhang mit Beteiligungserträgen nach § 8b Abs. 1 KStG n. F. angezeigt. Als Anhaltspunkt für eine tatbestandliche Engführung bieten sich m. E. die Grundsätze der BFH-Rechtsprechung zu den internationalen Schachtelprivilegien auf Grund von Doppelbesteuerungsabkommen an.[414]
Danach müsste eindeutig festgestellt werden, ob die Fremdmittel überhaupt dem Erwerb der Inlandsbeteiligung im Sinne einer konkreten Zweckbestimmung gedient haben. Eine Zuordnung der eingesetzten Mittel wird in der Regel nur möglich sein, wenn z. B. ein zugrundeliegender Darlehensvertrag eine entsprechende zweckgebundene Verwendung festlegt oder andere Indizien wie etwa ein unmittelbarer zeitlicher und betragsmäßiger Zusammenhang zwischen der ausgereichten Darlehensvaluta und den erworbenen Gesellschaftsanteilen eine Zuordnung ermöglichen.
Ist der von § 3c Abs. 1 EStG n. F. vorausgesetzte unmittelbare wirtschaftliche Zusammenhang hingegen nicht nachweisbar, sollten Betriebsausgaben auch bei Vereinnahmung steuerfreier Beteiligungserträge voll abzugsfähig sein.

c) Organschafts-Lösung

Ist eine konkrete Zuordnung im oben beschriebenen Sinne möglich oder folgen Rechtsprechung und Finanzverwaltung nicht der zu fordernden restriktiven Auslegung des § 3c Abs. 1 EStG n. F. im Zusammenhang mit Inlandsbeteiligungen, so ergibt sich steuerlicher Gestaltungsbedarf. Ziel einer solchen Gestaltung ist es, die Betriebsausgaben der Erwerber-Gesellschaft mit den operativen Ergebnissen der Ziel-Gesellschaft steuerwirksam verrechnen zu können.
Eine Möglichkeit, dies zu erreichen, liegt in der Bildung einer körperschaftsteuerlichen Organschaft im Sinne der §§ 14, 16, 17 KStG zwischen der Mutterkapitalge-

---

413 Diese Systemwidrigkeit wollte der Gesetzentwurf zum Unternehmenssteuerfortentwicklungsgesetz (UntStFG), den das Bundeskabinett am 15.08.2001 beschlossen hatte (vgl. BR-Drucks. 638/01, 17.08.2001, sowie BT-Drucks. 14/6882, 10.09.2001) (richtigerweise) durch § 8b Abs. 5 KStG-E beseitigen. Danach sollten weder Schachteldividenden i.S.v. § 8b Abs. 1 KStG n. F. noch Veräußerungsgewinne aus Schachtelbeteiligungen i.S.v. § 8b Abs. 2 KStG n. F. vom Abzugsverbot des § 3c Abs. 1 EStG n. F. erfasst werden (vgl. dazu noch Sauter, T./Heurung, R./Oblau, M., Anwendungs- und Zweifelsfragen zum Gesetzentwurf zur Fortentwicklung des Unternehmenssteuerrechts, BB 2001, S. 2448 (2449)). Die endgültige Fassung des am 24.12.2001 im Bundesgesetzblatt verkündeten Unternehmenssteuerfortentwicklungsgesetzes (BGBl. I 2001, S. 3858) hat sich jedoch gegen diese an sich systemkonformen Ausnahmetatbestände ausgesprochen, so dass es auch in Zukunft bei der dargestellten Problematik des Zinsabzugsverbotes bleibt. Vgl. a. Melchior, J., Übersicht über die Änderungen durch das Gesetz zur Fortentwicklung des Unternehmenssteuerrechts (Unternehmenssteuerfortentwicklungsgesetz), DStR 2002, S. 1 (1).

414 Vgl. BFH, BStBl II1997, S. 57 = IStR 1996, S. 437.

sellschaft und der Tochterkapitalgesellschaft.[415] Dadurch wird erreicht, dass das auf der Ebene der Tochtergesellschaft ermittelte zu versteuernde Einkommen auf der Ebene der Muttergesellschaft versteuert wird. In diesem Sinne ordnet § 14 Halbsatz 1 KStG an, dass das Einkommen der Organgesellschaft dem Träger des Unternehmens (Organträger) zuzurechnen ist. Die Betriebsausgaben – einschließlich der Finanzierungsaufwendungen – der Mutter-Erwerber-Gesellschaft können sodann mit den Betriebseinnahmen aus dem operativen Geschäft der Tochter-Ziel-Gesellschaft verrechnet werden. § 3c Abs. 1 EStG n. F. ist also überhaupt nicht einschlägig, da die Betriebsausgaben nicht mit steuerfreien Einnahmen der Muttergesellschaft, sondern mit steuerpflichtigen der Tochtergesellschaft zusammentreffen.

Dieses Modell hat den zusätzlichen Vorteil, dass die Bildung einer körperschaftsteuerlichen Organschaft durch das Steuersenkungsgesetz erleichtert wurde.[416]
Nach der bisherigen Rechtslage setzte eine körperschaftsteuerliche Organschaft das Bestehen eines Ergebnisabführungsvertrages sowie vom Beginn des Wirtschaftsjahres der Organgesellschaft an die ununterbrochene finanzielle, wirtschaftliche und organisatorische Eingliederung[417] in den Organträger voraus. Diese Anforderungen wurden nun zurückgeschraubt. Für die Bildung einer körperschaftsteuerlichen Organschaft reicht es aus, dass ein Ergebnisabführungsvertrag[418] vorliegt sowie eine

---

415 Wegen § 17 Satz 1 KStG ist die Begründung einer körperschaftsteuerlichen Organschaft auch möglich, wenn die Organgesellschaft eine GmbH ist.

416 Vgl. überblicksweise Prinz, U., Unternehmenssteuerreform 2001: Organschaftsbesteuerung im Wandel, FR 2000, S. 1255 ff.; PWC, Steuer Briefe, 2000, S. 84 ff.; zu Fragen der Errichtung steuerlicher Organschaften nach der Unternehmenssteuerreform 2001 vgl. Sauter, T./Heurung, R., Errichtung steuerlicher Organschaften aufgrund der Unternehmenssteuerreform, GmbHR 2001, S. 165 ff.

417 Zu den jeweiligen Voraussetzungen vgl. i. e. Streck, KStG, § 14 Rn. 13 ff.

418 Auf die mit dem Abschluss eines Ergebnisabführungsvertrages eventuell verbundenen gesellschaftsrechtlichen Probleme (in formeller Hinsicht: §§ 293 ff. AktG analog, in materiellrechtlicher Hinsicht: §§ 300 ff. AktG analog) sei an dieser Stelle nur hingewiesen, da sich insofern durch das StSenkG auch keine Veränderungen ergeben haben. Vgl. z.B. Oppenhoff & Rädler-Stadler/Nowlan, Unternehmensbesteuerung, S. 275.

nurmehr finanzielle Eingliederung der Organgesellschaft in den Organträger gegeben ist (§ 14 Halbs. 1 und Nr. 1 KStG n. F.).[419]
Zeitlich gesehen muss der mindestens auf fünf Jahre abgeschlossene Ergebnisabführungsvertrag spätestens bis zum Ende des Wirtschaftsjahres geschlossen werden, in dem erstmals die organschaftlichen Rechtsfolgen eintreten sollen. Bis spätestens zum Ende des darauffolgenden Wirtschaftsjahres muss der Ergebnisabführungsvertrag wirksam werden (vgl. jeweils § 14 Nr. 3 KStG n. F.).
Die Modifizierung der Anforderungen an die Organschaft durch die Neufassung von § 14 Nr. 2 KStG macht die körperschaftsteuerliche Organschaft für die typische Spin-Off-MBO-Konstellation überhaupt erst möglich. Denn für den Fall einer reinen Holdinggesellschaft – wie in der Regel die Erwerber-Gesellschaft – scheiterte bislang die Bildung einer Organschaft am Tatbestandsmerkmal der wirtschaftlichen Eingliederung, das der Bundesfinanzhof als Förderung einer gewerblichen Tätigkeit definierte[420], die bei einer nur verwaltenden, im Gegensatz zur geschäftsleitenden Holdinggesellschaft[421] gerade nicht erfolgte.

Ein weiterer Vorteil der Organschafts-Lösung wurde durch die Neufassung des § 8b Abs. 3 KStG begründet. Danach können nämlich nunmehr Verluste einer Tochtergesellschaft nicht mehr mittelbar dadurch ausgenutzt werden, dass die Muttergesellschaft eine Teilwertabschreibung nach
§ 8 Abs. 1 KStG in Verbindung mit § 6 Abs. 1 Nr. 2 Satz 2 EStG[422] auf den Buchwert vornimmt und auf diese Weise Verluste der Tochtergesellschaft im Ergebnis auf der Ebene der Muttergesellschaft nutzbar macht. Besteht hingegen zwischen Mutter- und Tochtergesellschaft ein körperschaftsteuerliches Organschaftsverhältnis, können derartige Verluste der Tochtergesellschaft unproblematisch und unmittelbar steuerlich von der Muttergesellschaft genutzt werden.[423]

---

419 Ferner wurden die Voraussetzungen einer körperschafsteuerlichen Organschaft auch durch die Streichung des Additionsverbotes von unmittelbaren und mittelbaren Beteiligungen zur Begründung der finanziellen Eingliederung in § 14 Nr. 1 KStG abgesenkt. Die Streichung des Erfordernisses der organisatorischen Eingliederung fällt nicht stark ins Gewicht, da diese durch den Abschluss eines Beherrschungsvertrages realisierbar war, wobei in der Praxis zumeist ein so genannter "Organschaftsvertrag" geschlossen wurde, der sich aus einem Gewinnabführungs- und einem Beherrschungsvertrag zusammensetzte. Daneben ließ sich das Merkmal der organisatorischen Eingliederung auch über eine Personalunion in Organträger und Organgesellschaft verwirklichen. Vgl. Pache, S., Die Auswirkungen der Neuregelung der körperschaftsteuerlichen und gewerbesteuerlichen Organschaft im Rahmen des Gesetzentwurfs eines "StSenkG", GmbHR 2000, S. 317 (318).

420 Vgl. Abschn. 50 Abs. 1 KSR; Streck, KStG, § 14 Rn. 26 sowie 5 f.

421 Vgl. Streck, KStG, § 14 Rn. 26.

422 Vgl. zum Begriff der Teilwertabschreibung und der Abgrenzung zur AfA Loritz, K.-G., Einkommensteuerrecht, 1988, Rn. 545.

423 Vgl. a. Erle/Sauter-Bextermöller, Reform der Unternehmensbesteuerung, 2000, S. 226.

Umgekehrt ist auch bei Verlusten der Muttergesellschaft eine Organschaft notwendig, um diese mit positiven Ergebnissen der Tochtergesellschaft auszugleichen. Denn auf Grund der Abschaffung des Anrechnungsverfahrens unter gleichzeitiger Freistellung der Schachteldividendeneinkünfte nach § 8b Abs. 1 KStG n.F. können nunmehr Verluste der Muttergesellschaft nicht mehr mit Ausschüttungen der Tochtergesellschaft verrechnet werden.[424]

Sieht man die Zinsabzugsproblematik des § 8b Abs. 1 KStG n. F., § 3c Abs. 1 EStG n. F. im Zusammenhang mit dem bereits erörterten Problemkreis der Gesellschafter-Fremdfinanzierung des § 8a KStG n. F., so ist festzuhalten, dass die Bildung einer körperschaftsteuerlichen Organschaft keine steuerschädlichen Auswirkungen auf die Anerkennung als Holdinggesellschaft im Sinne von
§ 8a Abs. 4 KStG n. F. hat.[425] Die bezüglich § 8b Abs. 1 KStG n. F. günstige Organschafts-Lösung schneidet also keinerlei im Regelungsbereich von § 8a KStG n. F. berücksichtigungswürdige Steuervorteile ab.

Die Vorteile des Organschafts-Modells könnten jedoch möglicherweise im Hinblick auf § 8b Abs. 2 KStG n. F. erheblich getrübt werden. Denn im Organkreis erzielt der Organträger keine Einkünfte aus § 20 Abs. 1 Nrn. 1 oder 2 EStG n. F., sondern die Organgesellschaft hat ihre Erträge kraft des Ergebnisabführungsvertrages an den Organträger auszuschütten. Daher könnte man argumentieren, dass der sachliche Anwendungsbereich des § 8b Abs. 2 KStG n. F. nicht eröffnet sei und deshalb Gewinne aus der Veräußerung der Organgesellschaft-Anteile nicht steuerbefreit seien.[426]
Seibt[427] vertritt dazu die Ansicht, dass "der Verweis auf § 20 Abs. 1 Nrn. 1 und 2 EStG alleine dazu (diene), den begünstigten Empfängerkreis abstrakt zu umschreiben (ohne Rücksicht auf bestehende oder nicht bestehende Organschaftsverhältnis-

424 Erle/Sauter-Bextermöller, Reform der Unternehmensbesteuerung, 2000, S. 226.

425 Im "Einführungserlass" wird ausdrücklich festgestellt, dass die Qualifizierung als Organträger einer Einordnung als Holding im Sinne von § 8a Abs. 4 KStG n. F. nicht entgegensteht (BMF-Schreiben v. 15.12.1994, BStBl I 1995, S. 25 Tz. 82. Vgl. ferner zum Zusammenhang §§ 8a, 8b KStG und Organkreis: Prinz, U., Neues zur Gesellschafter-Fremdfinanzierung (§ 8a KStG), FR 2000, S. 1061 (1067 f.).

426 So Rödder, T./Schumacher, A., Unternehmenssteuerreform 2001 – Eine erste Analyse des Regierungsentwurfs aus Beratersicht, DStR 2000, S. 353 (367); kritisch ebf. Dötsch/Eversberg/Jost/Witt-Dötsch/Pung, Die Körperschaftsteuer, Bd. 1, § 8b KStG n. F. Rn. 16, die i. E. beim Organträger sowohl § 8b Abs. 2 KStG n. F. als auch § 3c Abs. 2 EStG n. F. anwenden wollen.

427 Seibt, C. H., Unternehmenskauf und –verkauf nach dem Steuersenkungsgesetz, DStR 2000, S. 2061 (2069 re. Sp. ob.) m. Verw. auf Schaumburg/Rödder-Rödder, Unternehmenssteuerreform 2001, S. 549. Ferner weist *Seibt* auch auf eine entsprechende Ansicht des BMF hin (allerdings ohne näheren Hinweis).

se). Darüber hinaus (sei) auch bei Organgesellschaften im Fall von vororganschaftlichen Gewinnen die Zuführung von Einnahmen im Sinne von § 20 EStG denkbar."
M. E. sollte § 8b Abs. 2 KStG n. F. auch in dieser Konstellation eingreifen, was sich insbesondere aus der ratio legis ergibt: Denn § 8b Abs. 2 n. F. will ebenso wie § 8b Abs. 1 KStG n. F. eine wegen Abschaffung des Anrechnungsverfahrens drohende Mehrfachbelastung verhindern. Auszugehen ist daher von der Frage, ob die Tochtergesellschaft die Einkünfte, die sie, unabhängig von der Rechtsgrundlage, an die Muttergesellschaft abführt, bereits versteuern musste oder nicht. Im Fall des Organkreises ist die Definitivbesteuerung der Einkünfte der Tochtergesellschaft – jetzt auf Ebene des Organträgers - ebenso gewährleistet wie ohne Organschaftsverhältnis. Daher besteht auch kein Grund, den Gewinn aus der Veräußerung der Anteile an einer Organgesellschaft anders zu behandeln, als denjenigen aus einer ganz "normalen" Beteiligung.[428]
Würde sich die Finanzverwaltung dennoch gegen die Anwendung von § 8b Abs. 2 KStG n. F. entscheiden, wäre zu klären, ob der Ergebnisabführungsvertrag auf Grund der Beteiligungsveräußerung seitens der veräußernden Muttergesellschaft gekündigt worden ist. Dann würde ab dem Beginn des Wirtschaftsjahres, in dem die Kündigung erklärt worden ist, keine Organschaft mehr bestehen, was sich aus der Rückwirkungsfiktion des § 14 Nr. 3 Satz 4 KStG n. F. ergibt. Dies würde wiederum dazu führen, dass von vornherein die Anwendbarkeit des § 8b Abs. 2 KStG n. F. sichergestellt ist.[429] [430]
Verlässt man den Bereich der körperschaftsteuerlichen Organschaft, so bleibt die Begründung einer gleichzeitigen gewerbesteuerlichen Organschaft der reinen Holdinggesellschaft weiter verwehrt[431], da die ursprünglich angedachte Streichung des

428 So a. im Ergebnis Erle/Sauter-Steinhoff, Reform der Unternehmensbesteuerung, 2000, S. 214; Oppenhoff & Rädler-Benz, Unternehmensbesteuerung, 2000, S. 241.

429 So Schaumburg/Rödder-Rödder, Unternehmenssteuerreform 2001, S. 550.

430 Im Unternehmenssteuerfortentwicklungsgesetz (UntStFG) hat der Gesetzgeber nun endgültig klargestellt, dass die Befreiung von Veräußerungsgewinnen auch auf die Veräußerung von Organbeteiligungen Anwendung findet (§ 8b Abs. 2 Satz 1 KStG-UntStFG). Dies gilt bei kalenderjahrgleichem Wirtschaftsjahr der Organgesellschaft ab dem 1.1.2002 (§ 34 Abs. 4 Satz 1 Nr. 2 KStG-UntStFG). Vgl. a. Melchior, J., Übersicht über die Änderungen durch das Gesetz zur Fortentwicklung des Unternehmenssteuerrechts (Unternehmenssteuerfortentwicklungsgesetz), DStR 2002, S. 1 (5).

431 Hintergrund dieses Auseinanderfallens von körperschaftsteuerlicher und gewerbesteuerlicher Organschaft ist die Intention des Gesetzgebers, einen Quasi-Automatismus zwischen diesen beiden Formen der Organschaft zu verhindern, der zu einer faktischen gewerbesteuerlichen "Zwangsorganschaft" bei Vorliegen einer körperschaftsteuerlichen Organschaft geführt hätte. Vgl. Pache, S., Die Neuregelung der körperschaftsteuerlichen und gewerbesteuerlichen Organschaft nach dem Steuersenkungsgesetz, GmbHR 2000, S. 764 (765); Erle/Sauter-Bextermöller, Reform der Unternehmensbesteuerung, 2000, S. 224 f.; Oppenhoff & Rädler-Timmermanns, Unternehmensbesteuerung, 2000, S. 373 f. Vgl. nun aber die neue Rechtslage nach dem UntStFG (unt. Fußnote 440, S. 116).

Tatbestandsmerkmals der wirtschaftlichen Eingliederung für die gewerbesteuerliche Organschaft wieder zurückgenommen wurde. Stattdessen verweist § 2 Abs. 2 Satz 2 GewStG im Hinblick auf die tatbestandlichen Anforderungen auf die nicht mehr gültige, strengere Fassung des § 14 Nr. 1 bis 3 KStG a. F. in der Fassung des Steuerentlastungsgesetzes 1999/2000/2002. Damit scheitert eine gewerbesteuerliche Organschaft daran, dass eine reine Holdinggesellschaft – wie z.B. die Erwerber-Gesellschaft – keiner gewerblichen Tätigkeit nachgeht.[432] Damit kann es von nun an zu dem bislang ausgeschlossenen Ergebnis kommen, dass bei einer Mehrheitsbeteiligung durch den Abschluss eines Ergebnisabführungsvertrages zwar eine körperschaftsteuerliche Organschaft hergestellt wird, eine gewerbesteuerliche Organschaft jedoch an der fehlenden wirtschaftlichen Eingliederung scheitert.[433]

Allerdings sind Gestaltungen denkbar, durch die sich auch eine gewerbesteuerliche Organschaft installieren lässt. Dabei hat man sich am Merkmal der wirtschaftlichen Zweckabhängigkeit der Organgesellschaft vom Organträger zu orientieren, das Finanzverwaltung und Rechtsprechung im Zusammenhang mit der gewerbesteuerlichen Organschaft verwenden.[434] Danach muss der Organträger eigene gewerbliche Zwecke verfolgen, denen die Organgesellschaft nach Art einer unselbständigen Geschäftsabteilung dient.[435]

Ausgehend von diesen Anforderungen könnte die Erwerber-GmbH z. B. einen Teil der Geschäftstätigkeit der Ziel-GmbH auf sich selbst übertragen.[436] Dabei ist darauf zu achten, dass die vom herrschenden Unternehmen ausgeübte gewerbliche Tätigkeit im Organkreis nicht nur von untergeordneter und damit nicht anerkannter Bedeutung ist. Der übernommene Bereich der Geschäftstätigkeit muss also umfangreich genug sein, um die wirtschaftliche Eingliederung zu gewährleisten.[437]

---

432 Vgl. Pache, S. Die Neuregelung der körperschaftsteuerlichen und gewerbesteuerlichen Organschaft nach dem Steuersenkungsgesetz, GmbHR 2000, S. 764 (766). Für Zwecke der Gewerbesteuer bleibt es infolge der Verweisung auf § 14 Nr. 1 KStG a. F. auch beim bisherigen Additionsverbot, was die Voraussetzungen einer finanziellen Eingliederung angeht.

433 Rödder, T./Schumacher, A., Unternehmenssteuerreform 2001: Wesentliche Änderungen, DStR 2000, S. 1453 (1455).

434 BFH vom 18. 4. 1973, BStBl. II 1973, S. 740 (741); BFH vom 13. 9. 1989, BStBl. II 1990, S. 24 (26); Streck, KStG, § 14 Rn. 18.

435 Abschn. 50 Abs. 1 KStR; BFH vom 18. 4. 1973, BStBl. II 1973, S. 740 (741); BFH vom 22. 4. 1998, BStBl. II 1998, S. 687 (688) = DStR 1998, S. 1598; Streck, KStG, § 14 Rn. 18, 21.

436 Vgl. Holzapfel, H.-J./Pöllath, R., Unternehmenskauf in Recht und Praxis, 2000, Rn. 366, die von der "Übernahme einer nach außen gerichteten Tätigkeit von der Objekt-Gesellschaft" durch die Holding sprechen. Zu beachten ist, dass der bloß geplante Kauf der Vermögensgegenstände der Ziel-GmbH noch keine ausreichende gewerbliche Tätigkeit begründet, da nach BFH die wirtschaftliche Eingliederung bereits in Ansätzen bestehen muss (vgl. BFH, NV 1996, S. 928).

437 Vgl. Abschn. 50 Abs. 2 Nr. 3 KStR; BFH vom 24. 7. 1998, NV 1998, S. 373.

Alternativ dazu kommt die Leitung einer zweiten Tochter-GmbH durch die Erwerber-GmbH in Betracht. Beherrscht nämlich der Organträger in einer durch äußere Merkmale erkennbaren Form mehrere Organgesellschaften, so liegt ein Fall der wirtschaftlichen Eingliederung selbst dann vor, wenn der Organträger keine eigene gewerbliche Tätigkeit entfaltet.[438] Nach Rechtsprechung und Finanzverwaltung liegt dann eine so genannte geschäftsleitende Holding vor.[439] [440]

Etwas anderes gilt wiederum im Bereich des Umsatzsteuerrechts, da hier das Tatbestandsmerkmal der wirtschaftlichen Eingliederung von der Rechtsprechung anders ausgelegt wird. Es wird lediglich gefordert, dass zwischen der Tätigkeit der Organgesellschaft und der des Organträgers ein direkterer Zusammenhang besteht. Dass die Organgesellschaft eine wirtschaftliche Tätigkeit des Organträgers fördert, ist hingegen nicht erforderlich.[441]
Unter diesen Voraussetzungen ist also auch bei einer reinen Holdinggesellschaft als Organträger eine umsatzsteuerliche Organschaft möglich.[442]

d) Umschuldungs-Lösung

Eine weitere Möglichkeit, Betriebsausgaben, die auf Ebene der Holding-Erwerber-Gesellschaft entstehen und bei dieser wegen § 3c Abs. 1 EStG n. F. in Verbindung mit § 8b Abs. 1 KStG n. F. grundsätzlich nicht abzugsfähig sind, mit operativen Erträgen der Tochter-Ziel-Gesellschaft zu verrechnen, liegt in einer Verlagerung des Kapitaldienstes von der Mutter- auf die Tochtergesellschaft (so genannter "debt push-down").[443]

---

438 Blümich-Obermeier, EStG/KStG/GewStG, Bd. 4, § 2 GewStG Rn. 691.

439 Vgl. Abschn. 50 Abs. 2 Nr. 2 KStR sowie BFH vom 31. 1. 1973, BStBl. II 1973, S. 420.

440 Mittlerweile hat der Gesetzgeber im UntStFG die Voraussetzungen der gewerbesteuerlichen Organschaft an die der körperschaftsteuerlichen vollständig angepasst, so dass für die gewerbesteuerliche Organschaft das zur körperschaftsteuerlichen Organschaft Gesagte entsprechend gilt (§ 2 Abs. 2 Satz 2 GewStG-UntStFG). Dies gilt ab dem Erhebungszeitraum 2001 (§ 36 Abs. 2 Satz 1 GewStG-UntStFG). Vgl. a. Melchior, J., Übersicht über die Änderungen durch das Gesetz zur Fortentwicklung des Unternehmenssteuerrechts (Unternehmenssteuerfortentwicklungsgesetz), DStR 2002, S. 1 (8). Auf das Vorliegen eines Gewinnabführungsvertrages wurde jedoch letztendlich auch bei finanzieller, wirtschaftlicher und organisatorischer Eingliederung *nicht* verzichtet (vgl. Melchior, J., ebd., S. 1 (1)).

441 Vgl. jeweils Pache, S. Die Neuregelung der körperschaftsteuerlichen und gewerbesteuerlichen Organschaft nach dem Steuersenkungsgesetz, GmbHR 2000, S. 764 (766 re. Sp. ob.).

442 Vgl. Pache, S. Die Neuregelung der körperschaftsteuerlichen und gewerbesteuerlichen Organschaft nach dem Steuersenkungsgesetz, GmbHR 2000, S. 764 (766 re. Sp. ob.).

443 Vgl. Freshfields Bruckhaus Deringer, Unternehmenssteuerreform, NJW-Beilage 51/2000, S. 48.

Dazu nimmt die Tochtergesellschaft eine effektive Kapitalherabsetzung - unter Beachtung der Gläubigerschutzvorschrift des § 58 GmbHG[444] – vor oder realisiert ausschüttungsfähige Rücklagen. Ferner nimmt die Tochtergesellschaft ihrerseits ein Darlehen auf und schüttet das dadurch generierte Kapital an die Muttergesellschaft aus.[445] Auf diese Weise übernimmt von nun an die Tochtergesellschaft die Refinanzierung. Die dabei anfallenden Schuldzinsen sind unproblematisch mit den Betriebseinnahmen aus dem operativen Geschäft der Tochter-Ziel-Gesellschaft verrechenbar.
Die Muttergesellschaft führt die nicht mehr steuereffiziente Fremdfinanzierung zurück, so dass keine Finanzierungsaufwendungen mehr auf Ebene der Holdinggesellschaft anfallen. So werden die wegen der Zinsabzugsverbots der § 3c Abs. EStG n. F. in Verbindung mit § 8b Abs. 1 KStG n. F. steuerlich ineffizienten Schulden auf Ebene der Muttergesellschaft in steuerlich abzugsfähige Finanzierungsaufwendungen auf Ebene der Tochtergesellschaft verlagert.
Allerdings wird diese Konstruktion in zeitlicher Hinsicht dadurch belastet, dass nach der effektiven Kapitalherabsetzung zunächst das Sperrjahr des § 58 Abs. 1 Nr. 3 GmbHG verstrichen sein muss.

e) Verschmelzungs-Lösung

Schließlich können die positiven Ergebnisse auf Ebene der Tochtergesellschaft mit den Betriebsausgaben der Muttergesellschaft dadurch verrechnet werden, dass Mut-

---

444 Da bei der effektiven Kapitalherabsetzung im Sinne von § 58 GmbHG ein Teil des Gesellschaftsvermögens an die Gesellschafter zurückgezahlt wird, wird die effektive Kapitalherabsetzung auch als "Teilliquidation" bezeichnet (vgl. Baumbach/Hueck-Zöllner, GmbHG, § 58 Rn. 10a). Neben dem Erfordernis eines mit satzungsändernder Mehrheit zu fassenden Beschlusses der Gesellschafterversammlung (zwingend mindestens ¾-Mehrheit der abgegebenen Stimmen, e contrario § 53 Abs. 2 Satz 2 GmbHG), steht vor allem der Schutz der Gläubiger im Zentrum der Vorschrift. Durch besondere Bekanntmachungsregeln werden die Gläubiger der Gesellschaft von der Kapitalherabsetzung informiert (Gläubigeraufruf, § 58 Abs. 1 Nr. 1 GmbHG), sodann haben die Gläubiger die Möglichkeit, ihre Ansprüche bei der Gesellschaft anzumelden und sie befriedigen oder sichern zu lassen (§ 58 Abs. 1 Nr. 2 GmbHG). Schließlich hat die Gesellschaft auch noch das so genannte "Sperrjahr" des § 58 Abs. 1 Nr. 3 GmbHG zu beachten, wonach der Herabsetzungsbeschluss erst in das Handelsregister eingetragen wird und dementsprechend erst Zahlungen an die Gesellschafter vorgenommen werden dürfen, wenn seit dem dritten Gläubigeraufruf mindestens ein Jahr verstrichen ist.

445 Die Steuerbefreiung der Ausschüttungen aus der effektiven Kapitalherabsetzung bei Vereinnahmung auf Ebene der Muttergesellschaft folgt aus der Verweisung in § 8b Abs. 1 KStG n. F. auch auf § 20 Abs. 1 Nr. 2 EStG n. F.. Wegen der einschränkenden Rückverweisung in § 20 Abs. 1 Nr. 2 Satz 1 Halbsatz 1 EStG auf § 28 Satz 4 KStG ist allerdings Voraussetzung, dass diese Bezüge aus in Nennkapital umgewandelten Gewinnen oder Gewinnrücklagen finanziert werden. Vgl. Oppenhoff & Rädler-Benz, Unternehmensbesteuerung, 2000, S. 230.

ter- und Tochtergesellschaft miteinander verschmolzen werden.[446] Dadurch werden zugleich die operativen Ergebnisse von der Ebene der Tochter- auf die Ebene der Muttergesellschaft heraufgeschleust.
Dabei ist allerdings zu bedenken, dass es infolge der Verschmelzung zu einem handelsbilanziellen Verschmelzungsverlust kommen kann. Dieser kann zwar durch die Aufdeckung stiller Reserven gemäß dem Wahlrecht des § 24 UmwG in der Handelsbilanz ausgeglichen werden. Dies führt dann aber eventuell zur partiellen Besteuerung der aufgedeckten stillen Reserven.[447]
Da sich insoweit Überschneidungen mit der in Kapitel V § 3 (S. 229 ff.) vorgestellten Verschmelzung zweier Kapitalgesellschaften ergeben, sollen die näheren Einzelheiten dort geklärt werden.

f) Bewertung der einzelnen Modelle

Vergleicht man die einzelnen Modelle miteinander, so bietet die Organschafts-Lösung die größten Vorteile. Die Anforderungen an eine körperschaftsteuerliche Organschaft sind mit dem Steuersenkungsgesetz durch Neufassung des § 14 KStG deutlich abgesenkt worden. Der Abzug der Finanzierungsaufwendungen funktioniert in dieser Konstellation unabhängig davon, ob die Erwerber-Gesellschaft neben den Ausschüttungen der Ziel-Gesellschaft noch weitere Einkünfte erzielt oder reine Holdinggesellschaft ist. Der organisatorische Aufwand beschränkt sich auf den Abschluss eines Ergebnisabführungsvertrages, der formell den Anforderungen der §§ 293 ff. AktG analog und materiell den Vorschriften der §§ 300 ff. AktG analog genügen muss.
Daher ist die Organschafts-Lösung bei optimalen Ergebnissen relativ einfach konstruierbar.

Demgegenüber fallen beim Umschuldungs-Modell ein erheblicher Organisationsaufwand in Gestalt der Publizitätspflichten (§ 58 Abs. 1 Nr. 1 GmbHG) und eine gehörige Zeitverzögerung infolge des Sperrjahres nach § 58 Abs. 1 Nr. 3 GmbHG sowie in Form der neu zu verhandelnden Kreditverträge an, die von nun an die Ziel-Gesellschaft statt die Erwerber-Gesellschaft binden. Dabei ist auch an Liquiditätsbelastungen auf Grund eines Damnums zu denken.
Ferner lassen sich die mit der Kapitalherabsetzung bzw. Rücklagenauflösung verbundenen Ansprüche, die betroffene Gläubiger gegen die Ziel-Gesellschaft nach § 58 Abs. 1 Nr. 2 GmbHG geltend machen, nur schwer einschätzen und können zu

446 Vgl. Freshfields Bruckhaus Deringer, Unternehmenssteuerreform, NJW-Beilage 51/2000, S. 48; Haritz, D./Wisniewski, T., Das Umwandlungssteuerrecht nach Verabschiedung der Unternehmenssteuerreform, GmbHR 2000, S. 789 (796 re. Sp. ob.).

447 Vgl. Freshfields Bruckhaus Deringer, Unternehmenssteuerreform, NJW-Beilage 51/2000, S. 48 Fußnote 271.

Liquiditäts- und Zinseinbußen führen, da die Gesellschaft auch noch nicht fällige Ansprüche zu begleichen hat.

Das Verschmelzungs-Modell, bei dem die Tochtergesellschaft auf die Muttergesellschaft verschmolzen wird (Up-Stream-Merger), kann steuerliche Nachteile in Form der anteiligen Aufdeckung stiller Reserven in sich bergen.

II. Spezifische Rechtsformprobleme hinsichtlich Buy-Out-typischer Kaufpreisfinanzierungstechniken

Auf Grund der beträchtlichen Fremdfinanzierung des MBO ist neben dem eben erörterten Zinsabzug der Zugriff der Erwerber-Gesellschaft auf das Vermögen der Ziel-Gesellschaft von zentraler Bedeutung für den MBO-Erfolg, da die bloße Dividendenausschüttung auch bei guter Ertragslage die entstehenden Zins- und Tilgungsverpflichtungen nicht decken wird.
Das Vermögen der Ziel-Gesellschaft soll einerseits als Kreditsicherungsmittel eingesetzt werden, dient aber andererseits auch dazu, die Refinanzierung zurückzuführen. Die Zielsetzung, das Vermögen der Objekt-GmbH zur Kreditsicherung und -tilgung zu verwenden, ist jedoch angesichts der GmbH-rechtlichen Kapitalaufbringungs- und –erhaltungsvorschriften, der gesellschaftsinternen Treuebindungen und des strafrechtlichen Untreuetatbestandes nicht unproblematisch. Die hinter diesen Themenkomplexen befindlichen Problemkreise sollen an dieser Stelle zunächst eingegrenzt und später im Zusammenhang mit den einzelnen MBO-typischen Modellen hinsichtlich ihrer gesellschaftsrechtlichen Problematik näher untersucht werden.

1. Besicherung durch Beteiligungstitel an der erworbenen Gesellschaft

Als Kreditsicherungsmittel grundsätzlich ungeeignet sind die von der Erwerber-Gesellschaft gehaltenen Anteile an der Ziel-Gesellschaft. Zwar ist eine Verpfändung ohne weiteres gemäß §§ 1273 ff. BGB (Pfandrecht an Rechten) möglich, da insbesondere die GmbH-rechtlichen Kapitalerhaltungsvorschriften der §§ 30, 31 GmbHG hier nicht einschlägig sind, weil der Gesellschaft kein Vermögen entzogen wird, so dass der Erhalt ihres Stammkapitals gefährdet sein könnte, sondern lediglich die – auch Vermögensrechte verkörpernden – Gesellschaftsanteile selbst als Sicherungsmittel eingesetzt werden.[448]

---

448 Vgl. Koppensteiner, H.-G., GmbH-rechtliche Probleme des Management Buy-Out, ZHR 155 (1991), S. 97 (98 ff., 114 m. w. Nachw.); Weber, D., GmbH-rechtliche Probleme des Management Buy-Out, ZHR 155 (1991), S. 120 (124); Rutke, WM 1989, S. 89, 205 f.; Wittkowski, GmbHR 1990, S. 544; zweifelnd Scholz-Westermann, GmbHG, § 30 Rn. 32 a. E.

Die Einigung über die Verpfändung der GmbH-Anteile hat gemäß § 15 Abs. 3 GmbHG in notarieller Form zu erfolgen[449], eine Anmeldung nach § 16 Abs. 1 GmbHG ist hingegen nicht Wirksamkeitsvoraussetzung, jedoch zwecks Geltendmachung von Rechten des Pfandgläubigers gegenüber der Gesellschaft erforderlich und daher dem Pfandgläubiger dringend anzuraten, da anderenfalls die Gesellschaft mit befreiender Wirkung an den verpfändenden Gesellschafter leisten kann.[450] Ist allerdings die Abtretung von Gesellschaftsanteilen qua Gesellschaftsvertrag an weitere Voraussetzungen (z.B. Vinkulierung gemäß § 15 Abs. 5 GmbHG) gebunden, so sind diese auch bei der Pfandrechtsbestellung zu beachten.[451] Der Pfandgläubiger erlangt weder Mitverwaltungs- noch Stimmrechte[452], ferner gilt wegen § 1273 Abs. 2 Satz 2 BGB in Verbindung mit § 1213 Abs. 2 BGB auch der Gewinnanspruch als nicht mitverpfändet. Daher können die Anteilseigner und Pfandschuldner immer noch unbehelligt die Geschäfte der Ziel-GmbH führen als auch weiter deren Gewinnausschüttungen für Zins- und Tilgungszahlungen einsetzen.

Dic Bestellung ist allerdings insbesondere wegen der notariellen Beurkundung mit erheblichen Kosten verbunden.[453]
Vor allem aber gewähren die verpfändeten GmbH-Anteile den außenstehenden Kreditgebern in der Regel keine ausreichende Sicherheit, da die Pfandgläubiger von Gesellschaftsanteilen gegenüber Gläubigern der Gesellschaft strukturell nachrangig sind und bei Insolvenz der Gesellschaft leer ausgehen.[454] Dies hat den Hintergrund, dass der Pfandnehmer die Gesellschaftsanteile nur über einen Verkauf oder durch Auflösung der Gesellschaft und Einziehung des Auseinandersetzungsguthabens verwerten kann. Verkauft er den Anteil, so ist dieser mit den Passiva der Gesellschaft belastet, was dazu führt, dass vorrangig die Gesellschaftsgläubiger zu befriedigen sind. Entscheidet sich der Sicherungsnehmer für die Auflösung der Gesell-

---

449 MünchKomm-Damrau, BGB, Bd. 6, § 1274 Rn. 55.

450 Vgl. Palandt-Bassenge, BGB, § 1274 Rn. 8 (str.); Baumbach/Hueck-Hueck/Fastrich, GmbHG, § 15 Rn. 48; Scholz-Winter, GmbHG, § 15 Rn. 155b; MünchKomm-Damrau, BGB, Bd. 6, § 1274 Rn. 55.

451 Palandt-Bassenge, BGB, § 1274 Rn. 8; MünchKomm-Damrau, BGB, Bd. 6, § 1274 Rn. 58.

452 Vgl. RG 157, S. 52; BGH WM 1992, S. 1655.

453 Darauf weist auch *Bastuck* hin, der jedoch zugleich feststellt, dass die Verpfändung der Beteiligungstitel der Tochtergesellschaft als "Sicherungsmittel in der internationalen Praxis (durchaus) üblich" ist. Dies führt der gleiche Autor letztlich darauf zurück, dass "die Sicherheit in der Praxis nie verwertet wird und daher Erfahrungen mit dem praktischen Wert der Verpfändung damit nicht vorliegen." Vgl. Bastuck, B., Kreditbesicherung im Konzern – Geklärte Fragen, offene Fragen und Vertragsgestaltung, S. 17 u. S. 17, Fußnote 49.

454 Vgl. Schneider, U. H., Das Recht der Konzernfinanzierung, ZGR 1984, S. 497 (503); Schneider, U. H., "Kapitalmindernde Darlehen" der GmbH an ihre Gesellschafter, in: FS für Döllerer, S. 537 (539); Wittkowski, L., Haftung und Haftungsvermeidung beim Management Buy-Out einer GmbH, GmbHR 1990, S. 544 (551); Holzapfel, H.-J./Pöllath, R., Unternehmenskauf in Recht und Praxis, 2000, Rn. 329a.

schaft, so wird das Auseinandersetzungsguthaben aus dem nach der Befriedigung der Gesellschaftsgläubiger verbleibenden Überschuss ermittelt.[455]

Diese rechtlich schwache Position kann nur durch weitere gesonderte Vereinbarungen neben der Verpfändung der Geschäftsanteile verbessert werden. So kann sich etwa die Erwerber-Gesellschaft gegenüber dem Kreditgeber verpflichten, das Vermögen der Ziel-Gesellschaft nicht durch weitere Sicherungsmittel zu belasten (sog. "negative pledge"). Ferner stärkt ein Beherrschungs-und Gewinnabführungsvertrag im Sinne des § 291 AktG analog auch die Stellung des Pfandgläubigers, da auf diese Weise zugunsten der kreditnehmenden Erwerber-Gesellschaft sichergestellt ist, dass diese uneingeschränkt den cash flow der Ziel-Gesellschaft zur Zinszahlung und Rückführung der Refinanzierung nutzen kann.
Da derartige zusätzliche Sicherungsvereinbarungen jedoch weitreichende organisationsverfassungsrechtliche und steuerrechtliche Folgen haben und zudem die Flexibilität der Geschäftsleitung erheblich einschränken, sind andere Zugriffswege auf das Vermögen der Ziel-Gesellschaft zur Zins- und Tilgungszahlung gangbarer.
Dies gilt umso mehr, als auch wirtschaftlich aus Sicht des Pfandnehmers der Zugriff auf die Beteiligungstitel nur begrenzt Sinn macht. Denn zumindest im Fall des Spin-Off-MBO ist die Erwerber-Gesellschaft regelmäßig als reine Holdinggesellschaft ausgestaltet, die die anlaufenden Zins- und Tilgungszahlungen über die operativen Ergebnisse der Ziel-GmbH bedient. Werden nun die vom Fremdkapitalgeber ausgereichten Kredite notleidend, so indiziert dies fast zwangsläufig, dass auch die Tochtergesellschaft erhebliche wirtschaftliche Probleme hat und dementsprechend die gepfändeten Beteiligungstitel dem Sicherungsnehmer nur sehr begrenzt weiterhelfen werden.[456]

Üblicherweise wird bei einem MBO vielmehr das gesamte Spektrum möglicher Kreditsicherungsinstrumente nutzbar gemacht.[457] So kann etwa das Anlage- und Umlaufvermögen der Ziel-Gesellschaft über Grundpfandrechtsbestellungen, Sicherungsübereignungen oder –abtretungen als Kreditsicherungsmittel eingesetzt werden. Ferner verfügt die Ziel-Gesellschaft möglicherweise über nicht betriebsnotwendige Wirtschaftsgüter, deren stille Reserven bei einer Veräußerung eine willkommene Liquiditätsspritze sein können. Schließlich sollte neben dem reinen Ertrag der Ziel-Gesellschaft auch die Liquidität genutzt werden, die in Finanzanlagen oder Abschreibungen steckt, das heißt, der gesamte cash flow sollte nutzbar gemacht werden.

---

455 Vgl. ausführlich zum strukturellen Nachrang des Pfandnehmers Schön, ZHR 159 (1995), S. 351 (352 ff.); Fahrholz, B., Neue Formen der Unternehmensfinanzierung, 1998, S. 55 ff.; Lutter, M./Assmann, H.-D. (Hrsg.), Handbuch der Konzernfinanzierung, 1998, Rn. 17.15.

456 So a. Früh, A., Kreditsicherung und Mithaftung bei Krediten an Konzernunternehmen, GmbHR 2000, S. 105 (106).

457 Vgl. dazu Otto, H.-J., MBO, 1997, § 26 Rn. 89 f.

Endlich ist es ein wesentliches Strukturmerkmal eines erfolgreichen MBO, den cash flow über erhöhte Abschreibungen, die durch eine Buchwertaufstockung erreicht werden, zu steigern. Auf diesen Punkt soll allerdings – abgesehen von einer kurzen Vorstellung der grundsätzlichen Problematik unter III. (S. 134 ff.) - erst bei Darstellung der einzelnen Akquisitionsmodelle eingegangen werden.

2. Einlagenrückgewähr (§§ 30, 31 GmbHG)

Da die eben skizzierten Kreditsicherungsmittel allesamt auf das Vermögen der Ziel-GmbH zugreifen, um zugunsten ihrer Gesellschafterin, der Erwerber-GmbH, Kredite zu sichern, die die Erwerber-GmbH zur Finanzierung des Erwerbs der Ziel-Gesellschaft aufnehmen musste, stellt sich die Frage, inwieweit ein solches Vorgehen im Einklang mit den Kapitalerhaltungsvorschriften der §§ 30, 31 GmbHG steht, die dem Schutz des Erhalts des Stammkapitals der Ziel-GmbH dienen. Unmittelbar versagt § 30 Abs. 1 GmbHG zwar lediglich die *Auszahlung* des zur Erhaltung des Stammkapitals erforderlichen Vermögens der Gesellschaft an die Gesellschafter. Unter bestimmten Voraussetzungen wird aber auch die Stellung von Kreditsicherungsmitteln der Auszahlung gleichgestellt. Unter vorläufiger Aussparung der konkreten Tatbestandsvoraussetzungen des § 30 Abs. 1 GmbHG soll an dieser Stelle zunächst der Hinweis genügen, dass es grundsätzlich zu Problemen mit § 30 Abs. 1 GmbHG kommen kann, wenn die Ziel-GmbH ein gesellschaftsfremdes Darlehen zugunsten ihrer Gesellschafter besichert oder ihren zukünftigen Gesellschaftern ein Darlehen zur Kaufpreisfinanzierung gewährt.[458]

Die Einhaltung der entsprechenden Kapitalerhaltungsvorschriften ist dabei nicht zuletzt auch für die Sicherungsnehmer von vitalem Interesse. Denn insbesondere in den Fällen, in denen eine (L)MBO-Finanzierung im nachhinein scheitert, werden ungesicherte oder nachrangige Gläubiger der Ziel-GmbH und Sicherungsgeberin versuchen, ihren Zugriff auf das Vermögen des Schuldners dadurch zu erweitern, dass sie Rückgriffsansprüche der Gesellschaft gegen deren Gesellschafter pfänden und sich überweisen lassen, wenn nicht schon das Kreditsicherungsgeschäft selbst nichtig bzw. nicht durchsetzbar ist.

Um die Darstellung des MBO-typischen Konfliktes, der durch den Zugriff auf das Gesellschaftsvermögen der Ziel-GmbH einerseits und die Anforderungen des Kapitalerhaltungsgebotes andererseits geprägt ist, zu entzerren, werden an dieser Stelle die einzelnen Akquisitionsmodelle insoweit geschildert, als dies für eine Entscheidung, ob ein Konflikt mit Kapitalerhaltungsvorschriften denkbar ist, notwendig ist. In einem zweiten Schritt können dann im Rahmen einer ausführlichen gesellschafts-

---

[458] Vgl. zu den einzelnen Konstellationen, in denen es zu Konflikten mit § 30 GmbHG kommen kann, die folgenden Gliederungspunkte.

und steuerrechtlich orientierten Vorstellung der Buy-Out-Gestaltungen gezielt die einzelnen Konfliktfälle untersucht werden.
Die Prüfungsreihenfolge soll sich dabei an den beiden Grundfällen des Unternehmenskaufs, dem asset deal und dem share deal, sowie den MBO-typischen Konstruktionen (Kombinationsmodell, Verschmelzung zweier Kapitalgesellschaften, Umwandlungs- und Verschmelzungsmodell) orientieren. Die letztgenannten mehrstufigen Akquisitionsmodelle haben aus Erwerbersicht allesamt zum Ziel, den gezahlten Kaufpreis in Abschreibungsvolumen zu transformieren.

a) asset deal

Der asset deal ist im Hinblick auf die Kapitalerhaltungsvorschriften unproblematisch, da es hier an der für § 30 GmbHG charakteristischen Gefährdungslage fehlt, die darin liegt, dass der GmbH-Gesellschafter einen von ihm aufgenommenen, persönlichen Kredit über Vermögen der Gesellschaft sichert.
Denn beim asset deal erwirbt die Erwerber-Gesellschaft lediglich die Vermögensgegenstände der Ziel-Gesellschaft, aber nicht diese selbst und damit auch nicht die mit der Rechtsform der Ziel-Gesellschaft verbundene Verpflichtung, die fehlende persönliche Haftung durch die Sicherstellung eines Mindestkapitals auszugleichen.

Besichert die Erwerber-Gesellschaft nun ein von ihr aufgenommenes Darlehen mit den von der Ziel-Gesellschaft erworbenen Vermögensgegenständen, so bestellt sie dem Darlehensgeber für ein eigenes Darlehen eigene Sicherheiten. Da also Darlehensnehmer und Sicherungsgeber hier nicht auseinanderfallen, kommen Vermögensverschiebungen zugunsten der Gesellschafter von vornherein nicht in Betracht.
Dass sich Forderungsgläubiger nach dem asset deal, bei dem auch Forderungen übertragen werden können, unversehens einem neuen Schuldner gegenübersehen, ist kein Problem des GmbH-Rechts, sondern im allgemeinen Teil des Schuldrechts geregelt (§ 415 BGB).

b) share deal

Anders als beim asset deal erwirbt beim share deal die Erwerber-Gesellschaft nicht bloß Vermögensgegenstände, sondern die Ziel-GmbH als solche in ihrer bestehenden Rechtsform.
Besichert nun die Erwerber-Gesellschaft ein von ihr aufgenommenes Darlehen über Vermögen der Ziel-GmbH, so greift die Erwerber-Gesellschaft als Gesellschafterin und Darlehensnehmerin auf das Vermögen der Ziel-GmbH zu. Es ist daher im Einzelfall anhand des § 30 Abs. 1 GmbHG zu prüfen, ob und inwieweit das zur Erhaltung des Stammkapitals erforderliche Vermögen der Ziel-GmbH an die Erwerber-Gesellschaft als deren Gesellschafterin tatsächlich ausgezahlt werden durfte, und

welche Konsequenzen ein Verstoß gegen § 30 Abs. 1 GmbHG in concreto nach sich zieht.

c) Kombinationsmodell

Ob es beim so genannten Kombinationsmodell zu einer Kollision mit GmbH-rechtlichen Kapitalerhaltungsvorschriften kommt, hängt davon ab, zu welchem Zeitpunkt, bzw. - konkreter –, aus wessen Vermögen die Kreditsicherung erfolgt.
Vereinfacht dargestellt, bezeichnet das Kombinationsmodell eine Verknüpfung von share deal mit nachfolgendem internem asset deal. Zunächst erwirbt die Erwerber-Gesellschaft also 100 % der Geschäftsanteile an der Ziel-Gesellschaft. In einem zweiten Schritt veräußert dann die Ziel-Gesellschaft ihre Vermögensgegenstände an die Erwerber-Gesellschaft.
Dass in einer solchen Konstellation die oben skizzierte Besicherung über die Verpfändung der Anteile an der Ziel-Gesellschaft von vornherein ausscheidet, liegt auf der Hand: Denn die Gesellschaftsanteile der nach dem internen asset deal leergekauften Ziel-Gesellschaft haben für den Sicherungsgeber keinen substantiellen Wert mehr.
Im Hinblick auf § 30 Abs. 1 GmbHG ist nun zu differenzieren, ob die Erwerber-Gesellschaft das Darlehen vor dem internen asset deal und damit noch aus dem Vermögen der Ziel-Gesellschaft besichert, oder ob die Erwerber-Gesellschaft die Kreditsicherung erst nach dem internen Erwerb der Vermögensgegenstände der Ziel-Gesellschaft vornimmt und damit das Darlehen aus dem nun der Erwerber-Gesellschaft gehörenden eigenen Vermögen absichert.

Im ersten Fall liegt, bezogen auf § 30 Abs. 1 GmbHG, die problematische Konstellation eines share deal vor, da in diesem Moment das Garantiekapital der Ziel-Gesellschaft geschützt werden muss. Der spätere interne asset deal bleibt zu diesem Zeitpunkt unberücksichtigt und ändert nichts an der Relevanz des § 30 Abs. 1 GmbHG.
Im zweiten Fall ist, bezogen auf die Kapitalerhaltungsvorschriften, die Konstellation nach internem asset deal mit dem Fall des einstufigen asset deal identisch: Die Erwerber-Gesellschaft besichert das Darlehen aus ihrem eigenen Vermögen, Kreditnehmer und Sicherungsgeber fallen daher nicht auseinander.
Konsequenterweise sollte die Erwerber-Gesellschaft daher zunächst den internen asset deal vornehmen und erst danach aus ihrem eigenen Vermögen die Kreditsicherung leisten, um nicht in Konflikt mit § 30 Abs. 1 GmbHG zu geraten. Geht man so vor, wovon im weiteren Verlauf der Arbeit ausgegangen wird, ergeben sich –wie beim einfachen asset deal - keine Konflikte mit den GmbH-Kapitalerhaltungsvorschriften.

d) Verschmelzung der Ziel-GmbH auf die Erwerber-GmbH

Als weitere Spin-Off-MBO-Gestaltung kommt die Verschmelzung der Ziel- auf die Erwerber-GmbH in Betracht (Verschmelzung zur Aufnahme, § 2 Nr. 1, 3 Abs. 1 Nr. 1 UmwG in Verbindung mit §§ 4 ff. UmwG). Dabei wird das Vermögen der (übertragenden) Ziel-GmbH auf die (übernehmende) Erwerber-GmbH im Wege der Gesamtrechtsnachfolge übertragen. Da die Erwerber-GmbH zum Zeitpunkt der Verschmelzung bereits 100 % der Anteile der Ziel-GmbH hält, wird diese Art der Verschmelzung auch als Konzernverschmelzung bezeichnet.[459]

Das Darlehen zur Kaufpreisfinanzierung wird von der Erwerber-Gesellschaft vor Erwerb der Ziel-Gesellschaft aufgenommen. Nach Erwerb der Gesellschaftsanteile der Ziel-GmbH (share deal) wird diese auf die Erwerber-Gesellschaft verschmolzen. Das Umwandlungsgesetz knüpft die Verschmelzungswirkungen an die Eintragung im Handelsregister (§ 20 Abs. 1 UmwG), was sich daraus erklärt, dass bei der Verschmelzung zur Aufnahme immerhin eine Gesellschaft ohne Abwicklung erlischt und dies registeröffentlich zu machen ist.[460] Gemäß § 19 Abs. 1 Satz 1 UmwG ist die Verschmelzung zunächst im Register des Sitzes der übertragenden Gesellschaft und erst danach im Register des Sitzes der übernehmenden Gesellschaft einzutragen. Wegen § 20 Abs. 1 Nr. 4 und Abs. 2 UmwG kommt eine Rückgängigmachung der Verschmelzung (Entschmelzung) wegen der großen rechtlichen und tatsächlichen Schwierigkeiten[461] auch bei schwersten Inhaltsmängeln nach Eintragung nicht mehr in Betracht.[462]

Erst zu diesem Zeitpunkt besichert die Erwerber-GmbH das Darlehen über Aktiva, die ihr im Wege der Verschmelzung aus dem Vermögen der Ziel-GmbH zugeflossen sind. Da also im Moment der Kreditsicherung die Ziel-GmbH als eigener Rechtsträger nicht mehr existiert, kann es insoweit zu keinem Konflikt mit § 30 Abs. 1 GmbHG kommen.

§ 30 Abs. 1 GmbHG ist aber auch bezüglich der Erwerber-GmbH nicht einschlägig, da sie – wie bei einem asset deal – ihr Darlehen mit eigenen, qua Gesamtrechtsnachfolge erworbenen, Vermögensgegenständen besichert. Dass diese aus dem Vermögen eines mittlerweile aufgelösten Rechtsträgers stammen, spielt keine Rolle.

---

459 Heckschen, H., Verschmelzung von Kapitalgesellschaften, 1989, S. 3, 8, 51 ff.; Hirte, H., Kapitalgesellschaftsrecht, 1999, Rn. 907 m. w. Nachw.

460 Sagasser/Bula/Brünger-Sagasser/Ködderitzsch, Umwandlungen, J Rn. 22.

461 Vgl. Hirte, H., Kapitalgesellschaftsrecht, 1999, Rn. 927 f.; Sagasser/Bula/Brünger, Umwandlungen, J 78 (etwas anderes gilt für so genannte Abschlussmängel; s. ebd. Rn. 78).

462 Diese kategorische gesetzgeberische Entscheidung gegen jede Form der Entschmelzung auch bei schweren Rechtsverletzungen wurde in der Literatur vielfach kritisiert. Vgl. Hirte, H., Die Behandlung unbegründeter oder mißbräuchlicher Gesellschafterklagen im Referentenentwurf eines Umwandlungsgesetzes, DB 1993, S. 77 (78 f.); Martens, K.-P., Kontinuität und Diskontinuität im Verschmelzungsrecht der Aktiengesellschaft, AG 1986, S. 57 (63 ff.); Schmidt, K., Die fehlerhafte Verschmelzung nach dem Aktiengesetz, AG 1991, S. 131 ff.

Etwas anderes würde sich nur für den Fall ergeben, dass die Erwerber-Gesellschaft zwischen share deal und Verschmelzung Vermögensgegenstände der Ziel-Gesellschaft besichert, da dann wieder der Darlehensnehmer, der zugleich Alleingesellschafter der Ziel-GmbH ist (Erwerber-Gesellschaft) und der Sicherungsgeber (Ziel-GmbH) auseinanderfallen und sich daher die Frage nach dem Kapitalschutz der Ziel-GmbH stellt.
Ein solches Vorgehen ist daher sub specie § 30 Abs. 1 GmbHG nicht anzuraten und die Erwerber-GmbH sollte die Kreditsicherung erst nach erfolgter Verschmelzung vornehmen.
Da unter bestimmten Voraussetzungen ein Verstoß gegen § 30 Abs. 1 GmbHG ausnahmsweise sogar zur Nichtigkeit des Kreditsicherungsvertrages führen kann[463], wird auch der Kreditgeber und Sicherungsnehmer aus eigenem Interesse daran interessiert sein, das Darlehen erst nach der Verschmelzung besichern zu lassen.

Durch die Verschmelzungsgestaltung wird auch der durch die Kapitalerhaltungsregeln garantierte Schutz der Gesellschaftsgläubiger und Minderheitsgesellschafter nicht unterlaufen, da insofern ein ausreichender umwandlungsrechtlicher Schutzmechanismus zur Verfügung steht.
So können die Minderheitsgesellschafter den Verschmelzungsbeschluss unter dem Aspekt des Ermessensmissbrauchs und der Ungleichbehandlung anfechten.[464] Ferner muss gegebenenfalls[465] ein unabhängiger Verschmelzungsprüfer eingeschaltet werden, der den Verschmelzungsvertrag zu prüfen hat (§ 48 UmwG in Verbindung mit §§ 9 ff. UmwG).[466] Der Schutz der außenstehenden Gläubiger ist über den etwaigen Anspruch auf Sicherheitsleistung gewahrt.

e) Umwandlungsmodell

Das zweistufige Umwandlungsmodell besteht aus einem share deal und einem nachgeschalteten Rechtsformwechsel im Sinne der §§ 190 Abs. 1, 191 Abs. 1 Nr. 2, Abs. 2 Nr. 2 UmwG.[467]
Zunächst erwerben die Erwerber-GmbH und eine von dieser gehaltene Tochter-GmbH[468] 100 % der Gesellschaftsanteile der Ziel-GmbH. Sodann wird die Ziel-

463 Vgl. i. e. Kapitel IV § 2 C. II. 4. (S. 191 ff.).

464 Vgl. dazu Meyer-Landrut, A./Kiem, K., Der Formwechsel einer Publikumsaktiengesellschaft, WM 1997, S. 1361 (1364 ff.).

465 Hirte, H., Kapitalgesellschaftsrecht, 1999, Rn. 919.

466 Vgl. Engelmeyer, C., Die Wirtschaftsprüfer im Rahmen der Verschmelzungs- und Spaltungsprüfung, Wpg 1996, S. 732 ff.

467 Vgl. zum Umwandlungsmodell Holzapfel, H.-J./Pöllath, R., Unternehmenskauf in Recht und Praxis, 2000, Rn. 346 ff. sowie die Vorauflage (8. Auflage, 1997) Rn. 246 m. w. Nachw.

GmbH im Wege eines identitätswahrenden Rechtsformwechsels nach §§ 190 Abs. 1, 191 Abs. 1 Nr. 2, Abs. 2 Nr. 2 UmwG in eine Personengesellschaft (aus Haftungsgründen vorzugsweise eine GmbH & Co. KG) umgewandelt, deren (Personen-)Gesellschaftsanteile die Erwerber-GmbH und Tochter-GmbH halten.
Dieses Akquisitionsmodell ist so seit Einführung des Umwandlungssteuergesetzes 1995 darstellbar. Zuvor wurde der Übergang einer Kapital- in eine Personengesellschaft nämlich als Rechtsträgerwechsel und nicht als identitätswahrender Formwechsel behandelt.[469] Ertragsteuerlich[470] ist der Formwechsel bei der untergehenden Ziel-GmbH neutral, da § 14 Satz 1 UmwStG in Verbindung mit § 4 Abs. 1 UmwStG die übernehmende Personengesellschaft verpflichtet, die auf sie übergegangenen Wirtschaftsgüter mit dem in der steuerlichen Schlussbilanz der übertragenden Körperschaft enthaltenen Wert zu übernehmen. Bei der übernehmenden Personengesellschaft bzw. – genauer – bei deren Gesellschaftern (vgl. § 15 Abs. 1 Satz 1 Nr. 2 und Abs. 3 Nr. 2 EStG) scheidet eine ertragsteuerliche Belastung aus, soweit ein Übernahmeverlust anfällt.[471]
Bezogen auf die GmbH-rechtlichen Kapitalerhaltungsvorschriften ist nach dem Zeitpunkt der Besicherung zu differenzieren. Besichert die Ziel-GmbH das von der Erwerber-GmbH aufgenommene Darlehen, so greift § 30 Abs. 1 GmbHG ein, da die Ziel-GmbH ein gesellschaftsfremdes Darlehen ihrer Alleingesellschafterin mit eigenem Vermögen besichert.
Besichert nicht mehr die Ziel-GmbH, sondern nach dem Formwechsel die umgewandelte Personengesellschaft das Darlehen der Erwerber-GmbH, so kommt es hinsichtlich der Relevanz der Kapitalerhaltungsvorschriften darauf an, welche Rechtsform die übernehmende Personengesellschaft hat. Ist sie als GmbH & Co. KG aus-

---

468 Die zusätzliche Einschaltung einer zu 100 % von der Erwerber-GmbH gehaltenen weiteren Tochter-GmbH ist notwendig, da eine Personengesellschaft, in die die Ziel-GmbH formwechselnd umgewandelt werden soll, mindestens zwei Gesellschafter voraussetzt und umwandlungsrechtlich der Kreis der Gesellschafter vor und nach Durchführung des Formwechsels grundsätzlich identisch sein muss. Wird in eine GmbH & Co. KG umgewandelt, muss die zukünftige Komplementär-GmbH schon vor dem Formwechsel an der Ausgangsgesellschaft (d. i. die Ziel-GmbH) beteiligt sein. Vgl. Sagasser/Bula/Brünger-Sagasser/Sickinger, Umwandlungen, R Rn. 100, 106. Zur Fähigkeit der GmbH, Gesellschafterin von (Personen)Gesellschaften zu sein vgl. nur Baumbach/Hueck-Hueck/Fastrich, GmbHG, § 13 Rn. 4 m. w. Nachw.

469 Vgl. Blumers, W./Marquardt, M., Unternehmenskäufe durch Anteilserwerb nach neuem Umwandlungs(-steuer)recht, DStR 1994, S. 1869 (1870); Rödder, T./Hötzel, O., Perspektiven für die steueroptimale Form des Unternehmenskaufs, FR 1994, S. 285 (287); Weber, K., Ausgewählte Zweifelsfragen zum Formwechsel einer Kapitalgesellschaft in eine Personengesellschaft (I), GmbHR 1996, S.261 (265 li. Sp.).

470 Zu den steuerlichen Einzelheiten wird detailliert bei Vorstellung der einzelnen Modelle in den Kapiteln IV und V (S. 139 ff.) Stellung genommen.

471 Herzig, N., Umwandlungsmodell beim Kauf von Anteilen an Kapitalgesellschaften, 2000, S. 173 a.E.

gestaltet, was aus haftungsrechtlichen Erwägungen nahe liegt, so finden auch in dieser Konstellation die Kapitalerhaltungsvorschriften eingeschränkt Anwendung.[472]

f) Verschmelzungsmodell

Beim Verschmelzungsmodell ist die Erwerber-Gesellschaft nicht als GmbH, sondern als Personengesellschaft, in der Regel als GmbH & Co. KG, organisiert.
Diese Erwerber-GmbH & Co. KG erwirbt zunächst 100 % der Anteile der Ziel-GmbH (share deal). In einem zweiten Schritt erfolgt dann die Verschmelzung zur Aufnahme nach §§ 2 Nr. 1, 3 Abs. 1 Nrn. 1, 2 UmwG in Verbindung mit §§ 4 ff. UmwG. Dabei wird das Vermögen der Ziel-GmbH als Ganzes (übertragender Rechtsträger) im Wege der Gesamtrechtsnachfolge auf die Erwerber-GmbH & Co. KG (übernehmender Rechtsträger) übertragen.[473] In dieser Konstellation, in der übertragende und aufnehmende Gesellschaft unterschiedlichen Gesellschaftstypen angehören, ist mit der Verschmelzung zugleich ein Rechtsformwechsel verbunden. In ertragsteuerlicher Hinsicht gilt das zum Umwandlungsmodell kurz Dargestellte entsprechend.
Im Hinblick auf die Anwendbarkeit des § 30 Abs. 1 GmbHG ist – wie bei der Verschmelzung der Ziel-GmbH auf die Erwerber-GmbH – danach zu differenzieren, ob das von der Erwerber-Gesellschaft aufgenommene Darlehen vor (möglicher Konflikt mit § 30 Abs. 1 GmbHG) oder nach (kein Konfliktfall) der Verschmelzung besichert wird.
Um einen Verstoß gegen § 30 Abs. 1 GmbHG bei Anwendung des Verschmelzungsmodells von vorneherein zu vermeiden, empfiehlt es sich daher, die Kreditsicherung erst vorzunehmen, wenn die Ziel-GmbH auf die Erwerber-GmbH & Co. KG verschmolzen wurde.

3. Konzernrechtliche Schranken

Konzernhaftungsrisiken infolge des Zugriffs auf das Vermögen der Ziel-GmbH durch die Erwerber-GmbH sind zwar denkbar, kommen aber beim Spin-Off-MBO eher selten vor und sollen im Rahmen der vorliegenden Arbeit nicht behandelt werden.[474]

---

472 Vgl. i. e. die Darstellung in Kapitel VI § 2 B. II. (S. 266 f.).

473 Vgl. zum Umwandlungsmodell Holzapfel, H.-J./Pöllath, R., Unternehmenskauf in Recht und Praxis, 2000, Rn. 346 ff. sowie die Vorauflage (8. Auflage, 1997) Rn. 246 m. w. Nachw.

474 Vgl. zu möglichen konzernrechtlichen Problemen Otto, H.-J., MBO, 1997, § 26 Rn. 110 m. w. Nachw.

4. Verstoß gegen gesellschaftsinterne Pflichten

Unabhängig von den Kapitalerhaltungsvorschriften der §§ 30 ff. GmbHG und konzernrechtlichen Schranken kann beim Spin-Off-MBO im Einzelfall auch eine Verletzung gesellschaftsinterner Verpflichtungen in Betracht kommen.

Geht man von der Fallkonstellation aus, dass die Erwerber-GmbH nicht 100 % der Gesellschaftsanteile der Ziel-GmbH erwirbt, gleichwohl aber auf Grund ihrer (qualifizierten) Mehrheit in der Lage ist, dem Geschäftsführer der Ziel-GmbH die Weisung zu erteilen, Vermögensgegenstände der Ziel-GmbH zur Besicherung des von der Erwerber-GmbH aufgenommenen Darlehens zu verwenden, so werden dadurch eventuell außenstehende Minderheitsgesellschafter der Ziel-GmbH benachteiligt, ohne dass es dabei auf §§ 30 ff. GmbHG ankommt.

Ergibt ein Drittvergleich, dass die Ziel-GmbH für ihre Kreditsicherung von der Erwerber-GmbH keine adäquate Gegenleistung – etwa in Form einer Avalprovision, eines Entgelts auf Grund Geschäftsbesorgungsvertrages o. ä. – erhalten hat, liegt eine verdeckte Gewinnausschüttung zugunsten der Erwerber-GmbH als Mehrheitsgesellschafterin vor. Darin ist u. U. ein Verstoß gegen den gesellschaftsrechtlichen Gleichbehandlungsgrundsatz zu sehen, der als ungeschriebene Schranke Entscheidungen der Mehrheitsmacht einer Kontrolle unterziehen soll.[475] Auf Grund des Gleichbehandlungsgrundsatzes[476] ist die Gesellschaft – vorbehaltlich abweichender Satzungsbestimmungen oder der Zustimmung der zurückgesetzten Gesellschafter – verpflichtet, (grundsätzlich zulässige[477]) verdeckte Gewinnausschüttungen allen Gesellschaftern gleichmäßig zukommen zu lassen.[478] Rechtsfolge eines Verstoßes hiergegen ist eine im Grundsatz allgemein anerkannte Rückzahlungspflicht des begüns-

---

475 Vgl. Lutter, M./Wahlers, H. W., Der Buyout: Amerikanische Fälle und die Regeln des deutschen Rechts, AG 1989, S. 1 (15); Holzapfel, H.-J./Pöllath, R., Unternehmenskauf in Recht und Praxis, 2000, Rn. 335; Scholz-Emmerich, GmbHG, § 29 Rn. 107 f.; Baumbach/Hueck-Hueck/Fastrich, GmbHG, § 29 Rn. 73; allg. zum Gleichbehandlungsgrundsatz dies. § 13 Rn. 35 ff.

476 Der Gleichbehandlungsgrundsatz verlangt eine gleichmäßige Behandlung der Gesellschafter unter gleichen Bedingungen. Zwar ist er im GmbHG – anders als in § 53a AktG - nicht allgemein, sondern nur in Einzelbestimmungen kodifiziert (§ 19 Abs. 1, § 24, § 26 Abs. 2, 3, § 29 Abs. 3, § 31 Abs. 3, § 47 Abs. 2, § 72 GmbHG), seine Geltung als allgemeiner Rechtsgrundsatz für privatrechtliche Personenzusammenschlüsse ist indes anerkannt. Vgl. Baumbach/Hueck-Hueck/Fastrich, GmbHG, § 13, Rn. 35 ff.; Scholz-Emmerich, GmbHG, § 13 Rn. 41 ff.; Scholz-Winter, GmbHG, § 14 Rn. 40 ff.; Lutter/Hommelhoff, GmbHG, § 14 Rn. 30; Rowedder-Rowedder, GmbHG, § 13 Rn. 11 ff.; Roth/Altmeppen-Altmeppen, GmbHG, § 13 Rn. 80 ff.; Wiedemann, H., Gesellschaftsrecht, 1980, S. 427 ff.; Raiser, T., Recht der Kapitalgesellschaften, 1992, § 12 Rn. 41 ff.; Schmidt, K., Gesellschaftsrecht, 1997, S. 468 ff.

477 Vgl. Baumbach/Hueck-Hueck/Fastrich, GmbHG, § 29 Rn. 71.

478 Baumbach/Hueck-Hueck/Fastrich, GmbHG, § 29 Rn. 73.

tigten Gesellschafters gegenüber der Gesellschaft, deren Rechtsgrundlage allerdings umstritten ist.[479]
Ergänzend diskutiert werden ferner Schadensersatzansprüche gegenüber der Gesellschaft wegen Verletzung der gesellschaftlichen Treuepflicht des Mehrheits- gegenüber dem Minderheitsgesellschafter[480] sowie Ansprüche gegen den Geschäftsführer wegen Verletzung der gesellschaftsinternen Kompetenzverteilung des § 46 Nr. 1 GmbHG, wonach die Entscheidung über die Gewinnverteilung ausschließlich der Gesellschafterversammlung zugewiesen ist, sofern gesellschaftsvertraglich nichts anderes bestimmt ist.[481]

Im Hinblick auf den vorliegend untersuchten Spin-Off-MBO, bei dem die Erwerber-GmbH 100 % der Gesellschaftsanteile der Ziel-GmbH übernimmt, sind jedoch die eben angesprochenen gesellschaftsinternen Pflichtverletzungen von vorneherein ausgeschlossen, da es an einem außenstehenden Minderheitsgesellschafter fehlt, der gegen Entscheidungen der Mehrheit geschützt werden müsste. Daher sollen die obigen Hinweise ausreichen.

5. Analogie zu § 43a GmbHG

Bei dem stark fremdfinanzierten Spin-Off-MBO ist es denkbar, dass die Ziel-GmbH an ihre Alleingesellschafterin, die Erwerber-GmbH, ein Darlehen ausreicht, damit letztere Zins- und Tilgungszahlungen an dritte Fremdkapitalgeber zu leisten imstande ist. Diese Konstellation ist auch keineswegs ungewöhnlich, da die Erwerber-GmbH im Rahmen des Spin-Off-MBO häufig als reine Holdinggesellschaft ausgestaltet sein wird, die – abgesehen von den Gewinnausschüttungen der Ziel-GmbH – mangels operativen Geschäfts keinerlei sonstige Einnahmen erzielt.
In einem solchen Fall wird neben der Anwendung der §§ 30, 31 GmbHG, die – vor allem - beim share deal noch näher untersucht werden[482], eine Analogie zu § 43a GmbHG diskutiert, wenn die Gesellschaft das Darlehen an einen beherrschenden

479 Zumeist wird § 31 Abs. 1 GmbHG analog herangezogen. Vgl. statt aller Baumbach/Hueck-Hueck/Fastrich, GmbHG, § 29 Rn. 76 m. w. Nachw.

480 Vgl. Holzapfel, H.-J./Pöllath, R., Unternehmenskauf in Recht und Praxis, 2000, Rn. 335 m. w. Nachw.; Lutter, M./Wahlers, H. W., Der Buyout: Amerikanische Fälle und die Regeln des deutschen Rechts, AG 1989, S. 1 (15) m. w. Nachw.; Baumbach/Hueck-Hueck/Fastrich, GmbHG, § 29 Rn. 74 m. w. Nachw.

481 So Lutter, M./Wahlers, H. W., Der Buyout: Amerikanische Fälle und die Regeln des deutschen Rechts, AG 1989, S. 1 (15 f.); Scholz-Emmerich, GmbHG, § 29 Rn. 104; Scholz-Westermann, GmbHG, § 30 Rn. 22; Wiedemann, H., Gesellschaftsrecht, 1980, S. 440 ff.

482 Siehe Kapitel IV § 2 C. II. (S. 173 ff.).

Gesellschafter gewährt, der maßgeblichen Einfluss auf die Geschäftsleitung der Gesellschaft hat und daher als faktischer Geschäftsführer qualifiziert werden kann.[483]
Nach § 43a Satz 1 GmbHG darf den Geschäftsführern oder anderen gesetzlichen Vertretern, Prokuristen oder zum gesamten Geschäftsbetrieb ermächtigten Handlungsbevollmächtigten Kredit nicht aus dem zur Erhaltung des Stammkapitals erforderlichen Vermögen der Gesellschaft gewährt werden. Wird gegen dieses Verbot verstoßen, statuiert § 43a Satz 2 GmbHG einen sofort fälligen Rückgewähranspruch der Gesellschaft.
Eine Analogie im Fall der Darlehensgewährung an einen (herrschenden) Gesellschafter ist jedoch mit der herrschenden Meinung[484] abzulehnen. Eine Analogie führt zu einer "Ausfüllung (einer) Gesetzeslücke im Wege des Rückganges auf ein im Gesetz angelegtes Prinzip (und) gründet sich darauf, daß der im Gesetz nicht ausdrücklich geregelte Sachverhalt ein solcher ist, auf den das Prinzip ebenfalls zutrifft, ein Grund, hier eine Ausnahme von dem Prinzip zu machen, aber nicht vorliegt."[485]
Vorliegend fehlt es allerdings sowohl an einer planwidrigen Regelungslücke im Gesetz als auch an einer vergleichbaren Interessenlage, da die Aufzählung sich systematisch ausschließlich und in sich konzis auf Vertreter der GmbH, die mit organschaftlicher oder rechtsgeschäftlicher Vertretungsmacht ausgestattet sind, bezieht. In diese Reihe der vertretungsberechtigten Personen können, aber müssen nicht notwendig Gesellschafter gehören. Diese enumerative[486] Beschränkung war auch vom historischen Gesetzgeber intendiert.[487] Ratio legis ist es, gerade vertretungsberechtigten Personen zu erschweren, sich selbst Kredit zu gewähren, sich also selbst aus

[483] So Schneider, U. H., "Kapitalmindernde Darlehen" der GmbH an ihre Gesellschafter, in: FS für Döllerer, S. 537 (548); Scholz-Schneider, GmbHG, § 43a Rn. 29; Schneider, U. H., Mittelbare verdeckte Gewinnausschüttungen im GmbH-Konzern, ZGR 1985, S. 279 (293); unentschieden Schmidt, K., Gesellschaftsrecht, 1997, S. 1147.

[484] Hachenburg-Stein, GmbHG, § 43a Rn. 12; Lutter/Hommelhoff, GmbHG, § 43a Rn. 4; Baumbach/Hueck-Zöllner, § 43a Rn. 3; Rowedder-Koppensteiner, GmbHG, § 43a Rn. 2; Roth/Altmeppen-Altmeppen, GmbHG, § 43a Rn. 5; Koppensteiner, H.-G., GmbH-rechtliche Probleme des Management Buy-Out, ZHR 155 (1991), S. 97 (105); zur Kritik an Schneider: Ehricke, U., Das abhängige Konzernunternehmen in der Insolvenz, 1998, S. 301 ff.

[485] Larenz, K., Methodenlehre der Rechtswissenschaft, 1991, S. 381.

[486] Der grundsätzlich enumerative Charakter des § 43a S. 1 GmbHG wird auch nicht dadurch zurückgenommen, dass Rechtsprechung (vgl. BGHZ 81, S. 365 (367)) und Literatur § 43a GmbHG auch auf nahe Angehörige oder sonstige Personen, die in einem Näheverhältnis zu einem Handelnden im Sinne von § 43a S. 1 GmbHG stehen, anwendet. Denn auf diese Weise sollen lediglich Umgehungstatbestände beseitigt und einem Gestaltungsmissbrauch vorgebeugt werden. Vgl. dazu Lutter/Hommelhoff, GmbHG, § 43a Rn. 4; Rowedder-Koppensteiner, GmbHG, § 43a Rn. 4; Becker, R., Gesellschaftsrechtliche Probleme der Finanzierung von Leveraged-Buy-Outs, DStR 1998, S. 1429 (1433).

[487] Vgl. BT-Drucks. 8/3908, S. 68 ff.; BT-Drucks. 8/1374, S. 74.

dem Gesellschaftsvermögen zu bedienen.[488] Durch dieses Kreditgewährungsverbot soll die Erhaltung des Stammkapitals gesichert werden.[489] Eine solche typisierte Gefährdungslage ist bei einer bloßen Gesellschafterstellung ohne Vertretungsmacht nicht gegeben. Insoweit fehlt es ausweislich einer grammatikalischen, historischen und teleologischen Auslegung an einer planwidrigen Regelungslücke
Diese Auslegung wird ferner durch ein systematisches Argument aus dem Aktienrecht gestützt. Gemäß § 89 Abs. 4 Satz 2 AktG bedürfen Kredite an verbundene Unternehmen, die von Vorstandsmitgliedern der Aktiengesellschaft in Personalunion vertreten werden, nicht einmal der Zustimmung des Aufsichtsrates. Würde man nun unter die Vorschrift des § 43a GmbHG auch Darlehen an Gesellschafter subsumieren, so läge dem GmbH-Recht ein weitaus schärferer Maßstab zugrunde, als dem ansonsten strengeren Aktienrecht. Dies wäre ein Wertungswiderspruch.[490]

6. Strafrechtliche Sanktion gemäß § 266 StGB

Die Besicherung durch die Ziel-GmbH zugunsten der Erwerber-Gesellschaft als Darlehensnehmerin und Alleingesellschafterin der Ziel-Gesellschaft kann im Einzelfall sogar strafrechtliche Konsequenzen nach sich ziehen. Diskutiert wird in diesem Zusammenhang der Untreuetatbestand gemäß § 266 StGB.[491] Zu unterscheiden sind die Ebene der Strafbarkeit der Gesellschafter und die Ebene der strafrechtlichen Relevanz des Handelns des Geschäftsführers der Ziel-GmbH.

Entzieht der Geschäftsführer der Ziel-GmbH dieser im Wege der Besicherung Vermögen und verletzt damit § 30 Abs. 1 GmbHG oder gefährdet durch den Kapitalab-

---

488 Vgl. Rowedder-Koppensteiner, GmbHG, § 43a Rn. 1; Roth/Altmeppen-Altmeppen, GmbHG, § 43a Rn. 1.

489 Baumbach/Hueck-Zöllner, GmbHG, § 43a Rn. 1.

490 Ebso Otto, H.-J., MBO, 1997, § 26 Rn. 107 m. w. Nachw.

491 Vgl. a. den Überblick bei Müller-Christmann, B./Schnauder, F., Durchblick: Zum strafrechtlichen Schutz des Gesellschaftsvermögens, JuS 1998, S. 1080 ff. Die gesellschaftsrechtliche Literatur behandelt dieses Problem nur sehr knapp: Holzapfel, H.-J./Pöllath, R., Unternehmenskauf in Recht und Praxis, 2000, Rn. 336 (mit Zitat der überholten Rechtsprechung zur Vermögensverschleierung, s. dazu die folgende Fußnote); Otto, H.-J., MBO, 1997, § 26 Rn. 103; Peltzer, M., Finanzierung/MBO, DB 1987, S. 973 (977).

zug willkürlich die Existenz oder Liquidität der Ziel-GmbH[492], so fallen sein rechtliches Können im Außenverhältnis und sein rechtliches Dürfen im Innenverhältnis auseinander, und er missbraucht die ihm qua Organstellung eingeräumte Vermögensverfügungsbefugnis im Sinne des Missbrauchstatbestands nach § 266 Abs. 1 Alt. 1 StGB.[493] Dass die Gesellschafter bzw. die Erwerber-GmbH als Alleingesellschafterin diesen Maßnahmen zugestimmt haben, spielt strafrechtlich keine Rolle, da sich § 266 StGB als Vermögensschutzdelikt an der gesellschaftsrechtlichen Vermögenszuordnung des § 13 Abs. 1 GmbHG orientiert und das Gesellschaftsvermögen als selbständiges Schutzobjekt begreift. Der Untreuetatbestand schützt gemäß der höchstrichterlichen Judikatur also die GmbH als eigene Rechtspersönlichkeit, da die GmbH als juristische Person und nicht ihre Gesellschafter Trägerin der geschützten Vermögensinteressen ist.[494] Dies hat nach der BGH-Rechtsprechung zur Folge, dass die Strafbarkeit des GmbH-Geschäftsführers bei Verletzung der Kapitalerhaltungsvorschriften, der willkürlichen Liquiditäts- oder Existenzgefährdung der Gesellschaft weder über die Rechtsfigur des tatbestandsausschließenden Einverständnisses noch über eine rechtfertigende Einwilligung abgewendet werden kann, da den Gesellschaftern bzw. den für die Erwerber-GmbH handelnden Organen insoweit die Dispositionsbefugnis fehlt.[495]

Für die GmbH-Gesellschafter, die der Geschäftsführungsmaßnahme zustimmen oder sogar den Geschäftsführer der Ziel-GmbH anweisen, kommt nach den Umständen des jeweiligen Einzelfalls eine Teilnehmerstrafbarkeit in Betracht. Mittelbare Täterschaft nach § 25 Abs. 1 Alt. 2 StGB scheidet aus, da es sich bei § 266 Abs. 1 Alt. 1 StGB um ein Sonderdelikt handelt und daher nur der mit rechtsgeschäftlich einge-

---

492 Zwar ist die Rechtsprechung der Strafsenate im Hinblick auf die Anforderungen an die Tathandlung uneinheitlich gewesen, doch haben sich diese drei Tatalternativen mittlerweile herauskristallisiert. Insbesondere stellt der BHG nicht mehr darauf ab, ob gegen die Grundsätze eines ordentlichen Kaufmanns – etwa bei lückenhafter oder falscher Buchführung – verstoßen wurde (so noch die Extremposition in BGHSt 34, S. 379; ausdrückliche Aufgabe in BGHSt 35, S. 333). Vgl. zur neueren Rechtsprechung des BGH: BGHSt 35, S. 333; BGH wistra 1990, S. 99 (99 ff.); BGH wistra 1991, S. 107 (109); BGH NJW 1997, S. 66 (66 ff.); BGH NJW 2000, S. 154 (155 f.) sowie Fischer/Tröndle-Fischer, StGB, § 266 Rn. 20; Schönke/Schröder-Lenckner/Perron, StGB, § 266 Rn. 21.

493 Der GmbH-Geschäftsführer ist also ohne weiteres tauglicher Täter im Sinne des Sonderdeliktstatbestandes des § 266 Abs. 1 Alt. 1 StGB. Vgl. BGH NJW 1997, S. 66; Hachenburg-Kohlmann, GmbHG, Vorb. § 82 Rn. 64; Scholz-Tiedemann, GmbHG, Bd. 2, Vor. §§ 82 ff. Rn. 14 f.; Rowedder-Fuhrmann/Schaal, GmbHG, Vorb. §§ 82-85 Rn. 8; Schönke/Schröder-Lenckner/Perron, StGB, § 266 Rn. 8.

494 Vgl. BGHSt 3, S. 32 (40); BGHSt 9, S. 203 (216); BGHSt 34, S. 379 (385); Kohlmann, Die strafrechtliche Verantwortung des GmbH-Geschäftsführers, 1990, Rn. 201; Brammsen, J., Strafbare Untreue des Geschäftsführers bei einverständlicher Schmälerung des GmbH-Vermögens, DB 1989, S. 1609 (1609 f.).

495 So BGH NJW 1997, S. 66; = JR 1997, S. 340; BGHSt 35, S. 333 ff.; BGH wistra 1990, S. 99 (99 ff.); BGH wistra 1991, S. 107 (109).

räumter Vermögensverfügungsbefugnis betraute Geschäftsführer tauglicher Täter ist. Für Außenstehende verbleibt es damit bei der Teilnehmerstrafbarkeit, für die im übrigen – nach h. M. - § 28 Abs. 1 StGB gilt.[496]
Allerdings ist hier festzuhalten, dass im deutschen Strafrecht als handlungsfähige Täter und Teilnehmer nur natürliche, nicht juristische Personen bestraft werden können, so dass die Erwerber-GmbH als Alleingesellschafterin der Ziel-GmbH nicht nach dem StGB bestraft werden kann. Werden durch die allein handlungsfähigen Organe Pflichten verletzt, die die juristische Person treffen, so kommt jedoch die Festsetzung einer Geldbuße nach §§ 30, 88 OWiG gegen die Erwerber-GmbH in Betracht.
Auf Gesellschafterebene ergibt sich beim hier untersuchten Spin-Off-MBO gemäß § 14 Abs. 1 Nr. 1 StGB nur eine Teilnehmerstrafbarkeit für die geschäftsführenden Gesellschafter der Erwerber-GmbH. Etwas anderes ergibt sich allerdings dann, wenn die Erwerber nicht als GmbH organisiert sind, sondern als natürliche Personen oder als vertretungsberechtigte Personengesellschafter (§ 14 Abs. 1 Nr. 2 StGB) auftreten. In einem solchen Fall kommt Strafbarkeit als Teilnehmer nach § 266 Abs. 1 Alt. 1 StGB für alle zustimmenden bzw. anweisenden Gesellschafter in Betracht.

7. Zwischenergebnis

Konflikte mit dem Kapitalerhaltungsgrundsatz des § 30 Abs. 1 GmbHG können sich beim Spin-Off-MBO insbesondere beim share deal bzw. – allgemeiner – in Akquisitionsgestaltungen ergeben, in denen auf das Vermögen einer (noch) rechtlich eigenständigen Ziel-GmbH zugegriffen wird, um den Kapitaldienst ihrer Erwerber-Muttergesellschaft sicherzustellen. Demgegenüber ist der asset deal sub specie § 30 Abs. 1 GmbHG unproblematisch.
Ein Verstoß gegen gesellschaftsinterne Pflichten scheidet mangels schutzbedürftigen Minderheitsgesellschafters zumindest bei einem solchen Spin-Off-MBO aus, bei dem alle Anteile der Ziel-Gesellschaft übernommen werden.
Eine Analogie zu § 43a GmbHG zu Lasten der Erwerber-GmbH ist mit der h. M. abzulehnen.
Der Geschäftsführer der Ziel-GmbH kann sich im Rahmen eines Spin-Off-MBO – unabhängig von einer Zustimmung der Gesellschafter – des Missbrauchstatbestandes des § 266 Abs. 1 Alt. 1 StGB strafbar machen. Für die Gesellschafter der Erwerber-Gesellschaft kommt u. U. Teilnehmerstrafbarkeit in Betracht.

III. Erhöhung des cash flow über neue Abschreibungen

Nach Darstellung des Zinsabzugs (I., S. 89 ff.) und der GmbH-rechtlichen Problematik im Zusammenhang mit dem Zugriff auf das Vermögen der Ziel-Gesellschaft (II.,

[496] Tröndle/Fischer-Fischer, StGB, § 266 Rn. 15; Schönke/Schröder-Lenckner/Perron, StGB, § 266 Rn. 52.

S. 119 ff.) soll nun der steuerrechtliche Ausgangspunkt für das Interesse des Erwerbers, im Rahmen des Spin-Off-MBO den cash flow der Erwerber-GmbH durch neue Abschreibungen aus dem Kaufpreis zu erhöhen, dargestellt werden.

Erwirbt die Erwerber-GmbH im Wege des asset deal die Vermögensgegenstände der Ziel-GmbH, so darf sie diese mit den Anschaffungskosten (§ 255 Abs. 1 HGB) bilanzieren, soweit es sich um abnutzbare Wirtschaftsgüter[497] handelt, deren Verwendung oder Nutzung sich erfahrungsgemäß auf einen Zeitraum von mehr als einem Jahr erstreckt (§ 8 Abs. 1 KStG in Verbindung mit §§ 7 Abs. 1 Satz 1, 6 Abs. 1 Nr. 1 Satz 1 EStG). Ebenfalls zu den Anschaffungskosten[498] werden übernommene Verbindlichkeiten[499], Vermittlungsprovisionen[500] sowie so genannte Anschaffungsnebenkosten[501] gerechnet (z. B. Notargebühren, Beraterhonorare).[502] Etwas anderes gilt wegen der Maßgeblichkeit der Handelsbilanz für die steuerrechtliche Gewinnermittlung[503] auf Grund des strengen Niederstwertprinzips (vgl. § 5 Abs. 1 Satz 1 EStG[504], § 253 Abs. 3 Satz 1 HGB) im Fall des § 6 Abs. 1 Nr. 1 Satz 2 EStG. Danach sind bei Vermögensgegenständen des Umlaufvermögens zwingend Teilwertabschreibungen auf einen niedrigeren Börsen- oder Marktpreis oder sonstigen Zeitwert vorzunehmen.[505]
Insgesamt werden auf diese Weise die Buchwerte der Wirtschaftsgüter des bisherigen Unternehmens auf ihre steuerlichen Teilwerte erhöht, soweit der Unternehmenskaufpreis die kumulierten Netto-Buchwerte der einzelnen Vermögensgegenstände

---

497 Vgl. zur Differenzierung abnutzbare/nicht abnutzbare Wirtschaftsgüter: Loritz, K.-G., Einkommensteuerrecht, 1988, Rn. 807 und allg. zum Terminus "Wirtschaftsgut": Rn. 798 ff.

498 Vgl. zum Terminus Anschaffungskosten Blümich-Ehmcke, EStG/KStG/GewStG, § 6 EStG Rn. 90 ff.; BFH v. 22.8.1966, BStBl III 1966, S. 672; BFH v. 16.12.1977, BStBl II 1978, S. 233; Mathiak, W., Anschaffungs- und Herstellungskosten, 1984, S. 97 ff.; Kupsch, P., Zur Problematik der Ermittlung von Anschaffungskosten, StbJb 1989/90, S. 93 ff.

499 Vgl: Ordelheide, D., Zu den Anschaffungsnebenkosten nach Handels- und Steuerrecht, 1989, S. 223 ff.; Abschn. 32a Abs. 2 EStR.

500 Schmidt-Glanegger, EStG, § 6 Rn. 140 (Vermittlungsprovision).

501 Vgl. Loritz, K.-G., Einkommensteuerrecht, 1988, Rn. 862.

502 Schmidt-Glanegger, EStG, § 6 Rn. 84.

503 Loritz, K.-G., Einkommensteuerrecht, 1988, Rn. 765 ff.; Baumbach/Hopt, HGB, Einl. v. § 238 Rn. 27.

504 Eine GmbH unterliegt gemäß § 7 Abs. 4 Satz 1 KStG der derivativen Buchführungspflicht gemäß §§ 238 ff., 6 Abs. 1 HGB in Verbindung mit § 13 Abs. 3 GmbHG. Insbesondere erfasst der Kaufmannsbegriff des § 238 Abs. 1 Satz 1 HGB auch den Formkaufmann nach § 6 Abs. 2 HGB (vgl. Baumbach/Hopt, HGB, Einl. v. § 238 Rn. 22; Beck'scher Bilanz-Kommentar-Budde/Kunz, § 238 Rn. 24 f. sowie Baumbach/Hueck-Hueck/Fastrich, GmbHG, § 13 Rn. 40).

505 Baumbach/Hopt, HGB, § 253 Rn. 13 ff.

der Ziel-Gesellschaft übersteigt[506] (Buchwertaufstockung).[507] "Dabei ist der Kaufpreis (unter Einrechnung der übernommenen Verbindlichkeiten), soweit er die Summe der Buchwerte überschreitet, den erworbenen Wirtschaftsgütern im Verhältnis ihrer Teilwerte zueinander zuzuschreiben, jedoch nicht über deren Teilwerte hinaus."[508] Übersteigt die für die Übernahme eines Unternehmens bewirkte Gegenleistung den Wert der einzelnen Vermögensgegenstände des Unternehmens abzüglich der Schulden im Zeitpunkt der Übernahme, so ist dieser Unterschiedsbetrag als Geschäfts- oder Firmenwert[509] zu aktivieren (§ 255 Abs. 4 Satz 1 HGB). Die Aufstockung erfolgt in Stufen[510]: Zuerst sind die bilanzierten (typischerweise körperlichen) Wirtschaftsgüter, dann die vormals nichtbilanzierten (typischerweise immateriellen[511]) Wirtschaftsgüter und erst auf der dritten Stufe ein etwaiger Mehrbetrag als Geschäftswert (vgl. § 5 Abs. 2 EStG) zu verbuchen. Diese Reihenfolge ist insofern relevant, als die Nutzungsdauer des Geschäfts- oder Firmenwerts von § 7 Abs. 1 Satz 3 EStG mit 15 Jahren angesetzt wird und wegen der mit der langen Nutzungsdauer verbundenen Abzinsungsverluste für den Steuerpflichtigen ungünstig ist. Da-

---

506 Wegen der hohen wirtschaftlichen Anforderungen, die beim Spin-Off-MBO an die Ziel-Gesellschaft gestellt werden, wird im Rahmen der vorliegenden Arbeit davon ausgegangen, dass der Unternehmenskaufpreis die kumulierten Netto-Buchwerte der Vermögensgegenstände der Ziel-Gesellschaft übersteigt. Vgl. als empirisch orientiertes Beispiel für Spin-Off-MBOs, bei denen dies nicht der Fall ist (Vest, P., Der Verkauf von Konzerunternehmen durch MBO, 1995, S. 234 ff.). Unterschreitet der Kaufpreis die kumulierten Netto-Buchwerte der erworbenen Wirtschaftsgüter, so ist eine so genannte Abstockung vorzunehmen. Siehe dazu Hötzel, O., Unternehmenskauf und Steuern, 1997, S. 15, 18 ff.

507 Vgl. Holzapfel, H.-J./Pöllath, R., Unternehmenskauf in Recht und Praxis, 2000, Rn. 341.

508 Holzapfel, H.-J./Pöllath, R., Unternehmenskauf in Recht und Praxis, 2000, Rn. 341.

509 Der BFH definiert den Geschäfts- oder Firmenwert als "Inbegriff einer Anzahl von im einzelnen nicht meßbaren Faktoren, wie Kundenkreis, Ruf des Unternehmens, Absatzorganisation usw." (BFH BStBl II 1988, S. 50).

510 Vgl. dazu Holzapfel, H.-J./Pöllath, R., Unternehmenskauf in Recht und Praxis, 2000, Rn. 145a m. Verw. auf die Regeln der BFH-Rechtsprechung; Hörger, H./Stobbe, T., Die Zuordnung stiller Reserven beim Ausscheiden eines Gesellschafters einer Personengesellschaft, DStR 1991, S. 1230 ff.; Herzig, N., Steuerorientierte Grundmodelle des Unternehmenskaufs, DB 1990, S. 133 (134).

511 Immateriell sind diejenigen Wirtschaftsgüter, die auf Grund der Verkehrseinschätzung am Markt greifbar und selbständig verwertbar sind und einer besonderen Bewertung unterliegen. Vgl. BFH BStBl II 1994, S. 444; 1992, S. 977 sowie BFH BStBl II 1979, S. 737.

her bietet es sich im Rahmen eines Spin-Off-MBO[512] häufig an, bereits im Kaufvertrag festzulegen[513], inwieweit der Kaufpreis sich auf andere, insbesondere bislang noch nicht bilanzierte, regelmäßig immaterielle Wirtschaftsgüter verteilt, um deren schnellere Abschreibung auszunutzen und so den Geschäftswert nach Möglichkeit zu atomisieren.[514]

Nach der Buchwertaufstockung kann dann von den höheren Teilwerten steuerwirksam abgeschrieben werden, mit der Folge, dass die Betriebseinnahmen durch höhere Betriebsausgaben in Form von Absetzungen für Abnutzung (AfA) gemindert werden und so die Steuerlast sinkt. Die steuermindernden Zusatzabschreibungen führen so zu einer Erhöhung des cash flow, mit dem die Zins- und Tilgungsschulden bedient werden. Wegen der entscheidenden Bedeutung des Kapitaldienstes im Rahmen des stark fremdfinanzierten Spin-Off-MBO ist also die Frage, ob und inwieweit aus dem Kaufpreis neues Abschreibungsvolumen generiert werden kann, für das Gelingen des Spin-Off-MBO besonders wichtig.

Anders als beim asset deal ergibt sich im Falle des share deal, bei dem keine den AfA-Regeln unterfallende Vermögensgegenstände, sondern nicht abnutzbare und daher steuerlich nicht abschreibbare Kapitalgesellschaftsanteile erworben werden, keine automatische Buchwertaufstockung. Es wird vielmehr ausschließlich die erworbene Beteiligung als eigenständiges Wirtschaftsgut mit ihren Anschaffungskos-

---

512 Bei einem Spin-Off-MBO sind im Gegensatz zu sonstigen Unternehmenskäufen beide Vertragsparteien in der Regel sehr gut mit dem zu veräußernden Unternehmen vertraut. Ferner besteht wegen der häufig langjährigen beruflichen Beziehungen auch nicht ein besonders stark ausgeprägter Interessengegensatz. Dies ist die Grundlage dafür, dass es beim Spin-Off-MBO durchaus empfehlenswert sein kann, eine Aufteilung bereits im Kaufvertrag vorzunehmen. Diese sollte mit möglichst detaillierten Unterlagen (etwa in Form von Anlagen zum Kaufvertrag) dokumentiert werden. Vgl. a. Hörger, H., Neue Tendenzen zur steuerorientierten Kaufpreisaufteilung, 2000, S. 141 (156).

513 Die Aufteilung richtet sich zwar grundsätzlich nicht nach dem Willen der Beteiligten, sondern nach dem Verhältnis der Teilwerte (so BFH BStBl II 1992, S. 512). Allerdings hat eine derartige vertraglich vereinbarte Aufteilung den ersten Anschein der sachlichen Richtigkeit (so BFH BStBl II 1973, S. 391). Gründe, der Aufteilung nicht zu folgen, insbesondere wegen Interessengleichlaufs zwischen Veräußerer und Erwerber, finden sich bei Nolte, K. H., Zum Problemkreis: Besteuerung bei Interessengleichlauf, DB 1981, S. 908 ff.

514 So kann z.B. know how, das steuerlich als selbständiges Wirtschaftsgut behandelt wird und von einfachem Erfolgswissen bis hin zu nicht geschützten Erfindungen reicht, durch Zahlung zum Wirtschaftsgut werden und im Rahmen der AfA innerhalb von 3-5 Jahren abgeschrieben werden (BFH BB 1987, S. 2290; zum Begriff des know how: BFH BStBl II 1989, S. 82; 1987, S. 809). Vgl. für weitere vor einem Geschäftswert anzusetzende immaterielle, abschreibbare Wirtschaftsgüter die Übersicht bei Holzapfel, H.-J./Pöllath, R., Unternehmenskauf in Recht und Praxis, 2000, Rn. 161.

ten bilanziert.[515] Auch die Ziel-Gesellschaft muss ihre bisherigen Buchwerte fortführen (Grundsatz der Bilanzidentität[516], § 252 Abs. 1 Nr. 1 HGB). Daher steht der Erwerber-GmbH, die nach dem Spin-Off-MBO 100 % der Gesellschaftsanteile der Ziel-GmbH hält, lediglich der cash flow zur Verfügung, der schon vor dem Erwerb vorhanden war. Die in diesem cash flow enthaltenen Abschreibungen gehen allerdings nicht von den neuen, über den Kaufpreis tatsächlich bezahlten Teilwerten aus, sondern unverändert von den alten Buchwerten. Der cash flow der Erwerber-GmbH ist daher häufig nicht ausreichend, um Reinvestitionen, Zins- und Tilgungszahlungen zu finanzieren.
Auf Grund des Steuersenkungsgesetzes ist die Vereinnahmung von Schachteldividenden allerdings nunmehr gemäß § 8b Abs. 1 KStG n. F. steuerbefreit. Man könnte folglich annehmen, dass insoweit der Wegfall von Zusatzabschreibungen aus dem Kaufpreis keinen weiteren Nachteil darstellt, da mangels anderer Einnahmen der Holding-Erwerber-GmbH und wegen des Abzugsverbotes des § 3c Abs. 1 EStG n. F. eine Geltendmachung als Betriebsausgaben ohnehin nicht möglich wäre. Allerdings sind – wie beim Zinsabzug – auch nach der künftigen Rechtslage Modelle denkbar, die die steuerwirksame Abzugsfähigkeit etwaiger Zusatzabschreibungen aus dem Kaufpreis weiterhin sichern[517], so dass sich auch in Zukunft die Frage stellen wird, wie der für den Erwerb der Kapitalgesellschaftsanteile gezahlte Kaufpreis in - den cash flow erhöhendes - Abschreibungsvolumen transformiert werden kann.

Die gesellschafts- und steuerrechtliche Darstellung der dazu entwickelten Modelle ist Gegenstand der folgenden drei Kapitel. Dabei wird zum einen die bisherige, teils noch gültige Rechtslage vorgestellt. Zum anderen werden die Veränderungen infolge des Steuersenkungs- und Steuersenkungsergänzungsgesetzes beleuchtet und im Vergleich mit der alten Rechtslage neue Modelle und Akquisitionsinstrumente vorgestellt. Im Anschluss daran wird im Rahmen der Zusammenfassung in Kapitel VII eine Gestaltungsalternative vorgestellt, die die unterschiedlichen Interessen der Käufer- und Verkäuferseite beim Spin-Off-MBO nach der Unternehmenssteuerreform 2001 bestmöglich berücksichtigt.

---

515 Vgl. Littmann/Bitz/Pust-Meincke, Das Einkommensteuerrecht, Bd. 2, § 6 EStG Anm. 249 ff.; Schmidt-Weber-Grellet, EStG, § 5 Rn. 270 (Beteiligungen an KapGes).

516 Vgl. Loritz, K.-G., Einkommensteuerrecht, 1988, Rn. 784.

517 Vgl. dazu ob., C. I. 3. (S. 90 ff.).

Kapitel IV Die zwei Grundarten des Unternehmenskaufs im Rahmen des Spin-Off-MBO

§ 1 Asset Deal

A. Inhalt

Wie bereits erörtert werden bei einem asset deal die einzelnen Vermögensgegenstände der Ziel-Gesellschaft nach den jeweils für sie geltenden Vorschriften im Wege der Singularsukzession auf die Erwerber-Gesellschaft übertragen. Es werden also nicht – wie beim share deal - die Gesellschaftsanteile an der Ziel-Gesellschaft, sondern das wirtschaftliche Unternehmen selbst übertragen.[518] Die Ziel-Gesellschaft bleibt als leergekaufte Hülle zurück und kann als so genannte Mantel-GmbH nach einer Satzungsänderung für neue geschäftliche Aktivitäten genutzt werden.[519] Welche Primär-, Neben- und Sekundärpflichten die veräußernde Konzernobergesellschaft dabei treffen, wurde ebenso behandelt wie die Problematik, die sich aus dem Erfordernis der Zustimmung betroffener Drittgläubiger sowie aus dem sachenrechtlichen Bestimmtheitsgrundsatz ergibt.[520] Der Erwerb des gegenständlichen Unternehmens als Sach- und Rechtsgesamtheit wird in seiner Durchführung regelmäßig teurer sein, als der share deal, da, neben den Notar- und Grundbuchgebühren, höhere Kosten infolge der aufwendigeren Vertragsgestaltung anfallen.[521]
Rein wirtschaftlich betrachtet kann ein asset deal aus Erwerbersicht dadurch motiviert sein, dass er es ermöglicht, nur die für den zukünftigen Geschäftszweck notwendigen Aktiva zu erwerben und auf diese Weise das Finanzierungsvolumen gering zu halten.[522]
Im Rahmen von Konzern-Spin-Offs kann der asset deal die einzig realisierbare Form des Unternehmenskaufs sein, wenn die veräußernde Konzernobergesellschaft es ablehnt, eine rechtlich unselbständige Unternehmenssparte vor dem Spin-Off rechtlich zu verselbständigen.[523]

Im Folgenden soll nun untersucht werden, welche steuerrechtlichen und gesellschaftsrechtlichen Aspekte bei einem asset deal im Rahmen des vorliegend untersuchten Spin-Off-MBO zu beachten sind. Dabei soll die Sichtweise der veräußern-

---

518 Vgl. Koenen, S./Gohr, M., Asset-Deal, Share-Deal oder Kombinationsmodell – Anwendungsvoraussetzungen und ertragsteuerliche Effekte der Übernahme von Kapitalgesellschaften, DB 1993, S. 2541 (2541).

519 Vgl. Baumbach/Hueck-Hueck/Fastrich, GmbHG, § 3 Rn. 13 ff. sowie bereits Kapitel III § 2 B. I. 2. (S. 70 ff.).

520 Vgl. Kapitel III § 1 A. II. u. III. (S. 32 ff. u. 39 ff.).

521 Boxberg, F. von, Das Management Buyout-Konzept, S. 267.

522 Kitzes, J. A./Lamb, D. H., Tax and Accounting considerations, in: Diamond, S. C. (Hrsg.), Leveraged Buyouts, Homewood/Illinois 1985, S. 152.

523 Vgl. Hitschler, W., L(M)BOs – Bestimmungsfaktoren, Finanzierung und rechtliche Gestaltungsmöglichkeiten in der BRD, BB 1990, S. 1877 (1881).

den Konzernobergesellschaft derjenigen des Erwerbers gegenübergestellt werden, um so etwaige Konvergenzen oder Diskrepanzen besser herauszuarbeiten.

B. Bewertung aus Sicht der veräußernden Konzernobergesellschaft

I. Steuerliche Perspektive

In ertragsteuerlicher Hinsicht werden bei der Ziel-GmbH stille Reserven aufgedeckt, wenn der von der Erwerber-Gesellschaft gezahlte Kaufpreis die kumulierten Netto-Buchwerte der einzelnen Vermögensgegenstände übersteigt. Der daraus resultierende Veräußerungsgewinn im Sinne der § 8 Abs. 1 KStG in Verbindung mit § 4 Abs. 1 Satz 1 EStG ist in vollem Umfang als laufender Gewinn bei der Ziel-GmbH körperschaftsteuerpflichtig[524].
Die Tarifermäßigung des § 16 EStG ist auf Körperschaften wie die Ziel-GmbH nicht anwendbar.[525]

1. Rechtslage vor dem Steuersenkungsgesetz

Bezogen auf die Rechtslage vor dem Steuersenkungsgesetz konnte sich die veräußernde Konzernobergesellschaft in einem zweiten Schritt den Veräußerungsgewinn von ihrer Tochter-GmbH als Gewinn ausschütten lassen. Dies erfolgte nach dem Anrechnungsverfahren gemäß § 27 Abs. 1 KStG a. F., das bei Schachteldividenden eine körperschaftsteuerliche Doppelbelastung der Mutter- und Tochtergesellschaft verhindern soll[526]: Danach mindert sich die von der ausschüttenden Tochtergesellschaft getragene Körperschaftsteuer in Höhe von 45 % (§ 23 Abs. 2 Satz 1 KStG a. F.) bei Ausschüttung um den Unterschiedsbetrag zwischen der bei ihr eingetretenen Tarifbelastung in Höhe von 45 % (§ 23 Abs. 2 Satz 1 KStG a. F.) und einer Ausschüttungsbelastung von 30 %, also um insgesamt 15 %. Dadurch kam es zu einer Körperschaftsteuer-Minderung im Falle der Ausschüttung auf 30 % bei der Tochtergesellschaft.

Als Gewerbeertrag im Sinne des § 7 Satz 1 GewStG unterliegt der nach dem Körperschaftsteuergesetz ermittelte Gewinn auch der Gewerbesteuer.[527]

---

524 Rödder, T., Gestaltungsbeispiele für die Verbesserung des Steuerstatus des Unternehmensverkäufers, 2000, S. 75 (78).

525 Blümich-Stuhrmann, EStG/KStG/GewStG, Bd. 2, § 16 EStG Rn. 5; Schmidt-Wacker, EStG, § 16 Rn. 11 m. w. Nachw.

526 Herrmann/Heuer/Raupach-Wrede, EStG/KStG, Bd. 17, § 27 KStG Rn. 3.

527 Vgl. Abschn. 40 Abs. 2 Satz 1 GewStR 1998; Rödder, T., Gestaltungsbeispiele für die Verbesserung des Steuerstatus des Unternehmensverkäufers, 2000, S. 75 (80).

2. Rechtslage nach dem Steuersenkungsgesetz

Auf Grund der Umstellung vom Vollanrechnungsverfahren zum Halbeinkünfteverfahren unterliegt der von der Tochtergesellschaft im Wege des asset deal erzielte Veräußerungsgewinn im Sinne der § 8 Abs. 1 KStG in Verbindung mit § 4 Abs. 1 Satz 1 EStG, der aus der Aufdeckung stiller Reserven resultiert, nunmehr gemäß § 23 Abs. 1 KStG n. F. einer Definitivbesteuerung in Höhe von 25 %. Diese Besteuerung fällt also unabhängig davon an, ob die Tochtergesellschaft ihre Gewinne thesauriert oder an die Muttergesellschaft als Anteilseignerin ausschüttet, der unterschiedliche Körperschaftsteuersatz von 40 % für thesaurierte Gewinne und 30 % für ausgeschüttete Gewinne ist damit abgeschafft.[528] Insgesamt ist diese Absenkung und Glattstellung der Körperschaftsteuer als deutliche Steuerentlastung und Verbesserung der Wettbewerbsfähigkeit der deutschen Wirtschaft sowie des deutschen Wirtschaftsstandortes zu werten.[529]

An der Gewerbesteuerpflichtigkeit hat sich gegenüber der bisherigen Rechtslage nichts geändert, so dass der Gewinn aus der Veräußerung eines Betriebes weiter gewerbesteuerpflichtig bleibt.[530]

II. Gesellschaftsrechtliche Perspektive

1. Veräußerung

Auf Grund der Veräußerung aller Vermögensgegenstände an eine andere Gesellschaft, überträgt die Ziel-Gesellschaft auch den Geschäftsbetrieb und die Organisationsstrukturen auf ein anderes Unternehmen. Da sie dadurch zugleich ihr operatives Geschäft einstellt, kommt es auf Ebene der Ziel-Gesellschaft in der Regel zu einer Änderung des Unternehmensgegenstandes. Daher ist vor Veräußerung der Vermögensgegenstände eine entsprechende Satzungsänderung im Wege eines qualifizierten

---

528 Vgl. PWC, Steuer Briefe, 2000, S. 45 ff.; Oppenhoff & Rädler-Lang, Unternehmensbesteuerung, 2000, S. 286. Problematisch ist diese Neuregelung allerdings im Hinblick auf Körperschaftsteuersubjekte, die ihrerseits nicht weiter ausschütten können (z.B. Betriebe gewerblicher Art von Körperschaften des öffentlichen Rechts), da bei ihnen eine (hälftige) Nachbelastung auf Anteilseignerebene fehlt, wenn die Gewinne in Bereichen außerhalb des Unternehmens verwendet werden. Vgl. dazu näher Schaumburg/Rödder-Rödder, Unternehmenssteuerreform 2001, 2000, S. 572 f.; Steuer-Akademie Knoll/Eisgruber, T. (Hrsg.), Unternehmenssteuerreform 2001, 2000, S. 133.

529 Vgl. Oppenhoff & Rädler-Lang, Unternehmensbesteuerung, 2000, S. 287. Besonders vorteilhaft ist die Entlastung für Betriebsstätten, die nicht ausschütten können. Für sie sinkt die Körperschaftsteuerbelastung von 40 % auf 25 %. Vgl. obige Fußnote sowie Erle/Sauter-Ring, Reform der Unternehmensbesteuerung, 2000, S. 228 f.; speziell zur GmbH vgl. Lang, J., Die Unternehmenssteuerreform – eine Reform pro GmbH, GmbHR 2000, S. 453 ff.

530 Abschn. 40 Abs. 2 Satz 1 GewStR.

Gesellschafterbeschlusses gemäß § 53 GmbHG erforderlich.[531] Im Innenverhältnis ist zumindest nach Auffassung des neueren Schrifttums ein Gesellschafterbeschluss obligatorisch, da es sich um ein ungewöhnliches Geschäft bzw. um ein Geschäft handelt, das substanziell in die Rechte der Gesellschafter eingreift, und daher eine Vorlagepflicht besteht.[532]

Auf Ebene der veräußernden Konzernobergesellschaft ist an § 179a AktG zu denken, der jedoch vorliegend nicht einschlägig ist, da sich in der Konstellation des Spin-Off-MBO die veräußernde Aktiengesellschaft keinesfalls vertraglich dazu verpflichtet, ihr ganzes Gesellschaftsvermögen (bzw. einen nur noch einen unwesentlichen Teil desselben zurücklassenden Vermögensteil) zu übertragen. Ferner ist auch eine erweiternde Auslegung des § 179a AktG abzulehnen.[533]

Im Einzelfall kann sich jedoch sub specie § 119 Abs. 2 AktG eine Ermessensschrumpfung für den Vorstand ergeben, die ihn bei besonders schwerwiegenden Eingriffen in die Rechte und Interessen der Aktionäre dazu verpflichtet, eine Entscheidung der Hauptversammlung herbeizuführen.[534] Ob dies beim vorliegenden asset deal gilt, ist fallabhängig, wobei der BGH im Holzmüller-Urteil darauf abstellt, ob der Vorstand „vernünftigerweise nicht annehmen kann, (die Entscheidung) in ausschließlich eigener Verantwortung zu treffen, ohne die Hauptversammlung zu beteiligen."[535]

Im Hinblick auf die Kapitalerhaltungsvorschriften ist auf Seiten des Veräußerers, der weiter Alleingesellschafter der Ziel-GmbH bleibt, lediglich darauf zu achten, dass im Wege der nachfolgenden (Veräußerungs-)Gewinnausschüttung nicht das zur Erhaltung des Stammkapitals erforderliche Gesellschaftsvermögen im Sinne von § 30

---

531 Vgl. Gondesen, H., Rechtliche Aspekte des Management Buy-Out, WM 1989, S. 201 (209); Koppensteiner, H.-G., GmbH-rechtliche Probleme des Management Buy-Out, ZHR 155 (1991), 97 (108); Streck, M./Schwedhelm, R., Management Buy-Out und verdeckte Gewinnausschüttung, BB 1992, S. 792 (794); Scholz-Priester, GmbHG, Bd. 2, § 53 Rn. 177.

532 So etwa Scholz-Schneider, GmbHG, Bd. 1, § 37 Rn. 12, 15; zum Meinungsstand Baumbach/Hueck-Zöllner, GmbHG, § 37 Rn. 6a, der zu Recht darauf verweist, dass eine generelle Beschränkung der Geschäftsführerbefugnisse auf "gewöhnliche Geschäfte" in die grundsätzliche Kompetenzverteilung eingreife, eine dem GmbH-Recht fremde und unpraktikable Kategorie des Personengesellschaftsrecht in das GmbH-Recht transportiere und zu Rechtsunsicherheit führe. Allerdings kommt der gleiche Autor für den Fall, dass wesentliche Unternehmensteile ausgegliedert werden, u.a. in Anlehnung an die aktienrechtliche Holzmüller-Entscheidung (BGHZ 83, 122) ebenfalls zu einer Vorlagepflicht (vgl. i.e. ebd. Rn. 6e).

533 Vgl. nur Hüffer, AktG, § 179a Rn. 23.

534 Vgl. Hüffer, AktG, § 119 Rn. 16 ff. m. w. Nachw.; Schmidt, K., Gesellschaftsrecht, 1997, S. 374, 878 ff.

535 BGHZ 83, S. 122 (131).

Abs. 1 GmbHG mitausgeschüttet wird. Geht man also gemäß § 5 Abs. 1 GmbHG von einem Mindeststammkapital von 25.000 Euro aus, so muss sich nach der Gewinnausschüttung noch ein Mindestbetrag in dieser Höhe im Gesellschaftsvermögen befinden.

2. Liquidation

Durch die Veräußerung aller Vermögensgegenstände und Einstellung des operativen Geschäfts auf Seiten der Ziel-Gesellschaft wandelt sich diese jedoch nicht automatisch in eine Gesellschaft in Liquidation um. Denn sofern sich keine entsprechende Regelung im Gesellschaftsvertrag findet (vgl. § 60 Abs. 2 GmbHG), ist die Veräußerung aller Vermögensgegenstände einer GmbH kein zwingender Auflösungsgrund, der unter die enumerative Aufzählung des § 60 Abs. 1 GmbHG fällt. Die Gesellschafter der Ziel-GmbH haben daher im wesentlichen zwei Möglichkeiten: Zum einen können sie im Wege eines satzungsändernden Gesellschafterbeschlusses der Ziel-GmbH einen anderen Gesellschaftszweck und -gegenstand geben und eine andere werbende Tätigkeit aufnehmen oder die Ziel-GmbH als bloße Mantel-GmbH für künftige geschäftliche Aktivitäten weiterführen.

Zum anderen können die Gesellschafter gemäß § 60 Abs. 1 Nr. 2 GmbHG mit – vorbehaltlich einer abweichenden Satzungsregelung - qualifizierter Stimmenmehrheit die Auflösung der Gesellschaft beschließen. An den Beschluss sind in formeller Hinsicht keine zu hohen Anforderungen zu stellen, solange er nur eindeutig den Aufgabewillen manifestiert. Mangels besonderer Umstände kann gegebenenfalls auch im Beschluss, den Betrieb der Gesellschaft zu veräußern, ein konkludenter Auflösungsbeschluss liegen.[536]

Gemäß § 65 GmbHG ist die Auflösung der Gesellschaft dann zur Eintragung in das Handelsregister anzumelden. Damit ist der Zweck der Gesellschaft nunmehr auf ihre Liquidation gerichtet, das heißt, die Liquidatoren (nach § 66 Abs. 1 GmbHG in der Regel die Geschäftsführer) haben die laufenden Geschäfte zu beendigen, die Verpflichtungen der aufgelösten Gesellschaft zu erfüllen, die Forderungen derselben einzuziehen und das Vermögen der Gesellschaft in Geld umzusetzen (§ 70 Satz 1 Halbs. 1 GmbHG).

In steuerlicher Hinsicht regelt § 11 KStG die Liquidation der GmbH und bestimmt, dass der im Zeitraum der Abwicklung erzielte Gewinn der Besteuerung zugrunde zu legen ist (Abs. 1), wobei der Abwicklungsgewinn sich aus der Gegenüberstellung von Abwicklungs-Endvermögen und Abwicklungs-Anfangsvermögen errechnet (Abs. 2). Dadurch soll steuerlich sichergestellt werden, dass auch alle stillen Reserven des Betriebsvermögens vor dem endgültigen Wegfall der unbeschränkten Steu-

[536] Vgl. Baumbach/Hueck-Schulze-Osterloh, GmbHG, § 60 Rn. 19 m. w. Nachw.

erpflicht der GmbH der Besteuerung unterworfen werden.[537] Im Gegensatz zum GmbH-Recht, das in der Verteilung des Liquidationserlöses eine Vermögensverteilung sieht (§ 72 GmbHG), geht das Steuerrecht von einer Gewinnausschüttung aus und definiert den Abwicklungsgewinn als selbständige Größe.[538]

III. Bewertung

Bewertet man den asset deal aus Sicht der veräußernden Konzernobergesellschaft, so ist in steuerlicher Hinsicht die volle Kapital- und Gewerbesteuerpflicht besonders nachteilig. An dieser Stelle muss kurz auf das Folgende vorgegriffen werden, um den asset deal mit dem noch näher zu beleuchtenden share deal vergleichen zu können. Nach der Rechtslage vor Inkrafttreten des
§ 8b Abs. 2 KStG n. F. lagen die Nachteile des asset deal weniger auf der steuerlichen Seite. Dies hat sich durch Einführung des Halbeinkünfteverfahrens radikal geändert. Da nun lediglich eine Definitivbesteuerung in Höhe von 25 % (§ 23 Abs. 1 KStG n. F.) auf Ebene der Ziel-Tochtergesellschaft sicherzustellen ist, erfolgt die Veräußerung der von der Muttergesellschaft gehaltenen GmbH-Anteile gemäß § 8b Abs. 2 KStG n. F. steuerfrei.
Im Gegensatz dazu muss beim asset deal zunächst die Tochtergesellschaft den Veräußerungsgewinn versteuern und kann erst danach den ertragsteuerlich belasteten Gewinn steuerbefreit an die Muttergesellschaft gemäß § 8b Abs. 1 KStG n. F. ausschütten.
Daher sprechen mit Inkrafttreten des neuen § 8b KStG ab dem 1.1.2002[539] gewichtige steuerliche Gründe gegen den asset deal im Vergleich zur Steuerrechtslage beim share deal.

Abgesehen von diesen steuerlichen Erwägungen scheiterte regelmäßig aber bereits vor der Unternehmenssteuerreform 2001 der asset deal an nichtsteuerlich motivierten, entgegenstehenden Interessen der Konzernobergesellschaft. Zum einen ist ein asset deal vor allem auf Grund des sachenrechtlichen Bestimmtheitsgrundsatzes mit erheblichem Arbeits- und Zeitaufwand verbunden sowie fehleranfälliger als der einfacher abzuwickelnde[540] share deal.[541] Werden Vertragsverhältnisse übertragen, ist

537 Blümich-Hofmeister, EStG/KStG/GewStG, Bd. 4, § 11 KStG Rn. 7.

538 BFH BStBl II 1972, S. 229; Döllerer, G., Aktienrecht und Steuerrecht, Wpg 1969, S. 333 (339); Herzig, N., Anteilsrotation vor Liquidation einer Kapitalgesellschaft, DB 1980, S. 1605 (1606).

539 Dieses Datum gilt, sofern die Ziel-Gesellschaft ein kalenderjahrgleiches Wirtschaftsjahr hat (§ 34 Abs. 6d Satz 1 Nr. 2 in Verbindung mit § 34 Abs. 1 KStG n. F.).

540 Hinsichtlich möglicher Probleme, die aus der Beurkundungspflicht nach § 15 Abs. 3 und 4 GmbHG erwachsen können, sei auf die umfassende Darstellung von *Loritz* verwiesen (Loritz, K.-G., Rechtsfragen der notariellen Beurkundung bei Verkauf und Abtretung von GmbH-Geschäftsanteilen, DNotZ 2000, S. 90-109).

wegen des damit verbundenen Schuldnerwechsels und der gleichzeitigen Verfügung über eine Forderung des Gläubigers die Zustimmung des Vertragsgläubigers notwendig.[542]

Zum anderen bestehen für die veräußernde Konzernobergesellschaft insbesondere in arbeitsrechtlicher Hinsicht wegen des non disponiblen § 613a BGB erhebliche Nachteile, die bereits bei der Haftung des Erwerbers dargestellt wurden.[543] An dieser Stelle sollen die wesentlichsten Defizite für die Veräußererinteressen nochmals zusammengefasst werden: Im Gegensatz zum share deal, auf den § 613a BGB nicht anwendbar ist, statuiert § 613a Abs. 2 Satz 1 BGB eine einjährige Nachhaftung des Veräußerers. Bezüglich Ruhestandsverhältnissen von ausgeschiedenen Angestellten der Ziel-Gesellschaft greift § 613a BGB nicht ein[544]. Daher ist die veräußernde Konzernobergesellschaft mittelbar weiterhin Pensionsansprüchen ausgesetzt und hat entsprechende Pensionsrückstellungen auch in ihrer Konzernbilanz auf unbestimmte Zeit zu passivieren.[545] An der grundsätzlichen Verpflichtung als Schuldnerin von Pensionsansprüchen ändert sich für die Tochtergesellschaft auch im wesentlichen nichts, wenn mit der Erwerber-Gesellschaft im Innenverhältnis die Freistellung von entsprechenden Verbindlichkeiten vereinbart worden ist. Im übrigen besteht dann das zumindest latente Risiko, dass die Erwerber-Gesellschaft im Fall des Scheiterns des Spin-Off-MBO ihren Freistellungsverpflichtungen nicht mehr nachkommen kann.

Ferner führt der asset deal, sofern nicht der GmbH-Mantel weiterverwendet wird, zu einer Liquidation der Ziel-Gesellschaft, die für die Konzernobergesellschaft mit zusätzlichem Aufwand verbunden ist, der sich in einem höheren Kaufpreis niederschlägt, dem aber letztlich keine greifbare Wertschöpfung gegenübersteht. Schließlich ordnet § 73 Abs. 1 GmbHG für die Liquidation ein so genanntes Sperrjahr an, vor dessen Ablauf eine Vermögensverteilung im Sinne von § 73 GmbHG nicht möglich ist. Verfügt die Tochter-GmbH über hohes stammkapitalgebundenes Eigenkapital, kann dieses von der veräußernden Muttergesellschaft erst nach Ablauf des Sperrjahres vereinnahmt werden.

---

541 Vgl. Hitschler, W., L(M)BOs – Bestimmungsfaktoren, Finanzierung und rechtliche Gestaltungsmöglichkeiten in der BRD, BB 1990, S. 1877 (1881); Holzapfel, H.-J./Pöllath, R., Unternehmenskauf in Recht und Praxis, 2000, Rn. 329a.

542 Dies ist ein Fall der so genannten privativen bzw. befreienden Schuldübernahme im Sinne von § 415 Abs. 1 Satz 1 BGB. Zu § 415 BGB und der oben angedeuteten Verfügungstheorie vgl. Palandt-Heinrichs, BGB, § 415, Rn. 1 m. w. Nachw.

543 Kapitel III § 1 B. III. (S. 53 ff.).

544 Vgl. Zöllner, W./Loritz, K.-G., Arbeitsrecht, 1998, S. 264 a.E. m. w. Nachw. (Fußnote 20); Säcker, F. J./Joost, D., Auswirkungen eines Betriebsübergangs auf Ruhestandsverhältnisse (I), DB 1978, S. 1030 (1035); (II) S. 1078 (1078); ebso. Holzapfel, H.-J./Pöllath, R., Unternehmenskauf in Recht und Praxis, 2000, Rn. 700.

545 Vgl. Otto, H.-J., Buy-Out-Gestaltungen bei Konzern-spin offs mittels umgekehrtem Kombinationsmodell, AG 1999, S. 173 (174).

Bestehen noch Pensionsverpflichtungen gegenüber der leer gekauften Ziel-GmbH, so ist eine vollständige Abwicklung ausgeschlossen und ein eventuell hohes Stammkapital kann nur im Wege einer aufwendigen Kapitalherabsetzung[546] abgebaut werden.[547]

Insgesamt birgt der asset deal für die veräußernde Konzernobergesellschaft damit erhebliche Nachteile, die seit der Unternehmenssteuerreform auch steuerrechtlich begründet sind.

C. Bewertung aus Sicht des Erwerbers

I. Steuerliche Perspektive

In steuerlicher Hinsicht hat der asset deal für den Erwerber fast ausschließlich Vorteile. Denn der Erwerber kann die Differenz zwischen den alten Buchwerten der übertragenen Vermögensgegenstände und dem an ihrem Verkehrswert orientierten, tatsächlich entrichteten Kaufpreis als neues Abschreibungsvolumen nach Durchführung einer Buchwertaufstockung nutzen. Da das Steuerrecht insoweit an die zivilrechtliche Qualifizierung unmittelbar anknüpft, wird ein im Wege eines asset deal durchgeführter Unternehmenskauf so behandelt, als würden lediglich eine Vielzahl einzelner Wirtschaftsgüter angeschafft.[548] Dementsprechend hat der Erwerber nach dem Grundsatz der Einzelbewertung[549] die erworbenen Wirtschaftsgüter mit ihren jeweiligen Anschaffungskosten in seiner Bilanz anzusetzen.[550] Von den so ermittelten neuen, aufgestockten Buchwerten kann dann abgeschrieben werden, was zu einer Erhöhung des cash flow führt, der verstärkt zur Besicherung und Tilgung des hohen Fremdkapitalanteils im Rahmen des Spin-Off-MBO genutzt werden kann.

Das einzige, bereits oben angesprochene Problem, das sich im Anschluss an den asset deal stellt, ist die sachgerechte Aufteilung des vereinbarten Gesamtkaufpreises auf die einzelnen übertragenen Wirtschaftsgüter. Diese Zuordnungsproblematik taucht gerade beim Unternehmenskauf in verschärfter Form auf.[551] Denn der gezahl-

546 Vgl. § 58 GmbHG.

547 Vgl. Otto, H.-J., Buy-Out-Gestaltungen bei Konzern-spin offs mittels "umgekehrtem Kombinationsmodell", AG 1999, S. 173 (174).

548 Vgl. Hötzel, O., Unternehmenskauf und Steuern, 1997, S. 9.

549 Vgl. dazu Loritz, K.-G., Einkommensteuerrecht, 1988, Rn. 840.

550 Vgl. zum Terminus Anschaffungskosten BFH v. 22.8.1966, BStBl III 1966, S. 672; BFH v. 16.12.1977, BStBl II 1978, S. 233; Mathiak, W., Anschaffungs- und Herstellungskosten, 1984, S. 97 ff.; Kupsch, P., Zur Problematik der Ermittlung von Anschaffungskosten, StbJb 1989/90, S. 93 ff.

551 Vgl. zum Folgenden Hötzel, O., Unternehmenskauf und Steuern, 1997, S. 10 ff.

te Kaufpreis orientiert sich an einer betriebswirtschaftlichen Einschätzung[552], während der rein steuerrechtliche Teilwertbegriff[553] von einem substanzwertorientierten Einzelansatz ausgeht. Ferner werden durch den Kaufpreis auch Wirtschaftsgüter abgegolten, die bislang beim Veräußerer nicht bilanziert worden sind. In diese Kategorie fallen vor allem vom Veräußerer selbst geschaffene Werte, die gemäß § 248 Abs. 2 HGB nicht bilanziert werden durften.[554]

Die Aufteilung des einheitlichen Gesamtkaufpreises[555] auf die einzelnen Wirtschaftsgüter erfolgt in Stufen, die jeweils als widerlegliche Vermutungen zu verstehen sind, wobei die höchstrichterliche Rechtsprechung insoweit uneinheitlich ist, als teilweise die erste und zweite Stufe – im Sinne der modifizierten Stufentheorie[556] – zusammengefasst werden.[557]

---

552 Insoweit spielt die betriebswirtschaftliche Bewertungslehre (z.B. Ertragswertverfahren, DCF-Methode etc.) die entscheidende Rolle. Vgl. zum Problem der Unternehmensbewertung aus neuerer Zeit und im Zusammenhang mit dem StSenkG: Löhr, D., Bewertungen von Kapitalgesellschaften mit dem Zukunftserfolgswert – Auswirkungen des Steuersenkungsgesetzes, BB 2001, S. 351 ff.; Hommel, M./Braun, I./Schmotz, T., Neue Wege in der Unternehmensbewertung?, DB 2001, S. 341 ff.

553 Vgl. zum Teilwertbegriff Loritz, K.-G., Einkommensteuerrecht, 1988, Rn. 874 f.; Beck-scher Bilanz-Kommentar-Hoyos/Schramm/Ring, § 253 Rn. 300; Doralt, W., Der Teilwert als Anwendungsfall des Going-Concern-Prinzips, 1984, S. 141 ff.; Euler, W., Gemeiner Wert und Teilwert, 1984, S. 155 ff.; Krause, G., Die geltende Auslegung des steuerlichen Teilwertbegriffs, Inf 1984, S. 293 ff.

554 Loritz, K.-G., Einkommensteuerrecht, 1988, Rn. 809.

555 Eine ausführlichere Auseinandersetzung mit dieser Problematik findet sich bei Hötzel, O., Unternehmenskauf und Steuern, 1997, S. 10 ff. m. w. Nachw.; Hörger, H., Neue Tendenzen zur steuerorientierten Kaufpreisaufteilung, 2000, S. 141 ff.

556 Littmann/Bitz/Pust-Hörger, EStG, Bd. 3, § 16 EStG Rn. 162 ff.; Hörger, H./Stobbe, T., Die Zuordnung stiller Reserven beim Ausscheiden eines Gesellschafters einer Personengesellschaft, DStR 1991, S. 1230 ff.; Trompeter, F., Die Anschaffungskosten bei vorweggenommener Erbfolge bei Betrieben und Mitunternehmeranteilen, BB 1996, S. 2494 (2497); Schmidt-Wacker, EStG, § 16 Rn. 490.
Der Streit um Stufen- oder modifizierte Stufentheorie hat insbesondere dann praktische Bedeutung, wenn der Kaufpreis unter dem kumulierten Netto-Buchwert der erworbenen Wirtschaftsgüter der beiden ersten Stufen liegt. Dann stockt nämlich die reine Stufentheorie zunächst ausschließlich die – regelmäßig schneller abschreibbaren – immateriellen Wirtschaftsgüter der zweiten Stufe ab, während die modifizierte Stufentheorie gleichmäßig die materiellen und immateriellen Wirtschaftsgüter der zusammengefassten ersten Stufe abstockt. Bei der modifizierten Stufentheorie bleibt also mehr Abschreibungsvolumen von Wirtschaftsgütern mit tendenziell kürzerer Nutzungsdauer erhalten. Damit führt die modifizierte Stufentheorie zu einer Abschreibungsbeschleunigung und ist für den Steuerpflichtigen günstiger.

557 So z.B. bei BFH BStBl II 1992, S. 647; BFH BStBl II 1993, S. 706; BFH BStBl II 1995, S. 246.

Auf der ersten Stufe werden die bereits beim Veräußerer bilanzierten Wirtschaftsgüter mit ihrem jeweiligen Teilwert aktiviert. Auf der zweiten Stufe werden die entgeltlich erworbenen immateriellen Wirtschaftsgüter (erstmalig) bilanziert, die bislang beim Veräußerer nicht bilanzierungsfähig waren, da es sich für ihn um selbst geschaffene immaterielle Wirtschaftsgüter handelte. Auf der dritten Stufe wird der verbliebene Mehrwert als Geschäfts- oder Firmenwert angesetzt. Auf der vierten und letzten Stufe wird ein verbleibender Mehrbetrag, soweit kein Firmenwert existiert, entweder als Betriebsausgabe ausnahmsweise sofort abgezogen oder als aktiver Ausgleichsposten angesetzt.[558]

Neben der Verteilung des Gesamtkaufpreises auf die einzelnen Wirtschaftsgüter (AfA-Volumen) muss zusätzlich bestimmt werden, welche Restnutzungsdauer auf die erworbenen Vermögensgegenstände entfällt, wobei die Nutzungsdauer anhand der betriebsindividuellen Umstände bestimmt wird[559] und dementsprechend nach dem Erwerb neu festzulegen ist.[560] Die Schätzung der Restnutzungsdauer erfolgt zwar grundsätzlich nach den individuellen Gegebenheiten des Erwerbers, wird sich aber gleichwohl an der Restnutzungsdauer, die das Wirtschaftsgut beim Veräußerer noch hatte, orientieren.[561]
Dabei ist zusätzlich zu berücksichtigen, dass eine Änderung der amtlichen AfA-Tabellen ab 2001 zu einer (steuerungünstigen) Verlängerung der jeweiligen betriebsgewöhnlichen Lebensdauer und damit zu einer Verlangsamung der Abschreibung[562] geführt hat.[563]
Überhaupt wurden die AfA-Regeln insgesamt vom Gesetzgeber der Unternehmenssteuerreform 2001 in nicht unbeträchtlichem Maße zur Gegenfinanzierung einge-

558 Ein Sofortabzug kommt v. a. dann in Betracht, wenn über den nicht auf die ersten drei Stufen verteilbaren Mehrbetrag des Kaufpreises ein lästiger Gesellschafter abgefunden werden soll oder das Unternehmen nur erworben wurde, um im Wege der Liquidation als Konkurrent ausgeschaltet zu werden. Im letzteren Fall scheidet per se das Ansetzen eines Firmenwertes aus und der Mehrbetrag ist vielmehr als nicht aktivierungsfähiger Firmenwert des aufkaufenden Konkurrenzunternehmens sofort abzugsfähig. So Hötzel, O., Unternehmenskauf und Steuern, 1997, S. 16 m. w. Nachw.

559 Schmidt-Drenseck, EStG, § 7 Rn. 82 m. w. Nachw.

560 BFH v. 19.5.1976, BStBl II 1977, S. 60.

561 Vgl. FG Berlin v. 25.9.1985, EFG 1986, S. 389.

562 Vgl. den Hinweis schon bei Freshfields Bruckhaus Deringer, Unternehmenssteuerreform, NJW-Beilage 51/2000, S. 31; Hild, D., Report zum Steuersenkungsgesetz, BB 2000, S. 1656 (1657); PWC, Steuer Briefe, 2000, S. 189 ff.

563 Vgl. die neuen AfA-Tabellen unter <http://www.bundesfinanzministerium.de/afatabs.pdf>.

setzt.[564] So ist zum Beispiel der degressive AfA-Satz in § 7 Abs. 2 Satz 2 Halbs. 2 EStG n. F. von dem dreifachen linearen AfA-Satz und maximal 30 % auf nunmehr den zweifachen linearen AfA-Satz und maximal 20 % abgesenkt worden. Ferner wurde der Jahres-AfA-Satz bei Wirtschaftsgebäuden im Sinne von § 7 Abs. 4 Satz 1 Nr. 1 EStG n. F. von bisher 4 % auf jetzt 3 % abgesenkt. Schließlich wurde auch die Ansparabschreibung in § 7 g EStG verschlechtert (Abs. 3 Satz 2 und Abs. 4 Satz 1).

In der post-akquisitorischen Phase des Spin-Off-MBO wird sich für die Erwerber-Gesellschaft die Frage stellen, ob und gegebenenfalls wie der gezahlte Kaufpreis optimal abgeschrieben werden kann. Zur Bedeutung, die dabei einer (steuergünstigen) Verteilung des Kaufpreises zukommt, wurde bereits weiter oben Stellung genommen.[565] Insbesondere sollte - im Rahmen einer angemessenen Verteilung - vermieden werden, einen zu hohen Geschäfts- oder Firmenwert anzusetzen, da dieser nur sehr langfristig (- über 15 Jahre[566] -) abschreibbar ist. Eine weitere Gestaltungsmöglichkeit liegt in der Veränderung der Bemessungsgrundlage, die sich durch den Ansatz zusätzlicher oder höherer Passiva, als sie der Veräußerer angesetzt hat, realisieren lässt. Hier kommt insbesondere eine Erhöhung im Wege einer Neubewertung entsprechender Rückstellungen in Betracht.[567] Der gleiche Effekt lässt sich durch eine Abwertung der vom Veräußerer ausgewiesenen Aktiva erzielen: So lassen sich möglicherweise Forderungen oder Beteiligungsansätze in ihrem Wert berichtigen.[568] Beide Gestaltungen führen mittelbar dazu, dass sich der Kaufpreis für die übrigen Wirtschaftsgüter und damit deren Anschaffungskosten erhöhen. Dies zieht im Ergebnis ein höheres Abschreibungsvolumen nach sich. Allerdings ist im Einzelfall zu prüfen, ob diese Verschiebung von Aufwand, der den umbewerteten Verbindlichkeiten zugrunde liegt, hin zu Abschreibungsaufwand wirtschaftlich begründet und sinnvoll ist. Dies "hängt einerseits von der Fristigkeit der Verbindlichkeit und andererseits von der Abschreibungsgeschwindigkeit des zusätzlich aktivierten Kaufpreisbestandteils ab. Kommt es z.B. zum Ansatz einer beim Veräußerer nicht gebildeten Prozeßkosten-Rückstellung, aus der erst nach Ablauf von zehn Jahren mit einer Inanspruchnahme zu rechnen ist, und führt die Zuaktivierung zu einer Abschreibung der Mehranschaffungskosten innerhalb von fünf Jahren, so ist die Passivierung dieser Rückstellung beim Erwerber sinnvoll."[569]

---

564 Vgl. dazu Freshfields Bruckhaus Deringer, Unternehmenssteuerreform, NJW-Beilage 51/2000, S. 31; Hild, D., Report zum Steuersenkungsgesetz, BB 2000, S. 1656 (1657); Seibt, C. H., Unternehmenskauf und –verkauf nach dem Steuersenkungsgesetz, 2000, S. 2061 (2073); Müller-Gatermann, G., Grundentscheidungen der Unternehmenssteuerreform, Entlastungswirkungen und Gegenfinanzierungsmaßnahmen, GmbHR 2000, S. 650 (657).

565 Vgl. Kapitel III § 2 C. III. (S. 134 ff.).

566 Vgl. § 7 Abs. 1 Satz 3 EStG.

567 Vgl. Hötzel, O., Unternehmenskauf und Steuern, 1997, S. 152 f.

568 Vgl. Holzapfel, H.-J./Pöllath, R., Unternehmenskauf in Recht und Praxis, 2000, Rn. 145c.

569 Hötzel, O., Unternehmenskauf und Steuern, 1997, S. 153.

II. Gesellschaftsrechtliche Perspektive

Auch in gesellschaftsrechtlicher Hinsicht stellt sich der asset deal für den Erwerber als vorteilhaft dar, weil ein Konflikt mit den Kapitalerhaltungsvorschriften der §§ 30 f. GmbHG von vornherein ausscheidet. In der Konstellation des asset deal fallen Darlehensnehmer und Sicherungsgeber nicht auseinander, so dass eine "Auszahlung" des zur Erhaltung des Stammkapitals erforderlichen Vermögens im Sinne des § 30 Abs. 1 GmbHG nicht in Betracht kommt. Vielmehr besichert die Erwerber-GmbH das von ihr aufgenommene Darlehen mit den bereits von der Ziel-GmbH erworbenen und nun in ihrem eigenen Vermögen befindlichen Wirtschaftsgütern.[570] Neben der Kreditsicherung ist aus dem gleichen Grunde auch der Kapitaldienst im Wege des Zugriffs auf die erworbenen Vermögensgegenstände (z.B. teilweise Veräußerung) in GmbH-rechtlicher Hinsicht unproblematisch.

III. Bewertung

Aus Sicht des Erwerbers ist der asset deal unter steuerlichen wie gesellschaftsrechtlichen Aspekten wünschenswert. Steuerlich ist eine Buchwertaufstockung die automatische Folge eines asset deal, sofern die kumulierten Netto-Buchwerte unter dem gezahlten Kaufpreis liegen.

Gesellschaftsrechtlich ergeben sich keine Schwierigkeiten bezüglich der GmbH-Kapitalerhaltungsvorschriften.

Beide Faktoren erlauben eine umfassende Nutzbarmachung des Vermögens der Ziel-GmbH, da die Erwerber-GmbH ihren cash flow durch neues Abschreibungsvolumen erhöhen sowie Kreditsicherung und Kapitaldienst über die erworbenen Vermögensgegenstände der Ziel-GmbH sicherstellen kann.

Schließlich hat der asset deal den weiteren Vorteil, dass der Zinsabzug auf Seiten der Erwerber-Gesellschaft ohne weiteres möglich ist. Denn Probleme ergeben sich in diesem Zusammenhang vor allem wegen der Steuerbefreiung des § 8b Abs. 1 KStG n. F., der das Abzugsverbot des § 3c Abs. 1 EStG n. F. nach sich zieht. Da jedoch nicht die Gesellschaftsanteile der Ziel-GmbH, sondern lediglich deren Vermögensgegenstände erworben werden, liegt schon keine Schachtelbeteiligung vor, so dass ein Zinsabzugsverbot ausscheidet. Im Gegensatz zum share deal, bei dem dieses Ergebnis erst durch zusätzliche Konstruktionen, wie etwa die Bildung einer körperschaftsteuerlichen Organschaft erreicht wird, ist der Zinsabzug im Rahmen des asset deal als sofort abzugsfähige Betriebsausgabe einzuordnen, die steuerwirksam den Unternehmensertrag mindert.

---

570 Vgl. Holzapfel, H.-J./Pöllath, R., Unternehmenskauf in Recht und Praxis, 2000, Rn. 329a.

IV. Zwischenergebnis

Da diesen Vorteilen auf Käuferseite allerdings die oben beschriebenen verkäuferseitigen Nachteile sowohl in steuerrechtlicher als auch in gesellschaftsrechtliche Hinsicht entgegenstehen, wird der Käufer im Rahmen eines Spin-Off-MBO nur selten den Verkäufer zu einem asset deal bewegen können. Diese Einschätzung wird partiell auch durch empirische Arbeiten aus der Betriebswirtschaftslehre bestätigt.[571] Allerdings berücksichtigen diese Aufstellungen noch nicht die tief greifenden Veränderungen infolge des Steuersenkungsgesetzes. Die Unternehmenssteuerreform 2001 hat durch die Steuerbefreiung von Veräußerungsgewinnen aus Schachtelbeteiligungen gemäß § 8b Abs. 2 KStG n. F. einen erheblichen steuerrechtlichen Vorteil zugunsten der veräußernden Konzernobergesellschaft im Rahmen eines Spin-Off-MBO begründet. Andererseits belastet der neu eingeführte § 8b Abs. 1 KStG n. F. wegen des daraus resultierenden Abzugsverbots des § 3c Abs. 1 EStG n. F. zusätzlich die Erwerberseite mit nicht unerheblichem Gestaltungsaufwand, um dem Zinsabzugsverbot beim stark fremdkapitalfinanzierten Spin-Off-MBO zu entgehen.

Lässt sich jedoch eine derartige Konstruktion erreichen, um den Fremdkapital-Zinsabzug sicherzustellen, dürfte der asset deal gegenüber dem share deal zusätzlich an Attraktivität eingebüßt haben, da der vollen Ertragsteuerbelastung im Rahmen des asset deal zu Lasten des Veräußerers nun eine Steuerbefreiung gemäß § 8b Abs. 2 KStG n. F. zugunsten der veräußernden Konzernobergesellschaft beim share deal gegenübersteht.

§ 2 Share Deal

A. Inhalt

Die zweite der beiden Grundformen des Unternehmenskaufs ist der share deal, bei dem die von den Managern gegründete Erwerber-GmbH alle Gesellschaftsanteile der von der veräußernden Konzernobergesellschaft gehaltenen Ziel-GmbH erwirbt. Der Erwerber hat die erworbenen Gesellschaftsanteile in seiner Bilanz im Finanzanlagevermögen als eigenständiges Wirtschaftsgut unter der Position "Beteiligungen" zu den Anschaffungskosten zu aktivieren.[572] Insbesondere werden also nicht die Buchwerte der einzelnen Wirtschaftsgüter aufgestockt.[573] Zwar stellt sich das Problem der Kaufpreisaufteilung bei weitem nicht in der gleichen Schärfe wie beim asset

[571] Vgl. dazu Jacoby, S., Erfolgsfaktoren von MBOs in Deutschland, 2000, S. 249 ff. m. w. Nachw. *Jacoby* referiert, dass in 20 Fällen ein asset deal, in 28 Fällen ein share deal und in 5 Fällen "scheinbar ein Kombinationsmodell aus Asset und Share Deal angewendet worden" ist.

[572] Vgl. Koenen, S./Gohr, M., Asset-Deal, Share-Deal oder Kombinationsmodell, DB 1993, S. 2541 (2541); Littmann/Bitz/Pust-Meincke, EStG, Bd. 3, § 6 EStG Rn. §§ 249 ff.; Schmidt-Weber-Grellet, EStG, § 5 Tz. 270 (Beteiligungen an KapGes).

[573] Hötzel, O., Unternehmenskauf und Steuern, 1997, S. 21 f.

deal. Jedoch ist auch beim share deal denkbar, dass z.B. ein Aufgeld gezahlt wird zwecks Abfindung eines lästigen Gesellschafters, das dann nicht zu den Anschaffungskosten zu rechnen ist, sondern eine sofort abziehbare Betriebsausgabe darstellt.[574]

Die sich aus dem share deal ergebenden Primär-, Neben- und Sekundärpflichten auf Seiten des Veräußerers und Erwerbers wurden bereits in Kapitel III erörtert.[575]
An dieser Stelle sei aber nochmals auf den grundlegenden Unterschied zum asset deal hingewiesen: Beim share deal erwirbt der Käufer die Ziel-GmbH als solche, das heißt die Gesellschaftsrechte der Ziel-Gesellschaft sind Gegenstand der Übertragung und die Erwerber-Gesellschaft wird zur neuen Alleingesellschafterin der Ziel-GmbH, die als eigenständiges Rechtssubjekt im Sinne von § 13 Abs. 1 GmbHG unabhängig von der Erwerber-GmbH existiert. Hingegen übernimmt beim asset deal die Erwerber-Gesellschaft sämtliche Vermögensgegenstände der Ziel-GmbH. Auf diese Weise wird das Unternehmen von seinem bisherigen Rechtsträger abgelöst.

Dieser grundlegende Unterschied zwischen asset deal und share deal ist für die folgenden steuerrechtlichen und gesellschaftsrechtlichen Überlegungen von entscheidender Bedeutung. Insbesondere die Unternehmenssteuerreform 2001 hat die Differenz zwischen asset deal und share deal verschärft. Ferner stellt sich der share deal in der post-akquisitorischen Phase für den Erwerber im Hinblick auf die Kapitalerhaltungsvorschriften als höchst problematisch dar.

B. Bewertung aus Sicht der veräußernden Konzernobergesellschaft

Zunächst soll auf die Interessenlage der veräußernden Konzernobergesellschaft eingegangen werden, die vor allem durch die Änderungen infolge des Steuersenkungsgesetzes in Zukunft geprägt werden. Darüber hinaus fließen aber auch nichtsteuerliche Gründe in die Bewertung aus Sicht des Veräußerers ein.

I. Steuerliche Perspektive

Wegen der tief greifenden Veränderungen infolge des Steuersenkungs- und des Steuersenkungsergänzungsgesetzes und wegen der Problematik der zeitlichen Anwendbarkeit der einschlägigen Vorschriften, insbesondere des § 8b KStG n. F., bietet es sich an, die bisherige bzw. teils noch gültige Rechtslage mit der Gesetzeslage nach Inkrafttreten aller Vorschriften der Unternehmenssteuerreform 2001 zu vergleichen. Dabei sollen auch Gestaltungshinweise einfließen, sofern wegen der ver-

574 Eingehend und m. w. Nachw. Hötzel, O., Unternehmenskauf und Steuern, 1997, S. 22 f.

575 Siehe S. 30 ff.

setzten zeitlichen Anwendbarkeit einzelner Vorschriften diesbezüglich Spielräume bestehen.

1. Rechtslage vor dem Steuersenkungsgesetz

Die Veräußerung der Anteile der Ziel-Gesellschaft durch die Konzernobergesellschaft fällt von vornherein nicht unter die Tarifermäßigung des § 16 EStG, der insoweit natürliche Personen als Steuersubjekt voraussetzt.[576] Die Anwendung des § 17 EStG scheitert daran, dass die Kapitalgesellschaftsanteile nicht im Privat-, sondern im Betriebsvermögen gehalten werden.[577]

Daher unterliegt die Anteilsveräußerung nach der Rechtslage vor der Unternehmenssteuerreform 2001 vollumfänglich und ohne jede Präferierung der Körperschaft- und Gewerbesteuer.[578] Ertragsteuerlich wird der Veräußerungsgewinn gemäß § 8 Abs. 1 KStG in Verbindung mit § 4 Abs. 1 Satz 1 EStG als Unterschiedsbetrag zwischen dem Betriebsvermögen am Schluss des Wirtschaftsjahrs und dem Betriebsvermögen am Schluss des vorangegangenen Wirtschaftsjahrs, vermehrt um den Wert der Entnahmen und vermindert um den Wert der Einlagen berechnet. Übersteigt nun die Kaufpreissumme den bilanziell angesetzten Buchwert des Beteiligungsansatzes, so entsteht ein ertragsteuerlich relevanter Veräußerungsgewinn. Das Gewerbesteuerrecht folgt dabei der körperschaftsteuerlichen Einkünfteermittlung (§ 7 Satz 1 GewStG). Maßgeblicher Zeitpunkt für die steuerliche Erfassung des Veräußerungsvorgangs ist der Übergang des wirtschaftlichen Eigentums.[579] Erfolgt die Veräußerung unterjährig, so wird sie im Rahmen der Gewinnermittlung am Ende des Wirtschaftsjahres der Gesellschaft erfasst. Die vertragliche Vereinbarung einer Rückwirkung, um die steuerliche Realisierung in ein anderes Wirtschaftsjahr vorzuziehen, wird steuerlich nicht anerkannt.[580]

Ausnahmen von der vollen körperschaft- und gewerbesteuerlichen Erfassung ergeben sich lediglich in eng umgrenzten Konstellationen.[581] So unterliegt nach Abschn. 40 Abs. 2 Satz 7 GewStR 1998 die Veräußerung von einbringungsgeborenen Antei-

---

576 Vgl. Holzapfel, H.-J./Pöllath, R., Unternehmenskauf in Recht und Praxis, 2000, Rn. 141 ff.; Rödder, T., Gestaltungsbeispiele für die Verbesserung des Steuerstatus des Unternehmensverkäufers, 2000, S. 75 (78); Blümich-Stuhrmann, EStG/KStG/GewStG, Bd. 2, § 16 Rn. 5; Schmidt-Wacker, EStG, § 16 Rn. 11 m. w. Nachw.

577 Blümich-Ebling, EStG/KStG/GewStG, Bd. 2, § 17 EStG Rn. 23; Schmidt-Weber-Grellet, EStG, § 17 Rn. 12.

578 Rödder, T., Gestaltungsbeispiele für die Verbesserung des Steuerstatus des Unternehmensverkäufers, 2000, S. 75 (82).

579 Vgl. zum wirtschaftlichen Eigentum an Kapitalgesellschaftsanteilen BFH BStBl II 1988, S. 832.

580 Vgl. Holzapfel, H.-J./Pöllath, R., Unternehmenskauf in Recht und Praxis, 2000, Rn. 33.

581 Vgl. zum Folgenden Rödder, T., Gestaltungsbeispiele für die Verbesserung des Steuerstatus des Unternehmensverkäufers, 2000, S. 75 (82 f.).

len aus der Einbringung eines Mitunternehmeranteils nicht der Gewerbesteuer. Gesondert ist nach Abschn. 41 GewStR 1998 auch die Veräußerung von Organbeteiligungen zu behandeln.
In körperschaftsteuerlicher Hinsicht kann unter bestimmten Voraussetzungen die Veräußerung ausländischer Beteiligungen durch eine inländische Kapitalgesellschaft gemäß § 8b Abs. 2 KStG a. F. steuerbefreit sein, was zugleich die Gewerbesteuerfreiheit nach sich zieht (Abschn. 40 Abs. 2 Satz 8 GewStR 1998).[582]

Im allgemeinen unterscheidet sich nach der Steuerrechtslage vor der Unternehmenssteuerreform verkäuferseitig der share deal ertragsteuerlich also nicht vom asset deal. Divergenzen können sich allenfalls daraus ergeben, dass der bei der Konzernobergesellschaft aktivierte Beteiligungsansatz, der für die steuerliche Bemessungsgrundlage des share deal maßgeblich ist, und der Ansatz des Eigenkapitals der Tochtergesellschaft, der für den asset deal entscheidend ist, auseinanderfallen und daher möglicherweise beim share deal eine günstigere Bemessungsgrundlage gegeben ist. Derartige – eher zufällige – Differenzen wird der Erwerber allerdings regelmäßig über den Kaufpreis ausgleichen können, um zu den für ihn ganz wesentlichen Vorteilen des asset deal zu gelangen (insbesondere Buchwertaufstockung).[583]

Sofern es sich auf Verkäuferseite um eine Kapitalgesellschaft handelt, ergibt sich die Präferenz für den share deal also weniger aus steuerlichen Gründen, als vielmehr zwecks Vermeidung der oben genannten nichtsteuerlichen Nachteile des asset deal. Diese nichtsteuerlich motivierte Bevorzugung des share deal vor dem asset deal hat sich infolge der Veränderungen durch das Steuersenkungsgesetzes erheblich verschoben.

2. Rechtslage nach dem Steuersenkungsgesetz

Gemäß § 8b Abs. 2 Satz 1 KStG n. F. kann mit Inkrafttreten der Neuregelung die Konzernobergesellschaft ihre Beteiligung an der Ziel-GmbH steuerbefreit veräußern, da bei der Ermittlung des Einkommens Gewinne aus der Veräußerung eines Anteils an einer anderen Körperschaft, deren Leistungen beim Empfänger zu Einnahmen im Sinne von § 20 Abs. 1 Nr. 1 EStG gehören, außer Ansatz bleiben. Dadurch wird der bisherige Regelungsgedanke des § 8b Abs. 2 Satz 1 KStG a. F., der die Veräußerung ausschließlich ausländischer Schachtelbeteiligungen regelte, nun auch auf nationale Beteiligungen ausgeweitet.[584]

582 Zu weiteren – für die vorliegende Arbeit nicht relevanten – Konstellationen, in denen ein Veräußerungsgewinn privilegiert ist vgl. Eilers, S., Steuerorientierte Gestaltungsüberlegungen bei Unternehmensveräußerungen durch Kapitalgesellschaften, 2000, S. 43 ff.

583 Vgl. Otto, H.-J., Buy-Out-Gestaltungen bei Konzern-spin offs mittels "umgekehrtem Kombinationsmodell", AG 1999, S. 173 (174).

584 Erle/Sauter-Steinhoff, Reform der Unternehmensbesteuerung, 2000, S. 214.

Diese Steuerfreistellung ist im Regelungszusammenhang mit der Steuerbefreiung der Einnahmen aus Schachteldividenden gemäß § 8b Abs. 1 KStG n. F. zu sehen. § 8b Abs. 1 KStG n. F. trägt dem Halbeinkünfteverfahren Rechnung und will vermeiden, dass Gewinne, die bereits mit einer definitiven Körperschaftsteuer von 25 % belastet worden sind, bei Weiterausschüttung an eine andere Körperschaft noch einmal der Körperschaftsteuer unterliegen. In Beteiligungsketten bleibt es daher solange bei der Definitivbesteuerung von 25 %, wie der Gewinn auf Ebene der beteiligten Körperschaften ausgeschüttet wird, da ansonsten insbesondere Konzernstrukturen körperschaftsteuerlich benachteiligt würden.[585] Erst wenn die körperschaftsteuerliche Ebene verlassen und der Ertrag an eine natürliche Person ausgeschüttet wird, fällt neben der Körperschaftsteuerbelastung auch die Halbeinkünftebesteuerung beim Anteilseigner an.[586]

Die Steuerbefreiung des § 8b Abs. 1 KStG n. F. zieht zugleich die Steuerfreistellung von Gewinnen, die aus der Veräußerung von Beteiligungen resultieren, nach sich. Denn ein derartiger Veräußerungsgewinn setzt sich aus offenen und stillen Reserven der Beteiligungsgesellschaft zusammen. Die offenen Reserven wurden bereits einer Definitivbesteuerung von 25 % unterworfen. Die stillen Reserven sind als auf Ebene der Beteiligungsgesellschaft noch nicht erzielter Gewinn einzuordnen und können erst bei Gewinnrealisierung der Körperschaftsteuer unterworfen werden.[587] Anders ausgedrückt, macht die Anteile haltende Körperschaft im Wege der Veräußerung der Beteiligung sich die bereits erzielten oder noch zu realisierenden Gewinne bereits vor Ausschüttung nutzbar, indem sie sich diese potentiellen Erträge schon zum Zeitpunkt der Veräußerung über den Kaufpreis vergüten lässt. "Der insoweit erzielte Veräußerungsgewinn ist das wirtschaftliche Gegenstück künftig erwarteter Gewinnausschüttungen."[588] Die mittelbare Gewinnausschüttung in Form der Beteiligungsveräußerung wird also der unmittelbaren Gewinnausschüttung nach § 8b Abs. 1 KStG n. F. über § 8b Abs. 2 KStG n. F. gleichgestellt.[589]

Im Hinblick auf den sachlichen Anwendungsbereich setzt § 8b Abs. 2 Satz 1 KStG n. F. grundsätzlich die Veräußerung von Gesellschaftsanteilen voraus, die bei der

585 Erle/Sauter-Steinhoff, Reform der Unternehmensbesteuerung, 2000, S. 211 f.

586 Vgl. Eisgruber, T., Unternehmenssteuerreform 2001: Das Halbeinkünfteverfahren auf der Ebene der Körperschaft, DStR 2000, S. 1493 (1494).

587 Eisgruber, T., ebd., S. 1493 (1494); Schaumburg/Rödder-Rödder, Unternehmenssteuerreform 2001, S. 547; Hild, D., Report zum Steuersenkungsgesetz, BB 2000, S. 1656 (1656).

588 Lishaut, I. van/Förster, G., Steuersenkungsgesetz: Anteilsveräußerungen im neuen Recht, GmbHR 2000, S. 1121 (1121); vgl. ferner: Lang, J., Die Unternehmenssteuerreform – eine Reform pro GmbH, GmbHR 2000, S. 453 (458); Müller-Gatermann, G., Grundentscheidungen der Unternehmenssteuerreform, Entlastungswirkungen und Gegenfinanzierungsmaßnahmen, GmbHR 2000, S. 650 (654).

589 Vgl. Oppenhoff & Rädler-Benz, Unternehmensbesteuerung, 2000, S. 238 f.

beteiligten Körperschaft Einnahmen im Sinne von § 20 Abs. 1 Nr. 1 EStG auslösen. An dieser Voraussetzung fehlt es – rein formell betrachtet -, wenn zwischen der veräußernden Konzernobergesellschaft und der Ziel-GmbH ein Ergebnisabführungsvertrag im Sinne von § 291 Abs. 1 Satz 1 AktG analog vereinbart worden ist (Fall des Vertrags-GmbH-Konzerns) und eine körperschaftsteuerliche Organschaft im Sinne des § 14 KStG n. F. vorliegt. Allerdings wurde bereits im Zusammenhang mit der Organschafts-Lösung im Bereich der Zinsabzugsproblematik[590] erörtert, dass § 8b Abs. 2 KStG n. F. seinem Sinn und Zweck nach nur abstrakt darauf abstellt, ob die veräußernde Kapitalgesellschaft, bezogen auf die Organgesellschaft, überhaupt Einnahmen im Sinne des § 20 Abs. 1 Nr. 1 EStG erzielen könnte. Ob sie dies in concreto tatsächlich tut, spielt nach vorzugswürdiger Ansicht keine Rolle.[591] Ein anderes Ergebnis wäre systematisch unvertretbar und rein zufällig, da § 8b Abs. 2 KStG n. F. keine Privilegierung im engeren Sinne ist, sondern lediglich gewährleisten will, dass es zu keiner Mehrfachbelastung in Beteiligungsketten, also insbesondere in Konzernstrukturen, kommt. Da aber auch im Fall eines Ergebnisabführungsvertrages sichergestellt ist, dass die von der Organgesellschaft erzielten Gewinne der Definitivbesteuerung in Höhe von 25 % unterliegen, besteht keine Veranlassung, die veräußernde Trägergesellschaft anders zu behandeln, als im Fall eines fehlenden Ergebnisabführungsvertrages.[592] Im übrigen sind auch beim Vorliegen eines Organschaftsverhältnisses Leistungen der Organgesellschaft denkbar, die beim Empfänger zu Einnahmen im Sinne des § 20 Abs. 1 Nr. 1 EStG führen. Kommt es nämlich zu Mehrabführungen der Organgesellschaft an die Trägergesellschaft aus vororganschaftlicher Zeit, so handelt es sich dabei um originäre Dividenden, die nicht dem Regime des Ergebnisabführungsvertrages unterfallen.[593]

Schließlich ist auch noch zu bedenken, dass die Veräußerung der Anteile an der Organgesellschaft die körperschaftsteuerliche Organschaft beendet und damit zugleich als Kündigung des Gewinnabführungsvertrages einzuordnen wäre mit der Folge, dass die Rückwirkungsfiktion des § 14 Nr. 3 Satz 4 KStG eingreift, wonach die unterjährig wirksame Kündigung des Gewinnabführungsvertrages auf den Beginn des jeweiligen Wirtschaftsjahres zurück wirkt. Daraus würde sich wiederum ergeben,

590 Vgl. Kapitel III § 2 C. I. 3. c) (S. 110 ff.).

591 Vgl. Seibt, C. H., Unternehmenskauf und –verkauf nach dem Steuersenkungsgesetz, DStR 2000, S. 2061 (2069).

592 Vgl. Erle/Sauter-Steinhoff, Reform der Unternehmensbesteuerung, 2000, S. 214; Oppenhoff & Rädler-Benz, Unternehmensbesteuerung, 2000, S. 241; Lishaut, I. van/Förster, G., Steuersenkungsgesetz: Anteilsveräußerungen im neuen Recht, GmbHR 2000, S. 1121 (1122).

593 Eilers, S./Wienands, H.-G., Steuersenkungsgesetz: Anteilsveräußerungen durch Körperschaften nach der Neufassung von § 8b Abs. 2 KStG, S. 1229 (1234); Schaumurg/Rödder-Rödder, Unternehmenssteuerreform 2001, S. 549.

dass zur Zeit der Veräußerung überhaupt kein die Anwendbarkeit von § 8b Abs. 2 KStG n. F. hinderndes Organschaftsverhältnis mehr besteht.[594]

Das Steuersenkungsgesetz[595] sah in § 8b Abs. 2 Satz 1 letzter Halbsatz KStG-StSenkG noch eine so genannte Behaltefrist vor: Danach blieben Gewinne aus der Veräußerung von Beteiligungen nur außer Ansatz, "soweit diese Anteile im Zeitpunkt der Veräußerung seit mindestens einem Jahr (Behaltefrist) ununterbrochen zum Betriebsvermögen des Steuerpflichtigen gehört haben."
Dadurch sollte eine Umgehung der "Spekulationsfrist" des § 23 Abs. 1 Satz 1 Nr. 2 EStG verhindert werden. Denn ohne die Einschränkung durch die Behaltefrist ist es möglich, Anteile kurzfristig in eine Kapitalgesellschaft einzubringen, nur um sie ohne Beachtung jeder Spekulationsfrist steuerfrei wieder zu veräußern. Ein Gewinn aus dem Handel mit Anteilen sollte indes nicht privilegiert werden.[596]
Allerdings sah bereits der Entwurf eines Gesetzes zur Änderung des Investitionszulagengesetzes 1999 die Streichung der Behaltefrist vor.[597] Dies wurde durch das Steuersenkungsergänzungsgesetz[598] umgesetzt. Die Behaltefrist des § 8b Abs. 2 Satz 1 letzter Halbs. KStG-StSenkG ist nun wieder gestrichen worden.

Eine weitere Missbrauchsvermeidungsvorschrift findet sich in § 8b Abs. 4 KStG n. F. § 8b Abs. 4 Nr. 1 KStG n. F. will folgendes Vorgehen verhindern: Zunächst wird steuerverstricktes Betriebsvermögen in eine Kapitalgesellschaft gegen Gewährung von Anteilen an dieser Gesellschaft steuerneutral eingebracht. Die gewährten Anteile werden als einbringungsgeboren im Sinne der Legaldefinition des § 21 UmwStG bezeichnet, wenn es sich um Kapitalgesellschaftsanteile handelt, die der Anteilseigner durch Sacheinlage mit Bewertung unter dem Teilwert erworben hat. Einbringungsgeboren im Sinne von § 21 UmwStG sind also die Anteile, die der spätere Veräußerer dieser Anteile als Einbringender erworben hat.
In einem zweiten Schritt werden dann zeitnah von der Mutter-Kapitalgesellschaft die einbringungsgeborenen Anteile an der aufnehmenden Kapitalgesellschaft steuerfrei veräußert, was mittelbar zu einer Steuerentstrickung des eingebrachten Vermögens führt. In einer solchen Konstellation ist eine Steuerbefreiung nach § 8b Abs. 2 KStG n. F. erst nach Ablauf einer Behaltefrist von 7 Jahren (so § 8b Abs. 4 Satz 2 Nr. 1

---

594 So Schaumurg/Rödder-Rödder, Unternehmenssteuerreform 2001, S. 550.

595 Siehe Steuersenkungsgesetz vom 23.10.2000 (BGBl. I 2000, S. 1433).

596 Vgl. Schaumburg/Rödder-Rödder, Unternehmenssteuerreform 2001, S. 547; Jakobs, N./Wittmann, H.-J., Steuersenkungsgesetz: Besteuerung von Anteilsveräußerungen, GmbHR 2000, S. 910 (913).

597 S. BT-Drs. 14/3273 i. d. F. der Beschlussempfehlung des Finanzausschusses v. 15.11.2000.

598 Steuersenkungsergänzungsgesetz v. 20.12.2000 (BGBl. I 2000, S. 1850).

KStG n. F.) oder, sofern ein Fall des § 20 Abs. 1 Satz 2 UmwStG[599] vorliegt (so § 8b Abs. 4 Satz 2 Nr.2 Halbs. 1 KStG n. F.[600]), möglich.
§ 8b Abs. 4 KStG n. F. erfasst damit jedoch nicht den Fall des hier behandelten share deal und muss daher an dieser Stelle nicht näher untersucht werden.

Gewerbesteuerlich gilt wegen § 7 GewStG die Maßgeblichkeit des körperschaftsteuerlichen Einkommensbegriffs, so dass der steuerbefreite Veräußerungsgewinn der Beteiligung der Konzernobergesellschaft an der Ziel-GmbH auch gewerbesteuerfrei erfolgt.[601] Die Steuerbefreiung des § 8b Abs. 2 KStG n. F. schlägt unproblematisch auf die Gewerbesteuer durch, sofern der privilegierte Anteilseigner die Beteiligung im eigenen Betriebsvermögen hält. Schwierigkeiten können sich allenfalls ergeben, wenn die zu veräußernden Anteile mittelbar über eine Personengesellschaft gehalten werden, da diese gewerbesteuerlich intransparent ist.[602]

Als steuerrechtliches Zwischenergebnis lässt sich daher festhalten, dass die Veräußerung der Gesellschaftsanteile der Ziel-GmbH durch die Konzernobergesellschaft nach der Neufassung des Körperschaftsteuergesetzes zugunsten der veräußernden

---

599 § 20 Abs. 1 Satz 2 UmwStG erfasst die Einbringung von mehrheitsvermittelnden Gesellschaftsanteilen in eine Kapitalgesellschaft.

600 Sofern es sich also um einbringungsgeborene Anteile handelt, die aus einem Einbringungsvorgang im Sinne von § 20 Abs. 1 Satz 2 UmwStG resultieren, ist die Veräußerung wieder steuerbefreit. Allerdings statuiert § 8b Abs. 4 Satz 2 Halbs. 2 KStG n. F. zu dieser Rückausnahme zu Satz 1 seinerseits wieder eine Unterausnahme (!). Die Steuerbefreiung entfällt danach endgültig, wenn die eingebrachten Kapitalgesellschaftsanteile innerhalb der Siebenjahresfrist unmittelbar oder mittelbar auf eine Einbringung im Sinne von § 20 Abs. 1 Satz 1 UmwStG (Einbringung eines Betriebs, Teilbetriebs oder Mitunternehmeranteils) oder nach § 23 Abs. 1 bis 3 UmwStG (grenzüberschreitende Betriebs- oder Teilbetriebseinbringung innerhalb der EU) erworben wurden. Zur Kritik an § 8b Abs. 4 KStG n. F. vgl. insb. Rödder, T./Schumacher A., Unternehmenssteuerreform 2001: Wesentliche Änderungen, DStR 2000, S. 1453 (1456); zum System vgl. Haritz, D., Unternehmenssteuerreform 2001: Begünstigte Veräußerungsgewinne bei einbringungsgeborenen Anteilen, DStR 2000, S. 1537ff. Zur Übersicht über das Regelungsgefüge des § 8b Abs. 2 und 4 KStG n. F. siehe das Schema bei Widmann/Mayer-Widmann, Umwandlungsrecht, Bd. 5, § 20 UmwStG (StSenkG) Rn. 25 sowie Überblick und Fallbeispiel in Eisolt, D./Wickinger, S., Veräußerung von einbringungsgeborenen Anteilen nach der Neuregelung des § 8b Abs. 4 KStG-StSenkG, BB 2001, S. 229 ff.

601 Zum Verhältnis des § 8b Abs. 2 KStG n. F. und § 7 GewStG vgl. Abschn. 40 Abs. 2 Satz 8 GewStR. Vgl. i.ü. a. Lishaut, I. van/Förster, G., Steuersenkungsgesetz: Anteilsveräußerungen im neuen Recht, GmbHR 2000, S. 1121 (1122); Eilers, S./Wienands, H.-G., Steuersenkungsgesetz: Anteilsveräußerungen durch Körperschaften nach der Neufassung von § 8b Abs. 2 KStG , S. 1229 (1235 f.); Erle/Sauter-Steinhoff, Reform der Unternehmensbesteuerung, 2000, S. 212; Schaumburg/Rödder-Rödder, Unternehmenssteuerreform 2001, S. 550; Freshfields Bruckhaus Deringer, Unternehmenssteuerreform, NJW-Beilage 51/2000, S. 46.

602 Vgl. Lishaut, I. van/Förster, G., ebd., S. 1121 (1121 f.); Eilers, S./Wienands, H.-G., ebd., S. 1229 (1235 f.).

Muttergesellschaft steuerbefreit ist. Dies ist ein ganz erheblicher steuerlicher Vorteil gegenüber der alten Rechtslage. Im Vergleich zum asset deal bedeutet dies, dass nach dem neuen Körperschaftsteuerrecht nun zusätzlich maßgebliche steuerliche Erwägungen für einen share deal aus Sicht der veräußernden Konzernobergesellschaft sprechen.

3. Zeitliche Anwendbarkeit des § 8b Abs. 2 KStG n. F.

Wegen der enormen Bedeutung, die § 8b Abs. 2 KStG n. F. für die veräußernde Konzernobergesellschaft hat, stellt sich neben der Frage, wann die Neuregelung im Normalfall sachlich anwendbar ist, insbesondere auch das Problem, durch welche Gestaltungen gegebenenfalls die zeitliche Anwendbarkeit vorverlagert werden kann.

Gemäß § 34 Abs. 1 KStG n. F. ist das neue Körperschaftsteuerrecht erstmals für den Veranlagungszeitraum 2001 anwendbar, wenn in den Folgeabsätzen nichts Abweichendes bestimmt ist. Hat die betreffende Körperschaft ein Wirtschaftsjahr, das vom Kalenderjahr abweicht, so greift die Neufassung erstmals ab dem Veranlagungszeitraum 2002, wenn das erste im Veranlagungszeitraum 2001 endende Wirtschaftsjahr vor dem 1.1.2001 beginnt (§ 34 Abs. 1a KStG n. F.). In concreto heißt dies also, dass bei einer Gesellschaft, deren Wirtschaftsjahr vom 1.11. bis 31.10. läuft, das neue Körperschaftsteuergesetz erstmals ab dem 1.11.2001 gilt, da dann das erste Wirtschaftsjahr im Veranlagungszeitraum 2001 geendet hat (sc. am 31.10.2001) und vor dem 1.1.2001 begann (sc. am 1.11.2000).

Bezogen auf § 8b Abs. 2 KStG n. F. findet sich in § 34 Abs. 6d Satz 1 Nr. 2 KStG n. F. eine Sonderregelung, die auf das Wirtschaftsjahr der zu veräußernden Tochtergesellschaft abstellt. Danach ist § 8b Abs. 2 KStG n. F. erstmals anwendbar für Veräußerungen, die in das Wirtschaftsjahr der Tochtergesellschaft fallen, das dem Wirtschaftsjahr folgt, in dem das neue Körperschaftsteuergesetz erstmals angewendet wurde.

Bei kalenderjahrgleichem Wirtschaftsjahr der Ziel-GmbH ist das KStG n. F. erstmals im Veranlagungszeitraum 2001 anwendbar, so dass § 8b Abs. 2 KStG n. F. nach Ablauf dieses ersten Anwendungsjahres, das heißt, ab dem 1.1.2002 Anwendung findet. Hintergrund dieser gegenüber der Regelanwendung des § 34 Abs. 1 KStG verschobenen zeitlichen Anwendbarkeit ist die Tatsache, dass im Wirtschaftsjahr zuvor noch Ausschüttungen für abgelaufene Wirtschaftsjahre mit anrechenbarer Körperschaftsteuer denkbar sind (vgl. § 34 Abs. 10 KStG n. F.).[603] Ferner ist die zeitliche Anwendbarkeit des § 8b Abs. 2 KStG n. F. mit der neu geregelten Dividendenbesteuerung verknüpft und soll erst eingreifen, wenn auch § 8b Abs. 1 KStG n. F. auf eine

603 Vgl. Lishaut, I. van/Förster, G., Steuersenkungsgesetz: Anteilsveräußerungen im neuen Recht, GmbHR 2000, S. 1121 (1128).

ordnungsgemäße Gewinnausschüttung für ein abgelaufenes Wirtschaftsjahr anwendbar ist.[604]

Da § 8b Abs. 2 KStG n. F. zu einer Freistellung des Veräußerungsgewinns führt, stellt sich für die veräußernde Konzernobergesellschaft im Rahmen des Spin-Off-MBO die Frage, wie die zeitliche Anwendbarkeit der Neuregelung eventuell vorgezogen werden kann. Zur Erreichung dieses Ergebnisses stehen grundsätzlich zwei Möglichkeiten zur Verfügung.
Zum einen kann die veräußernde Konzernobergesellschaft die zeitliche Anwendbarkeit der neuen Regelungen schlicht abwarten und erst dann die Anteile an der Ziel-GmbH veräußern. Dies wird jedoch häufig wirtschaftlich nicht möglich sein, weil die Parteien schon zu einem früheren Zeitpunkt den Unternehmenskauf abwickeln wollen. In einem solchen Fall können die Parteien bereits vor der zeitlichen Anwendbarkeit des § 8b Abs. 2 KStG n. F. eine schuldrechtliche Vereinbarung über eine spätere Veräußerung treffen, um so den steuerlich wirksamen Veräußerungstatbestand in den Veranlagungszeitraum 2002 zu verlagern. Dabei muss beachtet werden, dass nicht bereits das steuerlich relevante wirtschaftliche Eigentum im Sinne von § 39 Abs. 2 Nr. 1 Satz 1 AO übergeht.[605]
Um ein derartiges Ergebnis zu realisieren, bieten sich unterschiedliche Modelle an.

a) Terminverkauf
Möglich ist der bereits bei § 17 EStG vorgestellte Terminverkauf.[606] Die Ausführungen dazu gelten entsprechend im Rahmen von § 8b Abs. 2 KStG n. F. Insbesondere sei an dieser Stelle auf die Call- und/oder Put-Option hingewiesen.

b) Kapitalerhöhungs-Modell
Das Kapitalerhöhungs-Modell trägt dem Bedürfnis der Parteien Rechnung, einerseits dem Erwerber bereits die tatsächliche Verfügungsbefugnis einzuräumen, andererseits aber den steuerwirksamen Veräußerungstatbestand erst im Veranlagungszeitraum 2002 eintreten zu lassen.
Im Hinblick auf die konkrete Ausgestaltung gelten die Ausführungen zu diesem Modell im Zusammenhang mit § 17 EStG entsprechend.[607]

---

604 Vgl. Schaumburg/Rödder-Rödder, Unternehmenssteuerreform 2001, 2000, S. 625 f.

605 Zu den Einzelheiten, wann dies der Fall ist vgl. bereits oben, Kapitel III § 2 B. I. 3. d) aa) (S. 83 ff.).

606 Vgl. Kapitel III § 2 B. I. 3. d) aa) (S. 83 ff.).

607 Vgl. oben Kapitel III § 2 B. I. 3. d) bb) (S. 85 f.).

c) Joint-Venture-Modell

Dem Joint-Venture-Modell liegt ebenfalls eine Gestaltung zugrunde, die es dem Erwerber erlaubt, die Ziel-Gesellschaft bereits zu einem Zeitpunkt zu kontrollieren, in dem eine Veräußerung im Sinne von § 8b Abs. 2 KStG n. F. noch nicht stattgefunden hat.

Beim Joint-Venture-Modell[608] bringt die veräußernde Konzernobergesellschaft und Alleingesellschafterin der Ziel-Gesellschaft vor Inkrafttreten von § 8b Abs. 2 KStG n. F. eine mehrheitsvermittelnde Beteiligung an der Ziel-GmbH als Sacheinlage steuerneutral in die vom Erwerber gegründete Erwerber-Gesellschaft ein, mit der Folge, dass nun die Erwerber-Gesellschaft die Ziel-GmbH kontrollieren kann (§ 20 Abs. 1 Satz 2 UmwStG).

Im Gegenzug werden dem Veräußerer Anteile an der Erwerber-Gesellschaft (einbringungsgeborene Anteile im Sinne des § 21 Abs. 1 Satz 1 UmwStG) sowie ein Barbetrag gewährt. Die Einbringung kann laut § 20 Abs. 2 Satz 5 UmwStG dann zum Buchwert erfolgen, wenn der Barbetrag den Buchwert der eingebrachten Kapitalgesellschaftsanteile nicht übersteigt. Gemäß § 20 Abs. 4 Satz 1 UmwStG hat die veräußernde Konzernobergesellschaft den Wert, mit dem die aufnehmende Erwerber-Gesellschaft die eingebrachte Beteiligung an der Ziel-GmbH ansetzt, gemindert um den zusätzlich erhaltenen Barbetrag (§ 20 Abs. 4 Satz 2 UmwStG), als Anschaffungskosten der im Gegenzug gewährten Anteile an der Erwerber-Gesellschaft anzusetzen.

"Durch diese Vorgehensweise wird die Besteuerung des durch die Gewährung der Barzahlung an sich bereits zum Zeitpunkt der Sacheinlage realisierten Gewinns auf den Zeitpunkt verschoben, in dem die in den neuen Gesellschaftsanteilen steckenden stillen Reserven aufgedeckt und steuerlich erfasst werden."[609]

Schließlich können die Anteile an der Erwerber-Gesellschaft später, unter dem Regime des § 8b Abs. 2 KStG n. F. durch die Konzernobergesellschaft, an den Erwerber steuerfrei veräußert werden. Zwar greift für einbringungsgeborene Anteile im Sinne des § 21 Abs. 1 Satz 1 UmwStG grundsätzlich die Ausnahme von der Steuerfreistellung des § 8b Abs. 4 Satz 1 Nr. 1 KStG n. F. Allerdings statuiert § 8b Abs. 4 Satz 2 Nr. 2 KStG n. F. dazu eine Rückausnahme, die vorliegend ihrerseits auch nicht von § 8b Abs. 4 Satz 2 Nr. 2 Halbs. 2 KStG n. F. zurückgenommen wird[610].

---

608 Vgl. dazu Seibt, C. H., Unternehmenskauf und –verkauf nach dem Steuersenkungsgesetz, DStR 2000, S. 2061 (2070).

609 Seibt, C. H., Unternehmenskauf und –verkauf nach dem Steuersenkungsgesetz, DStR 2000, S. 2061 (2071).

610 § 8b Abs. 4 Satz 2 Nr. 2 Halbsatz 2 Alt. 1 KStG n. F. käme nur dann in Betracht, wenn ein Betrieb oder Teilbetrieb veräußert würde, zu dem auch mehrheitsvermittelnde Anteile gehören. In einem solchen Fall bietet es sich an, die mehrheitsvermittelnde Beteiligung vorab einzubringen, um die Rückausnahme des § 8b Abs. 4 Nr. 2 KStG n. F. nicht durch die Unterausnahme des § 8b Abs. 4 Satz 2 Nr. 2 Halbs. 2 KStG n. F. wieder zu zerstören. Vgl. dazu a. Lishaut, I. van/Förster, G., Steuersenkungsgesetz: Anteilsveräußerungen im neuen Recht, GmbHR 2000, S. 1121 (1127 Fußnote 39).

Nach § 8b Abs. 4 Satz 2 Nr. 2 KStG n. F. bleibt die Veräußerung steuerfrei, wenn die veräußerten einbringungsgeborenen Anteile für die Einbringung einer mehrheitsvermittelnden Beteiligung an einer Kapitalgesellschaft gewährt wurden[611], da in diesem Fall die einbringende Gesellschaft ja die eingebrachten Anteile auch selbst steuerfrei hätte veräußern können.[612]

d) Abschluss eines Beherrschungsvertrages zwischen Erwerber- und Ziel-Gesellschaft

Die Erwerber-GmbH kann ferner mit der Ziel-GmbH vor Inkrafttreten der Neuregelung des § 8b Abs. 2 KStG n. F. einen Beherrschungsvertrag gemäß § 291 Abs. 1 Satz 1 AktG analog abschließen. Die veräußernde Konzernobergesellschaft erhält in diesem Fall eine Ausgleichszahlung (§ 304 Abs. 1 Satz 1 AktG analog). Auf diese Weise erlangt der Erwerber einerseits die Kontrollmöglichkeit über die Ziel-GmbH, andererseits wird auch der Veräußerer wirtschaftlich entschädigt. Die eigentliche Anteilsübertragung findet nach Inkrafttreten des § 8b Abs. 2 KStG n. F. statt.[613] Dies kann gegebenenfalls durch eine Ankaufsoption (Call-Option) bzw. zusätzlich eine Verkaufsoption (Put-Option) abgesichert werden. Wobei bei einer Kombination aus Call- und Put-Option die zum Terminverkauf erörterten Einschränkungen zu beachten sind[614], da ansonsten teilweise wegen Übergangs des wirtschaftlichen Eigentums gemäß § 39 Abs. 2 Nr. 1 AO ein Veräußerungstatbestand angenommen wird.[615]

e) Betriebspacht-Modell

Alternativ können bis zur zeitlichen Anwendbarkeit des § 8b Abs. 2 KStG n. F. auch Betriebsführungs- oder Betriebspachtverträge hinsichtlich des Geschäftsbetriebs der zu veräußernden Ziel-Gesellschaft vereinbart werden.[616] Eine Veräußerung der An-

---

611 Diese Konstellation entspricht dem Beispiel-Fall 5 bei Haritz, D., Unternehmenssteuerreform 2001: Begünstigte Veräußerungsgewinne bei einbringungsgeborenen Anteilen, DStR 2000, S. 1537 (1544).

612 Vgl. Hörger, H./Scheipers, T., Steuersenkungsgesetz: Einschränkung der Steuerfreiheit für Veräußerungsgewinne gem. § 8b Abs. 2 KStG durch § 8b Abs. 4 KStG, DB 2000, S. 1988 (1989).

613 Vgl. zu dieser Konstruktion Oppenhoff & Rädler-Benz, Unternehmensbesteuerung, 2000, S. 243 f.

614 Vgl. Kapitel III § 2 B. I. 3. d) aa) (S. 83 ff.).

615 Vgl. BFH v. 27.1.1977, BStBl II 1977, S. 754 = GmbHR 1977, S. 288; FG Münster v. 18.11.1999, EFG 2000, S. 374 ff. ; and. aber FG Hamburg v. 24.9.1987, EFG 1988, S. 475 ff.; Klein-Brockmeyer, AO § 39 Rn. 26; Rödder, T., Unternehmenskauf und –verkauf nach der Unternehmenssteuerreform 2001, 2000, S. 421 (437).

616 Vgl. dazu Seibt, C. H., Unternehmenskauf und –verkauf nach dem Steuersenkungsgesetz, DStR 2000, S. 2061 (2070); Oppenhoff & Rädler-Benz, Unternehmensbesteuerung, 2000, S. 244.

teile wird dann erst unter dem Regime der Neuregelung des § 8b Abs. 2 KStG n. F. nachgeschaltet. Diese spätere Veräußerung kann schon zur Zeit des Abschlusses des Betriebspachtvertrages über Call- und Put-Options abgesichert werden.

f) Wertpapierleihe-Modell

Werden Wertpapiere im Rahmen eines Wertpapierdarlehens oder einer Wertpapierleihe übertragen, so stellt dies nach der Finanzverwaltung keinen Veräußerungstatbestand im Sinne von § 8b Abs. 2 KStG n. F. dar, weil an die Stelle der Wertpapiere eine Forderung auf Rückübertragung gattungsgleicher oder der übertragenen Wertpapiere tritt.[617]

Dies macht sich das Wertpapierleihe-Modell[618] zunutze, bei dem zwischen dem Veräußerer und dem Erwerber ein Wertpapierleihvertrag abgeschlossen wird. Darin verpflichtet sich der Erwerber zur Rückübertragung der erhaltenen Anteile im Veranlagungszeitraum 2002. Erst dann wird der Veräußerer den Tatbestand der Veräußerung erfüllen und damit die Steuerbefreiung des § 8b Abs. 2 KStG n. F. auslösen. Zusätzlich enthält der Vertrag häufig noch eine Barausgleichsoption zu Gunsten des Veräußerers. Allerdings birgt eine derartige Klausel das Risiko der Annahme, dass bereits mit Vertragsschluss auch das wirtschaftliche Eigentum im Sinne von § 39 Abs. 2 Nr. 1 Satz 1 AO übergeht, wenn nach dem typischen Geschehensablauf es wirtschaftlich keinen Sinn macht, von der Barausgleichsoption keinen Gebrauch zu machen.[619]

Im übrigen ist auch fraglich, ob das Wertpapierleihe-Modell auf GmbH-Anteile anwendbar ist, was voraussetzen würde, dass die Nämlichkeit (wirtschaftliche Identität)[620] der Gesellschaftsanteile ausreicht.[621]

g) Vorverlagerung der zeitlichen Anwendbarkeit

Zum anderen besteht aber auch die Möglichkeit, die zeitliche Anwendbarkeit des § 8b Abs. 2 KStG n. F. selbst vorzuverlagern.

---

617 So BMF v. 3.4.1990, DB 1990, S. 863; OFD Franfurt a. Main v. 25.6.1996, DB 1996, S. 1702 (1702); Häuselmann, H., Wertpapier-Darlehen in der Steuerbilanz, DB 2000, S. 495 ff.

618 Vgl. dazu Seibt, C. H., Unternehmenskauf und –verkauf nach dem Steuersenkungsgesetz, DStR 2000, S. 2061 (2070).

619 Vgl. Seibt, C. H., Unternehmenskauf und –verkauf nach dem Steuersenkungsgesetz, DStR 2000, S. 2061 (2070).

620 Vgl. dazu Beck'scher Bilanz-Kommentar-Ellrott/Gutike, § 255 Rn. 142.

621 Bejahend Seibt, C. H., Unternehmenskauf und –verkauf nach dem Steuersenkungsgesetz, DStR 2000, S. 2061 (2070); Oppenhoff & Rädler-Benz, Unternehmensbesteuerung, 2000, S. 244: Danach ist das Kriterium der Fungibilität entscheidend.

Ausgangspunkt für Gestaltungsüberlegungen ist, dass § 34 Abs. 6d Satz 1 Nr. 2 KStG n. F. auf den Ablauf des Wirtschaftsjahres abstellt, das erstmals dem Regime des KStG n. F. unterliegt: Ist dieses Wirtschaftsjahr nämlich vor dem 31.12.2001 abgelaufen, ergibt sich dadurch eine vorgeschaltete zeitliche Anwendbarkeit für § 8b Abs. 2 KStG n. F. Zeitlich früher anwendbar ist daher die Neuregelung für solche Tochtergesellschaften, die ein so genanntes Rumpfwirtschaftsjahr haben: Beginnt also das Rumpfwirtschaftsjahr der Ziel-GmbH am 1.1.2001 und endet am 31.3.2001 als Abschlussstichtag, so ist damit das erste Wirtschaftsjahr der Gesellschaft unter Geltung des neuen Körperschaftsteuergesetzes abgelaufen und § 8b Abs. 2 KStG n. F. bereits ab dem 1.4.2001 anwendbar.

Ein solches Rumpfwirtschaftsjahr entsteht, wenn eine Gesellschaft ein kalenderjahrgleiches Wirtschaftsjahr auf ein Wirtschaftsjahr umstellt, das nicht mit dem Kalenderjahr identisch ist, bzw. auch dann, wenn ein kalenderjahrungleiches auf ein kalenderjahrgleiches Wirtschaftsjahr umgestellt wird. Soll ein kalenderjahrgleiches Wirtschaftsjahr auf ein Wirtschaftsjahr umgestellt werden, das nicht mit dem Kalenderjahr übereinstimmt, so bedarf es wegen § 7 Abs. 4 Satz 3 KStG des Einvernehmens des zuständigen Finanzamtes.[622] Dabei handelt es sich um eine Ermessensentscheidung, wobei das Einvernehmen in der Regel erteilt wird, wenn betrieblich-organisatorische Gründe für die Umstellung des Wirtschaftsjahres vorliegen. Dabei muss die Umstellung selbst nicht betriebsnotwendig sein.[623]

Eine Ermessensreduzierung auf Null liegt derzeit nur dann vor, wenn "im Zusammenhang mit der Begründung oder Beendigung eines Organschaftsverhältnisses im Sinne des § 14 KStG das Wirtschaftsjahr der Organgesellschaft auf einen vom Kalenderjahr abweichenden Zeitraum umgestellt" wird.[624]

Gesellschaftsrechtlich setzt die Umstellung des Wirtschaftsjahres eine Satzungsänderung über das Geschäftsjahr der Gesellschaft voraus, die wegen § 54 Abs. 3

622 Vgl. dazu a. Orth, M., Steuersenkungsgesetz: Umstellung des Wirtschaftsjahres als Gestaltungsmöglichkeit, DB 2000, S. 2136 (2138 ff.).

623 Dötsch/Eversberg/Witt/Jost-Pung, Die Körperschaftsteuer, Bd. 2, § 7 Rn. 47 ff.

624 Abschn. 53 Abs. 3 Satz 1 KStR; vgl. a. Erle/Sauter-Lornsen-Veit/Odenbach, Reform der Unternehmensbesteuerung, 2000, S. 247; Oppenhoff & Rädler-Benz, Unternehmensbesteuerung, 2000, S. 242 f.

GmbHG erst mit Eintragung im Handelsregister Wirksamkeit entfaltet.[625] Die Wirksamkeit muss vor Ablauf des erstrebten Rumpfwirtschaftsjahres eingetreten sein.[626] Für den Fall des Spin-Off-MBO bedeutet dies, dass die veräußernde Konzernobergesellschaft ein etwaig bestehendes körperschaftsteuerliches Organschaftsverhältnis mit der Ziel-GmbH rechtzeitig vor der Veräußerung beenden sollte. Dies hat nämlich zwei Vorteile: Zum einen kann dadurch der zeitliche Anwendungsbereich des § 8b Abs. 2 KStG n. F. vorgezogen werden. Stellt beispielsweise die Ziel-GmbH anlässlich der Beendigung der Organschaft ihr kalenderjahrgleiches Wirtschaftsjahr auf ein Wirtschaftsjahr vom 1.8.2001 bis 31.7.2002 mit Wirkung zum 31.3.2001 um, so greift § 8b Abs. 2 KStG n. F. bereits ab dem 1.8.2001 ein, da zu diesem Zeitpunkt das erste (Rumpf-)Wirtschaftsjahr (1.1.2001 bis 31.7.2001) unter dem Regime des KStG n. F. abgelaufen ist (§ 34 Abs. 6d Satz 1 Nr. 2 in Verbindung mit § 34 Abs. 1 KStG n. F.).
Zum anderen wird dadurch das bis zu einer Entscheidung durch die Finanzverwaltung bzw. die Finanzgerichte bestehende Restrisiko vollständig eliminiert, dass eine Veräußerung von Anteilen einer Organgesellschaft durch den Organträger möglicherweise nicht unter den sachlichen Anwendungsbereich des § 8b Abs. 2 KStG n. F. fällt.[627]

Demgegenüber ist § 8b Abs. 2 KStG n. F. für alle Beteiligungsgesellschaften zeitlich später anwendbar, die § 34 Abs. 1a KStG unterfallen. Denn für solche Gesellschaften greift das neue Körperschaftsteuerrecht erstmals im Veranlagungszeitraum 2002. Hat also eine Ziel-GmbH ein Wirtschaftsjahr, das vom 1.11. bis 31.10. dauert, ist das KStG n. F. erstmals ab dem 1.11.2001 anwendbar mit der Folge, dass § 8b Abs. 2 KStG n. F. erst zeitlich anwendbar ist, wenn dieses erste Wirtschaftsjahr unter dem Regime der Neuregelung abgelaufen ist. Im genannten Beispiel wäre § 8b Abs. 2 KStG n. F. also erst am 1.11.2002 anwendbar.
Prima vista könnte man meinen, dass in einem solchen Fall die zeitliche Anwendbarkeit des § 8b Abs. 2 KStG n. F. dadurch vorgezogen werden kann, dass die Ziel-Gesellschaft in 2001 ihr nicht mit dem Kalenderjahr identisches Wirtschaftsjahr auf

625 Vgl. Seibt, C. H., Unternehmenskauf und –verkauf nach dem Steuersenkungsgesetz, DStR 2000, S. 2061 (2067); Oppenhoff & Rädler-Benz, Unternehmensbesteuerung, 2000, S. 243.

626 So zumindest die herrschende Meinung, der weitgehend auch die Steuerrechtsprechung folgt. Begründet wird dieses Erfordernis mit Gläubigerschutzaspekten. Denn so kann verhindert werden, "dass Gewinne der ersten Jahreshälfte mit Hilfe eines nachträglich gebildeten Rumpf-Geschäftsjahres ausgeschüttet werden, was sonst z. B. wegen nachfolgender hoher Verluste nicht möglich gewesen wäre." Vgl. Orth, M., Steuersenkungsgesetz: Umstellung des Wirtschaftsjahres als Gestaltungsmöglichkeit, DB 2000, S. 2136 (2138 li. Sp. unt.) m. w. Nachw. auf h.M. und M.M. Siehe aber a. die Ausnahme, die teils der BFH zulässt, ob. Fußnote 313, S. 79.
Dötsch/Eversberg/Jost/Witt-Pung, Die Körperschaftsteuer, Bd. 2, § 7 Rn. 44; Oppenhoff & Rädler-Benz, Unternehmensbesteuerung, 2000, S. 243.

627 Vgl. Kapitel III § 2 C. I. 3. c) (S. 113 f.).

das Kalenderjahr umstellt, um so zumindest schon ab 1.1.2002 in die Begünstigung des § 8b Abs. 2 KStG n. F. zu kommen. Jedoch wären bei einer solchen Umstellung die neuen Vorschriften sogar erst ab dem 1.1.2003 anwendbar[628], so dass ein solches Vorgehen ausscheidet. Dies ergibt sich, wie folgt: Wird im Veranlagungszeitraum 2001[629] auf ein kalenderjahrgleiches Wirtschaftsjahr durch Bildung eines Rumpfwirtschaftsjahres zum 31.12.2001 umgestellt, enden im Veranlagungszeitraum 2001 das "alte", nicht mit dem Kalenderjahr identische Wirtschaftsjahr 2000/2001 und das Rumpfwirtschaftsjahr 2001.[630]

In einem solchen Fall ist das KStG n. F. wegen § 34 Abs. 1a KStG n. F. nicht auf das Rumpfwirtschaftsjahr 2001 anwendbar, da § 34 Abs. 1a KStG n. F. auf den gesamten Veranlagungszeitraum abstellt. Daher ist auf beide Wirtschaftsjahre im Veranlagungszeitraum 2001 noch das alte Körperschaftsteuerrecht anwendbar. Das neue Körperschaftsteuergesetz findet mithin erstmalig im Veranlagungszeitraum 2002 Anwendung, mit der Folge, dass § 8b Abs. 2 KStG n. F. wegen § 34 Abs. 6d Satz 1 Nr. 2 KStG n. F. erstmalig ab dem 1.1.2003 anwendbar ist.[631]

4. Abzugsverbot für Veräußerungskosten

Mit der Steuerbefreiung für Gewinne aus der Veräußerung von Anteilen an der Ziel-Gesellschaft gemäß § 8b Abs. 2 KStG n. F. korrespondiert das Abzugsverbot für Veräußerungskosten, die in unmittelbarem wirtschaftlichem Zusammenhang mit der Anteilsveräußerung stehen (§ 7 Abs. 1 KStG in Verbindung mit § 3c Abs. 1 EStG n. F.).[632]

II. Gesellschaftsrechtliche Perspektive

In gesellschaftsrechtlicher Hinsicht ergeben sich, abgesehen von denkbaren konzernrechtlichen Problemstellungen bzw. der bereits kurz erörterten Problematik der §§

628 Vgl. . Seibt, C. H., Unternehmenskauf und –verkauf nach dem Steuersenkungsgesetz, DStR 2000, S. 2061 (2067); Schaumburg/Rödder-Schumacher, Unternehmenssteuerreform 2001, 2000, S. 625 a. E.

629 Von Vorteil wäre eine bereits im Veranlagungszeitraum 2000 vorgenommene Umstellung, da dann auf den Veranlagungszeitraum 2001 erstmalig KStG n. F. Anwendung findet (§ 34 Abs. 1 KStG n. F.) und daher gemäß § 34 Abs. 6d Satz 1 Nr. 2 KStG n. F. der neue § 8b Abs. 2 KStG n. F. ab dem 1.1.2002 anwendbar ist. Vgl. Schaumburg/Rödder-Schumacher, Unternehmenssteuerreform 2001, 2000, S. 620; Jakobs, N./Wittmann, H.-J., Steuersenkungsgesetz: Besteuerung von Anteilsveräußerungen, GmbHR 2000, S. 910 (914).

630 Vgl. Schaumburg/Rödder-Schumacher, Unternehmenssteuerreform 2001, 2000, S. 620.

631 Vgl. Schaumburg/Rödder-Schumacher, Unternehmenssteuerreform 2001, 2000, S. 620.

632 Jakobs, N./Wittmann, H.-J., Steuersenkungsgesetz: Besteuerung von Anteilsveräußerungen, GmbHR 2000, S. 910 (914).

179a und 119 Abs. 2 AktG[633], im Fall des share deal aus Sicht der veräußernden Konzernobergesellschaft keine spezifischen Schwierigkeiten.
Soll die zeitliche Anwendbarkeit des neuen § 8b Abs. 2 KStG vorgezogen werden und wird dazu das Wirtschaftsjahr der Ziel-Gesellschaft auf ein nicht mit dem Kalenderjahr identisches Wirtschaftsjahr umgestellt, bedarf es eines qualifizierten, satzungsändernden Beschlusses gemäß § 53 Abs. 1 und 2 GmbHG, der notariellen Beurkundung nach § 53 Abs. 2 GmbHG und der Eintragung in das Handelsregister (§ 54 Abs. 3 GmbHG).

III. Bewertung

Im Gegensatz zur Rechtslage vor dem Steuersenkungsgesetz, nach der der share deal ebenso ertragsteuerlich belastet war wie der asset deal, birgt der share deal nach dem neuen Körperschaftsteuergesetz nicht mehr allein nichtsteuerliche Vorteile für die veräußernde Konzernobergesellschaft, sondern wegen § 8b Abs. 2 KStG n. F. bzw. § 7 GewStG, die die Veräußerung von Schachtelbeteiligungen ertragsteuerfrei stellen, auch ganz erhebliche steuerrechtliche Vorteile. Dies wird sich auch in der Kaufpreisbemessung[634] niederschlagen, da bislang der Erwerber die ertragsteuerliche Belastung des Veräußerers über den Kaufpreis abgelten musste. In diesem Zusammenhang ist jedoch auch zu berücksichtigen, dass der Gesetzgeber die Möglichkeiten einer an den share deal angeschlossenen Buchwertaufstockung zu Lasten des Erwerbers deutlich erschwert hat (vgl. § 8b Abs. 3 KStG n. F.[635]). Sofern sich in diesem Bereich käuferseitig keine steuergünstigen Konstruktionen finden, wird dies ebenfalls auf den Kaufpreis drücken.
In gesellschaftsrechtlicher Hinsicht ergeben sich für den Veräußerer keine besonderen Probleme.

C. Bewertung aus Sicht des Erwerbers

Die steuerliche Problematik hat sich für den Erwerber im Rahmen eines share deal durch die Unternehmenssteuerreform 2001 weiter verschärft. Zum Problem der fehlenden Möglichkeit einer Buchwertaufstockung zwecks Generierung neuen Abschreibungsvolumens aus dem Kaufpreis tritt nun noch die Schwierigkeit hinzu, die aus der hohen Fremdfinanzierung beim Spin-Off-MBO resultierenden Zinsen steuerwirksam vom Vor-Steuer-Gewinn der erworbenen Ziel-GmbH abziehen zu dürfen.[636]

---

633 Vgl. ob., Kapitel IV § 1 B. II. 1. (S. 141 ff.).

634 Vgl. a. Oppenhoff & Rädler-Benz, Unternehmensbesteuerung, 2000, S. 241 f.

635 Auf das durch § 8b Abs. 3 KStG n. F. angeordnete Verbot der ausschüttungsbedingten Teilwertabschreibung wird im Rahmen der mehrstufigen Akquisitionsmodelle ausführlich eingegangen. Vgl. insb. Kapitel V § 1 C. I. 2. (S. 221 ff.).

636 Siehe dazu bereits ausführlich Kapitel III § 2 C. I. (S. 89 ff.).

Im gesellschaftsrechtlichen Bereich ist es bei dem möglichen Konflikt mit den Kapitalerhaltungsvorschriften der §§ 30, 31 GmbHG geblieben, wenn die Erwerber-GmbH zwecks Besicherung, Tilgung und Zinszahlung von Fremdkapital auf das Vermögen der erworbenen Ziel-GmbH zugreift.

I. Steuerliche Perspektive

1. Rechtslage vor dem Steuersenkungsgesetz

a) Fehlende Buchwertaufstockung

Die steuerliche Perspektive des Erwerbers wird im Rahmen des Spin-Off-MBO ganz entscheidend von der Zielsetzung geprägt, im Wege der Buchwertaufstockung neues Abschreibungsvolumen aus dem gezahlten Kaufpreis aufzubringen, um so den cash flow zu verbessern und dadurch insbesondere den Kapitaldienst zu erleichtern.
Dieses Ergebnis ist beim asset deal, wie gesehen, automatische Folge des Erwerbs der Vermögensgegenstände der Ziel-Gesellschaft. Ganz anders stellt sich die steuerliche Ausgangssituation beim share deal dar. Hier aktiviert die Erwerber-GmbH nicht die einzelnen Vermögensgegenstände zu ihrem Teilwert, sondern lediglich die Beteiligung als völlig selbständiges Wirtschaftsgut[637] mit der Folge, dass nicht die Buchwerte der einzelnen Vermögensgegenstände der erworbenen Ziel-GmbH bilanziell aufgestockt werden, sondern allein die Beteiligung an der Ziel-GmbH mit ihren Anschaffungskosten angesetzt wird.[638] Die Anschaffungskosten errechnen sich aus dem gezahlten Kaufpreis zuzüglich der übernommenen Verbindlichkeiten, wobei nur hinreichend konkretisierte Verpflichtungen anzusetzen sind.[639]
Zwar ist eine Kaufpreisaufteilung in Anschaffungskosten und sofort abziehbare Betriebsausgaben auch beim share deal denkbar[640], jedoch ist die Problematik der Zuordnung des Kaufpreises zu den einzelnen Wirtschaftsgütern beim share deal nicht

---

637 Vgl. Koenen, S./Gohr, M., Asset-Deal, Share-Deal oder Kombinationsmodell, DB 1993, S. 2541 (2541); Littmann/Bitz/Pust-Meincke, EStG, Bd. 2, § 6 EStG Rn. 249 ff.; Schmidt-Weber-Grellet, EStG, § 5 Rn. 270 (Beteiligung an KapGes).

638 Hötzel, O., Unternehmenskauf und Steuern, 1997, S. 21 f.

639 Vgl. Hötzel, O., Unternehmenskauf und Steuern, 1997, S. 22 m. w. Nachw.

640 So ist z.B. ein Aufgeld, das zwecks Abfindung eines lästigen Gesellschafters entrichtet wird, als sofort abzugsfähige Betriebsausgabe zu qualifizieren. Vgl. dazu bereits oben, Fußnote 558 (S. 148).

gegeben, weil die Beteiligung an der Ziel-GmbH als eigenständiges Wirtschaftsgut bilanziert wird.[641]
Da Gesellschaftsanteile zu den nicht abnutzbaren Wirtschaftsgütern zählen[642], ergeben sich für die Erwerber-GmbH als Anteilseignerin auch keine laufenden Abschreibungen. Die Ziel-GmbH selbst muss ebenfalls ihre bisherigen Buchwerte fortführen.[643] Darin liegt ein wesentlicher Nachteil des share deal für den Erwerber begründet. Mangels laufender Abschreibungen aus dem Kaufpreis kann insoweit die Steuerlast nicht reduziert werden, der cash flow wird verringert und der Kapitaldienst erschwert.

Vor diesem Hintergrund sind die – noch zu erörternden – post-akquisitorischen Modelle zu sehen, die allesamt versuchen, dem Erwerber trotz der steuerlich ungünstigen Ausgangsposition des share deal zu neuen Abschreibungen aus dem Kaufpreis zu verhelfen.

Unabhängig von diesen Gestaltungsalternativen ergibt sich im normalen Geschäftsverlauf der Erwerber-Gesellschaft allenfalls die Möglichkeit einer Teilwertabschreibung, sofern der Steuerpflichtige die Beteiligung im Betriebsvermögen hält. Darunter versteht man eine Anpassung des anhand der Anschaffungskosten ermittelten Buchwertes an den aktuellen Verkehrswert der Beteiligung, der infolge eines Wertverlustes der Kapitalgesellschaftsanteile unter die Anschaffungskosten gesunken ist.[644] Sofern der Teilwert unter die Anschaffungskosten der Beteiligung sinkt, darf die Erwerber-GmbH gemäß § 8 Abs. 1 KStG in Verbindung mit § 6 Abs. 1 Nr. 1 EStG den niedrigeren Teilwert ansetzen. Wegen des Grundsatzes der Maßgeblichkeit der Handelsbilanz gemäß § 253 Abs. 2 Satz 3 Halbs. 2 HGB in Verbindung mit § 279 Abs. 1 Satz 2 HGB muss die Erwerber-GmbH bei einer voraussichtlichen dauernden Wertminderung den niedrigeren Teilwert ansetzen (§ 6 Abs. 1 Nr. 1 Satz 2 EStG).

---

641 Spezialprobleme im Hinblick auf Bilanzierungsfragen ergeben sich, wenn mit der Beteiligung auch ein Gewinnbezugsrecht für vergangene Wirtschaftsjahre erworben wird. Hier ist fraglich, ob das Gewinnbezugsrecht ein eigenständiges Wirtschaftsgut darstellt oder lediglich Teil der Beteiligung als einheitliches Wirtschaftsgut ist. Ferner ist im Bereich der Einkünftezurechnung umstritten, welchem Veranlagungszeitraum ein nach dem Erwerb ausgeschütteter Gewinn, der wirtschaftlich der Zeit vor dem Erwerb zuzurechnen ist, steuerlich zuzuordnen ist. Zu diesen Fragen vgl. Hötzel, O., Unternehmenskauf und Steuern, 1997, S. 23 ff.

642 Vgl. Herzig, N., Steuerorientierte Grundmodelle des Unternehmenskaufs, DB 1990, S. 133 (133); Holzapfel, H.-J./Pöllath, R., Unternehmenskauf in Recht und Praxis, 2000, Rn. 342.

643 Grundsatz der Bilanzidentität nach § 252 Abs. 1 Nr. 1 HGB. Vgl. Loritz, K.-G., Einkommensteuerrecht, 1988, Rn. 784 sowie Holzapfel, H.-J./Pöllath, R., Unternehmenskauf in Recht und Praxis, 2000, Rn. 342.

644 Vgl. näher Loritz, K.-G., Einkommensteuerrecht, 1988, Rn. 545 sowie Piltz, D. J., Teilwertabschreibungen auf Beteiligungen an Kapitalgesellschaften, 1985, S. 13 ff.

Teilwertabschreibungen sind grundsätzlich in drei Fallkonstellationen[645] denkbar: Zum einen bei einer Minderung des Substanzwertes der Beteiligung als Folge einer nachhaltigen Erzielung von Verlusten, zum anderen dann, wenn sich die Anschaffung der Beteiligung wirtschaftlich als Fehlmaßnahme herausstellt[646]. Drittens lässt die insgesamt restriktive Rechtsprechung eine Teilwertabschreibung auch dann zu, wenn es zu Substanzminderungen der Beteiligung infolge einer Gewinnausschüttung gekommen ist (so genannte ausschüttungsbedingte Teilwertabschreibung[647])[648]. Insbesondere auf die zuletzt genannte ausschüttungsbedingte Teilwertabschreibung wird noch näher bei den einzelnen post-akquisitorischen Modellen eingegangen werden, die zum Ziel haben, trotz des Vorliegens eines share deal auf einer zweiten Stufe Abschreibungsvolumen zu generieren.

An dieser Stelle bleibt als Zwischenergebnis festzuhalten, dass – abgesehen von den Sonderfällen der Teilwertabschreibung – eine Transformation der Anschaffungskosten der Anteile an der Ziel-GmbH in laufende Abschreibungen ausscheidet, da es sich bei der Beteiligung an der Ziel-GmbH um ein nicht abnutzbares Wirtschaftsgut handelt und auf Seiten der Ziel-GmbH selbst eine Buchwertaufstockung nicht in Betracht kommt, da die Ziel-Gesellschaft ihre alten Buchwerte fortführt. Damit stellt sich der share deal für den Erwerber, gemessen an der unproblematischen Buchwertaufstockung und Generierung neuen Abschreibungsvolumens beim asset deal, als steuerrechtlich ungünstig dar.

b) Zinsabzugsproblematik

Käuferseitig hängt die steuerliche Bewertung des Unternehmenskaufs ferner entscheidend von der Möglichkeit ab, die aus der Kaufpreisfinanzierung resultierenden Zinsen vom ausgeschütteten Gewinn der erworbenen Gesellschaft vor Steuern abzuziehen.

Vor Inkrafttreten des Steuersenkungs- und des Steuersenkungsergänzungsgesetzes war dies sowohl körperschaftsteuerlich als auch gewerbesteuerlich relativ unproblematisch möglich.

Körperschaftsteuerlich war der Zinsabzug vom Vor-Steuer-Gewinn der erworbenen Gesellschaft möglich, weil die Dividende zugleich die von der Ziel-GmbH bezahlte

---

645 Vgl. dazu Hötzel, O., Unternehmenskauf und Steuern, 1997, S. 30.

646 Vgl. BFH v. 31.10.1978, BStBl. II, S. 108; BFH v. 17.9.1987, BStBl. II 1988, S. 489; Brezing, K., Die Bewertung von Beteiligungen in der Steuerbilanz, StbJb 1972/1973, S. 339 (354 f.) Von einer Fehlmaßnahme wird dann gesprochen, wenn die wesentlichen preisbildenden Daten des Unternehmens von vornherein nicht den Erwartungen des Erwerbers entsprechen und daher ein fiktiver dritter Erwerber den entrichteten Kaufpreis nicht bezahlt hätte.

647 Vgl. hierzu jetzt die Neuregelung des § 8b Abs. 3 KStG n. F.

648 BFH v. 17.9.1969, BStBl. II 1970, S. 107; BFH v. 2.2.1972, BStBl. II 1972, S. 397 f.

Körperschaftsteuer in Form einer Körperschaftsteuergutschrift mit sich brachte. Der Zinsabzug ließ sich durch Begründung einer körperschaftsteuerlichen Organschaft zwischen Erwerber- und Ziel-Gesellschaft noch verbessern, da auf diese Weise die Liquiditätsbelastung bis zur Anrechnung und Erstattung der Körperschaftsteuergutschrift und Kapitalertragsteuer ausschied.[649]
Probleme mit dem Betriebsausgabenabzugsverbot des § 3c EStG a. F. stellten sich von vornherein nicht, da die vereinnahmten Inlands-Schachteldividenden der Ziel-GmbH auf Ebene der Erwerber-GmbH – unter Anrechnung der von der Ziel-Gesellschaft bezahlten Körperschaftsteuer – steuerpflichtig waren.[650] Insoweit lagen also bei der Vereinnahmung von Inlandsdividenden[651] keine steuerfreien Einnahmen vor, die mit den (Zins-)Ausgaben in unmittelbarem wirtschaftlichem Zusammenhang hätten stehen können, wie es § 3c EStG a. F. voraussetzte.

Gewerbesteuerlich wirkt sich der Zinsabzug nicht aus. Dieser "Gewerbesteuer-Nachteil (Gewerbeertrag) kostet bei einem durchschnittlichen Hebesatz von rund 350 % etwa 15 % des Zinsbetrages p.a. Je nach Zinssatz erhöht das die Zinsbelastung aus dem Darlehen um Steuerkosten von rund 1 Prozentpunkt."[652]
Jedoch ließ sich dieser Gewerbesteuer-Nachteil über die Begründung einer gewerbesteuerlichen Organschaft ausschalten[653] (§ 2 Abs. 2 Satz 2 GewStG[654]).

2. Rechtslage nach dem Steuersenkungsgesetz

a) Fehlende Buchwertaufstockung

Die Unternehmenssteuerreform 2001 hat an der fehlenden Möglichkeit der Transformation der Anschaffungskosten für die Beteiligung in Abschreibungsvolumen

---

649 Holzapfel, H.-J./Pöllath, R., Unternehmenskauf in Recht und Praxis, 2000, Rn. 328 (S. 227), 365b.

650 Vgl. a. Freshfields Bruckhaus Deringer, Unternehmenssteuerreform, NJW-Beilage 51/2000, S. 47.

651 Etwas anderes galt allerdings für (steuerfreie) Auslandsdividenden. Hier ergaben sich wegen der Steuerbefreiung des § 8b Abs. 1 Satz 1 KStG a. F. die gleichen Probleme, die mit Inkrafttreten des § 8b Abs. 1 KStG nun auch bei (jetzt steuerfreien) Inlands-Schachteldividenden entstehen. Vgl. zur alten Rechtslage ausführlich und m. w. Nachw. Hötzel, O., Unternehmenskauf und Steuern, 1997, S. 247 ff.

652 Holzapfel, H.-J./Pöllath, R., Unternehmenskauf in Recht und Praxis, 2000, Rn. 365b.

653 Holzapfel, H.-J./Pöllath, R., Unternehmenskauf in Recht und Praxis, 2000, Rn. 328 (S. 227).

654 Im Gegensatz zur Absenkung der Tatbestandsvoraussetzungen bei der körperschaftsteuerlichen Organschaft ist es bei der gewerbesteuerlichen Organschaft bei den bisherigen Anforderungen geblieben, so dass hier insbesondere weiter das Additionsverbot und das Erfordernis einer organisatorischen Eingliederung gelten. Vgl. bereits oben, Kapitel III § 2 C. I. 3. c) (S. 114 ff.) m. w. Nachw.

und der unterbleibenden Buchwertaufstockung auf Ebene der Ziel-GmbH nichts geändert.
Insofern ist es für den Erwerber im Rahmen eines Spin-Off-MBO bei den bekannten Nachteilen geblieben. Hinsichtlich mehrstufiger Akquisitionsmodelle haben die Neuregelungen der § 8b Abs. 3 KStG n. F. und § 4 Abs. 6 UmwStG n. F. gegenüber der alten Rechtslage eine zusätzliche Verschlechterung mit sich gebracht.[655]

b) Zinsabzugsproblematik
Erhebliche Veränderungen haben sich demgegenüber im Bereich der Zinsabzugsproblematik ergeben. Da mit Inkrafttreten des § 8b Abs. 1 KStG n. F. ab dem 1.1.2002 (bei kalenderjahrgleichem Wirtschaftsjahr der Ziel-GmbH) auch der Bezug inländischer Schachteldividenden steuerbefreit wird, ist der Abzug von Aufwendungen, die zur Finanzierung des Beteiligungserwerbes getätigt wurden, wegen der Korrespondenzvorschrift des § 3c Abs. 1 EStG n. F. deutlich erschwert worden.[656]
Da es sich bei der Erwerber-GmbH in der Regel um eine reine Holding-Gesellschaft handeln wird, kann das aus § 3c Abs. 1 EStG n. F. resultierende Zinsabzugsverbot auch nicht durch das so genannte "Ballooning"-Konzept überwunden werden.[657] Allerdings sind andere Gestaltungen, wie etwa die Organschafts-Lösung, das Umschuldungs- oder das Verschmelzungs-Modell gangbare Wege.[658] Von diesen Modellen bietet die Organschafts-Lösung die größten Vorteile im Verhältnis zu einem recht geringen Organisationsaufwand.[659]

Als Zwischenergebnis lässt sich festhalten, dass die Unternehmenssteuerreform 2001 die steuerlichen Rahmenbedingungen des share deal aus Sicht des Erwerbers verschlechtert hat. Zusätzlich zur Problematik der gegenüber dem asset deal fehlenden Transformationsmöglichkeit der Anschaffungskosten in Abschreibungsvolumen ist infolge des mit § 8b Abs. 1 KStG n. F. korrespondierenden anteiligen Betriebsausgabenabzugsverbots des § 3c Abs. 1 EStG n. F. die Problematik des Zinsabzugs verschärft worden.
In diesem Bereich sind zwar durchaus Konstruktionen denkbar, die auch in Zukunft den Abzug von Finanzierungsaufwendungen sicherstellen, doch ist gleichwohl ein Mehr an steuerrechtlichem Gestaltungsaufwand zu verzeichnen.
Allerdings werden diese Feststellungen dadurch relativiert, dass die verkäuferseitigen Vorteile infolge des Steuersenkungsgesetzes (insbesondere Steuerbefreiung von

---

655 Siehe dazu Kapitel V § 1 C. I. 2. (S. 221 ff.).

656 Vgl. ausführlich zu dieser Problematik Kapitel III § 2 C. I. 3. (S. 103 ff.).

657 Zum "Ballooning"-Konzept und zu dessen Versagen bei einer reinen Holding vgl. Kapitel III § 2 C. I. 3. a) (S. 106 ff.).

658 Vgl. zu diesen Lösungsansätzen Kapitel III § 2 C. I. 3. c)-e) (S. 110 ff.).

659 Vgl. zur Bewertung der unterschiedlichen Modelle und zu den Vorzügen der Organschafts-Lösung Kapitel III § 2 C. I. 3. f) (S. 118 f.).

Gewinnen aus Anteilsveräußerungen, § 8b Abs. 2 KStG n. F.) ganz erheblich sind und als solche mittelbar über einen günstigeren Kaufpreis auch dem Erwerber zugute kommen.

II. Gesellschaftsrechtliche Perspektiv

1. Zugriffsformen auf das Vermögen der Ziel-GmbH

Gesellschaftsrechtliche Probleme ergeben sich auf Erwerberseite noch nicht unmittelbar durch den share deal. Allerdings wird die typischerweise als reine, bloß verwaltende Holdinggesellschaft strukturierte Erwerber-GmbH versuchen, möglichst weitgehend auf das Vermögen der Ziel-GmbH zuzugreifen, um den im Rahmen des Spin-Off-(L)MBO anfallenden hohen Kapitaldienst bedienen zu können. Erst bei diesem Zugriff auf das Vermögen der Ziel-GmbH durch deren Alleingesellschafterin, die Erwerber-GmbH, können Konflikte mit den Kapitalerhaltungsvorschriften der §§ 30, 31 GmbHG entstehen.
Der Zugriff auf das Vermögen der allein operativ tätigen Ziel-GmbH kann dabei in unterschiedlicher Weise erfolgen.

a) Offene Gewinnausschüttung

Die offene Gewinnausschüttung ist in § 29 Abs. 1 GmbHG normiert, der die Verwendung des im rechtswirksamen und damit für Gesellschaft und Gesellschafter bindenden Jahresabschluss ausgewiesenen Geschäftsergebnisses regelt und die Entscheidung hierüber grundsätzlich der Gesellschafterversammlung zuweist.[660]
Je nach Art der Bilanzierung und nach entsprechender Darstellung in der Bilanz ist hinsichtlich des Gegenstandes der Ergebnisverwendung, der Verwendungsmasse, zwischen dem Jahresüberschuss[661] (§ 29 Abs. 1 Satz 1 GmbHG) und dem Bilanzgewinn[662] (§ 29 Abs. 1 Satz 2 GmbHG) zu unterscheiden.
In Fällen des Spin-Off-MBO, wo die Erwerber-GmbH sich auf Grund des hohen Grades an Fremdfinanzierung erheblichen Zins- und Tilgungszahlungsverpflichtungen gegenübersieht, wird der ausschüttungsfähige Gewinn der Ziel-GmbH oft durch

---

660 Baumbach/Hueck-Hueck/Fastrich, GmbHG, § 29 Rn. 1, 8.

661 Der Jahresüberschuss ergibt sich aus der GuV und der entsprechenden Position in der Bilanz (§ 275 Abs. 2 Nr. 20 HGB bzw. § 275 Abs. 3 Nr. 19 HGB und § 266 Abs. 3 A V HGB). Gemäß § 29 Abs. 1 Satz 1 GmbHG ist ein etwaiger Gewinnvortrag hinzuzurechnen und ein eventueller Verlustvortrag abzuziehen. Vgl. Baumbach/Hueck-Hueck/Fastrich, GmbHG, § 29 Rn. 10.

662 Der Bilanzgewinn ist gegenüber § 29 Abs. 1 Satz 1 GmbHG subsidiär und tritt erst als Bezugsgröße an die Stelle des Jahresüberschusses, wenn gemäß § 268 Abs. 1 HGB eine Bilanz unter Berücksichtigung der teilweisen Verwendung des Jahresergebnisses aufgestellt wurde oder wenn Rücklagen aufgelöst worden sind. Vgl. Baumbach/Hueck-Hueck/Fastrich, GmbHG, § 29 Rn. 11.

die Veräußerung nicht betriebsnotwendiger Wirtschaftsgüter aus dem Vermögen der Ziel-Gesellschaft gesteigert.[663]
Eine absolute Schranke im Hinblick auf die zulässige Gewinnverteilung bildet der Kapitalerhaltungsgrundsatz des § 30 Abs. 1 GmbHG. Führt der Gewinnverwendungsbeschluss im Sinne des § 29 Abs. 2 GmbHG zur Verteilung von Gesellschaftsvermögen, das zur Deckung der Stammkapitalziffer benötigt wird, so liegt darin ein Verstoß gegen § 30 Abs. 1 GmbHG. Umstritten ist insoweit nur die Rechtsfolge eines solchen Verstoßes.[664]
Da es sich hierbei um einen messbaren Betrag und ein transparentes Verfahren handelt, sind derartige Fälle weitgehend unproblematisch und sollen hier nicht weiter vertieft werden. Im übrigen ist auch zu bedenken, dass ein erfolgreicher Spin-Off-MBO eine wirtschaftlich gesunde Ziel-GmbH voraussetzt und daher Konstellationen eher selten sein werden, in denen eine offene Gewinnausschüttung in Konflikt mit § 30 Abs. 1 GmbHG gerät.[665]
Steuerlich betrug auf Ebene der Ziel-GmbH die Ausschüttungsbelastung bislang gemäß dem Anrechnungsverfahren nach § 27 Abs. 1 KStG a. F. 30 %. Auf Ebene der Erwerber-GmbH unterlagen die vereinnahmten Schachteldividenden auf Grund des Vollanrechnungsverfahrens der Körperschaft- und Gewerbesteuer (§§ 1 Abs. 1 Nr. 1, 7 Abs. 1 KStG).
Zusätzlich fiel gemäß § 43 Abs. 1 Nr. 1 EStG a. F. Kapitalertragsteuer in Höhe von 25 % des Kapitalertrags ohne Hinzurechnung der anrechenbaren Körperschaftsteuer (§ 43a Abs. 1 Nr. 1 EStG a. F.) an, die beim Gesellschafter gemäß § 36 Abs. 2 Nr. 2 EStG angerechnet oder nach
§§ 44b, 44c EStG a. F. erstattet wurde.

---

663 Otto, H.-J., MBO, 1997, § 26 Rn. 89.

664 Vgl. einerseits Scholz-Emmerich, GmbHG, § 29 Rn. 85, der die Nichtigkeit eines derartigen Verwendungsbeschlusses in entsprechender Anwendung von § 241 Nr. 3 AktG annimmt und zur fehlenden Begründung eines Gewinnanspruchs der Gesellschafter gelangt. Demgegenüber vertreten *Hueck/Fastrich* die Ansicht, dass der insoweit der Einwirkung der Gesellschaft entzogene Auszahlungsanspruch zwar entstehe, aber wegen des auf Grund des Gesellschaftsverhältnisses als Grundlage des Auszahlungsanspruchs zu beachtenden § 30 Abs. 1 GmbHG nicht durchführbar sei (Baumbach/Hueck-Hueck/Fastrich, GmbHG, § 29 Rn. 26, 56).

665 Probleme mit § 30 Abs. 1 GmbHG treten typischerweise auf, wenn die Gesellschaft zum Bilanzstichtag in Wirklichkeit Verluste erlitten hat oder Verluste in der Zeit zwischen Bilanzstichtag und dem Zeitpunkt des Verwendungsbeschlusses eintreten. Problematischer ist schließlich der Fall, dass die Gesellschaft erst nach dem Verwendungsbeschluss Verluste erleidet, so dass die Erfüllung des Gewinnanspruchs zu einer Verletzung des § 30 Abs. 1 GmbHG führen würde. Vgl. dazu Scholz-Emmerich, GmbHG, § 29 Rn. 85 f.

Mit Inkrafttreten des § 8b Abs. 1 KStG n. F.[666] werden derartige inländische Schachteldividenden allerdings steuerlich freigestellt[667], da nur auf Ebene der Tochtergesellschaft eine ausschüttungsunabhängige Definitivbesteuerung in Höhe von 25 % (§ 23 Abs. 1 KStG n. F.) sichergestellt werden soll.[668]

b) Verdeckte Gewinnausschüttung

Gewährt die Gesellschaft außerhalb des förmlichen Gewinnverteilungsverfahrens aus dem Gesellschaftsvermögen an einzelne oder alle Gesellschafter Leistungen, ohne dafür im Gegenzug eine äquivalente Gegenleistung zu erhalten, so liegt der Tatbestand der (gesellschaftsrechtlichen) verdeckten Gewinnausschüttung vor.[669]

Die Konfliktlage der verdeckten Gewinnausschüttung im Zusammenhang mit der Verletzung gesellschaftsinterner Pflichten, insbesondere im Bereich des Gleichbehandlungsgrundsatzes, ist bereits an anderer Stelle thematisiert worden.[670]

Dass der Tatbestand der verdeckten Gewinnausschüttung auch den Kapitalerhaltungsgrundsatz des § 30 Abs. 1 GmbHG verletzen kann, wenn die verdeckte Gewinnausschüttung das Gesellschaftsvermögen so weit schmälert, dass die zur Erhaltung des Stammkapitals benötigte Garantieziffer angegriffen wird, liegt auf der Hand

Steuerlich sind verdeckte Gewinnausschüttungen, die bei der Ermittlung des Gewinns diesen gemindert haben, wieder hinzuzurechnen und auf Ebene der Ziel-GmbH körperschaftsteuerpflichtig (§ 8 Abs. 3 Satz 2 KStG).[671] Gewerbesteuerlich sind laufende Gewinne aus Schachteldividenden gemäß § 9 Nr. 2a GewStG (gewerbesteuerliches Schachtelprivileg ab einer Beteiligungsquote von 10 %) zu kürzen.[672] Nach der Rechtslage vor dem Steuersenkungsgesetz waren verdeckte Gewinnausschüttungen damit auch auf Ebene der Erwerber-GmbH unter Anrechnung der Körperschaftsteuergutschrift der Ziel-GmbH körperschaftsteuerpflichtig. Ferner fiel

---

666 Gemäß § 34 Abs. 10a KStG n. F. ist § 8b Abs. 1 KStG n. F. bei kalenderjahrgleichem Wirtschaftsjahr der ausschüttenden Tochtergesellschaft erstmals auf ordnungsgemäße Gewinnausschüttungen für das Jahr 2001, die im Jahr 2002 erfolgen, anwendbar (vgl. Schaumburg/Rödder-Rödder, Unternehmenssteuerreform 2001, 2000, S. 623).

667 Bei der (vorläufigen) Belastung der Dividenden mit nunmehr 20 % Kapitalertragsteuer gemäß § 43 Abs. 1 Nr. 1 lit. b EStG n. F. in Verbindung mit § 43a Abs. 1 Nr. 1 EStG n. F. verblieb es. Allerdings wird diese bei einer reinen Holdinggesellschaft im Rahmen der Veranlagung erstattet. Vgl. dazu bereits Kapitel III § 2 C. I. 3. (S. 103).

668 Vgl. zur Begründung statt aller Schaumburg/Rödder-Rödder, Unternehmenssteuerreform 2001, 2000, S. 537 f.

669 Vgl. Hachenburg-Goerdeler/Müller, GmbHG, § 29 Rn. 131, 124 ff.; Baumbach/Hueck-Hueck/Fastrich, GmbHG, § 29 Rn. 68 m. w. Nachw.

670 Kapitel III § 2 C. II. 4. (S. 129 ff.).

671 Vgl. a. Baumbach/Hueck-Hueck/Fastrich, GmbHG, § 29 Rn. 90.

672 Vgl. Tipke, K./Lang, J., Steuerrecht, 1998, § 12 Rn. 34.

auch Kapitalertragsteuer an. Mit Inkrafttreten des § 8b Abs. 1 KStG n. F. sind nun inländische Schachteldividenden ertragssteuerbefreit. Bei der (vorläufigen) Kapitalertragsteuerbelastung bleibt es.

c) Gesellschaftergeschäfte und Drittgeschäfte

Auf das Vermögen der Gesellschaft kann ferner dadurch zugegriffen werden, dass die GmbH entweder direkt mit ihren Gesellschaftern Rechtsgeschäfte abschließt oder aber mit Dritten dergestalt kontrahiert, dass die Vereinbarung mittelbar den GmbH-Gesellschaftern zugute kommt.

aa) Gestellung von Kreditsicherheiten

Da es sich bei der Erwerber-GmbH in der Regel um eine reine Holdinggesellschaft ohne operatives Geschäft handelt, ist die Erwerber-GmbH als Kreditnehmerin darauf angewiesen, dass die Ziel-GmbH die von der Erwerber-GmbH aufgenommene Fremdfinanzierung gegenüber den dritten Kreditgebern besichert.

Damit sichert die Ziel-GmbH als Gesellschaft also keinen eigenen Kredit, sondern einen solchen ihrer Alleingesellschafterin. Kreditnehmer und Sicherungsgeber fallen somit auseinander, und es stellt sich die Frage, inwieweit bei entsprechendem Kreditsicherungsvolumen der Kapitalerhaltungsgrundsatz des § 30 Abs. 1 GmbHG berührt sein kann.

bb) Gewährung von Darlehen an die Erwerber-GmbH

Ebenfalls unter dem Aspekt des § 30 Abs. 1 GmbHG kann die Konstellation problematisch werden, in der die Ziel-GmbH der Erwerber-GmbH ein Darlehen gewährt, mit dem die Erwerber-GmbH dann ihrerseits Kredite gegenüber ihren Kreditgebern bedienen kann.

Dieser Themenkomplex wurde im übrigen bereits kurz unter dem Aspekt der Verletzung gesellschaftsinterner Pflichten angesprochen, wo eine analoge Anwendung von § 43a GmbHG abgelehnt wurde.[673]

2. Umfang und Bewertung des nach § 30 Abs. 1 GmbHG geschützten Vermögens

Der in § 30 Abs. 1 GmbHG kodifizierte Kapitalerhaltungsgrundsatz verbietet nicht jegliche Auszahlung an die GmbH-Gesellschafter, sondern nur solche, die das zur Erhaltung des Stammkapitals erforderliche Vermögen angreifen.

---

[673] Vgl. Kapitel III § 2 C. II. 5. (S. 130 ff.).

Das Stammkapital, das gemäß § 5 Abs. 1 GmbHG mindestens 25.000 Euro betragen muss, wird als feststehende Rechnungsziffer[674] betragsmäßig im Gesellschaftsvertrag festgelegt (§ 3 Abs. 1 Nr. 3 GmbHG[675]) und "benennt (die) Grundlage der GmbH als Kapitalgesellschaft. Es kennzeichnet das bei der Gründung durch Einlagen aufzubringende Gesellschaftsvermögen (vgl. §§ 5 Abs. 3 Satz 3, 19 GmbHG) und gibt insofern Aufschluss über die ursprüngliche Eigenkapitalausstattung. Vor allem aber legt es als Garantieziffer den Betrag fest, der mindestens als Reinvermögen der Gesellschaft zur Befriedigung der Gesellschaftsgläubiger zur Verfügung stehen soll"[676] (so genannter Haftungsfonds).[677]
Nur das zur Erhaltung des - auf diese Weise bestimmten - Stammkapitals erforderliche Gesellschaftsvermögen unterliegt der strengen Kapitalbindung des § 30 Abs. 1 GmbHG. Um die Tatbestandsmäßigkeit des § 30 Abs. 1 GmbHG prüfen zu können, ist dementsprechend das Gesellschaftsvermögen nach Bilanzierungsgrundsätzen rechnerisch mit dem Stammkapital zu vergleichen.[678]
Der Umfang des Gesellschaftsvermögens bemisst sich nach dem Reinvermögen, also den Aktiva abzüglich der Verbindlichkeiten im Sinne von § 266 Abs. 3 C. HGB einschließlich der Rückstellungen für ungewisse Verbindlichkeiten. Nicht abzuziehen sind hingegen Rücklagen, Gewinnvorträge, Nachschusskonten und vergleichbare Reserveposten, da insoweit keine Schmälerung des Reinvermögens vorliegt.[679]
Die Berechnung, also insbesondere die Ansätze und Bewertungen, hat nach, den Anforderungen des § 42 GmbHG entsprechenden, allgemeinen Bilanzierungsgrundsätzen[680] zu erfolgen.[681] Dabei sind die Buchwerte der letzten Jahresbilanz fortzufüh-

---

674 Vgl. a. *Kleffner*, der von einer rein rechnerischen "Soll-Größe" spricht, während das Gesellschaftsvermögen eine tatsächliche "Ist-Größe" verkörpert, die gewinn- bzw. verlustabhängig ist (Kleffner, T., Erhaltung des Stammkapitals und Haftung nach §§ 30, 31 GmbHG, 1994, S. 19).

675 Die Eintragungspflicht in das Handelsregister ergibt sich aus § 10 Abs. 1 Satz 1 GmbHG. Eine Änderung des Stammkapitals in Gestalt einer Kapitalerhöhung (§§ 55 ff. GmbHG) oder Kapitalherabsetzung (§§ 58 ff. GmbHG) wird erst mit Eintragung der entsprechenden Satzungsänderung in das Handelsregister wirksam (§ 54 Abs. 3 GmbHG).

676 Baumbach/Hueck-Hueck/Fastrich, GmbHG, § 3 Rn. 16.

677 Bilanziell wird das Stammkapital gemäß §§ 266 Abs. 3 A. I., 272 Abs. 1 HGB auf der Passivseite erfasst.

678 Baumbach/Hueck-Hueck/Fastrich, GmbHG, § 30 Rn. 5.

679 Vgl. Baumbach/Hueck-Hueck/Fastrich, GmbHG, § 30 Rn. 5 m. w. Nachw., insb. zur Qualifizierung eigenkapitalersetzender Gesellschafterdarlehen als Verbindlichkeiten; Lutter/Hommelhoff, GmbHG, § 30 Rn. 17 f.; Scholz-Westermann, GmbHG, § 30 Rn. 13.

680 Vgl. zu den allgemeinen Bilanzierungsgrundsätzen als Teilbereich der Grundsätze ordnungsgemäßer Buchführung (GoB) überblicksweise Baumbach/Hueck-Schulze-Osterloh, GmbHG, § 42 Rn. 7 ff.

681 Rowedder-Rowedder, GmbHG, § 30 Rn. 9; Baumbach/Hueck-Hueck/Fastrich, § 30 Rn. 6 jeweils m. w. Nachw.

ren[682], da grundsätzlich vom Fortbestand der GmbH als werbender Gesellschaft ausgegangen wird[683] und die Auszahlung sich dementsprechend als laufender Geschäftsvorfall darstellt. Daher handelt es sich also nicht um einen echten Vermögensstatus der Gesellschaft, insbesondere nicht um eine Überschuldungsbilanz im Sinne von
§ 64 GmbHG.[684] Deshalb scheidet auch eine Aufdeckung stiller Reserven aus, wenn die Auflösung nicht den allgemeinen Bilanzierungsgrundsätzen entspricht.[685]
Ferner ist auch die bisherige Bilanzierungspraxis fortzusetzen, so dass – auch bei Bestehen von Wahlmöglichkeiten – ein willkürlicher Wechsel der Bewertungsmethoden untersagt ist.[686]

Umstritten ist, ob die Bewertung des Gesellschaftsvermögens anhand einer auf den Auszahlungszeitpunkt bezogenen Zwischenbilanz zu erfolgen hat. Nach der herrschenden Meinung ist zwar eine bilanzielle Betrachtungsweise maßgeblich. Dies zieht aber nicht notwendig eine förmliche (Zwischen-)Bilanzerrichtung nach sich.[687]

---

682 Vgl. Baumbach/Hueck-Hueck/Fastrich, § 30 Rn. 6 m. Verw. auf BGHZ 109, S. 337 und st. Rspr.; Rowedder-Rowedder, GmbHG, § 30 Rn. 9; *Westermann* verweist auf die Gegenansicht, die bei einer negativen Fortbestehungsprognose Liquidationswerte ansetzen will, wenn die Vermögensauskehrung existenzgefährdend wirkt (vgl. Scholz-Westermann, GmbHG, § 30 Rn. 14 m. w. Nachw.).

683 Vgl. dazu a. BGHZ 76, S. 326 (335) = NJW 1980, S. 1524; Röhrkasten, B., Die Rückzahlung des Stammkapitals, GmbHR 1974, S. 36 ff.

684 Baumbach/Hueck-Hueck/Fastrich, § 30 Rn. 6.

685 Rowedder-Rowedder, GmbHG, § 30 Rn. 9; Baumbach/Hueck-Hueck/Fastrich, § 30 Rn. 6; Scholz-Westermann, GmbHG, § 30 Rn. 14; Roth/Altmeppen-Altmeppen, § 30 Rn. 7; BGH, GmbHR 1989, S. 152 (154); a.A.: Sonnenhol, J./Stützle, R., Bestellung von Sicherheiten durch eine GmbH und der Grundsatz der Erhaltung des Stammkapitals (§ 30 GmbHG), DB 1979, S. 925 (928); Meister, B. W., Die Sicherheitsleistung der GmbH für Gesellschafterverbindlichkeiten, WM 1980, S. 390 (392, 394). Für die Berücksichtigung stiller Reserven wird insbesondere ins Feld geführt, dass ansonsten nicht nur das Nominalkapital in die Kapitalbindung einbezogen werde.

686 Hachenburg-Goerdeler/Müller, GmbHG, § 30 Rn. 29 ff.; Lutter/Hommelhoff, GmbHG, § 30 Rn. 13 ff.; Scholz-Westermann, GmbHG, § 30 Rn. 14.

687 Vgl. Rowedder-Rowedder, GmbHG, § 30 Rn. 8; Hachenburg-Goerdeler/Müller, GmbHG, § 30 Rn. 43; Lutter/Hommelhoff, GmbHG, § 30 Rn. 20; Baumbach/Hueck-Hueck/Fastrich, GmbHG, § 30 Rn. 6; a.A.: BGHZ 109, S.334 (339) (wo davon gesprochen wird, dass die Frage eines Verstoßes gegen § 30 Abs. 1 GmbHG "nur aufgrund einer Erfolgsbilanz mit fortgeschriebenen Buchwerten" beantwortet werden kann); BGH DB 1987, S. 1781 (1782), wo es heißt: "Für die Frage, ob die Entnahme zu einer Unterbilanz geführt oder eine schon bestehende vertieft hat, kommt es auf die Vermögenssituation der Klägerin (= betroffene GmbH; Anm. des Verfassers) an, wie sie sich aus einer den Anforderungen des § 42 GmbHG entsprechenden für den Zeitpunkt der Entnahme aufzustellenden Bilanz zu fortgeführten Buchwerten ergibt."; ferner a. BGH GmbHR 1989, S. 154; Scholz-Westermann, GmbHG, § 30 Rn. 14.

Angesichts der höchstrichterlichen Rechtsprechung, die in den zitierten Entscheidungen offenbar vom Erfordernis einer auch förmlichen Bilanzerrichtung ausgeht, empfiehlt es sich jedoch, eine Zwischenbilanz schon aus Beweiszwecken im Falle einer Auszahlung, die möglicherweise in den Schutzbereich des § 30 Abs. 1 GmbHG fallen könnte, zu erstellen. Auf diese Weise können Geschäftsführer und Gesellschafter später gegebenenfalls die Zulässigkeit der Auszahlung nachweisen.

Maßgeblicher Zeitpunkt für die Frage, ob eine Unterbilanz besteht, ist nach herrschender Meinung derjenige der Auszahlung bzw. der Erfüllung der im Einzelfall eingegangenen Verbindlichkeit. Es kommt indes nicht auf den Zeitpunkt der Begründung der Verbindlichkeit an, weil diese zu jenem Zeitpunkt noch unter dem Vorbehalt der Vereinbarkeit mit § 30 Abs. 1 GmbHG zum Erfüllungszeitpunkt steht.[688] Problematisch ist jedoch die Sondersituation bei der Bestellung von Sicherheiten durch die Gesellschaft zugunsten ihrer Gesellschafter. Hier ist streitig, ob auf den Zeitpunkt des Sicherungsvertrages oder erst den Verwertungszeitpunkt abzustellen ist. Die Beantwortung dieser streitigen Frage hängt letztlich davon ab, ob man bereits in der Bestellung der entsprechenden Sicherheit oder erst in der Verwertung durch den Sicherungsnehmer eine § 30 Abs. 1 GmbHG auslösende Auszahlung sieht. Da dieses Problem eng mit dem Verständnis des Auszahlungsbegriffs im Sinne von § 30 Abs. 1 GmbHG zusammen hängt, soll es unter dem folgenden Gliederungspunkt behandelt werden.

3. Begriff und Höhe der Auszahlung im Sinne von § 30 Abs. 1 GmbHG

§ 30 Abs. 1 GmbHG verbietet, dass das zur Erhaltung des Stammkapitals erforderliche Gesellschaftsvermögen an die Gesellschafter ausgezahlt wird. Der Begriff der Auszahlung ist weit zu verstehen und erfasst neben Geldzahlungen "Leistungen aller Art, die wirtschaftlich das Gesellschaftsvermögen verringern", denen also keine äquivalente Gegenleistung gegenübersteht,[689] insbesondere auch offene und verdeckte, unmittelbare und mittelbare Zuwendungen"[690] an die GmbH-Gesellschafter. Besonders wichtig im Zusammenhang mit der noch zu untersuchenden Gestellung von Sicherheiten durch die Ziel-Gesellschaft ist die Feststellung, dass eine rein bilanzielle Betrachtungsweise für die Frage, ob eine Auszahlung gemäß § 30 Abs. 1 GmbHG vorliegt, nicht allein maßgeblich ist, da die "bilanzielle Betrachtung (...) nur zu Gunsten der Gesellschaft, nicht zu Gunsten der Gesellschafter gilt."[691] Eine nach §

---

688 RG 133, S. 395; RG 142, S. 290; BGHZ 9, S. 169; BGH NJW 1987, S. 1193 (1194); Hachenburg-Goerdeler/Müller, GmbHG, § 30 Rn. 63; Scholz-Westermann, GmbHG, § 30 Rn. 43; Baumbach/Hueck-Hueck/Fastrich, GmbHG, § 30 Rn. 11; Roth/Altmeppen-Altmeppen, GmbHG, § 30 Rn. 10.

689 Lutter/Hommelhoff, GmbHG, § 30 Rn. 8.

690 Baumbach/Hueck-Hueck/Fastrich, GmbHG, § 30 Rn. 12 m. w. Nachw.

691 Baumbach/Hueck-Hueck/Fastrich, GmbHG, § 30 Rn. 12 m. w. Nachw.

30 Abs. 1 GmbHG gesellschaftsrechtlich unzulässige Auszahlung kann also auch dann vorliegen, wenn sie bilanziell nicht als Beeinträchtigung des Gesellschaftsvermögens erfasst werden kann[692] oder bloß Vermögensmehrungen hindert.
Hingegen sind Zahlungen, die nicht an den Gesellschafter gerade in dessen Eigenschaft als Gesellschafter, sondern wie an einen Dritten fließen, nicht vom Verbot des § 30 Abs. 1 GmbHG umfasst. Schließt nämlich der Gesellschafter mit der Gesellschaft einen Individualvertrag wie ein außenstehender Dritter ab (Drittgeschäft), in dessen Rahmen die Gesellschaft eine gleichwertige Gegenleistung erhält, so liegt von Anfang an keine Gefährdung der durch § 30 Abs. 1 GmbHG geschützten Garantieziffer vor.[693] Dies hat ferner den Hintergrund, dass das GmbH-Gesetz nicht Geschäfte zwischen Gesellschaft und Gesellschafter schlechthin verbieten will.[694] Für die Beurteilung maßgeblich ist der Vergleich des konkreten Geschäfts mit einem hypothetischen Geschäft, das die Gesellschaft mit einem fremden Dritten abgeschlossen hätte.[695]

a) Offene Gewinnausschüttung

Da § 30 Abs. 1 GmbHG von Zahlungen an Gesellschafter ausgeht, die ihre Grundlage im Gesellschaftsverhältnis haben, also causa societatis[696] geleistet werden, erfasst § 30 Abs. 1 GmbHG potentiell auch Gewinnauszahlungen im Sinne von § 29 GmbHG.[697] Dies gilt sogar dann, wenn die Unterbilanz erst nach der Beschlussfassung über die Gewinnverwendung eingetreten ist.[698] Sonstige Entnahmerechte[699] fallen ebenso in den Schutzbereich des § 30 Abs. 1 GmbHG.[700]

b) Verdeckte Gewinnausschüttung

Auch der aus dem Steuerrecht entlehnte Terminus der verdeckten Gewinnausschüttung[701] unterfällt dem Begriff der Auszahlung des § 30 Abs. 1 GmbHG. Allerdings ist es nicht unproblematisch, greifbare Kriterien herauszuschälen, an Hand derer sich

---

692 So greift etwa § 30 Abs. 1 GmbHG ein, wenn die Gesellschaft bei Vorliegen einer Unterbilanz einen Vermögensgegenstand zum Buchwert, der aber unter dem Verkehrswert liegt, an ihren Gesellschafter veräußert, da dies dem Zweck der §§ 30, 31 GmbHG zuwiderläuft (vgl. Roth/Altmeppen-Altmeppen, GmbHG, § 30 Rn. 7 m. w. Nachw.).

693 Scholz-Westermann, GmbHG, § 30 Rn. 20.

694 Vgl. Rowedder-Rowedder, GmbHG, § 30 Rn. 17 a.E.

695 Scholz-Westermann, GmbHG, § 30 Rn. 21.

696 Vgl. Rowedder-Rowedder, GmbHG, § 30 Rn. 17.

697 Scholz-Westermann, GmbHG, § 30 Rn. 19.

698 Baumbach/Hueck-Hueck/Fastrich, GmbHG, § 30 Rn. 13.

699 Baumbach/Hueck-Hueck/Fastrich, GmbHG, § 29 Rn. 64.

700 Baumbach/Hueck-Hueck/Fastrich, GmbHG, § 30 Rn. 13.

701 Zum Terminus der verdeckten Gewinnausschüttung vgl. bereits ob. C. II. 1 b) (S. 154).

verdeckte Gewinnausschüttungen identifizieren lassen. Grundsätzlich ist darauf abzustellen, ob im Rahmen eines Austauschvertrages der Leistung der Gesellschaft eine gleichwertige Leistung des Gesellschafters gegenübersteht.[702] Dazu ist das konkrete Geschäft zwischen Gesellschaft und Gesellschafter mit einem hypothetischen Geschäft zwischen der Gesellschaft und einem gesellschaftsfremden Dritten zu vergleichen. Besteht insoweit ein Ungleichgewicht zu Lasten der Gesellschaft, liegt die Vermutung nahe, dass dem Gesellschafter die besonders günstigen Konditionen gerade kraft seiner Gesellschafterstellung gewährt wurden. Umgekehrt sprechen in solchen Fällen dann keine betrieblichen Gründe für die Vorteilsgewährung an den Gesellschafter.[703]

Folglich ist § 30 Abs. 1 GmbHG verletzt, wenn ein als verdeckte Gewinnausschüttung zu qualifizierender Vorgang zu einer Unterbilanz führt oder eine Unterdeckung vertieft.[704]

c) Gestellung von Kreditsicherheiten zu Gunsten Dritter

Konflikte mit § 30 Abs. 1 GmbHG sind insbesondere auch in der Situation denkbar, wenn die Erwerber-Gesellschaft und Alleingesellschafterin der Ziel-Gesellschaft sich von letzterer ein Bankdarlehen besichern lässt. Diese Konstellation ist charakteristisch für den LMBO, da die Erwerber-Gesellschaft, die selbst als reine Holdinggesellschaft kein operatives Geschäft betreibt, so auf das Vermögen der Ziel-Gesellschaft zuzugreifen sucht.

In Bezug auf die Kapitalerhaltungsvorschriften muss untersucht werden, ob in der Besicherung eine Leistung causa societatis zu sehen ist, ob und in welcher Höhe eine eine Unterbilanz auslösende oder vertiefende Auszahlung im Sinne von § 30 Abs. 1 GmbHG vorliegt und auf welchen Auszahlungszeitpunkt abzustellen ist.

Zunächst ist festzuhalten, dass nach allgemeiner Meinung die Bestellung von Sicherheiten für Forderungen Dritter gegen die Gesellschafter eine Leistung der Gesellschaft an die Gesellschafter darstellt, da zumindest eine mittelbare Zuwendung

702 Baumbach/Hueck-Hueck/Fastrich, GmbHG, § 30 Rn. 15.

703 Scholz-Westermann, GmbHG, § 30 Rn. 21.

704 Anders als im Aktienrecht (vgl. § 57 Abs. 3 AktG) sind verdeckte Gewinnausschüttungen im GmbH-Recht oberhalb des zur Erhaltung des Stammkapitals erforderlichen Vermögens zulässig, sofern nicht der Gleichbehandlungsgrundsatz, Treuepflichten oder die innergesellschaftliche Kompetenzverteilung entgegenstehen. Vgl. ausführlich Baumbach/Hueck-Hueck/Fastrich, GmbHG, § 29 Rn. 68 ff.

der Gesellschaft an den Gesellschafter vorliegt.[705] Dies ist auch von der Rechtsprechung zumindest für das Aktienrecht so festgestellt worden.[706]
Die besondere Problematik der Bestellung von Sicherheiten liegt allerdings in einer zeitlichen und tatsächlichen Unsicherheit, also in der Frage, ob und wann das Kreditsicherungsmittel in Anspruch genommen wird, begründet.[707] Diese Unsicherheit strahlt nun auf die Frage aus, wann im Rahmen von § 30 Abs. 1 GmbHG von einer eine Unterbilanz auslösenden oder vertiefenden Auszahlung gesprochen werden kann.

Legt man etwa eine rein bilanzielle Betrachtungsweise zugrunde, so kann im Zeitpunkt der Bestellung des Kreditsicherungsmittels grundsätzlich keine Unterbilanz entstehen. Denn nach den entsprechenden handelsrechtlichen Regeln der §§ 251 Satz 1, 268 Abs. 7 HGB sind "Haftungsverhältnisse aus der Bestellung von Sicherheiten für fremde Verbindlichkeiten" *unter* der Bilanz, also nicht auf der Passivseite, zu vermerken.[708] Dies gilt insbesondere auch für dingliche Sicherheiten, da die Bestellung nichts am wirtschaftlichen Eigentum des Sicherungsgebers ändert und keinen Niederschlag in der Bilanz findet.[709]

---

705 Vgl. Scholz-Westermann, GmbHG, § 30 Rn. 31a; Baumbach/Hueck-Hueck/Fastrich, GmbHG, § 30 Rn. 18; Lutter/Hommelhoff, GmbHG, § 30 Rn. 23, 29 ff.; Mülbert, P. O., Sicherheiten einer Kapitalgesellschaft für Verbindlichkeiten ihres Gesellschafters, ZGR 1995, S. 578 (578); Schön, W., Kreditbesicherung durch abhängige Kapitalgesellschaften, ZHR 159 (1995), S. 351 (367 f.)
Altmeppen weist – im Zusammenhang mit der Übernahme einer Bürgschaft - zutreffend darauf hin, dass selbst bei einer entgeltlichen Übernahme des Delkredererisikos ("Avalprovision") "typischerweise von einem Fall des § 30 auszugehen (sei), weil Kredit- und Sicherungsgeschäfte nicht den Unternehmensgegenstand der GmbH bilden und eine Streuung und Kalkulation der Risiken, die das 'Geschäft' als wirtschaftlich vernünftig erscheinen lassen" ausscheide (Roth/Altmeppen-Altmeppen, GmbHG, § 30 Rn. 63).

706 OLG Koblenz, AG 1977, S. 231; OLG Düsseldorf, BB 1980, 1343; BGH, WM 1982, S. 1402. In einer neueren Entscheidung, der die Konstellation zugrunde lag, dass eine Tochter-GmbH eine Bankforderung gegen ihre Muttergesellschaft besicherte, hat sich der BGH mit der hier entscheidenden Frage nicht auseinandergesetzt. Er hat vielmehr klargestellt: "Ob und gegebenenfalls unter welchen weiteren Voraussetzungen bereits darin (sc. in der Besicherung der Kredite an die Muttergesellschaft durch die Tochtergesellschaft) eine nach § 30 GmbHG verbotene Auszahlung zu Lasten des Stammkapitals gesehen werden könnte (...), spielt hier keine Rolle." Der BGH begründete dies damit, dass im konkreten Fall die beklagte Bank nicht zu dem von § 30 Abs. 1 GmbHG erfassten Personenkreis gehörte. Vgl. BGH vom 19.03.1998, BGHZ 138, S. 291 (298) = WM 1998, S. 968 ff. = ZIP 1998, S. 793 ff.

707 Baumbach/Hueck-Hueck/Fastrich, GmbHG, § 30 Rn. 19.

708 Sonnenhol, J./Groß, W., Besicherung von Krediten Dritter an Konzernunternehmen, ZHR 159 (1995), S. 388 (399).

709 Sonnenhol, J./Groß, W., Besicherung von Krediten Dritter an Konzernunternehmen, ZHR 159 (1995), S. 388 (399).

Anders sind nur solche Fälle zu entscheiden, in denen mit hoher Wahrscheinlichkeit damit zu rechnen ist, dass der Sicherungsnehmer das Sicherungsmittel in Anspruch nimmt. Dann muss nämlich in der Bilanz eine Rückstellung gebildet werden,[710] die allerdings durch einen entsprechenden Regressanspruch gegen die Muttergesellschaft wieder ausgeglichen werden kann.[711]

Diese vor allem bilanziell orientierte Sichtweise entsprach auch der früher ganz herrschenden Meinung, die auch darauf verwiesen hat, dass "die bloße Begründung des Zugriffsrechts in Gestalt der Sicherung (...) den Bestand des Aktivvermögens der Gesellschaft noch nicht (antaste), sondern (ihn allenfalls) gefährde"[712]. Diese rein bilanzielle Betrachtungsweise kann sicher für sich reklamieren, dem Rechtsanwender und der Praxis leicht handhabbare Kriterien in Gestalt der bilanzrechtlichen Normen vorzugeben und damit dem existentiellen Bedürfnis der Wirtschaft nach verlässlichen Regelungen Genüge zu tun. Andererseits lässt sich schwerlich leugnen, dass Sicherheiten eben bilanzscheu sind, sich nur eingeschränkt bilanziell abbilden lassen. Dies hat im Einzelfall zur Folge, dass die von der Kapitalbindung nicht erfassten Sicherheiten bei Verwertung abfließen, ohne dass der Gesellschaft ein vollwertiger Rückgriffsanspruch zusteht. Die Sicherheit verlässt im Ergebnis den an sich über § 30 Abs. 1 GmbHG zu schützenden Haftungsfonds "wie ein bilanzrechtliches U-Boot"[713]

Auf Grund dieser Bedenken wird teils die rein bilanziell orientierte Auffassung abgelehnt. Vielmehr wird auf die bloße Gefährdung des zur Erhaltung des Stammkapitals erforderlichen Vermögens abgestellt und § 30 Abs. 1 GmbHG entsprechend extensiv ausgelegt. Danach soll bereits die Bestellung einer Sicherheit, deren hypothetische Verwertung (bilanziell) zu einer Unterdeckung führen würde, gesellschaftsrechtlich unzulässig sein.[714] Die genaue Höhe der zu veranschlagenden Minderung des Gesellschaftsvermögens könnte über handelsbilanzielle "Pro-forma-

---

710 Scholz-Westermann, GmbHG, § 30 Rn. 31a; Mülbert, P. O., Sicherheiten einer Kapitalgesellschaft für Verbindlichkeiten ihres Gesellschafters, ZGR 1995, S. 578 (586); Sonnenhol, J./Groß, W., Besicherung von Krediten Dritter an Konzernunternehmen, ZHR 159 (1995), S. 388 (399).

711 Groß, W./Sonnenhol, J., Besicherung von Krediten an Konzernunternehmen, GmbHR 1995, S. 561 (565); Peltzer, M./Bell, M., Besicherung von Gesellschafterkrediten mit dem GmbH-Vermögen?, ZIP 1993, S. 1757 (1760).

712 Scholz-Westermann, GmbHG, § 30 Rn. 31a; Baumbach/Hueck-Hueck/Fastrich, GmbHG, § 30 Rn. 19.

713 Schön, W., Kreditbesicherung durch abhängige Kapitalgesellschaften, ZHR 159 (1995), S. 351 (358).

714 Kühbacher, U., Darlehen an Konzernunternehmen, 1993, S. 44 f.

Korrekturen"[715] ermittelt werden, indem etwa dingliche Sicherheiten im Sinne einer "Pro-forma-Wertberichtigung" gedanklich aus der Bilanz gestrichen würden und für schuldrechtliche Sicherheiten eine entsprechende "Pro-forma-Passivposition" bilanziell eingestellt würde.[716]
Begründet wird diese Ansicht damit, dass selbst bei Vorliegen eines vollwertigen Rückgriffsanspruchs der Gesellschaft ein Abstellen darauf, dass es sich damit nur um einen Aktivtausch handle, den Zweck des § 30 Abs. 1 GmbHG unterminiere.[717] Denn auf die denklogische Spitze getrieben, würde der Verweis auf den Aktivtausch implizieren, dass § 30 Abs. 1 GmbHG immer dann nicht einschlägig wäre, wenn der Erstattungsanspruch aus § 31 Abs. 1 GmbHG vollwertig ist.[718] Weiter wird ins Feld geführt, dass die Gesellschaft auch wirtschaftlich belastet wird, da der Spielraum für die Besicherung eigener Kredite erheblich eingeschränkt wird. Besonders sinnfällig wird dies im Fall dinglicher Sicherheiten, die nicht nochmals im gleichen Rang besichert und nicht als unbelastet veräußert werden können.[719] Ferner trifft die Gesellschaft bereits im Zeitpunkt der Bestellung das Delkredererisiko, das sie in der Regel auch nicht mehr bis zur Verwertung beseitigen kann.[720]

Eine im Vordringen befindliche, vermittelnde Ansicht in der Literatur folgt zwar grundsätzlich dem Weg der rein bilanziellen Betrachtungsweise, modifiziert diese Sichtweise jedoch für den Fall, dass bei Bestellung der Sicherheit zu Gunsten des Gesellschaftergläubigers bereits eine Unterbilanz besteht oder vertieft wird. Denn dann sei die rein bilanzielle Betrachtungsweise verfehlt, da diese nur zu Gunsten, jedoch nicht zu Lasten der Gesellschaft gelte.[721] § 30 Abs. 1 GmbHG schütze in einer solchen Situation vielmehr "vor jeder realen Vermögensminderung, die auch in der Eingehung einer bedingten Verbindlichkeit gegenüber (einem) Dritte(n), also der

---

715 So der plastische Ausdruck von *Bastuck*. Vgl. Bastuck, B., Kreditbesicherung im Konzern, S. 7.

716 Vgl. Peltzer, M., Besicherte Darlehen von Dritten an Konzerngesellschaften und Kapitalerhaltungsvorschriften, GmbHR 1995, S. 15 (22).

717 So Roth/Altmeppen-Altmeppen, GmbHG, § 30 Rn. 59 ff. *Rowedder* weist darauf hin, dass aus § 31 Abs. 1 GmbHG gerade gefolgert werden müsse, dass das Gesetz das bloße Bestehen eines Rückgriffsanspruchs gegen den Gesellschafter nicht ausreichen lasse, sondern vielmehr sofortige Leistung verlange (Rowedder-Rowedder, GmbHG, § 30 Rn. 20).

718 Vgl. Roth/Altmeppen-Altmeppen, GmbHG, § 30 Rn. 59. *Westermann* relativiert diese Argumentation, indem er darauf hinweist, dass es ja gerade nicht um die Frage der Vollwertigkeit des Anspruchs aus § 31 GmbHG gehe, sondern um diejenige nach der Werthaltigkeit des "schuldrechtlichen Rückgriffsanspruchs aus dem Innenverhältnis zwischen der Sicherungsgeberin und dem Begünstigten" (Scholz-Westermann, GmbHG, § 30 Rn. 31b).

719 Roth/Altmeppen-Altmeppen, GmbHG, § 30 Rn. 61.

720 Vgl. Hinweis bei Scholz-Westermann, GmbHG, § 30 Rn. 31a.

721 So Baumbach/Hueck-Hueck/Fastrich, GmbHG, § 30 Rn. 19 m. Verw. auf Rn 12.

Bestellung einer Sicherheit liegen" könne.[722] Selbst ein vollwertiger Regressanspruch gegen den mittelbar begünstigten Gesellschafter wird nicht für ausreichend erachtet.[723]

Gleichwohl stellt trotz dieser beachtlichen Bedenken auch die heute noch herrschende Meinung auf eine bilanzielle Betrachtungsweise ab und verlangt nur für den Fall, dass mit hoher Wahrscheinlichkeit mit einer Inanspruchnahme der Sicherheit zu rechnen ist, eine entsprechende Rückstellung. Diese kann allerdings durch einen vollwertigen, zu aktivierenden Regressanspruch im Innenverhältnis zwischen Sicherungsgeberin und begünstigtem Gesellschafter ausgeglichen werden.[724] Die Bestellung wird demgemäss als sub specie § 30 Abs. 1 GmbHG unschädliche Vermögensgefährdung eingeordnet. Erst zum Zeitpunkt der Verwertung, also bei effektiver Auszahlung durch den Sicherungsgeber, kommt eine Verletzung von § 30 Abs. 1 GmbHG in Betracht. Gestützt wird diese Ansicht insbesondere von der handelsbilanziellen Einordnung gemäß §§ 251 Satz 1, 268 Abs. 7 HGB.

M. E. stellt das Vorgehen, die handelsbilanzielle Einordnung auch in Fällen der Besicherung von Forderungen Dritter gegen Gesellschafter durch die Gesellschaft nicht zu verlassen, eine einheitliche und vor allem für die Praxis verlässliche Regel dar. Ferner wäre es auch sachwidrig, wirtschaftlich vollwertige Regressansprüche[725] der Gesellschaft gegen ihren begünstigten Gesellschafter mit dem pauschalen Hinweis auf ihren bloß schuldrechtlichen Charakter rechtlich zu ignorieren.[726]
Maßgeblich muss vielmehr auch hier im Sinne eines Regelungsgleichlaufs zum einen die handelsbilanzielle Bewertung sein, wonach erst dann, wenn mit hoher Wahrscheinlichkeit mit einer Inanspruchnahme der Sicherheit zu rechnen ist, bei gewis-

---

722 Baumbach/Hueck-Hueck/Fastrich, GmbHG, § 30 Rn. 19; ebso. Lutter/Hommelhoff, GmbHG, § 30 Rn. 35.

723 So Lutter/Hommelhoff, GmbHG, § 30 Rn. 35 mit dem Argument, dass sich die Gesellschaft auf einen bloß schuldrechtlichen Anspruch gegen ihren Gesellschafter in der Zone der Unterdeckung nicht einlassen dürfe.

724 Vgl den Hinweis auf die h. M. bei Baumbach/Hueck-Hueck/Fastrich, GmbHG, § 30 Rn. 19; Hachenburg-Goerdeler/Müller, GmbHG, § 30 Rn. 66; Sonnenhol, J./Stützle, R., Bestellung von Sicherheiten durch eine GmbH und der Grundsatz der Erhaltung des Stammkapitals (§ 30 GmbHG), DB 1979, S. 925 (925); Peltzer, M./Bell, M., Besicherung von Gesellschafterkrediten mit dem GmbH-Vermögen?, ZIP 1993, S. 1757 (1761); Sonnenhol, J./Groß, W., Besicherung von Krediten Dritter an Konzernunternehmen, GmbHR 1995, S. 561 (563); Nölkel, D., Besonderheiten bei der Durchführung von MBOs in den neuen Bundesländern, DStR 1994, S. 761 (765); i.E. auch Scholz-Westermann, GmbHG, § 30 Rn. 31b.

725 Vgl. zu möglichen Regressansprüchen Mülbert, P. O., Sicherheiten einer Kapitalgesellschaft für Verbindlichkeiten ihres Gesellschafters, ZGR 1995, S. 578 (582 ff.).

726 So auch Scholz-Westermann, GmbHG, § 30 Rn. 31b.

senhafter kaufmännischer Beurteilung eine Rückstellung zu bilden ist.[727] Zum anderen muss die Vollwertigkeit einer gegebenenfalls erforderlichen Regressforderung im Sinne einer gewissenhaften kaufmännischen Beurteilung überprüft werden. Wird geltend gemacht, der Rückgriffsanspruch der Gesellschaft sei minderwertig, muss dies gegebenenfalls dargelegt und bewiesen werden.

In diese Richtung weist auch die oberinstanzliche Rechtsprechung des OLG München[728]: "Da bei einer Sicherheitsbestellung im Gegensatz zu anderen Leistungen der Gesellschaft die Inanspruchnahme und Verwertung der übereigneten Gegenstände noch ungewiss ist und die wirkliche Verminderung des Gesellschaftsvermögens erst bei Verwertung erfolgt, kann als Beurteilungszeitpunkt für die Unterbilanz erst der Zeitpunkt der Inanspruchnahme der Sicherheit maßgebend sein." Das OLG München folgt damit der hier zitierten herrschenden Meinung und erwähnt dementsprechend auch in seinen folgenden Erwägungen, dass eine Rückstellung nur dann zu bilden sei, wenn im Sinne einer "gewissenhafte(n) kaufmännische(n) Beurteilung" Anhaltspunkte für eine "unmittelbar drohende Inanspruchnahme (der Sicherheit) ohne Rückgriffsmöglichkeit" vorliegen.[729]

Im bereits zitierten Urteil[730] lässt sich der BGH zwar nicht explizit auf die vorliegende Problematik ein, verweist jedoch auf ein eigenes Urteil[731], das sich mit der ähnlich gelagerten Frage befasst, ob die Haftung des Kommanditisten nach § 172 Abs. 4 Satz 1 HGB wieder auflebt, wenn die KG zu seinen Gunsten die Forderung eines Dritten gegen den Kommanditisten mit einer Eigentümergrundschuld besichert. Der BGH hat hier allerdings bereits die Abtretung der Eigentümergrundschuld als Rückgewähr der Kommanditeinlage eingeordnet[732], was eher für eine extensive Auslegung des § 30 Abs. 1 GmbHG denn für eine rein bilanzrechtlich orientierte Betrachtungsweise spräche. Jedoch hat der BGH auch klargestellt, dass dann nicht von einer Einlagenrückgewähr gesprochen werden kann, wenn der Anspruch der

727 Baumbach/Hueck-Hueck/Fastrich, GmbHG, § 30 Rn. 19.

728 Vgl. OLG München vom 19. 6. 1998, GmbHR 1998, S. 986 f.

729 OLG München, GmbHR 1998, S. 986 (986 f.).

730 BGHZ 138, S. 291 ff.

731 BGH vom 20.10.1975, NJW 1976, S. 751 (752).

732 Begründet hat dies der BGH damit, dass sich das Grundpfandrecht nicht in der Hand eines gegenüber Gesellschaftsgläubigern nachrangigen Gesellschafters befindet, sondern an einen außenstehenden Dritten gewährt wurde, der einer der Gesellschaftsgläubiger ist. Damit sei "die Zugriffsmöglichkeit der übrigen Gesellschaftsgläubiger auf das Vermögen der KG schon derart eingeschränkt, daß diese in Höhe der Belastung die Fähigkeit eingebüßt (habe), ihre Gläubiger zu befriedigen." (BGH, NJW 1976, S. 751 (752)). An diese Differenzierung lehnen sich auch *Hueck/Fastrich* an, die zwischen der Gestellung von Sicherheiten gegenüber außenstehenden Dritten (dann Auszahlung bereits z. Z. der Bestellung) und solchen gegenüber den Gesellschaftern (dann erst Auszahlung z. Z. der Inanspruchnahme) differenzieren (Baumbach/Hueck-Fastrich, GmbHG, § 30 Rn. 19).

Gesellschaft gegen den Gesellschafter auf Rückübertragung oder Aufwendungsersatz in Höhe der Grundschuld "sofort und uneingeschränkt durchsetzbar" sei.[733] Haben wir es also mit einem gesunden Konzern zu tun, tritt die Besicherung durch die Konzerntochter nicht in Konflikt mit § 30 Abs. 1 GmbHG, unabhängig davon, dass eine Unterdeckung entsteht oder vertieft wird und unabhängig davon, dass die Tochtergesellschaft mit der in der Regel unentgeltlichen Gewährung der Sicherheit causa societatis auf die wirtschaftliche Verwertung ihres Vermögensteils verzichtet. Auch dieser Hinweis stützt also die herrschende Meinung.

Sucht man aus dem Dargestellten ein Fazit für die Situation des Spin-Off-MBO zu ziehen, so stellt sich die Besicherung von Forderungen Dritter gegen die Erwerber-Gesellschaft über Vermögen der Ziel-Gesellschaft als wenig problematisch dar, wenn man die herrschende Meinung so fasst, dass die Bestellung von Sicherheiten grundsätzlich noch keine Unterbilanz begründet oder vertieft und nur bei hoher Verwertungswahrscheinlichkeit eine entsprechende Rückstellung zu bilden ist, die jedoch durch einen vollwertigen Regressanspruch gegen den begünstigten Gesellschafter ausgeglichen werden kann.[734] Denn bei einem Spin-Off-MBO, der typischerweise ein von der Erwerber-Gesellschaft gehaltenes wirtschaftlich gesundes Unternehmen als Ziel-Objekt voraussetzt, wird in der Regel nicht mit hoher Wahrscheinlichkeit die Inanspruchnahme der Sicherheit drohen, so dass auch keine entsprechenden Rückstellungen zu verbuchen sind. Denn die Beteiligten eines (L)MBO werden in der Regel die Transaktion nur durchführen, wenn sie im Sinne einer positiven Zukunftsprognose davon ausgehen, dass über die Erträge der Ziel-Gesellschaft à la longue die Rückführung des von der Erwerber-Gesellschaft aufgenommenen Darlehens sowie die Ablösung der bestellten Sicherheiten möglich ist.[735]
Verschlechtert sich allerdings die wirtschaftliche Lage der Erwerber-Gesellschaft so dramatisch, dass mit einer Verwertung der von der Ziel-GmbH gewährten Sicherheit zu rechnen ist, so muss geprüft werden, inwieweit der Ziel-GmbH gegen die Erwerber-GmbH vollwertige Rückgriffsansprüche zustehen. Da die Erwerber-GmbH selbst kein operatives Geschäft betreibt und wirtschaftlich auf die Erträge der Ziel-GmbH angewiesen ist, wird in einer solchen Konstellation wohl nur ein schuldrechtlich vereinbarter Rückgriff auf das persönliche Vermögen der Gesellschafter der Erwerber-GmbH vollwertig sein.

Gemäß dem Gebot des sichersten Weges wäre der Geschäftsführung[736] der Ziel-Gesellschaft wegen der divergierenden Ansichten in der Literatur und wegen des

---

733 BGH vom 20.10.1975, NJW 1976, S. 751 (752).

734 Siehe Roth/Altmeppen-Altmeppen, GmbHG, § 30 Rn. 58.

735 Vgl. dazu a. Bastuck, B., Kreditbesicherung im Konzern, S. 16.

736 Die Geschäftsführer sind wegen ihrer Organpflichten aus § 43 Abs. 1 und 3 GmbHG letztlich Adressat der Regelung des § 30 GmbHG. Vgl. Lutter/Hommelhoff, GmbHG, § 30 Rn. 37

Fehlens einer eindeutigen Linie in der Rechtsprechung anzuraten, zumindest gedanklich die gewährten Sicherheiten in eine hypothetische Handelsbilanz pro forma einzustellen, um so einen konstanten, aussagekräftigen Überblick *innerhalb* und nicht nur gemäß § 251 Satz 1 HGB *unter* der Bilanz zu wahren. Grundsätzlich ist die Bestellung einer Sicherheit auch für einen außenstehenden Gläubiger aber als unterbilanzneutral anzusehen. Ist die Zone der Unterdeckung erreicht, ist in jedem Fall im Rahmen einer gewissenhaften kaufmännischen Beurteilung zu prüfen, ob die Sicherheit mit hoher Wahrscheinlichkeit vom Sicherungsnehmer in Anspruch genommen wird, weil dann eine entsprechende Rückstellung zu buchen ist. In einem zweiten Schritt ist zu fragen, ob diese Rückstellung durch einen vollwertigen, bilanziell zu aktivierenden Regressanspruch ausgeglichen werden kann.

Will die Geschäftsführung ganz sicher gehen, sollte sie bei Bestehen einer Unterbilanz von der Bestellung weiterer Sicherheiten zu Gunsten von Gesellschaftergläubigern absehen, da eine im Vordringen befindliche, eher wirtschaftlich als rein bilanziell orientierte Ansicht in der Literatur[737]

§ 30 Abs. 1 GmbHG so versteht, dass er dann auch die Bestellung von Sicherheiten zu Gunsten dritter Gesellschaftergläubiger verbiete.

Sofern die kreditierende Bank als Sicherungsnehmerin damit einverstanden ist, kommt auch die bloße Verpflichtung zur Stellung einer entsprechenden Sicherheit gegenüber der Erwerber-Gesellschaft in Betracht. In einem solchen Fall nimmt auch die oben erwähnte Literaturansicht[738] an, dass erst im Zeitpunkt der endgültigen Stellung der Sicherheit gegenüber dem Dritten eine Auszahlung im Sinne von § 30 Abs. 1 GmbHG vorliegt. Denn bis zu diesem Moment der Erfüllung kann die Ziel-Gesellschaft § 30 Abs. 1 GmbHG gegenüber ihrem Gesellschafter einwenden.

In formaler Hinsicht sollte die Zustimmung zur Sicherheitenbestellung von Seiten aller übrigen Gesellschafter eingeholt werden, um einer etwaigen Ungleichbehandlung vorzubeugen. Da im Fall des Spin-Off-MBO die Erwerber-Gesellschaft typischerweise Alleingesellschafterin der betroffenen Ziel-Gesellschaft sein wird, ist dieses Erfordernis allerdings unerheblich.

d) Gewährung von Darlehen an die Erwerber-GmbH

Beim Spin-Off-MBO ist insbesondere bei der Darlehensgewährung der Ziel-Gesellschaft an die Erwerber-Gesellschaft die Abgrenzung zwischen gemäß § 30 Abs. 1 GmbHG zulässigen Drittgeschäften und gegebenenfalls § 30 Abs. 1 GmbHG unterfallenden Gesellschaftergeschäften[739] von entscheidender Bedeutung. Insoweit kommt es allgemein darauf an, ob das "Geschäft nach allgemeinen kaufmännischen

737 Baumbach/Hueck-Hueck/Fastrich, GmbHG, § 30 Rn. 19; Lutter/Hommelhoff, GmbHG, § 30 Rn. 35 jew. m. w. Nachw.

738 Vgl. Baumbach/Hueck-Hueck/Fastrich, GmbHG, § 30 Rn. 19 m. w. Nachw.; Lutter/Hommelhoff, GmbHG, § 30 Rn. 35 jew. m. w. Nachw.

739 Vgl. eingehend zu diesen Begrifflichkeiten Scholz-Westermann, GmbHG, § 30 Rn. 20.

Grundsätzen zu gleichen Bedingungen auch mit (einem) Nicht-Gesellschafter abgeschlossen worden wäre, also durch betriebliche Gründe gerechtfertigt ist."[740]
Hinsichtlich der Darlehensgewährung durch die Ziel- an die Erwerber-Gesellschaft bedeutet dies, dass jedenfalls eine verkehrsübliche Verzinsung vereinbart werden muss, wenn sich der Vermögensabfluss in der Zone der Unterdeckung abspielt. Streitig ist jedoch, ob im Fall der Darlehensgewährung noch weitere Anforderungen zu stellen sind, oder ob die §§ 30, 31 GmbHG die Darlehensgewährung von der Gesellschaft an die Gesellschafter, die zu einer Unterbilanz führt, nicht generell verbieten.
Eine Ansicht will Zahlungen der Gesellschaft an ihre Gesellschafter, denen – wie beim Darlehen - nur ein zeitlich hinausgeschobener Ausgleichsanspruch gegenübersteht, immer unter § 30 Abs. 1 GmbHG subsumieren, da derartige Vermögenszuwendungen, bezogen auf die Kapitalbindung, nie als neutral anzusehen sind.[741] Gesetzessystematisch spricht dafür auch, dass die §§ 7 Abs. 2, 19 Abs. 2 und 31 Abs. 1 GmbHG einen gegen die Gesellschafter gerichteten, bloßen Anspruch gerade nicht tatsächlich eingezahltem Kapital gleichstellen.[742] Dieser Meinung ist allerdings entgegenzuhalten, dass die §§ 30, 31 GmbHG der Kapitalerhaltung dienen, nicht aber eine bestimmte Vermögenszusammensetzung schützen wollen.
Eine im Hinblick auf den Anwendungsbereich des § 30 Abs. 1 GmbHG besonders großzügige Ansicht fordert hingegen nicht einmal, dass das Darlehen angemessen zu verzinsen sei, sondern lässt unter Verweis auf eine rein bilanzielle Sichtweise ausreichen, dass der Ausreichung des Darlehens ein vollwertiger Rückzahlungsanspruch gegenübersteht. Insofern handle es sich lediglich um einen Aktivtausch.[743] Zwar ist dieser Meinung zuzugeben, dass die §§ 30, 31 GmbHG nicht den Erhalt bestimmter Massegegenstände, sondern nur den Bestand eines gewissen Haftungsfonds schützen; jedoch hält die Vergabe eines zinslosen Darlehens einem Drittvergleich nicht

---

740 Baumbach/Hueck-Hueck/Fastrich, GmbHG, § 30 Rn. 15.

741 So Stimpel, W., Zum Auszahlungsverbot des § 30 Abs. 1 GmbHG, in: FS 100 Jahre GmbHG, 1992, S. 335 (335 ff.). Ob *Stimpel* zu Recht die Entscheidung aus BGHZ 81, S. 311 (320 f.) für seine weit reichenden Folgerungen reklamieren kann, erscheint zweifelhaft. Denn der BGH hat im konkreten Einzelfall lediglich entschieden, dass die bedingungslose Stundungsvereinbarung zu Gunsten der Gesellschafter, die das Stammkapital schmälert, gegen § 30 Abs. 1 GmbHG verstößt. Damit ist jedoch nicht ausgesagt, dass jede Form der Kreditierung sub specie § 30 Abs. 1 GmbHG unzulässig ist. Krit. a. Scholz-Westermann, GmbHG, § 30 Rn. 25 (Fußnote 130); vgl. zum Problem insgesamt a. Schön, W., Kreditbesicherung durch abhängige Kapitalgesellschaften, ZHR 159 (1995), S. 351 (351 ff.).

742 Vgl. a. Rowedder-Rowedder, GmbHG, § 30 Rn. 19; Roth/Altmeppen-Altmeppen, GmbHG, § 30 Rn. 53.

743 Lutter, M./Wahlers, H., Der Buyout: Amerikanische Fälle und die Regeln des deutschen Rechts, AG 1989, S. 1 (14).

stand[744] und konfligiert daher in der Zone der Unterdeckung mit den §§ 30, 31 GmbHG.
Die wohl herrschende Meinung in der Literatur versucht, die genannten Extrempositionen dadurch zusammenzuführen, dass sie einerseits die bilanzielle Betrachtungsweise in den Vordergrund rückt und die Kreditvergabe als mit § 30 Abs. 1 GmbHG konform gehenden Aktivtausch einordnet. Andererseits trägt sie aber auch der Kapitalerhaltung und, damit verbunden, dem Gläubigerschutz ausreichend Rechnung, indem sie fordert, dass das Darlehen angemessen zu verzinsen sei und der Gesellschaft ein vollwertiger Rückzahlungsanspruch zustehen müsse.[745]
Die herrschende Meinung findet auf diese Weise einen rechtlich wie wirtschaftlich vernünftigen Kompromiss, der auch die Dispositionsbefugnis der GmbH nicht zu stark einschränkt und den Grundsatz berücksichtigt, dass generell Geschäfte zwischen Gesellschaft und Gesellschafter zulässig sein sollen. Ob der Rückzahlungsanspruch der Gesellschaft gegen die Kredit nehmenden Gesellschafter durch werthaltige Sicherheiten besichert werden muss, wie dies vereinzelt verlangt wird[746], sollte m.E. nicht abstrakt entschieden werden, sondern im konkreten Einzelfall. Damit verbliebe man insbesondere auch im System des Fremdvergleichs. Man hat bezüglich des Erfordernisses der Besicherung des Rückzahlungsanspruchs zu fragen, ob die betroffene Gesellschaft nach gewissenhafter kaufmännischer Beurteilung zu gleichen Bedingungen auch einem Nicht-Gesellschafter das entsprechende Darlehen gewährt hätte. Hätte die Gesellschaft in diesem hypothetischen Fall eine Sicherheit verlangt, muss eine solche auch von den Kredit nehmenden eigenen Gesellschaftern gefordert werden. Um einem Konflikt mit § 30 Abs. 1 GmbHG aus dem Weg zu gehen, kann sich daher in Zweifelsfällen eine Kreditsicherung empfehlen.[747]

Bezogen auf den Spin-Off-MBO bedeutet dies, dass Darlehensgewährungen in der Zone der Unterdeckung sub specie § 30 Abs. 1 GmbHG mit Unsicherheiten behaftet sind, sofern die Kredit nehmende Erwerber-Gesellschaft ihrerseits den Rückzahlungsanspruch der Ziel-GmbH nicht besichern kann, wozu sie ja regelmäßig gerade nicht in der Lage sein wird. Auf jeden Fall muss ein angemessener Zinssatz, der einem Drittvergleich standhält, vereinbart werden. Ferner muss der Rückzahlungsan-

---

744 Hinsichtlich der Zinsen liegt darin ein Verstoß gegen § 30 Abs. 1 GmbHG, da der Gesellschaft der von § 30 Abs. 1 GmbHG erfasste Nutzungswert des Kapitals entgeht. Vgl. a. Rowedder-Rowedder, GmbHG, § 30 Rn. 19.

745 So Baumbach/Hueck-Hueck/Fastrich, GmbHG, § 30 Rn. 16; Roth/Altmeppen-Altmeppen, GmbHG, § 30 Rn. 53; Schneider, U. H., "Kapitalmindernde Darlehen" der GmbH an ihre Gesellschafter, in: FS für Döllerer, S. 537 (543 f.); Rowedder-Rowedder, GmbHG, § 30 Rn. 19; Scholz-Westermann, GmbHG, § 30 Rn. 25.

746 So Kleffner, T., Erhaltung des Stammkapitals und Haftung nach §§ 30, 31 GmbHG, 1994, S.67 ff.

747 Vgl. a. Otto, H.-J., MBO, 1997, § 26 Rn. 107; Baumbach/Hueck-Hueck/Fastrich, GmbHG, § 30 Rn. 16 a.E.

spruch vollwertig sein[748], das heißt, es dürfen insbesondere keine konkreten Anhaltspunkte für einen fehlenden Rückzahlungswillen auf Seiten der Erwerber-Gesellschaft vorliegen.[749]
In steuerlicher Hinsicht ist zu berücksichtigen, dass die Zinszahlungen an die Ziel-Gesellschaft bei dieser körperschaft- (§ 8 Abs. 1 KStG in Verbindung mit § 20 Abs. 1 Nr. 7 EStG[750]) und gewerbesteuerpflichtig sind (§ 7 GewStG).

4. Rechtsfolgen einer verbotenen Auszahlung
Prima vista ist die Rechtsfolge eines Verstoßes gegen das Auszahlungsverbot des § 30 Abs. 1 GmbHG die gesellschaftsrechtliche Unzulässigkeit der betreffenden Leistung.[751] Aus diesem Grund müssen zunächst die die Auszahlung veranlassenden Organe der GmbH, also deren Geschäftsführer, entsprechende Auszahlungen verweigern, da sie ansonsten gegen ihre Organpflichten aus § 43 Abs. 1 GmbHG verstoßen würden.[752] Wird entgegen § 30 Abs. 1 GmbHG dennoch eine verbotene Auszahlung vorgenommen, so trifft jedenfalls den begünstigten Gesellschafter die besondere gesellschaftsrechtliche Erstattungspflicht[753] des § 31 Abs. 1 GmbHG. Der Anspruch aus § 31 GmbHG entsteht bereits mit Verletzung des § 30 Abs. 1 GmbHG und ist sofort fällig, insbesondere ist ein Gesellschafterbeschluss gemäß § 46 Nr. 2 GmbHG nicht erforderlich.[754]
Insofern sind die sich an den Verstoß gegen § 30 Abs. 1 GmbHG anschließenden Rechtsfolgen weitgehend unproblematisch. Schwierigkeiten entstehen erst im Hinblick auf die Frage, welche Auswirkung der Verstoß gegen § 30 Abs. 1 GmbHG auf

---

748 *Westermann*, der keine zusätzliche Kreditsicherung seitens der Gesellschafter fordert, weist speziell für den Fall des MBO im Hinblick auf den Rückzahlungsanspruch der Ziel-Gesellschaft darauf hin, dass dieser zumindest zu Beginn der einschlägigen Transaktionen noch vollwertig sein wird, "da bei von Anfang an erkennbarer wirtschaftlicher Schwäche der Erwerber die Transaktion nicht durchgeführt werden wird." Vgl. Scholz-Westermann, GmbHG, § 30 Rn. 32.

749 Vgl. a. Scholz-Westermann, GmbHG, § 30 Rn. 25.

750 Loritz, K.-G., Einkommensteuerrecht, 1988, Rn. 377.

751 Baumbach/Hueck-Hueck/Fastrich, GmbHG, § 30 Rn. 21.

752 Lutter/Hommelhoff, GmbHG, § 30 Rn. 37. Verstößt ein Geschäftsführer gegen § 30 Abs. 1 GmbHG, so haftet er gemäß § 43 Abs. 3 Satz 1 Alt. 1 GmbHG gesamtschuldnerisch neben dem Zahlungsempfänger i. S. d. § 30 Abs. 1 GmbHG, wobei der Geschäftsführer i.d.R. beim begünstigten Gesellschafter vollen Regress nehmen kann. Vgl. zu weiteren Einzelheiten Baumbach/Hueck-Zöllner, GmbHG, § 43 Rn. 39 sowie Scholz-Schneider, GmbHG, Bd. 1, § 43 Rn. 191 ff.

753 Vgl. zur Rechtsnatur des § 31 GmbHG als eigenständigem gesellschaftsrechtlichem Erstattungsanspruch, der nicht bloßer Bereicherungsanspruch ist, nur Scholz-Westermann, GmbHG, § 31 Rn. 1.

754 Baumbach/Hueck-Hueck/Fastrich, GmbHG, § 31 Rn. 6.

den schuldrechtlichen und dinglichen Teil des betreffenden Leistungsversprechens hat.[755]

a) Offene Gewinnausschüttung und verdeckte Gewinnausschüttung

Beschließt die Gesellschafterversammlung gemäß § 46 Nr. 1 GmbHG eine Gewinnausschüttung, die zu einer Unterbilanz führen würde und daher gegen § 30 Abs. 1 GmbHG verstieße, ist der zugrundeliegende Gesellschafterbeschluss insoweit nicht vollziehbar.[756] Denn der Gesellschafterbeschluss, der an sich zu einem der Gesellschaft entzogenen, abstrakten Auszahlungsanspruch führt, findet seine Grundlage dennoch im Gesellschaftsverhältnis, das durch den Kapitalerhaltungsgrundsatz des § 30 Abs. 1 GmbHG dominiert wird.[757]

Wird der § 30 Abs. 1 GmbHG verletzende Ergebnisverwendungsbeschluss dennoch vollzogen und der die Unterbilanz auslösende oder vertiefende Gewinnbetrag ausgeschüttet, so trifft die den Gewinn vereinnahmenden Gesellschafter die Erstattungspflicht nach § 31 Abs. 1 GmbHG, und zwar – entgegen der früheren Ansicht der Rechtsprechung – unabhängig davon, ob die Unterbilanz später wieder behoben wurde.[758]
Daneben besteht kein Schadensersatzanspruch nach § 823 Abs. 2 BGB, da § 30 GmbHG kein Schutzgesetz im Sinne von § 823 Abs. 2 BGB ist.[759]

Insbesondere im Hinblick auf verdeckte Gewinnausschüttungen ist festzuhalten, dass § 30 Abs. 1 GmbHG nach ganz herrschender Meinung nicht als gesetzliches Verbot im Sinne von § 134 BGB anzusehen ist und daher auch nicht zur Nichtigkeit des

---

755 Vgl. Lutter/Hommelhoff, GmbHG, § 30 Rn. 37.

756 Baumbach/Hueck-Hueck/Fastrich, GmbHG, § 30 Rn. 21: Nichtig gemäß § 241 Nr. 3 AktG analog soll nur derjenige Beschluss sein, der auf Auszahlung unter bewusstem Verstoß gegen § 30 Abs. 1 GmbHG gerichtet ist. Ebso. Rowedder-Rowedder, GmbHG, § 30 Rn. 29. And. Scholz-Emmerich, GmbHG, § 29 Rn. 85 (vgl. zu diesem Streit bereits ob. Fußnote 664 (S. 174)).

757 Baumbach/Hueck-Hueck/Fastrich, GmbHG, § 29 Rn. 56.

758 Baumbach/Hueck-Hueck/Fastrich, GmbHG, § 31 Rn. 6; vgl. ausführlich Scholz-Westermann, GmbHG, § 31 Rn. 6.

759 Hintergrund für diese ganz herrschende Meinung ist, dass § 31 GmbHG lex specialis ist, und die betroffenen Gläubiger durch die Möglichkeit, den Erstattungsanspruch der Gesellschaft pfänden und sich überweisen zu lassen, ausreichend geschützt sind. Ferner findet sich im GmbH-Recht gerade keine Parallele zum Einziehungs- und Befriedigungsrecht des § 62 Abs. 2 AktG, das Gläubigern im Aktienrecht unmittelbar zusteht und nicht durch die Hintertür in das GmbH-Recht transformiert werden darf. Vgl. insgesamt Baumbach/Hueck-Hueck/Fastrich, GmbHG, § 30 Rn. 1; Rowedder-Rowedder, GmbHG, § 30 Rn. 27; Hachenburg-Goerdeler/Müller, GmbHG, § 30 Rn. 16; Lutter/Hommelhoff, GmbHG, § 30 Rn. 1; BGHZ 110, S. 342 (342); Scholz-Westermann, GmbHG, § 30 Rn. 10.

Verpflichtungs- und Verfügungsgeschäfts führt.[760] Dies gilt auch dann, wenn die Beteiligten bewußtermaßen der Kapitalbindung des § 30 Abs. 1 GmbHG zuwiderhandeln.[761] Die Verbindlichkeit ist vielmehr entstanden, jedoch gehemmt, so dass der Geschäftsführer bei Vorliegen der Voraussetzungen des § 30 Abs. 1 GmbHG ein Leistungsverweigerungsrecht hat und gehindert ist, die Verbindlichkeit zu erfüllen.[762] Erst wenn die bestehende oder drohende Unterbilanz behoben ist, fällt die Hemmung des Anspruchs des Gesellschafters weg und darf der Geschäftsführer erfüllen.[763]

b) Gesellschaftergeschäfte und Drittgeschäfte

aa) Gestellung von Kreditsicherheiten

Bei der Gestellung von Kreditsicherheiten durch die Ziel-Gesellschaft zwecks Besicherung einer Forderung gegen die Erwerber-Gesellschaft ist zu beachten, dass es sich um die Eingehung einer Verbindlichkeit gegenüber einem Dritten, also einem Nicht-Gesellschafter, handelt. Regelungsadressat des § 30 Abs. 1 GmbHG sind hin-

---

760 Vgl. statt aller Baumbach/Hueck-Hueck/Fastrich, GmbHG, § 30 Rn. 21, wo auch die maßgeblichen Argumente zusammengefasst werden: Da für die Beurteilung des Gesellschaftsvermögens erst der Zeitpunkt des Erfüllungsgeschäfts maßgeblich ist, muss schon systembedingt das Verpflichtungsgeschäft wirksam sein. § 31 GmbHG ist spezielle Rückabwicklungsvorschrift und kommt erst gar nicht in einen denkbaren Konflikt mit dem Abstraktionsprinzip. In systematischer Hinsicht ist auch die Neuregelung des § 33 Abs. 2 Satz 3 GmbHG Indiz für die Wirksamkeit des Verfügungsgeschäfts. Bei bewusster Verletzung der Kapitalerhaltungsvorschriften überschreitet der Geschäftsführer sein rechtliches Dürfen, und es gehen die Grundsätze des Missbrauchs der Vertretungsmacht vor. Auch der Hinweis auf die Nichtigkeitsfolge (§ 134 BGB) des ähnlich formulierten und von der ganz h. M. im Aktienrecht als Verbotsgesetz aufgefassten § 57 AktG greift nicht durch, da damit die unterschiedliche Ausprägung der Kapitalbindungssysteme sowie die verschiedene Gewichtung der jeweiligen Vorschriften nicht ausreichend berücksichtigt wird. Ausführlich und i. E. ebso. Scholz-Westermann, GmbHG, § 30 Rn. 11 f.; ebso. BGH, BB 1997, 1805 (1807) und BGHZ 138, S. 291 (298).

761 BGH, GmbHR 1997, S. 790 (791 f.) = ZIP 1997, S. 1450 (1451 f.); dazu a. Westermann, H. P., BGH EWiR § 30 GmbHG 1/97, S. 1089 f.; vgl. a. Hinw. bei Scholz-Westermann, GmbHG, § 30 Rn. 11.

762 Vgl. Scholz-Westermann, GmbHG, § 30 Rn. 11 sowie Baumbach/Hueck-Hueck/Fastrich, GmbHG, § 30 Rn. 21 m. w. Nachw. insb. auf die "st. Rspr." und die "ganz überw. Meinung" in der Literatur; a. Hinw. auf die abweichende Literaturansicht, die in Anlehnung an § 57 AktG Nichtigkeit annehmen will.

763 Lutter/Hommelhoff, GmbHG, § 30 Rn. 38.

gegen ausschließlich die Gesellschafter,[764] demgegenüber will § 30 Abs. 1 GmbHG nicht Geschäfte zwischen der Gesellschaft und Dritten verhindern.[765] Leistungen an Dritte können nur ausnahmsweise von § 30 Abs. 1 GmbHG erfasst sein, wenn sie dem Gesellschafter zurechenbar sind[766], etwa weil sie - wie nahe Angehörige oder verbundene Unternehmen - dem Gesellschafter persönlich oder wirtschaftlich nahe stehen, oder weil die Gesellschaft an einen Dritten für Rechnung des Gesellschafters leistet und somit die Leistungen an den Dritten jeweils mittelbar dem Gesellschafter zugute kommen.[767]

Grundsätzlich unterfallen aber Dritte als Sicherungsnehmer nur unter ganz engen Voraussetzungen der Vorschrift des § 30 Abs. 1 GmbHG, da bei einer durch die Sicherheitenbestellung vermittelten Leistung an den Gesellschafter nach dem Regelungsgefüge des § 30 Abs. 1 GmbHG eigentlich ausschließlich dieser und nicht der Dritte Leistungsempfänger im Sinne von §§ 30 Abs. 1, 31 GmbHG ist.[768]
Sofern also der dritte Sicherungsnehmer nicht gerade für Rechnung des Gesellschafters die Sicherheit hält, sind auch im Fall der Bestellung von Sicherheiten Normadressaten im Sinne der
§§ 30, 31 GmbHG allein die Gesellschafter.[769]

Den Grundsatz, dass sich die Kapitalerhaltungsvorschriften nur an die Gesellschafter und Geschäftsführer der GmbH, nicht aber an außenstehende Dritte richten, hat der BGH auch in einer jüngeren Entscheidung[770] wieder bestätigt.[771] Vereinfacht ging es um den folgenden Sachverhalt, der wegen der grundsätzlichen Bedeutung des Urteils

---

764 Lutter/Hommelhoff, GmbHG, § 30 Rn. 39; neben dem Wortlautargument lässt sich als Begründung etwa anführen, dass es auf Grund des Systems der Kapitalgesellschaften alleinige Aufgabe der Gesellschafter sein muss, das Stammkapital aufzubringen und zu erhalten. Es wäre insofern wertungswidersprüchlich, den Gesellschaftsgläubiger zwecks Stammkapitalerhaltung in die Pflicht zu nehmen, obwohl die Kapitalerhaltungsvorschriften gerade seinem Schutz dienen sollen, da eine generelle persönliche Haftung der Gesellschafter fehlt.

765 Rowedder-Rowedder, GmbHG, § 30 Rn. 20; Lutter/Hommelhoff, GmbHG, § 30 Rn. 2.

766 Scholz-Westermann, GmbHG, § 30 Rn. 28; Lutter/Hommelhoff, GmbHG, § 30 Rn. 25; Baumbach/Hueck-Hueck/Fastrich, GmbHG, § 30 Rn. 17.

767 Scholz-Westermann, GmbHG, § 30 Rn. 29 f.; Rowedder-Rowedder, GmbHG, § 30 Rn. 16 jew. mit Fallgruppen; Baumbach/Hueck-Hueck/Fastrich, GmbHG, § 30 Rn. 17.

768 Baumbach/Hueck-Hueck/Fastrich, GmbHG, § 30 Rn. 19 a. E. m. Verw. auf Rn. 17.

769 Scholz-Westermann, GmbHG, § 30 Rn. 33.

770 BGH vom 19.3.1998 – IX. ZR 22/97, BGHZ 138, S. 291 ff. = WM 1998, S. 968 ff. = ZIP 1998, S. 793 ff. = GmbHR 1998, S. 935 (LS).

771 Vgl. dazu a. Früh, A., Kreditbesicherung und Mithaftung bei Krediten an Konzernunternehmen, GmbHR 2000, S. 105 (108 ff.).

und seiner erheblichen Resonanz in der Literatur[772] hier wiedergegeben werden soll: Die Tochtergesellschaft A.-GmbH besicherte über Forderungsabtretungen bei der beklagten Bank neben eigenen Darlehensverbindlichkeiten auch solche ihrer Muttergesellschaft A.B.-GmbH. Als sich die wirtschaftlichen Verhältnisse der A.B.-GmbH verschlechterten, verwertete die Bank auch Sicherheiten der A.-GmbH. Der Verwalter über das Vermögen der A.-GmbH forderte daraufhin von der *Bank* die Rückzahlung der in Anspruch genommenen Sicherheiten mit der Begründung, dass Kapitalerhaltungsgrundsätze verletzt worden seien.
Der 9. Zivilsenat des BGH erteilte diesem Begehren eine klare Absage, indem er zugleich schulmäßig alle denkbaren Anspruchsgrundlagen untersuchte. Im Hinblick auf die §§ 30, 31 GmbHG stellte er einleitend fest, dass diese vorliegend nicht einschlägig seien, weil sich die Kapitalschutzvorschriften des GmbH-Rechts "nur an die Gesellschafter und die Geschäftsführung der GmbH sowie an Personen oder Unternehmen (richten), die der Gesellschaft oder einem Gesellschafter nahestehen". Der weitergehenden Ansicht[773], wonach auch ein außenstehender Dritter, der an einer Einlagenrückgewähr mitwirkt, den §§ 30, 31 GmbHG unterfällt, folgt der BGH ausdrücklich nicht.[774] Ferner stellt das Gericht klar, dass § 30 Abs. 1 GmbHG kein Schutzgesetz im Sinne von § 134 BGB ist.[775]
Ausführlicher befasst sich der Senat sodann mit § 138 BGB, den er vorliegend im Ergebnis ebenfalls verwirft. Allerdings stellt der BGH fest, dass das Sicherungsgeschäft nach § 138 BGB nichtig sein kann, wenn der Sicherungsnehmer und der Gesellschafter, der das zu sichernde Darlehen aufgenommen hat, kollusiv zum Schaden der Gesellschaft oder der außenstehenden Gläubiger zusammenwirken.[776] Die Ansicht, dass § 138 BGB schon dann verwirklicht sei, wenn der Sicherungsnehmer in Kenntnis der gesellschaftsrechtlichen Verhältnisse "sich leichtfertig der Kenntnis verschließ(t), dass die Besicherung das Stammkapital des Sicherungsgebers angreifen könne (Schön ZHR 1995, 351, 366; Messer ZHR 1995, 375, 377), oder jedenfalls dann, wenn beide Seiten bewußt dem Verbot des § 30 GmbHG zuwiderhandeln

772 Vgl. Scholz-Westermann, GmbHG, § 30 Rn. 33; Eckhardt, D., BGH EWiR § 30 GmbHG 1/98; S. 699 f.; Lutter/Hommelhoff, GmbHG, § 30 Rn. 39; Früh, A., Kreditbesicherung und Mithaftung bei Krediten an Konzernunternehmen, GmbHR 2000, S. 105 ff.

773 Der BGH zitiert hierzu Meister, B. W., Die Sicherheitsleistung der GmbH für Gesellschafterverbindlichkeiten WM 1980, S. 390 (395); Peltzer, M./Bell, M., Besicherung von Gesellschafterkrediten mit dem GmbH-Vermögen?, ZIP 1993, S. 1757 (1762) sowie Abramenko, A., Die Sicherheitsleistung einer GmbH für Gesellschafter und der Kapitalerhaltungsgrundsatz (§§ 30, 31 GmbHG), GmbHR 1997, S. 875 (878 ff.).

774 So schon BGHZ 81, S. 365 (368).

775 Jeweils BGHZ 138, S. 291 (298).

776 Dies ist zugleich ein Fall des § 826 BGB (Kollusion/Gläubigerbenachteiligung). Vgl. Palandt-Thomas, BGB, § 826 Rn. 37; MünchKomm-Mertens, BGB, Bd. 5, § 826 Rn. 145 sowie Rn. 92 (Verhältnis § 138/§ 826 BGB).

(Kühbacher aaO[777] S. 71; Meister WM 1980, 390, 396)"[778], lehnte der BGH in seiner Entscheidung ebenfalls expressis verbis als "zu weitgehend" ab. Das Gericht begründet dies damit, dass der schlichte Verstoß gegen § 30 Abs. 1 GmbHG noch nicht ausreiche, um die Sittenwidrigkeit zu begründen.[779] Ferner seien die Gläubigerschutzvorschriften der Insolvenzordnung sowie des Anfechtungsgesetzes insoweit leges speciales.[780] § 138 BGB komme allenfalls dann in Betracht, wenn die Gläubigergefährdung mit Täuschungsabsicht[781] oder (bedingtem) Schädigungsvorsatz zusammentrifft. Insbesondere reicht es nicht aus, dass die Gesellschaft fast ihr gesamtes freies Vermögen zum Zweck der Besicherung einsetzt.[782] Weiß der Sicherungsnehmer jedoch um den bevorstehenden Zusammenbruch der Erwerber-Gesellschaft, greift § 138 BGB ein.[783] Die beiden letzten Aussagen sind für den Spin-Off-MBO von besonderer Bedeutung. Denn zum einen wird die Erwerber-Gesellschaft versuchen, möglichst weitgehend Vermögen der Ziel-GmbH zu Besicherungszwecken einzusetzen, was laut BGH für sich genommen § 138 BGB noch nicht indiziert. Zum anderen wird die Konstellation, dass der wirtschaftliche Zusammenbruch der Erwerber-GmbH bewußtermaßen droht, in der Konstellation des Spin-Off-MBO nur selten anzutreffen sein, weil die Erwerber-GmbH als Holdinggesellschaft das wirtschaftliche Schicksal der Ziel-GmbH teilt und an deren wirtschaftliche Konstitution in der Vorbereitungsphase des Spin-Off-MBO sehr hohe Anforderungen gestellt werden.
Die sich anschließenden Ausführungen des obersten Zivilgerichts[784] beziehen sich speziell auf die Fremdfinanzierung im Konzern und sind daher ebenfalls für die Konstellation des Spin-Off-MBO relevant. Der BGH nimmt eine konzernfinanzierungsfreundliche Stellung[785] ein, indem er zu Gunsten des besicherten Kreditinstituts feststellt, dass es für dieses letztlich nicht erkennbar ist, ob und wie das der Muttergesellschaft gewährte Darlehen auch der Tochtergesellschaft zugute kommt. Diese konzerntypische "Durchlässigkeit" sei vielmehr Grundlage des legitimen Interesses

777 Kühbacher, U., Darlehen an Konzernunternehmen - Besicherung und Vertragsanpassung, Diss. Berlin 1993, S. 71, 74.

778 BGHZ 138, S. 291 (299).

779 Vgl. a. Soergel-Hefermehl, BGB, § 138 Rn. 194; MünchKomm-Mayer-Maly, BGB, Bd. 1, § 138 Rn. 4.

780 *Westermann* versteht diese Urteilspassage dahingehend, dass der BGH sich damit allein an der Gesamtverantwortlichkeit der Gesellschafter orientiert, die "sich nach objektiven Merkmalen richtet, die nicht durch subjektive Momente ersetzt werden dürfen." (Scholz-Westermann, § 30 Rn. 33)

781 Gemeint ist der Fall, dass die durch die Besicherung ermöglichte Valutierung des Darlehens dazu dienen soll, weiteren potentiellen Sicherungsgebern fälschlicherweise vorzuspiegeln, dass es der Gesellschaft wirtschaftlich gut gehe.

782 BGHZ 138, S. 291 (299 f.).

783 BGHZ 138, S. 291 (300 f.).

784 BGHZ 138, S. 291 (301 f.).

785 So a. die Einschätzung von Bastuck, B., Kreditbesicherung im Konzern, S. 14.

der außenstehenden Bank, auch Tochtergesellschaften in die Kredithaftung einzubeziehen, um so effektiv zu verhindern, dass "die mit den Kreditmitteln geschaffenen Vermögenswerte nicht bei ihrer Schuldnerin, sondern bei anderen Gesellschaften anfallen und sie (sc. die Bank; Anm. des Verfassers) deshalb auf sie nicht zugreifen kann."

Die Gläubiger der jeweiligen Tochtergesellschaft seien über die §§ 30, 31 GmbHG ausreichend geschützt.[786] Der 9. Zivilsenat des BGH ist damit im Ergebnis bestrebt, einen Gleichlauf zwischen der Besicherung im Konzernverbund und außerhalb des Konzernverbunds herzustellen.[787]

Einfacher ist hingegen das Verhältnis zwischen der Ziel-GmbH, die die Forderung der kreditierenden Bank gegen die Erwerber-GmbH besichert, und der Erwerber-GmbH als Alleingesellschafterin eben jener Ziel-GmbH zu beurteilen. In diesem Rechtsverhältnis ist bei Vorliegen der Voraussetzungen des § 30 Abs. 1 GmbHG der gesellschaftsrechtliche Erstattungsanspruch des § 31 Abs. 1 GmbHG zu bejahen, weil die Besicherung als Zahlung an die Erwerber-Gesellschaft im Sinne des § 30 Abs. 1 GmbHG einzuordnen ist.

Dies muss selbst dann gelten, wenn Sicherungs- und Erfüllungsgeschäft zwischen Gesellschaft und außenstehendem Dritten ausnahmsweise, z. B. gemäß § 138 BGB, wegen Kollusion nichtig sind und der Gesellschaft der Vindikationsanspruch des § 985 BGB zusteht.[788] Denn auch in diesem Fall liegt eine, wenn auch rechtlich unwirksame und vindizierbare, Leistung[789] an den Gesellschafter vor, die wirtschaftlich das Gesellschaftsvermögen verringert.

Problematischer ist hingegen der Umfang der Erstattungspflicht bei einer, gemessen an § 30 Abs. 1 GmbHG, verbotswidrigen Besicherung. Aus Anschaulichkeitsgründen ist zunächst von folgender Konstellation auszugehen: Das besicherte Kreditinstitut hat das der Erwerber-GmbH gewährte Darlehen, weil die Gesellschaft ihren Zins- und Tilgungsverpflichtungen nicht nachgekommen ist, gekündigt; die Erwerber-GmbH fällt sodann mit der Rückzahlung der noch offenen Darlehensvaluta aus, woraufhin die von der Ziel-GmbH gestellten Sicherheiten von der Bank als Sicherungsnehmerin verwertet werden. In diesem Fall richtet sich der Anspruch aus § 31 Abs. 1 GmbHG auf Ausgleich der verwerteten Sicherheiten in Geld, wobei der An-

---

786 Sofern die Tochtergesellschaft an den Inhaber einer Forderung nicht zahlt, kann dieser gegen die Tochtergesellschaft klagen und im Rahmen der Zwangsvollstreckung den Binnenanspruch der besichernden Tochtergesellschaft gegen ihre begünstigte Muttergesellschaft pfänden und sich überweisen lassen (§§ 829, 835 ZPO).

787 So explizit BGHZ 138, S. 291 (302 ob.).

788 So a. Rowedder-Rowedder, GmbHG, § 31 Rn. 6; Baumbach/Hueck-Hueck/Fastrich, GmbHG, § 31 Rn. 12 a. E.

789 Baumbach/Hueck-Hueck/Fastrich, GmbHG, § 30 Rn. 12.

spruch höhenmäßig auf den Ausgleich der Unterbilanz begrenzt ist.[790] Das gleiche muss für den Fall gelten, in dem die Inanspruchnahme der Sicherheit unmittelbar bevorsteht, so dass bilanziell eine Rückstellung zu bilden ist, und diese Rückstellung nicht durch einen wirtschaftlich vollwertigen Regressanspruch gegen die Erwerber-Gesellschaft ausgeglichen werden kann. Dann hat die Ziel-GmbH einen Anspruch gegen die Erwerber-GmbH als ihre Alleingesellschafterin, die sub specie § 30 Abs. 1 GmbHG verbotswidrige Sicherheitsleistung abzulösen. Hat die Ziel-GmbH also etwa eine Hypothek bestellt, so muss die Erwerber-GmbH auf Grund von § 31 Abs. 1 GmbHG die Zwangsvollstreckung in das Grundstück nach § 1147 BGB durch rechtzeitige Befriedigung des Sicherungsnehmers in Höhe des besicherten Betrages abwenden. Die Erwerber-GmbH kann auch nicht auf Grund des zwischen ihr und der Ziel-GmbH bestehenden Auftragsverhältnisses nach § 662 BGB oder – bei Vereinbarung einer Avalprovision – des Geschäftsbesorgungsvertrages (§ 675 BGB) einwenden, dass sie zur Ablösung nicht verpflichtet sei. Denn insofern ist der gesellschaftsrechtliche Erstattungsanspruch des § 31 Abs. 1 GmbHG aus Gläubigerschutzgesichtspunkten vorrangig, im zugrunde liegenden rechtsgeschäftlichen Verhältnis zwischen Erwerber- und Ziel-GmbH liegt eine rechtshemmende Einwendung vor.[791]

Der Anspruch aus § 31 Abs. 1 GmbHG ist also umfangmäßig auf die Beseitigung der entstandenen Unterbilanz gerichtet. Sofern der dritte Sicherungsnehmer Ansprüche aus dem Sicherungsverhältnis geltend macht, geht der Anspruch aus § 31 Abs. 1 GmbHG auf Freistellung der Ziel-GmbH. [792]

790 Dass damit die ebenfalls verwerteten stillen Reserven des Kreditsicherungsmittels unberücksichtigt bleiben, hat seinen Grund im weit gefassten System der GmbH-rechtlichen Kapitalbindung: Anders als im Aktienrecht (vgl. 57 Abs. 3 AktG) darf den GmbH-Gesellschaftern auch außerhalb der förmlichen Gewinnverteilung Gesellschaftsvermögen ausgezahlt werden (verdeckte Gewinnausschüttung), sofern (insbesondere) nicht gegen § 30 GmbHG verstossen wird (vgl. i. e. und zu den weiteren Einschränkungen Baumbach/Hueck-Hueck/Fastrich, GmbHG, § 29 Rn. 68). Der Anspruch ist also zwar auf "volle Rückgewähr" - aber nur –"der gegen § 30 (GmbHG) verstoßenden Leistung gerichtet." (Baumbach/Hueck-Hueck/Fastrich, GmbHG, § 31 Rn. 13). M. a. W., der Gesellschafter hat nach § 31 Abs. 1 GmbHG den empfangenen Betrag (die gegenständliche Rückgewähr des Sicherungsmittels scheidet regelmäßig von vornherein aus) zurückzuerstatten, "*soweit* er (sc. der Betrag; Anm. des Verfassers) zur Auffüllung des zur Erhaltung des Stammkapitals erforderlich(en)" Gesellschaftsvermögens notwendig ist (vgl. Rowedder-Rowedder, GmbHG, § 31 Rn. 9).

791 Vgl. Lutter/Hommelhoff, GmbHG, § 30 Rn. 40.

792 Lutter/Hommelhoff, GmbHG, § 30 Rn. Rn. 44.

bb) Gewährung von Darlehen an die Erwerber-GmbH

Bei der Gewährung von Darlehen ist die Suche nach der geeigneten Rechtsfolge weit weniger aufwendig, da hier das Verhältnis zwischen der Gesellschaft und dem Gesellschafter nicht – wie bei der Gestellung von Sicherheiten durch die Ziel-GmbH - durch eine dritte Person (sc. den Sicherungsnehmer) kompliziert wird.
Unterfällt die Darlehensgewährung der Ziel- an die Erwerber-GmbH der Kapitalerhaltungsvorschrift des § 30 Abs. 1 GmbHG, so trifft die Erwerber-Gesellschaft als Alleingesellschafterin die gesellschaftsrechtliche Erstattungspflicht des § 31 Abs. 1 GmbHG.

Problematischer ist der konkrete Anspruchsumfang zu beurteilen. Zunächst muss dazu die konkrete Art des Verstoßes gegen § 30 Abs. 1 GmbHG herausgeschält werden. Geht man von der herrschenden Meinung aus, so kann eine Verletzung von § 30 Abs. 1 GmbHG bei der Ausreichung von Darlehen der Ziel- an die Erwerber-GmbH entweder darin liegen, dass die Erwerber-Gesellschaft der Ziel-Gesellschaft keine äquivalente Gegenleistung in Gestalt eines marktgerechten, angemessenen Darlehenszinses zahlt oder darin, dass von der Erwerber-GmbH keine im konkreten Einzelfall objektiv angezeigte, verkehrsübliche Kreditsicherung verlangt worden ist.[793]
Sodann ist zu beachten, dass bei Austauschgeschäften – also zumindest beim nicht zinslosen Darlehen[794] – streitig ist, ob der Erstattungsanspruch des § 31 Abs. 1 GmbHG stets die unbedingte Rückgewähr des Empfangenen verlangt, oder ob der

793 Vgl. ausführlich ob. Kapitel IV § 2 C. II. 3. d) (S. 188 ff.).

794 Die Einordnung des Darlehens als Austauschvertrag ist nicht ganz unproblematisch. Neben der heute wohl überkommenen Lehre vom Realvertrag wurde insbesondere vertreten, beim Darlehensvertrag handle es sich zunächst um einen einseitigen Vertrag, weil der Darlehensgeber ja schließlich die ausgereichte Darlehensvaluta wieder zurückerhalte und nur den Darlehensnehmer nach § 607 BGB die Pflicht trifft, das Empfangene in Sachen von gleicher Art, Güte und Menge zurückzuerstatten. Allerdings würdigt diese Ansicht die Pflichtenstellung des Darlehensgebers nicht ausreichend, den neben der Valutierungs- auch eine – bis zur Fälligkeit der Rückgabepflicht bestehende – Belassungspflicht trifft. Das Darlehen ist daher als Konsensualvertrag einzuordnen "mit Verpflichtungen beider Parteien (...), wobei die Pflichten des Darlehensgebers zur Hingabe und Belassung des Kapitals und die des Darlehensnehmers zur Rückgabe nicht in einem Gegenseitigkeitsverhältnis stehen. Hat aber der Darlehensnehmer Zinsen zu zahlen, so handelt es sich um einen gegenseitigen Vertrag, im Gegenseitigkeitsverhältnis stehen dann die Zinspflicht und die Pflicht zur Belassung des Kapitals." (MünchKomm-Westermann, BGB, Bd. 4, Vor § 607 Rn. 7 m. w. Nachw.; ebso. Palandt-Putzo, BGB, Einf v § 607 Rn. 2). Für die vorliegende Konstellation ist daher von einem Austauschvertrag auszugehen. Dies kann auch darauf gestützt werden, dass es sich – auch im Fall der zinslosen und daher nach § 30 Abs. 1 GmbHG verbotswidrigen Darlehensgewährung –, bezogen auf die eventuell mögliche Nachzahlung, eigentlich um ein "kaschiert verzinstes" Darlehen handelt, das damit notwendig als gegenseitiger Vertrag einzuordnen wäre. Denn gerade auf Grund der Annahme, dass es sich um ein zu verzinsendes Darlehen handeln muss, um nicht gegen § 30 Abs. 1 GmbHG zu verstossen, kommt man ja erst zur Frage nach dem Wahlrecht auf Nachzahlung.

betroffene Gesellschafter wahlweise durch entsprechende Nachzahlung auf die bislang non äquivalente Gegenleistung den Verstoß gegen § 30 Abs. 1 GmbHG ausgleichen kann.[795]
Die wohl herrschende Meinung[796] in der Literatur und der BGH[797] bejahen die Möglichkeit der Zuzahlung zu Recht, weil die §§ 30, 31 GmbHG nur eine Vermögensmasse im bilanziellen Sinne schützen und dieser Schutzzweck durch eine Nachzahlung, die die zunächst non äquivalente zu einer äquivalenten Gegenleistung ausgleicht, verwirklicht wird.[798] Dieses Ergebnis ist m. E. auch aus Praktikabilitätsgründen vorzugswürdig. Denn ansonsten müsste zunächst wegen §§ 30, 31 GmbHG rückabgewickelt werden, nur um eine logische Sekunde später das Geschäft erneut – eben nur zu nun angemessenen Konditionen – vorzunehmen. Einen derartigen *Verfahrensablauf* verlangen die Kapitalerhaltungsvorschriften m. E. nicht.

Ordnet man die denkbaren Verstöße im Zusammenhang mit der Darlehensgewährung der Ziel- an die Erwerber-GmbH in die Besonderheiten, die bei Austauschgeschäften gelten, ein, so ergibt sich folgendes: Wurde an die Erwerber-Gesellschaft von der Ziel-GmbH ein Darlehen gewährt, das zwar durch einen vollwertigen Rückzahlungsanspruch – gegebenenfalls über zusätzliche Sicherungsmittel – ausreichend gesichert war, das jedoch verkehrsunüblich zinslos ausbezahlt wurde, so kann der Gesellschafter wahlweise die ihn treffende vollständige Rückerstattungspflicht der Darlehensvaluta einseitig[799] durch entsprechende Nachzahlung der aufgelaufenen, marktgerechten Zinsen und - gegebenenfalls – entsprechender Tilgungsraten abwen-

---

795 Vgl. zur Darstellung dieses Streits Scholz-Westermann, GmbHG, § 30 Rn. 23 f. (m. Fallgruppen); Roth/Altmeppen-Altmeppen, GmbHG, § 30 Rn 49; Rowedder-Rowedder, GmbHG, § 30 Rn. 9.

796 Vgl. Scholz-Westermann, GmbHG, § 30 Rn. 23 m. w. Nachw. (Fußnote 119); Rowedder-Rowedder, GmbHG, § 31 Rn. 9 m. w. Nachw.; Lutter/Hommelhoff, GmbHG, § 29 Rn. 53; Flume, W., Der Gesellschafter und das Vermögen der Kapitalgesellschaft und die Problematik der verdeckten Gewinnausschüttung, ZHR 144 (1980), S. 18 (24 f.).

797 BGH, NJW 1987, S. 1193 (1194).

798 *Westermann* begründet das Nachzahlungsrecht mit einer "geltungserhaltende(n) Reduktion des Vorgangs auf diejenigen Gestaltungen (...), die der Geschäftsführer und der begünstigte Gesellschafter hätten vereinbaren dürfen." (Scholz-Westermann, GmbHG, § 30 Rn. 23). Der gleiche Autor weist auch darauf hin, dass – insbesondere aus Gläubigerschutzgründen (Anm. des Verfassers) – darauf zu achten sei, wie ein Verstoß gegen die Kapitalerhaltungsvorschriften am besten und am schnellsten wiedergutgemacht werden kann, und dass die Nachzahlungsmöglichkeit sich auch zwanglos in die Einordnung des Rechtsgeschäfts als sub specie § 30 Abs. 1 GmbHG zwar verbotswidrig, aber nicht nichtig, einfüge. A. A. allerdings *Altmeppen*, der betont, dass auch nach dem Leistungsaustausch ein vertraglicher Erfüllungsanspruch fehle (Roth/Altmeppen-Altmeppen, GmbHG, § 30 Rn 49 a. E.).

799 Vgl. Roth/Altmeppen-Altmeppen, GmbHG, § 30 Rn. 49.

den.[800] Auf diese Weise wird ein umständliches Hin und Her von Rückzahlung und erneuter Auskehrung der Darlehensvaluta vermieden, das im Zweifel den Gesellschafter wegen der möglicherweise notwendigen, vorübergehenden Fremdfinanzierung nur wirtschaftlich schwächt und so – mittelbar zu Lasten der Gläubiger – eventuell sogar den aktuellen Rückerstattungsanspruch als solchen gefährdet.

Anders ist allerdings der Fall einzuordnen, dass zwar ein marktgerechter Zins seitens der Erwerber-GmbH entrichtet wird, jedoch der Rückzahlungsanspruch in Höhe der Darlehensvaluta nicht vollwertig ist. In einem solchen Fall ist m. E. hinsichtlich der Darlehensvaluta eine Gefährdungslage eingetreten, die auch dann, wenn die Erwerber-Gesellschaft nachträglich wieder liquide wird oder den Zugriff auf entsprechende Kreditsicherungsmittel freigibt, nicht wieder aus der Welt geschaffen werden kann. Denn die Ausreichung der Darlehensvaluta und damit verbunden die Bewertung der Leistungsfähigkeit des Darlehensnehmers hängt von wesentlich komplexeren Faktoren ab, als die nachträgliche Zuzahlung der aufgelaufenen Zinsen durch einen nachweislich liquiden Darlehensnehmer. Insofern darf es der Ziel-GmbH aus Gläubigerschutzgesichtspunkten in einem solchen Fall nicht zugemutet werden, auf ein einseitig auszuübendes Nachzahlungsrecht – etwa in Gestalt der Bestellung ausreichender Sicherheiten - verwiesen zu werden.
In einer solchen Konstellation greift auch nicht das oben angeführte Argument sinnloser Förmelei durch, da es sich die besichernde Gesellschaft im Zweifel genau überlegen wird, ob sie an einen Gesellschafter ein Darlehen ausreicht, der in der Vergangenheit keinen vollwertigen Rückgriff bieten konnte.

Zwar wird die zuletzt angestellte Überlegung im Fall des Spin-Off-MBO, in dem die Ziel-GmbH von der Erwerber-Gesellschaft als Alleingesellschafterin beherrscht wird, stets zugunsten der Alleingesellschafterin ausfallen. Jedoch liegt dies an der speziellen Machtverteilung im Rahmen des Spin-Off-MBO und ist nicht generell auf den behandelten Fall des erst nachträglichen Entstehens eines vollwertigen Rückgriffsanspruch auf Seiten des Gesellschafter-Darlehensnehmers übertragbar.
Folglich hat die Erwerber-GmbH m. E. in diesem Fall die Darlehensvaluta – gegebenenfalls zuzüglich aufgelaufener, verkehrsüblicher Zinsen -, soweit dies zur Erhaltung des stammkapitalgebundenen Gesellschaftsvermögens erforderlich ist, zurückzugewähren. Einer erneuten Darlehensgewährung zu marktgerechten Zinskonditionen und bei Bestehen eines vollwertigen Rückgriffsanspruchs, der gegebenenfalls über entsprechende Kreditsicherungsrechte abzusichern ist, steht allerdings sub specie §§ 30, 31 GmbHG nichts im Wege.

800 Dies geht auch konform mit der hinsichtlich § 30 Abs. 1 GmbHG strengeren Ansicht, die betont, dass die bilanzielle Betrachtungsweise nur zu Gunsten der Gesellschaft gelte (Baumbach/Hueck-Hueck/Fastrich, GmbHG, § 30 Rn. 12). Denn die Gesellschaft erleidet vorliegend keine reale Vermögenseinbuße, da die Gegenleistung des Gesellschafters nun in jeder Hinsicht vollwertig und äquivalent, mithin als Drittgeschäft einzuordnen ist.

5. Lösungsansätze zur Vermeidung von Konflikten mit § 30 GmbHG

Die Darstellung möglicher Lösungsansätze zwecks Vermeidung von Konflikten mit den GmbH-rechtlichen Kapitalerhaltungsvorschriften soll sich auf die beiden Spin-Off-MBO-typischen Konstellationen der Besicherung einer Forderung gegen die Erwerber-GmbH durch Vermögen der Ziel-GmbH sowie die Darlehensgewährung an die Erwerber-GmbH durch die Ziel-GmbH beschränken.

Im Hinblick auf die Besicherung von Verbindlichkeiten der Mutter-Erwerber-Gesellschaft durch die Tochter-Ziel-GmbH soll ferner das Verhältnis zwischen Ziel-GmbH und Sicherungsnehmer ausgeblendet werden, da insofern die Rechtslage insbesondere durch die einheitliche Rechtsprechung des BGH weitgehend geklärt ist. Im Fokus verbleibt damit das sub specie § 30 Abs. 1 GmbHG problematische Verhältnis zwischen der Ziel-GmbH als Sicherungsgeberin und der Erwerber-GmbH als durch die Gewährung von Sicherheiten begünstigte Alleingesellschafterin.

Als Instrument, um Konflikte schon im Vorfeld zu vermeiden, kommt in Betracht, dass die Darlehensnehmerin, also die Erwerber-Gesellschaft, selbst die Sicherheit in Form einer Verpfändung der Beteiligung an der Ziel-GmbH stellt. Diesem Ansinnen wird jedoch die kreditierende Bank insbesondere wegen des damit verbundenen strukturellen Nachrangs besonders kritisch gegenüberstehen, so dass dies ein eher theoretischer Lösungsansatz bleibt.[801]

Praktikabler erscheint der Weg, dass die Darlehensvaluta zwischen Mutter- und Tochter-GmbH aufgespalten wird und die Tochter-Ziel-GmbH damit – ohne in den Anwendungsbereich des § 30 Abs. 1 GmbHG zu fallen – ein eigenes Darlehen besichert. Allerdings ist einerseits zu berücksichtigen, dass dann die Ziel-GmbH auch nicht mehr im gleichen Umfang der kreditierenden Bank wirksam Sicherheiten stellen kann. Besichert sie nämlich stillschweigend weiterhin in dem Umfang, der sich bei Zugrundelegung der gesamten Darlehensvaluta ergäbe, wird in der Regel ein Fall der anfänglichen Übersicherung[802] vorliegen. Im Gegensatz zur nachträglichen Übersicherung, bei der der Sicherungsgeber nach einem Urteil des Großen Senats in Zivilsachen[803] lediglich einen ermessensunabhängigen Freigabeanspruch hat, greift bei einem Fall der anfänglichen Übersicherung die Nichtigkeitsfolge des § 138 BGB ein.

Andererseits führt dieser Weg dann nicht weiter, wenn noch nicht klar ist, wohin die Darlehensmittel im Ergebnis fließen sollen.[804]

---

801 Ausführlich zur Problematik der Verpfändung der Ziel-GmbH-Anteile durch die Erwerber-Gesellschaft: Kapitel III § 2 C. II. 1. (S. 173 ff.).

802 Anfängliche Übersicherung wird angenommen, wenn der Schätzwert des Sicherungsgutes deutlich höher als die Freigabegrenze liegt, die unter Rückgriff auf den Rechtsgedanken des § 237 Satz 1 BGB 150 % der besicherten Forderungen beträgt. Vgl. Palandt-Heinrichs, BGB, § 138 Rn. 97 m. Verw. auf AGBG 9 Rn. 129 sowie BGHZ 137, S. 212 (233 ff.).

803 BGHZ 137, S. 212 ff.

804 Vgl. Bastuck, B., Kreditbesicherung im Konzern, S. 17.

Als dritte Alternative kommt die individualvertragliche Aufnahme von Klauseln in Betracht, die je nach Sicherungsgut unterschiedlich formuliert werden und die Vereinbarkeit des Sicherungsgeschäfts mit § 30 Abs. 1 GmbHG gewährleisten sollen. Beispielhaft[805] sei hier eine Klausel zitiert, die sich häufig in Bürgschaften und Garantieerklärungen findet: "Die Bank kann ihre Rechte gegen den Garantiegeber nicht geltend machen, solange und soweit dadurch das Reinvermögen des Garantiegebers auf einen Betrag unter den nach §§ 30, 31 GmbHG geschützten Betrag des Stammkapitals gesenkt oder ein unter diesem Betrag liegendes Reinvermögen weiter vermindert würde." [806]
Zwar genügt diese Klausel auch einer extensiven Auslegung des § 30 Abs. 1 GmbHG, doch wird angesichts der weiter gefassten BGH-Rechtsprechung, die den dritten Sicherungsnehmer grundsätzlich vom Anwendungsbereich der §§ 30, 31 GmbHG ausnimmt, gerade darin ein für die praktische Durchsetzung erheblicher Nachteil liegen. Denn die Bank müsste dem Sicherungsgeber durch Einräumung eines Leistungsverweigerungsrechts ein Zugeständnis machen, das ihr von der Rechtsprechung nicht abverlangt wird. Ferner würden auf Grund der Formulierung der Klausel vor der Bank als Sicherungsnehmerin zunächst die Ansprüche aller übrigen Gläubiger bilanziert und gegebenenfalls befriedigt. Damit wird die Sicherheit de facto entwertet.

Versucht man ein Fazit zu ziehen, so kann die Aufspaltung der Darlehen auf Mutter- und Tochtergesellschaft im Einzelfall den Konflikt mit den §§ 30, 31 GmbHG entschärfen. Im übrigen sollte man sich an der Rechtsprechung und noch herrschenden Meinung orientieren und die Besicherung im Rahmen einer bilanziellen Beurteilung auf ihre gesellschaftsrechtliche Zulässigkeit hin überprüfen. Dazu gehört auch die Bildung entsprechender Rückstellungen, wenn mit einer Inanspruchnahme der Sicherheit zu rechnen ist. Diese ist jedoch durch einen wirtschaftlich vollwertigen Rückgriffsanspruch wieder ausgleichbar.
Wollen Gesellschafter und Geschäftsführer ganz sicher gehen, sollten sie in der Zone der Unterbilanz von der Gestellung weiterer Sicherheiten ganz absehen, wie es eine im Vordringen befindliche Meinung fordert.

Nach zwar umstrittener, aber herrschender Meinung lässt sich ferner ein Konflikt mit den §§ 30, 31 GmbHG[807] von Anfang an durch Abschluss eines Beherrschungs-

---

805 Vgl. zu weiteren Klauseln, die sich mit Sicherungsübereignung und Grundschulden befassen: Bastuck, B., Kreditbesicherung im Konzern, S. 19 ff.

806 Zit. nach Bastuck, B., Kreditbesicherung im Konzern, S. 18.

807 Grundsätzlich wäre der Anwendungsbereich der §§ 30, 31 GmbHG auch im Konzernverbund eröffnet, weil die durch das herrschende Unternehmen veranlasste Besicherung zu Gunsten des dritten Sicherungsnehmers durch die Ziel-GmbH der Erwerber-Gesellschaft als Alleingesellschafterin und herrschendem Unternehmen zuzurechnen ist. Vgl. Scholz-Westermann, GmbHG, § 30 Rn. 36.

oder eines Gewinnabführungsvertrages gemäß § 291 Abs. 1 AktG analog zwischen der Erwerber-GmbH als Mutter- und der Ziel-GmbH als Tochtergesellschaft vermeiden, weil dann auf Zuwendungen der Tochter- an die Muttergesellschaft in (doppelt) analoger Anwendung des § 292 Abs. 3 AktG die Kapitalerhaltungsvorschriften keine Anwendung finden.[808] Dies rechtfertigt sich daraus, dass außenstehende Gläubiger über die entsprechend anwendbare Verlustausgleichpflicht des § 302 AktG ausreichend geschützt sind und ein strengerer Gläubigerschutz im GmbH-Konzern als im AG-Konzern nicht veranlasst ist.[809]
Demgegenüber soll im bloß faktischen Konzern das herrschende Unternehmen nach § 31 Abs. 1 GmbHG dann haften, wenn es auf Grund seines herrschenden Einflusses die Leistung veranlasst hat.[810]

Im Hinblick auf die Gewährung nicht marktgemäßer Darlehen durch die Ziel-GmbH an die Erwerber-GmbH lassen sich neben der Beachtung der dargestellten Grundsätze[811] keine spezifischen Auswege zur gezielten Konfliktvermeidung mit den Kapitalerhaltungsvorschriften der §§ 30, 31 GmbHG ausmachen.

III. Bewertung

Sucht man den share deal aus Sicht des Erwerbers zu bewerten, so muss in steuerrechtlicher Hinsicht zwischen der Rechtslage vor und nach der Reform der Unternehmensbesteuerung differenziert werden. Denn auf Grund der Umstellung vom Anrechnungsverfahren auf das Halbeinkünfteverfahren und der damit zusammenhängenden Steuerbefreiung von inländischen Schachteldividenden wird der Erwerber beim share deal zusätzlich mit der Problematik des anteiligen Zinsabzugsverbotes gemäß § 3c Abs. 1 EStG n. F. in Verbindung mit § 8b Abs. 1 KStG n. F. belastet. Einen praktikablen Ausweg bietet die Begründung einer körperschaftsteuerlichen und - im Einzelfall[812] - auch gewerbesteuerlichen Organschaft.

---

808 Vgl. Scholz-Westermann, GmbHG, § 30 Rn. 35; Roth/Altmeppen-Altmeppen, GmbHG, § 30 Rn. 31.

809 Scholz-Westermann, GmbHG, § 30 Rn. 35 m. Verw. auf den Streitstand; abl. Roth/Altmeppen-Altmeppen, GmbHG, § 30 Rn. 32.

810 Vgl. Roth/Altmeppen-Altmeppen, GmbHG, § 30 Rn. 33 m. w. Nachw. Insb. auf die Rspr. des BGH.

811 Vgl. dazu ausführlich Kapitel IV § 2 C. II. 3. d) (S. 188 ff.) und 4. b) bb) (S. 199 ff.) sowie die Bewertung sogleich unter III. (S. 204 ff.).

812 Dies setzt allerdings voraus, dass es sich beim Organträger nicht um eine reine Holdinggesellschaft handelt, weil diese keiner gewerblichen Tätigkeit nach geht und folglich den Tatbestand der § 2 Abs. Satz 2 GewStG in Verbindung mit § 14 Nr. 2 Satz 1 KStG a. F. nicht erfüllt. Vgl. Pache, S. Die Neuregelung der körperschaftsteuerlichen und gewerbesteuerlichen Organschaft nach dem Steuersenkungsgesetz, GmbHR 2000, S. 764 (766) sowie Kapitel III § 2 C I. 3. c) (S. 110 f.).

Keine Veränderungen haben sich im Bereich der Transformation von Anschaffungskosten in Abschreibungsvolumen ergeben. Dies ist im Fall des share deal dem Erwerber weiter verwehrt, da die Gesellschaftsanteile der Ziel-GmbH zu den nicht abnutzbaren Wirtschaftsgütern gehören und die Ziel-GmbH selbst ihre alten Buchwerte fortführen muss, also auch nicht ihrerseits eine Buchwertaufstockung durchführen kann.

Gesellschaftsrechtlich ist es beim möglichen Konflikt mit den Kapitalerhaltungsvorschriften der
§§ 30, 31 GmbHG geblieben, wenn der Erwerber im Rahmen des Spin-Off-MBO zwecks Besicherung, Zinszahlung und Tilgung der typischerweise hohen Fremdfinanzierung auf das Vermögen der Ziel-GmbH zuzugreifen sucht.
Hier ist hinsichtlich der Gestellung von Sicherheiten zunächst strikt zu trennen: Geht es um das Verhältnis zwischen der besichernden Ziel-GmbH und dem begünstigten Gesellschafter, an den das besicherte Darlehen ausgereicht wird, so sind grundsätzlich die §§ 30, 31 GmbHG einschlägig. Der Geschäftsführer ist daneben als Gesamtschuldner gemäß § 43 Abs. 3 Satz 1 Alt. 1 GmbHG haftbar. Ungeklärt ist jedoch insbesondere, ob mit der noch herrschenden Meinung und der zumindest oberinstanzlichen Rechtsprechung eine rein bilanzielle Betrachtungsweise bei Ermittlung einer Begründung bzw. Vertiefung einer Unterbilanz im Sinne von § 30 Abs. 1 GmbHG vorzunehmen ist, oder ob mit einer im Vordringen befindlichen Ansicht die bilanzielle Sichtweise zu Lasten der GmbH nicht durchgreift und vielmehr eine weitere Besicherung in der Zone der Unterdeckung generell ausscheidet.
Da in diesem Bereich noch vieles ungeklärt ist, und sich auch der BGH noch nicht explizit zu dieser Frage geäußert hat, sind Gesellschafter und Geschäftsführer der Ziel-GmbH jedenfalls auf der sicheren Seite, wenn sie im Bereich der Unterbilanz keine weiteren Besicherungen vornehmen.
Im Einzelfall kann sich auch eine Aufspaltung des Darlehens auf Erwerber- und Ziel-Gesellschaft anbieten.

Geht es hingegen um das Verhältnis zwischen der Ziel-GmbH als Sicherungsgeberin und der die Erwerber-Gesellschaft fremdfinanzierenden Bank, so ist die Rechtslage weitgehend geklärt. Sowohl die überwiegende Ansicht in der Literatur als auch die höchstrichterliche Rechtsprechung gehen davon aus, dass in diesem Verhältnis weder die §§ 30, 31 GmbHG anwendbar sind noch Nichtigkeit nach §§ 134, 138 BGB als Rechtsfolge grundsätzlich in Betracht kommt.
Ein Fall des § 138 BGB soll allenfalls vorliegen, wenn das besicherte Kreditinstitut mit dem begünstigten Gesellschafter kollusiv zum Schaden der Gesellschaft als Sicherungsgeberin zusammenwirkt oder wenn der Sicherungsnehmer in Kenntnis der gesellschaftsrechtlichen Verhältnisse mit Täuschungsabsicht oder (bedingtem) Schädigungsvorsatz, der insbesondere bei Absehbarkeit des wirtschaftlichen Zusammen-

bruchs der Erwerber-Gesellschaft gegeben ist, das Sicherungsgeschäft mit der Ziel-GmbH abschließt.

Was die Gewährung von Darlehen der Ziel- an die Erwerber-GmbH betrifft, hat die Geschäftsleitung der Ziel-GmbH darauf zu achten, dass ein marktgerechter Zins vereinbart wird und dass ein vollwertiger Rückzahlungsanspruch gegen die Erwerber-Gesellschaft als Darlehensnehmerin besteht. Sofern dies verkehrsüblich ist, muss dieser Anspruch zusätzlich durch entsprechende Kreditsicherungsmittel abgesichert werden.

Insgesamt ist darauf abzustellen, dass die Darlehensvereinbarungen einem Fremdvergleich standhalten, also die Gesellschaft das "Geschäft nach allgemeinen kaufmännischen Grundsätzen zu gleichen Bedingungen auch mit einem Nichtgesellschafter abgeschlossen" hätte.[813]

Sofern entgegen § 30 Abs. 1 GmbHG ein nicht verkehrsübliches Darlehen ausgereicht wurde, ist zu differenzieren: War lediglich die Vereinbarung über die Zinszahlungspflicht der Erwerber-Gesellschaft non äquivalent, hat diese ein Wahlrecht, die aufgelaufenen Zinsen und Tilgungsraten einseitig nachzuzahlen oder die Darlehensvaluta insoweit zurückzuzahlen, wie dies zum Ausgleich der bestehenden Unterbilanz erforderlich ist.

Besteht hingegen kein vollwertiger Rückzahlungsanspruch, so ist die Annahme eines entsprechenden einseitig auszuübenden Wahlrechts für die kreditierende Ziel-Gesellschaft unzumutbar, so dass die Erwerber-Gesellschaft die Darlehensvaluta zurückzuzahlen hat, soweit eine Unterbilanz besteht.

---

[813] Baumbach/Hueck-Hueck/Fastrich, GmbHG, § 30 Rn. 15.

Kapitel V Mehrstufige Akquisitionsmodelle beim Spin-Off-MBO

Die mehrstufigen Akquisitionsmodelle, die den Kauf der Ziel-Gesellschaft in mehreren Phasen abwickeln, kreisen allesamt um die Fragestellung, wie der von der Erwerber-GmbH gezahlte Kaufpreis trotz eines abschreibungsschädlichen share deal durch post-akquisitorische Gestaltungsmaßnahmen in neues Abschreibungsvolumen transformiert werden kann.
Da die Unternehmenssteuerreform 2001 auch in diesem Bereich zu erheblichen Veränderungen geführt hat, beschränkt sich die folgende Darstellung lediglich auf die Grundlagen der jeweiligen Modelle, falls nach mittlerweile gültiger oder künftiger Steuerrechtslage damit zu rechnen ist, dass Spin-Off-MBOs nicht mehr in der bisherigen Form abgewickelt werden.
Gleichwohl erscheint eine Darstellung auch der sich in Kürze überholenden Gestaltungen angezeigt, um, erstens, die Entwicklungslinie hin zu notwendigen neuen Konstruktionen, die zur Sicherstellung nutzbaren Abschreibungsvolumens auch nach der Unternehmenssteuerreform führen sollen, verständlich zu machen. Zweitens basieren diese neuen Akquisitionsmodelle zumindest partiell auf Ideen der im folgenden dargestellten "klassischen" mehrstufigen Gestaltungen.[814] Drittens lassen sich insbesondere hinsichtlich der Praxistauglichkeit neuer Gestaltungsüberlegungen Folgerungen aus der Historie der hier darzustellenden Modelle ableiten.[815] Schließlich sind einige der folgenden Konstruktionen noch bis Ende 2001, bei entsprechender Umstellung des Wirtschaftsjahres sogar teils bis Ende 2002 gültig, worauf bei der Darstellung im einzelnen hingewiesen wird.

§ 1 Kombinationsmodell

A. Inhalt und Durchführung

Das Kombinationsmodell, das auch als "roll-over" oder "mirror-transaction" bezeichnet[816] wird, ist letztlich rein steuerlich, im Fall des Spin-Off-MBO rein körperschaftsteuerlich, motiviert. Da die steuerrechtlichen Grundlagen für ein Vorgehen nach dem Kombinationsmodell durch die Unternehmenssteuerreform 2001 eliminiert worden sind, erfolgen die Darstellung der Grundidee sowie die Modellbewertung auf

---

814 Vgl. die gestalterischen Parallelen des Kombinations- (Kapitel V § 1, S. 207 ff.) zum Organschaftsmodell (vgl. dazu Kapitel VI § 2, S. 259 ff.) sowie der umwandlungs (-steuer-)rechtlichen Konstruktionen (Kapitel V § 4 und § 5, S. 233 ff.) zum Down-Stream-Merger-Modell (vgl. Kapitel VI § 1, S. 249 ff.).

815 Vgl. die Hinweise zur Evaluation des Kombinationsmodells auf S. 221 ff.

816 Vgl. Streck, M., Die Steuerinteressen und Steuermodelle beim Unternehmenskauf, BB 1992, S. 685 (689); Hötzel, O., Unternehmenskauf und Steuern, 1997, S. 167 m. w. Nachw.; Schaumburg, H., Grundsätze des steuerorientierten Unternehmenskaufs und -verkaufs, 2000, S. 1 (14, Fußnote 89).

Grundlage der alten Rechtslage vor Inkrafttreten des Steuersenkungs- und des Steuersenkungsergänzungsgesetzes.
Im Endeffekt geht es beim Kombinationsmodell darum, das infolge des share deal ungenutzte, latente Abschreibungspotential in Höhe der Anschaffungskosten erfolgsneutral in aktives Abschreibungsvolumen in Form der Aktivierung abnutzbarer Wirtschaftsgüter auf Seiten der Erwerber-Gesellschaft zu transformieren.[817]
Die Durchführung des Kombinationsmodells erfolgt in vier Stufen, die sich stichpunktartig wie folgt skizzieren lassen: Zunächst erwirbt die Erwerber-GmbH von der veräußernden Konzernobergesellschaft im Rahmen eines share deal 100 % der Gesellschaftsanteile der Ziel-GmbH. In einem zweiten Schritt veräußert nun die Ziel-GmbH ihre Vermögensgegenstände im Wege des asset deal an die Erwerber-GmbH (interner asset deal[818]), wobei die Ziel-Gesellschaft einen steuerpflichtigen Veräußerungsgewinn in Höhe der in den Wirtschaftsgütern steckenden, stillen Reserven erzielt. Bei der Erwerber-GmbH führt dies zur intendierten Buchwertaufstockung ("step up"). Sodann schüttet die Ziel-und Tochter-GmbH diesen Veräußerungsgewinn in Form einer Schachteldividende an die Erwerber- und Mutter-GmbH aus, was bei letzterer zu einer entsprechenden Steuerpflicht führt. In einer vierten und letzten Phase neutralisiert die Erwerber-Gesellschaft den steuerpflichtigen Beteiligungsertrag in Form einer ausschüttungsbedingten Teilwertabschreibung auf die Beteiligung an der nun leergekauften Ziel-GmbH.

Beleuchtet man nun die einzelnen Stufen gesondert, so resultiert die Motivation für den share deal aus der – vor der Unternehmenssteuerreform 2001 – vornehmlich nichtsteuerlichen Präferierung des share deal auf Verkäuferseite.[819] Für den Erwerber hat dies jedoch die missliche Folge, dass er zwar die Kapitalgesellschaftsanteile an der Ziel-GmbH mit ihren Anschaffungskosten aktivieren kann, die Beteiligung aber zu den nicht abnutzbaren und daher auch nur unter besonders engen Voraussetzungen abschreibbaren Wirtschaftsgütern gehört.[820] Die Erwerber-GmbH kann also nach dem share deal noch kein neues Volumen für laufende Abschreibungen generieren, vielmehr ginge das Abschreibungspotential, das in den über den marktmäßigen Kaufpreis aufgedeckten stillen Reserven der Anteile enthalten ist, steuerlich verloren; denn auch die Ziel-Gesellschaft muss ihre ursprünglichen Buchwerte fortführen.[821]

---

817 Hötzel, O., Unternehmenskauf und Steuern, 1997, S. 169.

818 Koenen, S./Gohr, M., Asset-Deal, Share-Deal oder Kombinationsmodell, DB 1993, S. 2541 (2546).

819 Zur gegensätzlichen Bewertung von asset deal und share deal durch Veräußerer und Erwerber vgl. Kapitel IV §§ 1 u. 2 (S. 139 ff. u. 151 ff.).

820 Vgl zu den drei einschlägigen Fallgruppen der Teilwertabschreibung von Beteiligungen Kapitel IV § 2 C. I. 1. a) (S. 168).

821 Vgl. Holzapfel, H.-J./Pöllath, R., Unternehmenskauf in Recht und Praxis, 2000, Rn. 342.

Aus diesem Grund erwirbt die Erwerber-Gesellschaft in einem zweiten Schritt die Einzelwirtschaftsgüter der ihr zu 100 % gehörenden Ziel-GmbH unter Realisierung aller stillen Reserven im Wege eines internen asset deal. Dies führt zu der bereits erörterten Buchwertaufstockung in Höhe der Differenz zwischen dem auf abnutzbare Wirtschaftsgüter entfallenden Kaufpreis und den entsprechenden, kumulierten Nettobuchwerten[822] und damit zu einer Erhöhung des insbesondere für den Kapitaldienst maßgeblichen cash flow.
Auf Seiten der Ziel-GmbH resultiert die Aufdeckung der in den veräußerten Wirtschaftsgütern enthaltenen stillen Reserven in einem Veräußerungsgewinn, der vollumfänglich der Körperschaft- und Gewerbesteuer unterliegt.
Im Hinblick auf die Kaufpreisbemessung sollte der Kaufpreis für die Vermögensgegenstände mit demjenigen für die zuvor erworbenen Gesellschaftsanteile identisch sein, was einen steuer- und gesellschaftsrechtlichen Hintergrund hat. Wird zwischen der Muttergesellschaft (Erwerber-Gesellschaft) und ihrer Tochtergesellschaft (Ziel-Gesellschaft) ein Kaufpreis vereinbart, der deutlich unter dem im Rahmen des share deal vereinbarten liegt, so unterliegt die Differenz als verdeckte Gewinnausschüttung bei der Ziel-Gesellschaft einer Körperschaftsteuerbelastung in Höhe von 3/7.[823] Abgesehen davon würde ein geringer Kaufpreis im Rahmen des internen asset deal das steuerrechtliche Ziel der Buchwertaufstockung konterkarieren. Umgekehrt macht es in der Regel allerdings auch keinen Sinn, einen im Vergleich zum share deal höheren Kaufpreis zu entrichten, da der Differenzbetrag dann als verdeckte Einlage zu bewerten wäre und als solche das Abschreibungsvolumen nicht weiter erhöht.[824]
In gesellschaftsrechtlicher Hinsicht steht bei Berührung der Zone der Unterbilanz ein Verstoß gegen die Kapitalerhaltungsvorschrift des § 30 Abs. 1 GmbHG im Raum. In Extremfällen kommt sogar der strafrechtliche Vorwurf des Missbrauchstatbestandes nach § 266 Abs. 1 Alt. 1 StGB gegenüber dem handelnden Geschäftsführer in Betracht.[825]
Allerdings ist auch insoweit zu berücksichtigen, dass die Erwerber-GmbH ein – vor allem – steuerlich motiviertes Interesse daran hat, der Ziel-GmbH einen angemessenen Marktpreis für die Vermögensgegenstände zu zahlen. In diesem Fall hält das Rechtsgeschäft jedoch einem Drittvergleich stand, so dass die Ziel-GmbH wie an einen Dritten und nicht causa societatis leistet.
§ 30 Abs. 1 GmbH erfasst dann ein solches Drittgeschäft nicht.[826] Es liegt mithin schon in der steuerlichen Effizienz der Gestaltung begründet, die sich am Kaufpreis

822 Vgl. dazu Kapitel IV § 1 C. I. (S. 146 ff.).
823 Vgl. Koenen, S./Gohr, M., Asset-Deal, Share-Deal oder Kombinationsmodell, DB 1993, S. 2541 (2546).
824 Otto, H.-J., MBO, 1997, § 26 Rn. 162.
825 Vgl. Otto, H.-J., MBO, 1997, § 26 Rn. 162.
826 Baumbach/Hueck-Hueck/Fastrich, GmbHG, § 30 Rn. 14.

orientieren wird, der im Rahmen des share deal gezahlt wurde, dass ein Verstoß gegen § 30 Abs. 1 GmbHG ausscheidet.[827]

Würde man nun an dieser Stelle halt machen, wäre ein solches Vorgehen steuerlich wenig sinnvoll. Zwar kann die Erwerber-Gesellschaft über die laufenden Abschreibungen aus der Buchwertaufstockung den gezahlten Kaufpreis steuerlich geltend machen, so dass die bei der Ziel-GmbH angefallene Steuerlast ungefähr egalisiert wird. Im Ergebnis würde sich aber gleichwohl infolge der erheblichen Abschreibungsdauer ein beträchtlicher Abzinsungsverlust ergeben.
Daher ist es notwendig, den infolge der Aufdeckung der stillen Reserven realisierten Veräußerungsgewinn bei der Ziel-GmbH körperschaftsteuerlich zu neutralisieren. Dazu schüttet zunächst die Ziel-GmbH ihren Veräußerungsgewinn nach Abzug der darauf anfallenden Gewerbesteuer und gegebenenfalls zuzüglich vorhandener Rücklagen[828] an die Erwerber-GmbH und Alleingesellschafterin in Form einer Dividende aus. Gesellschaftsrechtlich ist hierbei die absolute Schranke des § 30 Abs. 1 GmbHG zu wahren, wonach die Auszahlung nicht das zur Erhaltung des Stammkapitals erforderliche Gesellschaftsvermögen antasten darf.
Über das körperschaftsteuerliche Anrechnungsverfahren wird die bei der Ziel-GmbH aufgelaufene Körperschaftsteuerbelastung vollständig abgebaut.[829] Demgegenüber erzielt die Erwerber-GmbH einen steuerpflichtigen Beteiligungsertrag in Höhe der ausgeschütteten Bardividende zuzüglich der anrechenbaren Ausschüttungskörperschaftsteuer in Höhe von 3/7.[830]
In einem vierten Schritt nimmt die Erwerber-Gesellschaft eine ausschüttungsbedingte Teilwertabschreibung[831] auf ihre Beteiligung an der mittlerweile leergekauften Ziel-GmbH vor.

---

827 So a. die Einschätzung bei Scholz-Westermann, GmbHG, § 30 Rn. 32.

828 Otto, H.-J., MBO, 1997, § 26 Rn. 160; Koenen, S./Gohr, M., Asset-Deal, Share-Deal oder Kombinationsmodell, DB 1993, S. 2541 (2546).

829 Hötzel, O., Unternehmenskauf und Steuern, 1997, S. 168.

830 Koenen, S./Gohr, M., Asset-Deal, Share-Deal oder Kombinationsmodell, DB 1993, S. 2541 (2546); Hötzel, O., Unternehmenskauf und Steuern, 1997, S. 168.

831 Die ausschüttungsbedingte Teilwertabschreibung wurde bereits in Kapitel IV § 2 C. I. 1. a) (S. 168) vorgestellt. Vom Gesetzgeber wird sie als bestehend vorausgesetzt (vgl. etwa § 50c Abs. 1 Satz 1 Nr. 1, Abs. 7 EStG a. F. oder § 8 Nr. 10 GewStG). Vgl. a. Streck, Die Steuerinteressen und Steuermodelle beim Unternehmenskauf, BB 1992, S. 685 (690). Die Rechtsgrundlage einer Teilwertabschreibung ist § 6 Abs. 1 Nr. 2 Satz 2 EStG. Auf Grund der Maßgeblichkeit der Handelsbilanz gemäß § 253 Abs. 2 Satz 3 Halbs. 2 HGB (in Verbindung mit § 279 Abs. 1 Satz 2 HGB) in Verbindung mit § 5 Abs. 1 Satz 2 EStG ist der Steuerpflichtige auf Grund des strengen Niederstwertprinzips sogar dazu verpflichtet, eine Teilwertabschreibung vorzunehmen, sofern es sich um eine voraussichtlich dauernde Wertminderung handelt. Vgl. allg. zur Teilwertabschreibung bei Kapitalgesellschaftsanteilen: Littmann/Bitz/Pust-Meincke, EStG, Bd. 2, § 6 EStG Rn. 257 ff.

Da die Aktiva der Ziel-Gesellschaft nach der Veräußerung der Vermögensgegenstände an die Erwerber-GmbH mehr oder minder nur mehr in Geld bestanden und dieser Geldbetrag als Dividende an die Erwerber-GmbH ausgekehrt worden ist, ist der Teilwert der Beteiligung unter den auf Grundlage der Anschaffungskosten aktivierten Buchwert gesunken. Dies rechtfertigt die Vornahme einer ausschüttungsbedingten Teilwertabschreibung. Die Teilwertabschreibung macht eine Neutralisierung des auf Ebene der Erwerber-Gesellschaft infolge der Dividendenausschüttung zuzüglich Körperschaftsteuergutschrift und einbehaltener Kapitalertragsteuer steuerpflichtigen Beteiligungsertrages möglich. Die von der Erwerber-GmbH gemäß § 27 Abs. 1 KStG gezahlte Ausschüttungsbelastung in Höhe von 30 % wird entweder auf sonstige Einkünfte gemäß § 36 Abs. 2 Satz 2 Nr. 3 EStG angerechnet oder erstattet.
Problematisch kann im Einzelfall allenfalls die Höhe der Teilwertabschreibung sein, wenn "der Ertragswert des Unternehmens und damit auch der Teilwert der Beteiligung nicht im gleichen Maß abgenommen hat, wie Ausschüttungen vorgenommen wurden. Dieser Einwand lässt sich aber insbesondere dann entkräften, wenn neben dem Veräußerungsgewinn auch sämtliche Rücklagen ausgeschüttet wurden. Da die Ziel-Gesellschaft in einem solchen Fall nur noch Barvermögen (in Höhe) des Grundkapitals besitzt und außerdem ihre Tätigkeit eingestellt hat, dürfte von einem Ertragswert kaum noch die Rede sein. Die Beteiligung kann folglich bis auf das Grundkapital abgeschrieben werden, so daß der Abschreibungsbetrag gerade der Bruttoausschüttung entspricht."[832] Diese Argumentation lag auch auf der Linie der Rechtsprechung, die den Substanzwert der Beteiligung betonte.[833] Allerdings hat der BFH die Zulässigkeit einer derartigen ausschüttungsbedingten Teilwertabschreibung bezweifelt.[834] Daraufhin hat das FG Nürnberg in einer jüngeren Entscheidung maßgeblich auf die Ertragsaussichten abgestellt und für die Anerkennung einer ausschüttungsbedingten Teilwertabschreibung verlangt, dass der Mittelabfluss die Ertragskraft der Gesellschaft berühren müsse.[835]
Im Ergebnis wird also über das Kombinationsmodell eine körperschaftsteuerfreie Transformation des zunächst ungenutzten, passiven Abschreibungspotentials aus

---

[832] Koenen, S./Gohr, M., Asset-Deal, Share-Deal oder Kombinationsmodell, DB 1993, S. 2541 (2547).

[833] Vgl. Nachweise bei Schmidt-Glanegger, EStG, § 6 Rn. 250 (Beteiligung an KapGes).

[834] BFH vom 23. 10. 1996, BStBl. II 1998, S. 90 ff. = DStR 1997, S. 284 ff.

[835] FG Nürnberg vom 13. 10. 1999, EFG 1999, S. 84 sowie BFH vom 22. 12. 1999, NV 2000, S. 710. Diese Anforderungen entsprechen auch der Linie der Literatur, die fordert, dass der durch die Ausschüttung bedingte Substanzverlust nicht alsbald wieder über den normalen Geschäftsbetrieb egalisiert werden kann. Vgl. Kütting, K./Kessler, H., Teilwertabschreibungen auf Beteiligungen unter besonderer Berücksichtigung der höchstrichterlichen Rechtsprechung, GmbHR 1995, S. 345 (351); Sträter, U./Real, G. K. L., Vom steuerpflichtigen laufenden Gewinn zum steuerfreien Veräußerungsgewinn, GmbHR 1996, S. 180 (183); Ammelung, U./Pletschacher, S./Jarothe, H., Die Teilwertabschreibung auf GmbH-Beteiligungen, GmbHR 1997, S. 97 (100).

dem Kaufpreis in aktives, den cash flow erhöhendes Abschreibungsvolumen ermöglicht.

B. Bewertung aus Sicht der veräußernden Konzernobergesellschaft

Die Bewertung des Kombinationsmodells aus Sicht der veräußernden Konzernobergesellschaft wirft keine spezifischen Probleme auf. Denn der Veräußerer ist beim Kombinationsmodell lediglich am ersten Schritt, also dem share deal, beteiligt. Ist die Veräußerung der Gesellschaftsanteile der Ziel-Gesellschaft vollzogen, konnte der Veräußerer die mit dem share deal verbundenen Vorteile realisieren.

I. Steuerliche Perspektive

1. Rechtslage vor dem Steuersenkungsgesetz

Hinsichtlich der steuerlichen Perspektive des Veräußerers kann auf die obigen Ausführungen zum Grundmodell des share deal verwiesen werden.[836] Dementsprechend sind es vor der Unternehmenssteuerreform hauptsächlich nichtsteuerliche Gründe[837] gewesen, die den share deal gegenüber dem asset deal für den Veräußerer attraktiver gemacht haben. Stichpunktartig sei an dieser Stelle insbesondere auf die Komplexität der Transaktion sowohl in Bezug auf ihre vertragliche Durchführung als auch im Hinblick auf die Abwicklung der leergekauften Ziel-Gesellschaft hingewiesen. Daneben stellt auch die Gläubigerschutzvorschrift des § 415 BGB ein gewichtiges Hindernis dar. Vor allem aber sind es arbeitsrechtliche Erwägungen (§ 613a BGB), die beim Veräußerer zu einer Bevorzugung des unkomplizierteren share deal geführt haben.

2. Rechtslage nach dem Steuersenkungsgesetz

Nach Inkrafttreten der Unternehmenssteuerreform 2001 kommen im Hinblick auf den share deal zu den nichtsteuerlichen nun auch beachtliche steuerliche Vorteile für den Veräußerer hinzu. Die Tatsache, dass die Konzernobergesellschaft ihre Schachtelbeteiligung gemäß § 8b Abs. 2 KStG n. F. ab dem 1.1.2002 (bei kalenderjahrgleichem Wirtschaftsjahr) steuerfrei veräußern kann, steigert die Attraktivität des share deal weiter. Dies gilt allerdings nicht allein für die Veräußererseite. Denn steuerrechtliche Belastungen werden über die Bemessung des Kaufpreises an den Käufer weitergegeben, so dass dieser umgekehrt von einer Steuerentlastung des Veräußerers mittelbar ebenso profitiert.

---

[836] Kapitel IV § 2 (S. 151 ff.).

[837] Kapitel IV § 1 B. III. (S. 150) zu den nichtsteuerlichen Nachteilen des asset deal aus Veräußerersicht.

Allerdings ist das Kombinationsmodell in seiner bisherigen Durchführung mit Inkrafttreten des § 8b Abs. 3 KStG n. F. faktisch eliminiert[838], so dass der Veräußerer nicht mehr im Rahmen des klassischen Kombinationsmodells in den Genuss des share deal kommen kann.

II. Gesellschaftsrechtliche Perspektive

Die gesellschaftsrechtliche Perspektive[839] ist – abgesehen von denkbaren konzernrechtlichen Risiken – beim share deal weitgehend unkompliziert. Zu berücksichtigen sind allerdings insbesondere die formalen Anforderungen, die § 15 Abs. 3 und 4 GmbHG aufstellen, und die in der Praxis häufig zu ungeahnten Problemen führen können.[840]

III. Bewertung

Aus Veräußerersicht bietet der share deal im Vergleich zum asset deal neben den nichtsteuerlichen, vor allem zivilrechtlichen, Vorteilen auf Grund der Unternehmenssteuerreform nun auch erhebliche steuerliche Vorzüge. Dies wird in der Praxis des Spin-Off-MBO zu einer gehörigen Ausweitung des share deal führen, was im Ergebnis wegen einer moderateren Kaufpreisbemessung häufig auch im Interesse des Käufers sein wird.

Da sich das Kombinationsmodell aus Sicht der veräußernden Konzernobergesellschaft als einphasiger share deal darstellt, spielen allein dessen Vorzüge bei der Bewertung des "roll-over"-Modells eine Rolle.

C. Bewertung aus Sicht des Erwerbers

Differenzierter muss das Kombinationsmodell aus Erwerbersicht untersucht werden. Denn hier schließen sich an den share deal ein interner asset deal sowie weitere Gestaltungsmaßnahmen an, die insbesondere zu steuerrechtlichen, aber im Einzelfall auch zu gesellschaftsrechtlichen Risiken führen können. Allerdings relativiert sich diese Betrachtungsweise in Zukunft dadurch, dass der Gesetzgeber der Unternehmenssteuerreform mit Einführung des § 8b Abs. 3 KStG n. F. dem Kombinationsmodell den Boden entzogen hat und daher in Zukunft andere Gestaltungsmöglichkeiten untersucht werden müssen.

---

838 Dazu sogleich unter Kapitel V § 1 C. I. 2. (S. 221 ff.).

839 Kapitel IV § 2 B. II. (S. 166 f.).

840 Vgl. zu möglichen Fallstricken für die Praxis ausführlich Loritz, K.-G., Rechtsfragen der notariellen Beurkundung bei Verkauf und Abtretung von GmbH-Geschäftsanteilen, DNotZ 2000, S. 90 ff. sowie Kapitel III § 1 A. II. (S. 32 ff.).

I. Steuerliche Perspektive

1. Rechtslage vor dem Steuersenkungsgesetz

Neben den beschriebenen Vorteilen des Kombinationsmodells für den Erwerber ergeben sich innerhalb der Gestaltung einige Problemstellungen, die bei der Darstellung der Durchführung aus Gründen der Übersichtlichkeit noch ausgespart worden sind.

a) Liquiditätsprobleme und Optimierung über Bildung von Organschaften

Für das Kombinationsmodell in seiner Reinform ist charakteristisch, dass der Kaufpreis für das zu erwerbende Unternehmen zumindest vorübergehend zweimal aufgebracht werden muss: Zunächst muss die Erwerber-Gesellschaft an die veräußernde Konzernobergesellschaft, später im Rahmen des internen asset deal an die Ziel-GmbH zahlen. Unabhängig davon, dass die Erwerber-Gesellschaft in Höhe des von der Ziel-Gesellschaft realisierten Veräußerungsgewinns den zweiten Betrag neutralisieren kann, müsste die Erwerber-Gesellschaft also den Kaufpreis bis zur Auskehrung des Veräußerungsgewinns ein zweites Mal aufbringen. Dies würde zu einer schwer wiegenden Liquiditätsbelastung bzw. – bei der in der Regel wohl notwendigen Aufnahme von Fremdkapital – zu einer erheblichen Zinsbelastung führen.[841] Um die nochmalige Aufbringung der Kaufpreissumme zu vermeiden, kann die Erwerber-Gesellschaft gegen den Anspruch auf Kaufpreiszahlung der Ziel-Gesellschaft mit dem Gewinnauszahlungsanspruch aufrechnen.[842] Einer sofortigen Aufrechnung[843] steht allerdings entgegen, dass die Entstehung des Gewinnanspruchs an weitere Voraussetzungen[844] gebunden ist (Ablauf des Geschäftsjahres, Aufstellung eines ordnungsgemäßen Jahresabschlusses, Feststellung des Jahresabschlusses durch die Gesellschafterversammlung, Ausweis eines Jahresüberschusses oder eines Bilanzgewinns sowie Verteilung im Rahmen des Gewinnverwendungsbeschlusses). Der Ausschüttungsbeschluss setzt also insbesondere die Aufstellung eines Jahresabschlusses nach Ende des laufenden Geschäftsjahres voraus, was einer sofortigen Entstehung des Gewinnanspruchs und damit des Aufrechnungsrechts widerstrebt.

---

841 Vgl zu diesem Problem Otto, H.-J., Buy-Out Finanzierungen: Neue Akquisitionsstrukturen nach neuem Umwandlungsrecht, DB 1994, S. 2121 (2122 li. Sp.); Otto, H.-J., MBO, 1997, § 26 Rn. 163

842 Zu dieser Vorgehensweise Otto, H.-J., MBO, 1997, § 26 Rn. 164.

843 Der wirksam entstandene Gewinnauszahlungsanspruch ist als schuldrechtlicher Anspruch auf den jeweiligen Anteil an der Gewinnausschüttung für das betreffende Geschäftsjahr einer Aufrechnung zugänglich. Vgl. BGHZ 23, S. 150 (154); BGHZ 60, S. 230 (234); Baumbach/Hueck-Hueck/Fastrich, GmbHG, § 29 Rn. 49; Scholz-Emmerich, GmbHG, § 29 Rn. 82; Lutter/Hommelhoff, GmbHG, § 29 Rn. 41, 43.

844 Vgl. dazu Scholz-Emmerich, GmbHG, § 29 Rn. 25 bzw. näher Rn 32 ff., 41 ff.; Baumbach/Hueck-Hueck/Fastrich, GmbHG, § 29 Rn. 49, näher Rn. 7 ff.

Als Ausweg bietet sich eine Vorabausschüttung auf den erwarteten Jahresgewinn (Gewinnvorschuss) an, der – anders als im Aktienrecht (§ 59 AktG) – zwar nicht gesetzlich geregelt ist, aber auf Grund der weitgehenden Freiheit der Ausschüttung jenseits von § 30 Abs. 1 GmbHG im GmbH-Recht zulässig und weit verbreitet ist.[845] Voraussetzung ist die begründete Erwartung eines Gewinns, der in der angenommenen Höhe bei gewissenhafter Prüfung nach ordentlichen kaufmännischen Grundsätzen wahrscheinlich ist, für das laufende Geschäftsjahr.[846] Diese Anforderungen dürften nach Veräußerung aller Vermögensgegenstände durch die Ziel-Gesellschaft in der Regel erfüllt sein, so dass einer Vorabausschüttung nichts im Wege steht.
Auf die mit einer Aufrechnung seitens der Gesellschafter verbundenen Probleme im Hinblick auf den Grundsatz der Kapitalerhaltung wird im Rahmen der gesellschaftsrechtlichen Perspektive eingegangen.[847]
Alternativ kommt auch die Stundung der Kaufpreisforderung seitens der Ziel-Gesellschaft in Betracht. Will man hier einem Konflikt mit § 30 Abs. 1 GmbHG vorbeugen, bietet sich eine Besicherung der Kaufpreisforderung durch die übertragenen Vermögensgegenstände oder eine Bankgarantie an, um so die Vollwertigkeit der Kaufpreisforderung sicherzustellen und der Entstehung oder Vertiefung einer Unterbilanz[848] von Anfang an vorzubeugen.[849]

Ein weiteres Liquiditätsproblem kann sich für die Erwerber-Gesellschaft daraus ergeben, dass die Belastung der Ziel-GmbH mit Körperschaft- und Gewerbesteuer zeitlich einer entsprechenden Steueranrechnung bzw. –erstattung bei der Erwerber-GmbH nach Vereinnahmung der Schachteldividende vorausgeht, die Erwerber-GmbH also im Ergebnis vorleisten muss. Denn Kapital- und Gewerbesteuer auf den durch die Ziel-GmbH realisierten Veräußerungsgewinn werden sofort über eine entsprechende Erhöhung der Steuervorauszahlungen fällig, die Kapitalertragsteuer fällt mit Fassung des Ausschüttungsbeschlusses an.[850] Demgegenüber erfolgt bei der Erwerber-GmbH eine entsprechende Steueranrechnung bzw. –erstattung erst in dem Veranlagungszeitraum, der auf die Vereinnahmung der Gewinnausschüttung folgt.[851] Da auf eine Stundung der Steuerschuld kein Rechtsanspruch besteht, kommt die Vermeidung einer durch die Zeitversetztheit der Vorgänge bedingten Steuerbelas-

---

845 Baumbach/Hueck-Hueck/Fastrich, GmbHG, § 29 Rn. 60.

846 Baumbach/Hueck-Hueck/Fastrich, GmbHG, § 29 Rn. 61; Scholz-Emmerich, GmbHG, § 29 Rn. 86 f.; Lutter/Hommelhoff, GmbHG, § 29 Rn. 45.

847 Siehe Kapitel V § 1 C. II. (S. 225 f.).

848 Vgl. Scholz-Westermann, GmbHG, § 30 Rn. 17; Rowedder-Rowedder, GmbHG, § 30 Rn. 6 ff.

849 Vgl. Blumers, W./Schmidt, G., Leveraged Buy-Out/Management Buy-Out und Buchwertaufstockung, DB 1991, S. 609 (610 f.).

850 Vgl. Otto, H.-J., MBO, 1997, § 26 Rn. 169.

851 Vgl. Otto, H.-J., MBO, 1997, § 26 Rn. 169. *Otto* nennt einen Zeitraum von ca. 6-8 Monaten nach dem Bilanzstichtag (Rn. 171 a. E.).

tung nur im Wege der Bildung einer körperschaftsteuerlichen Organschaft im Sinne von § 14 KStG vor Durchführung des internen asset deal in Betracht.
Dazu war nach alter Rechtslage neben dem Abschluss eines Gewinnabführungsvertrages im Sinne von § 291 Abs. 1 AktG (§ 14 Halbs. 1 KStG) und der – im Rahmen des Spin-Off-MBO unproblematischen – finanziellen Eingliederung (§ 14 Nr. 1 KStG a. F.) auch die wirtschaftliche[852] (§ 14 Nr. 2 KStG a. F.) und die organisatorische Eingliederung nach § 14 Nr. 2 KStG a. F. erforderlich. Nach der Rechtsprechung des BFH ist zur Begründung der wirtschaftlichen Eingliederung bei einer Holdinggesellschaft erforderlich, dass es sich um eine geschäftsleitende und nicht bloß um eine verwaltende Holding handelt.[853] (§ 14 Nr. 2 Satz 1 KStG a. F.). Dazu verlangt der BFH, dass der Organträger einen Gewerbebetrieb im Sinne des Gewerbesteuerrechts[854] führt.[855] Er muss also durch eine nach außen manifeste einheitliche Leitung, Willensbildung und planvolle Unternehmensführung und –politik die Geschäfte der Organgesellschaft führen.[856] Ob kumulativ oder alternativ eine weitere Mehrheitsbeteiligung an einer anderen Tochtergesellschaft erforderlich ist, ist streitig.[857]
Weitgehend unproblematisch ist die organisatorische Eingliederung, sofern die Erwerber-GmbH mit der Ziel-GmbH einen Beherrschungsvertrag im Sinne des § 291 Abs. 1 AktG analog abgeschlossen hat, da in einem solchen Fall aus dem Bestehen des Beherrschungsvertrages die organisatorische Eingliederung abgeleitet wird (§ 14 Nr. 2 Satz 2 Alt. 1 KStG a. F.).[858]
Möglicherweise Schwierigkeiten bereitet jedoch, dass die finanzielle Eingliederung der Ziel-Organgesellschaft seit Beginn des Wirtschaftsjahres bestehen muss, in dem die Veräußerung erfolgte (§ 14 Nr. 1 KStG).
Liegen die Voraussetzungen einer körperschaftsteuerlichen Organschaft vor, so wird das Einkommen der Ziel-Organgesellschaft der Erwerber-Gesellschaft als Organträger zugerechnet

---

852 Die wirtschaftliche Eingliederung meint, dass "die Organgesellschaft in das Unternehmen des Organträgers 'nach Art einer Geschäftsabteilung', als 'unselbständige Betriebsstätte', 'dienend' eingegliedert (ist) und 'die Betätigung des herrschenden Unternehmens förder(t) und ergänz(t)', das die 'Haupttätigkeit', die 'übergeordnete Tätigkeit' übernimmt." So Streck, KStG, § 14 Rn. 18.

853 Vgl. Streck, KStG, § 14 Rn. 26.

854 Vgl. dazu . Streck, KStG, § 14 Rn. 5 f. m. w. Nachw. auf die Rechtsprechung des BFH: die bisherige, strengere Rechtsprechung des BFH knüpfte an die Voraussetzungen des § 1 GewStDV an, wohingegen die jüngere BFH-Rechtsprechung sich an die weiteren Anforderungen des § 15 EStG und die Alternativen des § 2 GewStG anlehnt.

855 Vgl. Streck, KStG, § 14 Rn. 26.

856 Vgl. Streck, KStG, § 14 Rn. 26.

857 Verneinend Otto, H.-J., MBO, 1997, § 26 Rn. 170; i. ü. vgl. Streck, KStG, § 14 Rn. 26.

858 Vgl. Streck, KStG, § 14 Rn. 29, der allerdings darauf hinweist, dass beim GmbH-Konzern, anders als beim AG-Konzern, das Vorliegen des Beherrschungsvertrages gerade keine zwingende gesetzliche Vermutung begründet.

(§ 14 Halbsatz 1 KStG) und so ein zeitliches Auseinanderfallen der Steuerbelastung der Ziel-Gesellschaft hinsichtlich des realisierten Veräußerungsgewinns und der Steuerentlastung der Erwerber-Gesellschaft bezüglich der im Rahmen des körperschaftsteuerlichen Anrechnungsverfahrens vereinnahmten Gewinnausschüttung vermieden.[859]

In gewerbesteuerlicher Hinsicht kommt eine parallele Konstruktion über eine gewerbesteuerliche Organschaft im Sinne des § 2 Abs. 2 Satz 2 GewStG zwar in Betracht, ändert allerdings nichts an der einmaligen, definitiven Gewerbesteuerpflichtigkeit des durch die Ziel-GmbH realisierten Veräußerungsgewinns.[860] Denn auf Ebene der Erwerber-GmbH wird der vereinnahmte Veräußerungsgewinn auf Grund des gewerbesteuerlichen Schachtelprivilegs des § 9 Nr. 2a GewStG nicht nochmals gewerbesteuerlich erfasst. Korrespondierend zu dieser Privilegierung versagt jedoch der später eingeführte § 8 Nr. 10 lit. a GewStG die Neutralisierung der auf Ebene der Ziel-GmbH angefallenen Gewerbesteuer durch Vornahme einer ausschüttungsbedingten Teilwertabschreibung.[861] Der BFH hat in diesem Zusammenhang entschieden, dass selbst bei Vorliegen einer gewerbesteuerlichen Organschaft auch die abführungsbedingte Teilwertabschreibung den Gewerbeertrag des Organkreises nicht mindere.[862]

---

859 Vgl. Otto, H.-J., MBO, 1997, § 26 Rn. 170; zu einer denkbaren Alternative, falls die Herstellung einer Organschaft nicht möglich sein sollte: Rn. 171.

860 Ausführlich zur Neutralisierung von Teilwertabschreibungen im Zusammenhang mit dem gewerbesteuerlichen Schachtelprivileg des § 8 Nr. 10 GewStG: Hötzel, O., Unternehmenskauf und Steuern, 1997, S. 176 ff.

861 Vgl. Blumers, W./Beinert, S./Witt, S.-C., Unternehmenskaufmodelle nach der Steuerreform, DStR 2001, S. 233 (234 li. Sp. ob.); Jakobs, N./Wittmann, H.-J., Steuersenkungsgesetz: Besteuerung von Anteilserwerben, GmbHR 2000, S. 1015 (1020 re. Sp. ob.); zur Normengeschichte des § 8 Nr. 10 GewStG und zum Verhältnis zu § 9 Nr. 2a GewStG Koenen, S./Gohr, M., Asset-Deal, Share-Deal oder Kombinationsmodell, DB 1993, S. 2541 (2548); Streck, M., Die Steuerinteressen und Steuermodelle beim Unternehmenskauf, BB 1992, S. 685 (690); Herzig, N./Hötzel, O., Ausschüttungsbedingte Teilwertabschreibungen, DB 1988, S. 2265 (2272).

862 BFH vom 2.2.1994, DB 1994, S. 862 ff.; so schon vorher die Finanzverwaltung: Erlass vom 14.3.1989, DB 1989, S. 656; ferner Abschn. 42 Abs. 1 Satz 11 GewStR; Herzig, N., Umwandlungsmodell beim Kauf von Anteilen an Kapitalgesellschaften, 2000, S. 163 (168); Endres, D., Kombinations-, Mitunternehmerschafts- und Umwandlungsmodell im Vergleich, 2000, S. 197 (206 ob.); krit. Pöllath, R./Wenzel, B., Gewerbesteuerliche Teilwertabschreibungen bei Organschaften?, DB 1989, S. 797; Goutier, K., § 8 Nr. 10 GewStG n. F. und die gewerbesteuerliche Organschaft, DB 1989, S. 244; Müller-Dott, J. P., Die ausschüttungsbedingte Teilwertabschreibung nach § 28 Abs. 8 KStG, GmbHR 1990, S. 269 ff.

b) Grunderwerbsteuer
In grunderwerbsteuerlicher Hinsicht vermeidet § 1 Abs. 6 Satz 2 GrEStG eine Doppelbelastung im Rahmen des Kombinationsmodells. Im Zuge des vorgeschalteten share deal wird die Ziel-GmbH gemäß § 1 Abs. 3 Nr. 3 GrEStG mit Grunderwerbsteuer belastet. Maßgebliche Bemessungsgrundlage ist insoweit § 8 Abs. 2 Satz 1 Nr. 2 GrEStG (Bedarfswert). Im Rahmen des nachfolgenden internen asset deal würde an sich nochmals Grunderwerbsteuer anfallen, die sich nun auf Grundlage des höheren, auf das Grundstück anteilig entfallenden Kaufpreises errechnen würde. Diese zweifache Belastung verhindert allerdings § 1 Abs. 6 GrEStG, der in seinem Satz 2 die zusätzliche Belastung mit Grunderwerbsteuer auf den Teil beschränkt, der sich gegebenenfalls auf Grund einer höheren Bemessungsgrundlage des zweiten Veräußerungsvorgangs ergibt.

c) Neutralisierung ausschüttungsbedingter Teilwertabschreibungen infolge § 50c EStG a. F., § 8b Abs. VI KStG a. F.
50c EStG a. F. versagt Gewinnminderungen auf Grund von ausschüttungsbedingter Teilwertabschreibung insbesondere in drei für den Spin-Off-MBO relevanten Konstellationen:
§ 50c Abs. 1 Nr. 1 EStG a. F. versagt die Gewinnminderung, wenn im Rahmen des share deal die Anteile von einem nicht zur Anrechnung von Körperschaftsteuer berechtigten Steuerpflichtigen, also insbesondere von einem ausländischen Anteilseigner, erworben wurden.

§ 50c Abs. 7 EStG a. F. stellt die Reaktion des Steuergesetzgebers auf die Praxis dar, § 50c Abs. 1 Nr. 1 EStG a. F. dadurch zu vermeiden, dass der share deal nicht direkt zwischen dem ausländischen Veräußerer, sondern über eine zwischengeschaltete, 100-prozentige Tochter abgewickelt wurde. In einer solchen Konstellation versagt § 50c Abs. 7 EStG a. F. die ausschüttungsbedingte Teilwertabschreibung auf die Beteiligung an der vorgeschobenen Erwerber-Tochtergesellschaft.[863]

Schließlich normiert der 1997 neu angefügte § 50c Abs. 11 EStG a. F. auch dann einen Sperrbetrag im Sinne von § 50c Abs. 1 EStG a. F. bezüglich ausschüttungsbedingter Teilwertabschreibungen, wenn die erworbenen Anteile beim Veräußerer zu einer im Privatvermögen gehaltenen nicht wesentlichen Beteiligung gehört haben.

863 Vgl. Otto, H.-J., MBO, 1997, § 26 Rn. 174 ff.; ausführlich Hötzel, O., Unternehmenskauf und Steuern, 1997, S. 174 f.; Otto, H.-J., Neue Akquisitionsstrukturen nach neuem Umwandlungsrecht, DB 1994, 2121 (2122); Jennissen, T., Das Kombinationsmodell als Gestaltungsalternative beim Kauf von Anteilen an Kapitalgesellschaften im Privatvermögen, DStR 1994, S. 347 (349 f.).

"Der Erwerb vom nicht wesentlich Beteiligten wird dem Erwerb vom Steuerausländer gleichgestellt."[864]

Eine Neutralisierung der ausschüttungsbedingten Teilwertabschreibung ordnet ferner § 8b Abs. 6 KStG a. F. an, wenn es sich bei der ausschüttenden Körperschaft um eine ausländische Gesellschaft handelt, die einem DBA unterliegt oder sofern die Gewinnanteile nach § 8b Abs. 4 Satz 1 und 3 oder Abs. 5 steuerbefreit oder nach § 26 Abs. 2 bis 3 KStG a. F. begünstigt sind.

d) Drohende Teilwertzuschreibung infolge § 6 Abs. 1 Nr. 2 EStG n. F.

Die körperschaftsteuerliche Neutralität des Kombinationsmodells wird durch die im Rahmen des Steuerentlastungsgesetzes 1999/2000/2002 eingeführte Pflicht zur Teilwertzuschreibung[865] in (§ 8 Abs. 1 KStG in Verbindung mit) § 6 Abs. 1 Nr. 2 EStG n. F. gefährdet.[866]

Danach muss die Erwerber-GmbH in jedem Folgejahr nach der ausschüttungsbedingten Teilwertabschreibung prüfen, ob der Teilwert der Beteiligung noch unter den gemäß § 6 Abs. 1 Nr. 2 Satz 1 EStG n. F. fortgeführten Anschaffungskosten liegt. Sofern sich eine Werterholung ergibt, muss die Erwerber-GmbH – unabhängig vom konkreten Grund – eine entsprechende Wertzuschreibung bis maximal zur Höhe der fortgeführten Anschaffungskosten vornehmen.[867] Gegenüber der Ausgangssituation tritt in diesem Fall sogar eine Verschlechterung ein, da die entsprechenden Zuschreibungserträge körperschaft- und gewerbesteuerpflichtig sind, das Abschreibungsvolumen aber steuerlich nur sukzessive genutzt werden kann, so dass ein Abzinsungsverlust entsteht.[868]

Noch gravierender ist der Nachteil, wenn die von der Ziel-GmbH erworbenen Wirtschaftsgüter nur partiell abnutzbar sind, weil dann dem Zuschreibungsertrag insoweit nicht einmal ein Abschreibungsaufwand gegenübersteht.

Allerdings dürfte in der Konstellation des Spin-Off-MBO das Risiko einer Werterholung der Beteiligung an der leergekauften Ziel-GmbH sehr gering sein, weil die Erwerber-GmbH mit dem Erwerb aller Wirtschaftsgüter auch das operative Geschäft an sich zieht und die Ziel-GmbH nur mehr eine leere Rechtsformhülse, eine Mantel-

---

864 Füger, R./Rieger, N., Das Gesetz zur Fortsetzung der Unternehmenssteuerreform, DStR 1997, S. 1427 (1430).

865 Vgl. Schmidt-Glanegger, EStG, § 6 Rn. 50 ff., 374; Beck'scher Bilanz-Kommentar-Hoyos/Schramm/Ring, § 253 Rn. 12c ff.

866 Vgl. zum Folgenden a. Herzig, N., Umwandlungsmodell beim Kauf von Anteilen an Kapitalgesellschaften, 2000, S. 163 (168 ff.).

867 Herzig, N., Umwandlungsmodell beim Kauf von Anteilen an Kapitalgesellschaften, 2000, S. 163 (168).

868 Dieser Abzinsungsverlust bleibt aus, wenn die steuerpflichtige Teilwertzuschreibung erst nach der vollständigen Abschreibung der aufgestockten Wirtschaftsgüter erfolgt ist.

GmbH, darstellt, die nurmehr ihr eigenes Gesellschaftsvermögen verwaltet.[869] Daher sollen auch nur kurz die gängigen Mechanismen vorgestellt werden, durch die sich eine Teilwertzuschreibung vermeiden lässt. In Betracht kommen zwei Lösungswege: Zum einen kann die Ziel-GmbH liquidiert werden, was eine künftige Teilwertzuschreibung unmöglich macht. Das gleiche Ergebnis lässt sich durch einen Rechtsträgerwechsel in Form einer Veräußerung an einen Dritten oder konzernintern an eine Tochter- oder Schwestergesellschaft erreichen, da die Zuschreibungsverpflichtung mangels Rechtsnachfolge nicht auf den Erwerber übergeht.[870] Alternativ kann die Ziel-GmbH formwechselnd umgewandelt werden (§§ 1 Abs. 1 Nr. 4, 190 ff. UmwG) mit der Folge, dass mit der Beteiligung auch die Pflicht zur Teilwertzuschreibung bei Werterholung wegfällt.[871]

e) Missbrauchsvorwurf nach § 42 AO

Ein Gestaltungsmissbrauch im Sinne von § 42 Satz 1 AO liegt vor, falls eine rechtliche Gestaltung gegeben ist, die, gemessen am erstrebten Ziel, unangemessen ist, der Steuerersparnis dienen soll und durch wirtschaftlich oder sonst beachtliche, nichtsteuerliche Gründe nicht gerechtfertigt ist.[872] Dabei ist – e contrario § 42 Satz 2 AO – als Maßstab die Sicht eines vernünftigen, objektiven Beteiligten zugrundezulegen. Beleuchtet man nun das Kombinationsmodell im Hinblick auf § 42 AO, so scheitert der Missbrauchsvorwurf daran, dass beachtliche, wirtschaftliche Gründe im Rahmen des Spin-Off-MBO das Kombinationsmodell auch sub specie § 42 Satz 1 AO rechtfertigen. Denn die Erwerber-Gesellschaft ist auf die über das Kombinationsmodell intendierte erfolgsneutrale Buchwertaufstockung und die damit verbundene Erhöhung des cash flow angewiesen, um den MBO-typischen, erhöhten Kapitaldienst bedienen zu können und gegebenenfalls weitere Sicherheiten über den cash flow stellen zu können. Insoweit stehen gerade nicht allein steuerliche, sondern finanzierungstechnisch motivierte, betriebswirtschaftliche Gründe beim Kombinationsmodell im Vordergrund.[873]

869 Auch dies ist ein gesetzlich zulässiger Unternehmenszweck im Sinne des § 1 GmbHG. Vgl. Baumbach/Hueck-Hueck/Fastrich, GmbHG, § 3 Rn. 13.

870 Vgl. Herzig, N./Rieck, U./Gehring, N., Vermeidung steuerpflichtiger Zuschreibungen bei Beteiligungen an Kapitalgesellschaften, BB 1999, S. 575 (576).

871 Herzig, N./Rieck, U./Gehring, N., Vermeidung steuerpflichtiger Zuschreibungen bei Beteiligungen an Kapitalgesellschaften, BB 1999, S. 575 (577).

872 Tipke/Kruse, AO – FGO, Bd. 1, § 42 Rn. 30; Koch/Scholz-Hoffmann, AO Kommentar, § 42 Rn. 6; Klein-Brockmeyer, AO Kommentar, § 42 Rn. 11; Schöller/Leopold/Madle/Rader, AO Praktikerkommentar, § 42 Rn. 78.2.

873 So a. Otto, H.-J., MBO, 1997, § 26 Rn. 168 m. w.; Jennissen, T., S., Das Kombinationsmodell als Gestaltungsalternative beim Kauf von Anteilen an Kapitalgesellschaften im Privatvermögen, DStR 1994, 347 (349 f.) Nachw.; Koenen, S./Gohr, M., Asset-Deal, Share-Deal oder Kombinationsmodell, DB 1993, S. 2541 (2548).

2. Rechtslage nach dem Steuersenkungsgesetz

a) Grundsatz

Bei der Darstellung der Durchführung wurde festgestellt, dass das Funktionieren des Kombinationsmodells auf die körperschaftsteuerliche Neutralisation des bei der Ziel-GmbH realisierten Veräußerungsgewinns angewiesen ist.[874] Gewerbesteuerlich versagt § 8 Nr. 10 lit. a GewStG der ausschüttungsbedingten Teilwertabschreibung die Anerkennung.

Dieser Gestaltung hat nun der Gesetzgeber der Unternehmenssteuerreform 2001 die normative Grundlage entzogen. Durch die Abschaffung des körperschaftsteuerlichen Anrechnungsverfahrens und das Verbot ausschüttungsbedingter Teilwertabschreibungen nach § 8b Abs. 3 KStG n. F. ist eine Neutralisierung der Körperschaftsteuerbelastung auf Ebene der Erwerber-GmbH in Zukunft ausgeschlossen.[875]

Am Verdikt des § 8b Abs. 3 KStG n. F., der bestimmt, dass Gewinnminderungen, die durch den Ansatz des niedrigeren Teilwerts des Kapitalgesellschaftsanteils entstehen, bei der Gewinnermittlung nicht zu berücksichtigen sind, ändert sich auch bei Bildung einer körperschaftsteuerlichen Organschaft nichts, da § 8b Abs. 3 KStG n. F. nach herrschender Meinung auch in dieser Konstellation Anwendung findet.[876]

Hintergrund für die Einführung des § 8b Abs. 3 Alt. 1 EStG n. F. ist letztlich der Rechtsgedanke des § 3c Abs. 1 EStG n. F., wonach Ausgaben, sofern sie in unmittelbarem wirtschaftlichem Zusammenhang mit steuerfreien Einnahmen stehen, nicht als Betriebsausgaben abgezogen werden dürfen. Da der von § 8b Abs. 3 Alt. 1 KStG n. F. erfassten Teilwertabschreibung notwendig die nach § 8b Abs. 1 KStG n. F. steuerbefreite Dividendenausschüttung vorausgeht, ist die Nichtberücksichtigung des daraus resultierenden (Teil-)Wertverlustes der Beteiligung konsequente Folge des Grundsatzes aus § 3c Abs. 1 EStG n. F.[877] Steuersystematisch ist § 8b Abs. 3 KStG

---

874 Vgl. Kapitel V § 1 A. (S. 207 ff.).

875 Vgl. Seibt, C. H., Unternehmenskauf und –verkauf nach dem Steuersenkungsgesetz, DStR 2000, S. 2061 (2073).

876 Blumers, W./Beinert, S./Witt, S.-C., Unternehmenskaufmodelle nach der Steuerreform, DStR 2001, S. 233 (234) m. w. Nachw. auf die h. M. (Fußnote 7).

877 Oppenhoff & Rädler-Benz, Unternehmensbesteuerung, 2000, S. 247; Erle/Sauter-Steinhoff, Reform der Unternehmensbesteuerung, 2000, S. 217 (a. krit. im Zusammenhang mit Fehlinvestitionen); zur Begründung des Gesetzesentwurfs (BT-Drs. 14/2683) vom 15.2.2000 vgl. a. Steuer-Akademie Knoll/Eisgruber, T. (Hrsg.), Unternehmenssteuerreform 2001, 2000, S. 128; krit. Schaumburg/Rödder-Rödder, Unternehmenssteuerreform 2001, 2000, S. 552 f., der die pauschale Formulierung der Vorschrift kritisiert und anmerkt, dass es allein zutreffend gewesen wäre, "in all den Fällen, in denen ein Anteilsveräußerungsgewinn steuerfrei vereinnahmt werden könnte, auch die steuerliche Irrelevanz von Anteilsveräußerungsverlusten (bzw. sonstigen Gewinnminderungstatbeständen) vorzusehen", wobei der – bezogen auf die Totalgewinnperiode - notwendig einmalige Liquidationsverlust auszunehmen wäre.

n. F. als Hinzurechnungsvorschrift einzuordnen, da der steuerliche Gewinn um die nicht abzugsfähigen, außerordentlichen Aufwendungen zu erhöhen ist.[878]

Als Zwischenergebnis lässt sich damit festhalten, dass das Kombinationsmodell nach Inkrafttreten des Halbeinkünfteverfahrens und der Vorschrift des § 8b Abs. 3 KStG n. F. als Modell, das die Transformation des gezahlten Kaufpreises körperschaftsteuerneutral in Abschreibungsvolumen erlaubt, nicht mehr einsetzbar ist.[879]

Dieses Fazit wird allenfalls insofern relativiert, als das Steuersenkungsgesetz für einige Vorschriften eine hinausgeschobene zeitliche Anwendbarkeit anordnet und im übrigen Gestaltungen durch Umstellung des Wirtschaftsjahres denkbar sind. Im Hinblick auf § 8b Abs. 3 KStG n. F. regeln die § 34 Abs. 6d Satz 1 Nr. 2 KStG n. F. in Verbindung mit § 34 Abs. 1 und 1a KStG n. F. die zeitliche Anwendbarkeit.
Demgemäss ist die erstmalige Anwendung der Absätze 2 und 3 des § 8b KStG n. F. parallel geschaltet: Teilwertabschreibungen werden bei der Erwerber-Gesellschaft von § 8b Abs. 3 KStG n. F. erfasst, wenn auf Ebene der Ziel-Gesellschaft das erste Wirtschaftsjahr, auf das das neue Körperschaftsteuergesetz gemäß § 34 Abs. 1 bzw. 1a KStG n. F. Anwendung findet, abgelaufen ist.[880] Bei kalenderjahrgleichem Wirtschaftsjahr der Ziel-Gesellschaft (§ 34 Abs. 1 KStG n. F.) sind demnach steuerwirksame Teilwertabschreibungen wegen § 8b Abs. 3 KStG n. F. erstmals ab dem 1.1.2002 nicht mehr möglich. Sofern das Wirtschaftsjahr der Ziel-Gesellschaft nicht mit dem Kalenderjahr identisch ist (§ 34 Abs. 1a KStG), gilt dies mit Ablauf des Wirtschaftsjahrs 2001/2002, wenn das erste im Veranlagungszeitraum 2001 endende Wirtschaftsjahr vor dem 1.1.2001 beginnt. Läuft also das Wirtschaftsjahr der Ziel-GmbH vom 1.12. bis 30.11., so findet das neue Körperschaftsteuergesetz erstmals Anwendung auf das Wirtschaftsjahr der Gesellschaft, das am 1.12.2001 beginnt und am 30.11.2002 endet, so dass § 8b Abs. 3 KStG n. F. mit Ablauf dieses Wirtschaftsjahres, das heißt ab dem 1.12.2002, gilt.[881]
Systematisch korrespondiert die Regelung mit dem Anwendungszeitraum des § 8b Abs. 1 KStG n. F., der die Steuerbefreiung von Schachteldividenden anordnet. Bei kalenderjahrgleichem Wirtschaftsjahr stellt § 8b Abs. 1 KStG n. F. erstmals Ge-

---

878 Oppenhoff & Rädler-Benz, Unternehmensbesteuerung, S. 247.

879 Blumers, W./Beinert, S./Witt, S.-C., Unternehmenskaufmodelle nach der Steuerreform, DStR 2001, S. 233 (234); . Seibt, C. H., Unternehmenskauf und –verkauf nach dem Steuersenkungsgesetz, DStR 2000, S. 2061 (2073); Jakobs, N./Wittmann, H.-J., Steuersenkungsgesetz: Besteuerung von Anteilserwerben, GmbHR 2000, S. 1015 (1021); Oppenhoff & Rädler-Benz, Unternehmensbesteuerung, 2000, S. 247.

880 Daher zumindest missverständlich die Ausführungen bei Jakobs, N./Wittmann, H.-J., Steuersenkungsgesetz: Besteuerung von Anteilserwerben, GmbHR 2000, S. 1015 (1021 li. Sp., 1022 re. Sp. ob.).

881 Vgl. Schaumburg/Rödder-Schumacher, Unternehmenssteuerreform 2001, 2000, S.625; vgl. zur Herleitung ausführlich Kapitel IV § 2 B. I. 3. (S. 159 ff.).

winnausschüttungen für den Veranlagungszeitraum 2001, die im Jahr 2002 erfolgen, steuerfrei. Die daraus an sich resultierende ausschüttungsbedingte Teilwertabschreibung unterfällt dann dem Verbot des § 8b Abs. 3 KStG n. F.[882]

Ebenfalls parallel zu § 8b Abs. 1 KStG n. F. ergeben sich auch Gestaltungen, die die zeitliche Anwendbarkeit des § 8b Abs. 3 KStG n. F. hinausschieben können. In Betracht kommt bei Ziel-Gesellschaften, die ein nicht-kalenderjahrgleiches Wirtschaftsjahr aufweisen, die Umstellung auf das Kalenderjahr im Jahr 2001. Denn dies hat zur Folge, dass § 8b Abs. 3 KStG n. F. erst nach Ablauf des 31.12.2002 anwendbar ist.[883] Ein solches Vorgehen hat den weiteren Vorteil, dass bei Umstellung auf das Kalenderjahr lediglich die handelsrechtliche Wirksamkeit herzustellen, nicht aber zusätzlich das Einvernehmen des Finanzamtes einzuholen ist.[884] Die Gesellschafterversammlung der Ziel-Gesellschaft hat also eine Satzungsänderung[885] dahingehend zu beschließen, dass das notwendigerweise[886] in die Satzung eingetragene abweichende (handelsrechtliche) Geschäftsjahr nun auf ein mit dem Kalenderjahr übereinstimmendes Wirtschaftsjahr umgestellt werden soll. Ferner muss die Änderung des Gesellschaftsvertrages zur Eintragung in das Handelsregister angemeldet werden (§ 54 Abs. 1 GmbHG) und bis zum Ablauf des auf Grund der Umstellung entstehenden Rumpf-Geschäftsjahres in das Handelsregister eingetragen sein (§ 54 Abs. 3 GmbHG).[887]

Durch diese Gestaltung wird folglich die erstmalige zeitliche Anwendbarkeit des § 8b Abs. 3 KStG n. F. auf den Veranlagungszeitraum 2003 hinausverlagert, so dass die Wirkungen des Kombinationsmodells bis dahin erhalten bleiben. Ob ein solches Vorgehen jedoch tatsächlich wirtschaftlich sinnvoll ist, muss im Einzelfall entschie-

---

882 Vgl. Oppenhoff & Rädler-Benz, Unternehmensbesteuerung, 2000, S. 248.

883 Vgl. Schaumburg/Rödder-Rödder, Unternehmenssteuerreform 2001, 2000, S. 625 a. E. (Begründung auf S. 620); . Seibt, C. H., Unternehmenskauf und –verkauf nach dem Steuersenkungsgesetz, DStR 2000, S. 2061 (2067); dazu bereits ausführlich ob. Kapitel IV § 2 B. I. 3. g) (S. 163 ff.).

884 Das Einvernehmenserfordernis gilt nur bei Umstellung vom Kalenderjahr auf ein Wirtschaftsjahr, das nicht mit dem Kalenderjahr identisch ist, was sich e contrario § 7 Abs. 4 Satz 3 KStG bzw. § 4a Abs. 1 Nr. 2 Satz 2 EStG, § 8b Satz 2 Nr. 2 Satz 2 EStDV ergibt. Vgl. a. Orth, M., Steuersenkungsgesetz: Umstellung des Wirtschaftsjahres als Gestaltungsmöglichkeit, DB 2000, S. 2136 (2138 re. Sp. ob.).

885 Dazu ist gemäß § 53 Abs. 1, 2 GmbHG ein Gesellschafterbeschluss nötig, der einer qualifizierten ¾ -Mehrheit bedarf, sofern kein größeres Quorum gesellschaftsvertraglich vereinbart worden ist (e contrario § 53 Abs. 3 GmbHG), und der notariell zu beurkunden ist.

886 Ein vom Kalenderjahr abweichendes Wirtschaftsjahr ist notwendiger Satzungsbestandteil. Vgl. Dötsch/Eversberg/Jost/Witt-Pung, Die Körperschaftsteuer, Bd. 2, § 7 Rn. 44.

887 So die h.M. Zur Begründung vgl. bereits ob Fußnote 626 (S. 165) sowie Orth, M., Steuersenkungsgesetz: Umstellung des Wirtschaftsjahres als Gestaltungsmöglichkeit, DB 2000, S. 2136 (2138 li. Sp. unt.) m. w. Nachw. auf h.M. und M.M.

den werden. Denn durch das beschriebene Vorgehen wird zugleich die zeitliche Anwendbarkeit der Steuerbefreiung nach § 8b Abs. 1 KStG n. F. bis zum Jahr 2003 abgeschnitten. Die hinzugewonnene Möglichkeit der körperschaftsteuerneutralen Buchwertaufstockung steht also der temporär wegfallenden steuerfreien Dividendenvereinnahmung gegenüber.

Im Zusammenhang mit der im Einzelfall – etwa wegen eines nicht mit dem Kalenderjahr identischen Wirtschaftsjahres – noch nicht eingreifenden zeitlichen Anwendbarkeit des § 8b Abs. 3 KStG n. F. muss an dieser Stelle darauf hingewiesen werden, dass das Beteiligungsportfolio von Konzernen insoweit unbedingt einer Revision unterzogen werden sollte, um noch realisierbare Teilwertabschreibungen nicht durch das Hineinwachsen in die zeitliche Anwendbarkeit des § 8b Abs. 3 KStG n. F. zu verlieren. Allerdings ist zu beachten, dass dann später eventuell die Steuerpflicht der Zuschreibung[888] gemäß § 8 Abs. 1 KStG in Verbindung mit § 6 Abs. 1 Nr. 2 EStG n. F. droht[889], die sich jedoch – sofern § 42 AO gewahrt bleibt – durch Übertragung der abgeschriebenen Beteiligung im Konzernverbund vermeiden lässt.[890]

b) Sicherstellung der Wirkung des Kombinationsmodells trotz § 8b Abs. 3 KStG n. F.

Es stellt sich damit die Frage, ob nicht Gestaltungen existieren, mittels derer auch unter dem Regime von § 8b Abs. 3 KStG n. F. zumindest im Ergebnis die steuerlichen Wirkungen des Kombinationsmodells gewahrt bleiben.
Diesbezüglich werden zwei unterschiedliche Lösungsansätze diskutiert:
Zum einen lässt sich gegebenenfalls nach der vollzogenen, steuerfreien Dividendenausschüttung die Schachtelbeteiligung auf eine Konzerngesellschaft oder Betriebsstätte im Ausland weiterübertragen unter der Voraussetzung, dass im betreffenden Staat eine ausschüttungsbedingte Teilwertabschreibung steuerwirksam vorgenommen werden kann.[891]
Zum anderen können die auf Grund § 8b Abs. 3 KStG n. F. steuerneutralen Abschreibungsverluste auch bei Sachverhalten mit reinem Inlandsbezug zumindest in steuerlich verwertbare Veräußerungsverluste transformiert werden. Sieht nämlich die Erwerber-Gesellschaft nach der Dividendenausschüttung von einer Teilwertabschreibung auf die wirtschaftlich "entkernte" Beteiligung an der Ziel-GmbH ab und veräußert stattdessen vor ihrem Bilanzstichtag die Gesellschaftsanteile an der Ziel-

---

888 Vgl. Schmidt-Glanegger, EStG, § 6 Rn. 50 ff., 374; Beck'scher Bilanz-Kommentar-Hoyos/Schramm/Ring, § 253 Rn. 12c ff.; Littmann/Bitz/Pust-Meincke, EStG, Bd. 2, § 6 Rn. 194 ff.

889 Vgl. dazu ausführlich Herzig, N., Umwandlungsmodell beim Kauf von Anteilen an Kapitalgesellschaften, 2000, S. 163 (168 f.).

890 Oppenhoff & Rädler-Benz, Unternehmensbesteuerung, 2000, S. 248.

891 Oppenhoff & Rädler-Benz, Unternehmensbesteuerung, 2000, S. 248.

GmbH, so kann sie den daraus resultierenden Veräußerungsverlust, der sich aus der Differenz des nicht abgeschriebenen Beteiligungsbuchwertes und dem erzielten, marktmäßigen Kaufpreis resultiert, gemäß § 8 Abs. 1 KStG in Verbindung mit § 15 Abs. 4 Satz 5 EStG n. F. nach § 10d EStG vor- und zurücktragen und mit gleichartigen Gewinnen verrechnen.[892]

II. Gesellschaftsrechtliche Perspektive

Beleuchtet man die gesellschaftsrechtliche Perspektive des Erwerbers im Hinblick auf das Kombinationsmodell, so wird damit unausgesprochen von der alten Steuerrechtslage ausgegangen, da mit der Unternehmenssteuerreform – abgesehen von den obigen speziellen Gestaltungen – das Kombinationsmodell in seiner herkömmlichen Fassung wegen § 8b Abs. 3 KStG n. F. nicht mehr existiert.

Ein Konflikt mit den GmbH-rechtlichen Kapitalerhaltungsvorschriften könnte aus der hinsichtlich der alten Steuerrechtslage angesprochenen Möglichkeit erwachsen, seitens der Erwerber-Gesellschaft als Alleingesellschafterin der Ziel-GmbH gegen den Anspruch auf Kaufpreiszahlung aus dem asset deal mit dem Anspruch auf Vorabausschüttung aufzurechnen. Sofern es der Ziel-GmbH wirtschaftlich schlecht geht, ist der Anspruch auf Gewinnvorschuss wirtschaftlich nicht vollwertig und die Aufrechnung als Auszahlung im Sinne von § 30 Abs. 1 GmbHG einzuordnen, da der Leistung der Gesellschaft eine non äquivalente Gegenleistung des Gesellschafters gegenüber steht, die wirtschaftlich das Gesellschaftsvermögen verringert.[893] Führt dieser Vorgang zur Entstehung oder Vertiefung einer Unterbilanz[894], so ist die Aufrechnung gemäß § 30 Abs. 1 GmbHG unzulässig.
Diese Voraussetzungen liegen jedoch in der behandelten Konstellation des Kombinationsmodells nicht vor, wenn darauf geachtet wird, dass die Vorabausschüttung höhenmäßig nicht das zur Erhaltung der Stammkapitalziffer erforderliche Gesellschaftsvermögen antastet. Dementsprechend sollte die Erwerber-Gesellschaft nur oberhalb der Stammkapitalziffer mit ihrem Anspruch auf Vorabausschüttung aufrechnen.

---

892 So Lishaut, I. van/Förster, G., Steuersenkungsgesetz: Anteilsveräußerungen im neuen Recht, GmbHR 2000, S. 1121 (1124), die dieses Ergebnis zu Recht als "verblüffend" bezeichnen. Sofern sich für die leergekaufte und damit operativ kaum mehr einsetzbare Ziel-GmbH kein externer Käufer findet, ist – sofern möglich - an eine Veräußerung innerhalb des Konzernverbunds zu denken. Allerdings steht dann im Zweifel der Missbrauchsvorwurf des § 42 AO im Raum. Gegebenenfalls kann die Attraktivität der Ziel-GmbH auch für externe Käufer dadurch gesteigert werden, dass die Erwerber-GmbH im Rahmen des asset deal betriebsnotwendige Wirtschaftsgüter bei der Ziel-GmbH belässt.

893 Vgl. nur Baumbach/Hueck-Hueck/Fastrich, GmbHG, § 30 Rn. 12.

894 Vgl. Scholz-Westermann, GmbHG, § 30 Rn. 17; Rowedder-Rowedder, GmbHG, § 30 Rn. 6 ff.

Im übrigen ergeben sich beim Kombinationsmodell keine Schwierigkeiten mit den Kapitalerhaltungsvorschriften der §§ 30, 31 GmbHG, wenn die der Erwerber-Gesellschaft gewährten Darlehen erst nach Durchführung des internen asset deal besichert werden. In diesem Fall sichert die Erwerber-GmbH nämlich eigene Verbindlichkeiten mit eigenen Sicherungsmitteln.[895] Von einer Besicherung vor Vollzug des asset deal sollte hingegen abgesehen werden, weil dann bei Zugriff auf Vermögensgegenstände der Ziel-GmbH letztere eine Verbindlichkeit ihrer Alleingesellschafterin sichert und damit der problematische Anwendungsbereich der §§ 30, 31 GmbHG, wie beim einstufigen share deal, eröffnet ist.[896]

III. Bewertung

Bei der Bewertung des Kombinationsmodells aus Erwerbersicht spielen die Änderungen der Unternehmenssteuerreform eine tragende Rolle, so dass man konsequenterweise zwischen alter und neuer Steuerrechtslage zu trennen hat.
Nach alter Steuerrechtslage war das Kombinationsmodell für den Erwerber eine sehr interessante Alternative zum reinen, einstufigen share deal. Im Ergebnis erlaubte es dem Erwerber, trotz vorgeschaltetem share deal - der typischerweise als Bedingung vom Veräußerer vorgegeben wurde, sich aber auch als rechtlich einfacher zu handhabende Unternehmenskaufform präsentiert – das latente, passive Anschreibungspotential in aktives Abschreibungsvolumen zu transformieren und so die Vorteile von share deal und asset deal zu vereinen.
Ein Malus dieser Konstruktion liegt allerdings in der definitiven gewerbesteuerlichen Belastung des Veräußerungsgewinns der Ziel-Gesellschaft im Rahmen des internen asset deal infolge der Hinzurechnungsbestimmung des § 8 Nr. 10 lit. a GewStG, der sich selbst bei Bildung einer gewerbesteuerlichen Organschaft auf Grund einer insofern restriktiven Rechtsprechung nicht vermeiden lässt. Darüber hinaus wird die Effizienz des Kombinationsmodells auch durch den hohen rechtlichen Gestaltungs- und damit verbunden Beratungsaufwand relativiert, wodurch das Kombinationsmodell erst ab einem gewissen Transaktionsvolumen wirtschaftlich sinnvoll eingesetzt werden kann.[897]
In gesellschaftsrechtlicher Hinsicht ergeben sich in der Regel keine Probleme, sofern der Zugriff auf das Vermögen der Ziel-Gesellschaft nicht noch vor dem internen asset deal erfolgen soll.

Allerdings hat der Gesetzgeber des Steuersenkungsgesetzes dem Kombinationsmodell mit Neufassung des § 8b Abs. 3 KStG n. F. die normative Grundlage entzogen, indem er durch die Einführung einer Hinzurechnungsvorschrift die ausschüttungsbe-

---

[895] Vgl. bereits Kapitel III § 2 C. II. 2. d) (S. 125 f.).

[896] Vgl. zur daraus erwachsenden Problematik ausführlich Kapitel IV § 2 C. II. (S. 173 ff.).

[897] Vgl. a. Koenen, S./Gohr, M., Asset-Deal, Share-Deal oder Kombinationsmodell, DB 1993, S. 2541 (2548).

dingte Teilwertabschreibung steuerlich neutralisiert und damit die körperschaftsteuerneutrale Transformation des Kaufpreises in Abschreibungsvolumen eliminiert hat. Sub specie § 8b Abs. 3 KStG n. F. macht es auch keinen Sinn, am alten Modus des Kombinationsmodells festzuhalten. Denn dann würde die Buchwertaufstockung durch eine sofort fällige Körperschaft- und Gewerbesteuerbelastung der Ziel-GmbH erkauft, der Entlastungen gegenüberstehen, die sich erst über den Abschreibungszeitraum realisieren. Im Ergebnis liefe ein Beharren auf dem Kombinationsmodell also auf einen entsprechenden Abzinsungsverlust hinaus.

Damit ist das Kombinationsmodell mit seinem bisherigen Mechanismus nur noch auf Alt-Fälle bis zum Inkrafttreten des § 8b Abs. 3 KStG n. F. oder auf Sachverhalte anwendbar, in denen eine Verlagerung der ausschüttungsbedingten Teilwertabschreibung in das insoweit gegebenenfalls steuergünstigere Ausland offen steht. Daneben kommt statt einer nun steuerneutralen Teilwertabschreibung jedoch auch die Nutzbarmachung eines steuerwirksamen Verlusts über die Veräußerung der noch nicht wertberichtigten Beteiligung an der Ziel-Gesellschaft in Betracht.

§ 2 Mitunternehmermodell

A. Inhalt

Im Anschluss an das Kombinationsmodell soll kurz auf das so genannte Mitunternehmermodell eingegangen werden.[898] Das Mitunternehmermodell stellt eine Art modifiziertes, um dessen gewerbesteuerlichen Nachteil gekürztes Kombinationsmodell dar, indem es neben der körperschaftsteuerlichen auch die gewerbesteuerliche Neutralität der Buchwertaufstockung sicherstellt. Das Mitunternehmermodell wurde durch das Urteil des BFH vom 27. 3. 1996[899] ermöglicht, wonach die Veräußerung von einbringungsgeborenen Mitunternehmeranteilen (vgl. § 15 Abs. 1 Satz 1 Nr. 2 EStG) durch Kapitalgesellschaften auch dann nicht gewerbesteuerpflichtig ist, wenn die einbringende Kapitalgesellschaft bei der Veräußerung des Betriebes gewerbesteuerpflichtig gewesen wäre.[900] Der BFH stützte seine Rechtsprechung maßgeblich auf
§ 9 Nr. 2 GewStG und kassierte den insofern gesetzeswidrigen alten Abschnitt 41 Abs. 2 Satz 5 GewStR der Finanzverwaltung.[901] Knapp zusammengefasst und auf den Spin-Off-MBO übertragen, funktioniert das Mitunternehmermodell folgendermaßen: Die Erwerber-GmbH erwirbt zunächst im Wege des share deal die Anteile

---

898 Ausführlicher zum Mitunternehmermodell: Eilers, S./Wienands, H.-G., Gestaltungsüberlegungen zur Strukturierung von Unternehmenskäufen nach der BFH-Entscheidung vom 27. 3. 1996 – I R 89/95, GmbHR 1997, S. 577 (580); Blumers, W./Beinert, S., Unternehmenskauf und Mitunternehmermodelle, DB 1997, S. 1636 (1638).

899 BFH I R 89/95, BStBl. II 1997, S. 224 (225) = DStR 1997, S. 325.

900 Vgl. dazu a. Tz. 21.13 UmwSt-Erlass.

901 Vgl. Endres, D., Kombinations,- Mitunternehmerschafts- und Umwandlungsmodell im Vergleich, 2000, S. 197 (206).

der Ziel-GmbH. Letztere bringt sodann ihren Betrieb steuerneutral zu Buchwerten in eine neu gegründete Personengesellschaft ein. Im Gegenzug werden der Ziel-GmbH dafür (einbringungsgeborene) Mitunternehmeranteile an dieser Personengesellschaft gewährt, die sie unter Realisierung der stillen Reserven an die Erwerber-GmbH zum Marktpreis veräußert.[902] An dieser Stelle bewirkt das Urteil des BFH, dass der auf Ebene der Ziel-GmbH realisierte Gewinn zwar körperschaftsteuer-, nicht aber gewerbesteuerpflichtig ist. Die Körperschaftsteuerlast kann jedoch – anders als die Gewerbesteuer[903] - über die vom Kombinationsmodell her bekannte Konstruktion neutralisiert werden. Das heißt, dass die Ziel-GmbH nun ihren Veräußerungsgewinn an die Erwerber-GmbH ausschüttet und diese im Wege einer ausschüttungsbedingten Teilwertabschreibung ihre Beteiligung an der Ziel-GmbH entsprechend abschreibt, wodurch die auf Ebene der Ziel-GmbH angefallene Körperschaftsteuer neutralisiert wird.

B. Bewertung

Als nachteilig ist die komplizierte Aufeinanderfolge von Veräußerungs-, Gründungs- und Einbringungsvorgängen zu nennen, die mit entsprechend hohen Kosten und einer nicht unerheblichen Fehleranfälligkeit verbunden ist. Ferner steht der Missbrauchsvorwurf des § 42 AO bezüglich der Zwischenschaltung der Personengesellschaft im Raum. Der BFH[904] hat in diesem Zusammenhang einzelfallbezogen entschieden, dass zumindest bei einem Zeitraum von 23 Monaten zwischen Einbringung des Betriebs der (veräußernden) (Ziel-)Gesellschaft und der Veräußerung an die andere (Erwerber-)Gesellschaft der Tatbestand des § 42 AO keine Anwendung findet.

Ferner war das Mitunternehmermodell zuletzt durch einzelne OFD-Verfügungen[905] in seinem Bestand bedroht, die § 18 Abs. 4 Satz 2 UmwStG generell bei der Veräußerung von nach § 24 UmwStG einbringungsgeborenen Mitunternehmeranteilen anwenden wollten, obwohl diese Vorschrift an sich eine Umwandlung voraussetzt.[906]

902 Da hier angenommen wird, dass die Erwerber-GmbH für die Mitunternehmeranteile einen Kaufpreis zahlt, der das entsprechende Kapitalkonto der Ziel-GmbH übersteigt, muss bei der Personengesellschaft für die Erwerber-GmbH eine positive Ergänzungsbilanz erstellt werden, über die ein entsprechendes Abschreibungsvolumen vermittelt wird (vgl. Herzig, N., Umwandlungsmodell beim Kauf von Anteilen an Kapitalgesellschaften, 2000, S. 163 (170)).

903 Vgl. dazu oben Kapitel V § 1 C. I. 1. a) (S. 214 ff.).

904 BFH Urteil vom 27. 3. 1996, BStBl. II 1997, S. 224 (224 f.).

905 Vgl. die Hinweise bei Endres, D., Kombinations,- Mitunternehmerschafts- und Umwandlungsmodell im Vergleich, 2000, S. 197 (208).

906 Vgl. zur Kritik m. w. Nachw. Endres, D., Kombinations,- Mitunternehmerschafts- und Umwandlungsmodell im Vergleich, 2000, S. 197 (208).

Infolge der Neufassung des § 8b Abs. 3 KStG ist jedoch auch im Rahmen des Mitunternehmermodells der ausschüttungsbedingten Teilwertabschreibung der Boden entzogen.
Damit ist auch das Mitunternehmermodell – bei kalenderjahrgleichem Wirtschaftsjahr der Erwerber-GmbH – ab dem 1. 1. 2002 nicht mehr anwendbar.[907] Im übrigen gelten die obigen Ausführungen zum Kombinationsmodell analog.

§ 3 Verschmelzung der Ziel-GmbH auf die Erwerber-GmbH

A. Inhalt

An dieser Stelle soll der Vollständigkeit halber kurz[908] auf die Spin-Off-MBO-Gestaltung eingegangen werden, bei der die Erwerber-GmbH zunächst im Wege des share deal die Anteile der Ziel-GmbH erwirbt, und in einem zweiten Schritt die Ziel-GmbH im Rahmen einer so genannten Verschmelzung zur Aufnahme nach § 2 Nr. 1 UmwG in Verbindung mit §§ 4 ff. UmwG[909] im Wege der Gesamtrechtsnachfolge unter Auflösung ohne Abwicklung der Ziel-GmbH auf die Erwerber-GmbH verschmolzen wird ("Up-Stream Merger"[910]).

---

907 Die obigen Ausführungen zur Hinauszögerung der zeitlichen Anwendbarkeit (Kapitel V § 1 C. I. 2. a) (S. 221 ff.)) sowie zur anderweitigen Sicherstellung der Wirkung der ausschüttungsbedingten Teilwertabschreibung (Kapitel V § 1 C. I. 2. b) (S. 224)) gelten insofern entsprechend. Allerdings ist im Hinblick auf das Mitunternehmermodell eben zu beachten, dass von der Finanzverwaltung teilweise
§ 18 Abs. 4 Satz 2 UmwStG angewandt und so die Gewerbesteuerfreiheit eliminiert wurde.

908 Die nur knappe Darstellung rechtfertigt sich auf Grund der durchgreifenden steuerlichen Nachteile dieses Modells (vgl. unt. B. II. (S. 231 f.).

909 Vgl. zum Verfahren überblicksweise Sagasser/Bula/Brünger-Sagasser, Umwandlungen, J Rn. 6 ff.

910 Darunter versteht man die Verschmelzung der Tochter- auf die Muttergesellschaft. Diese Form der Verschmelzung ist bei der zu 100 % konzernierten GmbH e contrario § 5 Abs. 2 UmwG als gesetzlich zulässig vorausgesetzt (vgl. Sagasser/Bula/Brünger-Sagasser/Ködderitzsch, Umwandlungen, 2000, J Rn. 152). Der umgekehrte Fall, die Verschmelzung der körperschaftlichen Muttergesellschaft auf ihre körperschaftliche Tochtergesellschaft ("Down-Stream Merger") ist sowohl umwandlungsrechtlich (vgl. Sagasser/Bula/Brünger-Sagasser/Ködderitzsch, Umwandlungen, 2000, L Rn. 156) als auch gesellschaftsrechtlich insbesondere mit Blick auf die Kapitalerhaltungsvorschriften (vgl. Hannemann, S., Down-Stream Merger einer Kapitalgesellschaft auf eine Personengesellschaft, DB 2000, S. 2497 (2498) m. w. Nachw. (Fußnote 6)) problematischer zu beurteilen. Zur umwandlungssteuerrechtlichen Behandlung des Down-Stream-Merger vgl. Haritz/Benkert-Bärwaldt, Umwandlungssteuerrecht, Vor §§ 11-13 Rn. 8 ff.

B. Bewertung

I. Zivil- und Gesellschaftsrecht

Zivilrechtlich wird im Vergleich zum Kombinationsmodell der Transaktionsaufwand, der mit dem asset deal verbunden ist, vermieden und dadurch eine erhebliche Komplexitätsreduktion erreicht. Ferner stellen sich auch nicht die im Zusammenhang mit dem Kombinationsmodell diskutierten, finanzierungstechnischen Schwierigkeiten einer vorübergehenden doppelten Kaufpreisaufbringung.[911]

Handelsrechtlich ist die Verschmelzung einer übertragenden Körperschaft, deren sämtliche Anteile
sich in der Hand der übernehmenden Körperschaft befinden, besonders privilegiert. Gemäß § 5 Abs. 2 UmwG entfallen die Angaben im Verschmelzungsvertrag nach § 5 Abs. 1 Nrn. 2 bis 5 UmwG, soweit sie die Aufnahme betreffen. Ferner sind der Verschmelzungsbericht (§ 8 Abs. 3 UmwG), die Prüfung der Verschmelzung (§ 9 Abs. 2 UmwG) sowie der als Ergebnis zu erstellende Prüfungsbericht (§ 9 Abs. 3 UmwG) entbehrlich.[912]
Gesellschaftsrechtlich scheidet einerseits zwar ein möglicher Konflikt mit den Kapitalerhaltungsvorschriften der §§ 30, 31 GmbHG aus, da die Besicherung zwanglos nach der Verschmelzung zur Aufnahme mit den dann der Erwerber-GmbH gehörigen, ehemaligen Vermögensgegenständen der Ziel-GmbH erfolgen kann.
Allerdings werden die Gläubiger dafür durch die speziellen umwandlungsrechtlichen Schutzvorschriften der § 22 UmwG[913] und der §§ 25 ff. UmwG[914] abgesichert, was

911 Vgl. Kapitel V § 1 C. I. 1. a) (S. 214 ff.).

912 Vgl. ausführlicher Sagasser/Bula/Brünger-Sagasser/Ködderitzsch, Umwandlungen, 2000, J Rn. 152; Lutter-Lutter, UmwG, 2000, § 5 Rn. 81, 83 f.

913 Anspruch der Gläubiger der an der Verschmelzung beteiligten Rechtsträger auf Sicherheitsleistung unter den in § 22 UmwG genannten Voraussetzungen. Hintergrund der Vorschrift ist die Risikoerhöhung, die sich für die Gläubiger daraus ergibt, dass sie mit einem Schuldner konfrontiert werden, den sie sich nicht ausgesucht haben (Gläubiger des übertragenden Rechtsträgers) bzw. mit Gläubigern des hinzugekommenen Rechtsträgers fortan konkurrieren müssen (Gläubiger des übertragenden sowie des übernehmenden Rechtsträgers). Vgl. i. e. Lutter-Grunewald, UmwG, § 22 Rn. 3 ff.; Sagasser/Bula/Brünger-Sagasser, Umwandlungen, C. Rn. 30 f.; Kallmeyer-Marsch-Barner, Umwandlungsgesetz, § 22 Rn. 1 ff.

914 Schadensersatzanspruch gegen die Verwaltungsträger des übertragenden (§§ 25, 26 UmwG) bzw. übernehmenden (mittelbar über § 27 UmwG, § 43 Abs. 2 GmbHG) Rechtsträgers auf Ersatz von verschmelzungsbedingten Schädigungen (vgl. zum Schadensbegriff a. Dehmer, H., UmwG – UmwStG, § 25 Rn. 14 f.). § 25 UmwG gibt den Gläubigern des übertragenden Rechtsträgers einen Schadensersatzanspruch, wenn die Verwaltungsträger des übertragenden Rechtsträgers ihre Pflicht zur Prüfung der Vermögenslage oder ihre Pflichten bei Abschluss des Verschmelzungsvertrages verletzen (vgl. Sagasser/Bula/Brünger-Sagasser, Umwandlungen, C Rn. 32; i. e. Lutter-Grunewald, UmwG, § 25 Rn. 9 ff.).

die Attraktivität dieser Akquisitionsform beim stark fremdfinanzierten Spin-Off-MBO einschränkt.[915]

II. Steuerrecht

Die durchgreifenden Nachteile dieses Modells liegen jedoch im steuerrechtlichen Bereich begründet. Denn im Ergebnis misslingt die steuereffiziente körperschaft- und gewerbesteuerneutrale Buchwertaufstockung ("step up") zwecks Transformation der stillen Reserven und des Firmenwerts der Ziel-Gesellschaft in Abschreibungsvolumen auf Ebene der übernehmenden Erwerber-GmbH.
Zwar gewährt in handelsrechtlicher Hinsicht § 24 UmwG dem übernehmenden Rechtsträger ein handelsbilanzielles Bewertungswahlrecht, ob er den Beteiligungsansatz oder aber die in der Schlussbilanz (§ 17 Abs. 2 UmwG[916]) des übertragenden Rechtsträgers angesetzten Werte als Anschaffungskosten im Sinne des § 253 Abs. 1 HGB bucht. Insoweit lassen sich also die übergehenden Wirtschaftsgüter "bis zur Höhe des untergehenden Beteiligungsansatzes" aufstocken ("Modifizierung der strikten Buchwertfortführung durch das Anschaffungswertprinzip"[917]), so dass ein Übernahmeverlust auch dann vermieden werden kann, wenn der Beteiligungsansatz wegen der darin enthaltenen stillen Reserven sowie des Firmenwertes die kumulierten Netto-Buchwerte der übergehenden Wirtschaftsgüter übersteigt. Im übrigen würden ein Übernahmeverlust (oder –gewinn) auf Ebene des übernehmenden Rechtsträgers ohnehin körperschaftsteuerlich (§ 12 Abs. 2 Satz 1 UmwStG) wie gewerbesteuerlich (19 Abs. 1 Satz 1 UmwStG) außer Ansatz bleiben.[918]

Ferner vollzieht auch das Umwandlungssteuerrecht noch den Schritt nach, dass ein (steuerliches) Bewertungswahlrecht zwischen Ansatz des untergehenden Beteiligungsansatzes, der übergehenden kumulierten Netto-Buchwerte oder eines Zwischenwertes und damit die Möglichkeit einer Buchwertaufstockung gewährt werden.

Demgegenüber enthält § 27 UmwG, der die Gläubiger des übernehmenden Rechtsträgers schützt, keine eigene Anspruchsgrundlage: "Anders als § 25 UmwG enthält diese Vorschrift keine eigene Anspruchsgrundlage, sondern knüpft an Ansprüche an, die sich aus anderen, nicht näher genannten Rechtsnormen ergeben. Die Vorschrift ist jedoch weiter gefasst als § 25 UmwG; sie dürfte sich auf jedes pflichtwidrige Verhalten beziehen, welches mit der Verschmelzung im Zusammenhang steht" (Sagasser/Bula/Brünger-Sagasser, Umwandlungen, C Rn. 34 a. E. sowie Lutter-Grunewald, UmwG, § 27 Rn. 2 zu den von § 27 UmwG vorausgesetzten Anspruchsgrundlagen). Die hier § 27 UmwG zugrundeliegende Haftungsnorm ist folglich § 43 Abs. 2 GmbHG.

915 Vgl. a. Otto, H.-J., MBO, 1997, § 26 Rn. 155.

916 Der Stichtag, zu dem die handelsrechtliche Schlussbilanz zu erstellen ist, ist zwar gesetzlich nicht ausdrücklich geregelt, wird aber in der Regel die logische Sekunde vor dem Verschmelzungsstichtag (§ 5 Abs. 1 Nr. 6 UmwG) sein.

917 Jeweils Otto, H.-J., MBO, 1997, § 26 Rn. 151.

918 Sagasser/Bula/Brünger-Sagasser/Pfaar, Umwandlungen, L Rn. 17.

Die Buchwertfortführung ist jedoch nur möglich, sofern sichergestellt ist, dass die in dem übergegangenen Vermögen enthaltenen stillen Reserven später bei der übernehmenden Körperschaft der Körperschaftsteuer unterliegen und eine Gegenleistung nicht gewährt wird oder in Gesellschaftsrechten besteht (§ 11 Abs. 1 Satz 1 UmwStG). Die übertragende Ziel-Gesellschaft kann mithin in ihrer steuerlichen Schlussbilanz die Buchwerte ihrer Wirtschaftsgüter bis auf das von der Erwerber-Gesellschaft im Rahmen des share deal gezahlte Anschaffungskostenniveau aufstocken (§ 11 Abs. 1 Sätze 2 und 3 UmwStG). Jedoch realisiert der Steuerpflichtige im Fall der Buchwertaufstockung einen sowohl körperschaft- (allgemeine Vorschriften) als auch gewerbesteuerpflichtigen (§ 19 Abs. 1 Satz 1 UmwStG) Übertragungsgewinn[919] auf Ebene der Ziel-GmbH, der sich aus der Differenz zwischen dem Ansatz der ursprünglichen Buchwerte und der aufgestockten Teilwerte ergibt.[920] Alternativ kann die übertragende Ziel-GmbH gemäß § 11 Abs. 1 Satz 1 UmwStG zwar auch den Buchwert in ihrer steuerlichen Schlussbilanz ansetzen und so einen Übertragungsgewinn vermeiden. Das führt allerdings dazu, dass auch die zur Erhöhung des cash flow dringend benötigte Buchwertaufstockung wegfällt.

Damit schneidet die Verschmelzung der Ziel- auf die Erwerber-GmbH im Vergleich zum Kombinationsmodell deutlich schlechter ab, da bei letzterem zumindest die Körperschaftsteuerpflichtigkeit des Veräußerungsgewinns auf Ebene der Ziel-GmbH über die ausschüttungsbedingte Teilwertabschreibung neutralisiert werden konnte.
An der Tatsache, dass im Rahmen der Verschmelzung der Ziel- auf die Erwerber-GmbH die Buchwertaufstockung mit einem körperschaft- und gewerbesteuerlichen Übertragungsgewinn auf Ebene der Ziel-GmbH erkauft werden muss, hat sich auch infolge der Unternehmenssteuerreform 2001 nichts geändert. Denn auch wenn der Übertragungsgewinn auf Anteile entfällt, die nach § 8b Abs. 2 KStG n. F. steuerfrei veräußert werden könnten, bleibt es bei der Besteuerung, weil § 8b Abs. 2 KStG n. F. den Übertragungsgewinn nicht regelt und § 11 Abs. 1 UmwStG diesbezüglich auch keine Sonderregelung enthält.[921]

---

919 Sagasser/Bula/Brünger-Sagasser/Pfaar, Umwandlungen, L Rn. 11; Widmann/Mayer-Widmann, Umwandlungsrecht, Bd. 4, UmwStG 1995/Kurzkommentierung Rn. S 375.

920 Otto, H.-J., MBO, 1997, § 26 Rn. 156; Holzapfel, H.-J./Pöllath, R., Unternehmenskauf in Recht und Praxis, 2000, Rn. 329a.

921 So a. Freshfields Bruckhaus Deringer, Unternehmenssteuerreform, NJW-Beilage 51/2000, S. 51 li. Sp. ob.

§ 4 Umwandlungsmodell[922]

Sofern die Ziel-GmbH, die im Rahmen des Umwandlungsmodells formwechselnd in eine Personengesellschaft umgewandelt wird, ein kalenderjahrgleiches Wirtschaftsjahr hat, sind Umwandlungen, die ab dem 1. 1. 2001 vorgenommen werden, nicht mehr nach diesem Modell vollziehbar.[923] Aus diesem Grund wird im Folgenden von einer ausführlicheren Darstellung des Modells abgesehen.

A. Inhalt

Vereinfacht ausgedrückt sollen durch das Umwandlungsmodell[924] die im Rahmen des share deal aufgewandten – als solche nicht abschreibbaren – Anschaffungskosten für Kapitalgesellschaftsanteile über die identitätswahrende Umwandlung der Ziel-GmbH in eine Personengesellschaft in abschreibungsfähige Buchwerte für Wirtschaftsgüter transformiert werden (§ 4 Abs. 6 UmwStG a. F.).
Darüber hinaus erlaubt die Umwandlung der Ziel-GmbH in eine Personengesellschaft auch die Mobilisierung des Körperschaftsteuerguthabens, das gegebenenfalls im verwendbaren Eigenkapital der Ziel-Gesellschaft gespeichert ist ("cash out", § 10 Abs. 1 UmwStG a. F.).

Der handelsrechtliche Ablauf des Umwandlungsmodells ist relativ übersichtlich. Die Erwerber-GmbH sowie eine von dieser zu 100 % gehaltene Tochter-GmbH[925] erwerben zunächst alle Gesellschaftsanteile der Ziel-GmbH. Sodann wird die Ziel-GmbH formwechselnd in eine Personengesellschaft, aus haftungsrechtlichen Erwägungen zumeist eine GmbH & Co. KG, nach
§§ 1 Abs. 1 Nr. 4, 190 ff. UmwG umgewandelt.

---

922 Da es sich auch bei der später noch kurz zu behandelnden Verschmelzung im Rahmen des Verschmelzungsmodells um eine Umwandlung im Sinne des § 1 Abs. 1 UmwG handelt, wäre an sich der Begriff "Formwechselmodell" in Abgrenzung zum "Verschmelzungsmodell" präziser. Da aber der Terminus "Umwandlungsmodell" für die formwechselnde Umwandlung einer Kapitalgesellschaft in eine Personengesellschaft weitaus gebräuchlicher ist, soll es auch hier bei dieser Terminologie bleiben. Vgl. zum Umwandlungsmodell allg. Blumers, W./Marquardt, M., Unternehmenskäufe durch Anteilserwerb nach neuem Umwandlungs(-steuer)recht, DStR 1994, S. 1869 (1870 ff.); Otto, H.-J., MBO, 1997, § 26 Rn. 188 ff.; Fahrholz, B., Neue Formen der Unternehmensfinanzierung, 1998, S. 33 ff.; Herzig, N., Umwandlungsmodell beim Kauf von Anteilen an Kapitalgesellschaften, 2000, S. 163 (171 ff.).

923 Vgl. zur zeitlichen Anwendbarkeit (§ 27 Abs. 1a UmwStG) i. e. C. I. 2. b) (S. 214 ff.).

924 Eine ausführliche Fallstudie zum Umwandlungsmodell gibt Rödder, T., Fallstudie 2: Umwandlungsmodell nach dem Kauf von Kapitalgesellschaftsanteilen, 2000, S. 495 ff.

925 Die zusätzliche Einschaltung eines weiteren Gesellschafters ist notwendig, da die Rechtsform einer Personengesellschaft, in die rechtsformwechselnd umgewandelt wird, per definitionem mindestens zwei Gesellschafter voraussetzt. Vgl. i. ü. bereits Kapitel III. § 2 C. II. 2. e) (S. 127 Fußnote 468).

Steuerrechtlich hat dies folgende Auswirkungen: Da es sich bei den Gesellschaftsanteilen der Ziel-GmbH um nicht abnutzbare Wirtschaftsgüter handelt, ist zunächst eine Transformation des Kaufpreises in aktives Abschreibungsvolumen nicht möglich.
Die Umwandlung richtet sich steuerrechtlich nach den §§ 1 Abs. 3, 14 Satz 1 UmwStG in Verbindung mit §§ 3 ff. UmwStG. Die übertragende Ziel-GmbH hat für steuerliche Zwecke auf den Zeitpunkt, in dem der Formwechsel wirksam wird[926], eine Übertragungsbilanz, die Personengesellschaft eine Eröffnungsbilanz aufzustellen (§ 14 Satz 2 UmwStG). In jener behält sie die Buchwerte ihrer Schlussbilanz bei (§ 3 Satz 1 Alt. 1 UmwStG)[927], so dass ein körperschaft- und gewerbesteuerlicher Übertragungsgewinn auf Ebene der untergehenden Ziel-GmbH vermieden wird (Buchwertfortführung). Über § 4 Abs. 1 UmwStG wird auf Ebene der Personengesellschaft eine Buchwertverknüpfung hergestellt, da die Personengesellschaft verpflichtet wird, die auf sie übergegangenen Wirtschaftsgüter mit dem in der steuerlichen Schlussbilanz der übertragenden Ziel-GmbH enthaltenen Wert zu übernehmen.

Nun wird ermittelt, ob auf Ebene der Personengesellschaft ein Übertragungsgewinn oder –verlust anfällt.[928] Dieser errechnet sich aus der Differenz zwischen der Summe

---

926 Dies ist gemäß § 202 UmwG der Zeitpunkt, in dem die neue Rechtsform in das Handelsregister eingetragen wird.

927 Zwar gibt § 3 UmwStG der übertragenden Körperschaft ein Wahlrecht, in der steuerlichen Schlussbilanz ihre Wirtschaftsgüter mit dem Buchwert, einem Zwischenwert oder dem Teilwert anzusetzen. Allerdings versagt die Finanzverwaltung – entgegen der herrschenden Meinung in der Literatur - mit Verweis auf den Grundsatz der – hier "diagonalen" (denn es geht um die Verknüpfung der Handelsbilanz der übernehmenden Personengesellschaft mit der steuerlichen Schlussbilanz der übertragenden Körperschaft) - Maßgeblichkeit der Handelsbilanz für die Steuerbilanz (§ 5 Abs. 1 EStG) eine derartige Buchwertaufstockung, sofern eine Wertzuschreibung nicht nach handelsrechtlichen Grundsätzen zulässig ist (vgl. krit. Sagasser/Bula/Brünger-Sagasser/Pfaar, Umwandlungen, L Rn. 76; allg. zum Maßgeblichkeitsgrundsatz: Loritz, K.-G., Einkommensteuerrecht, 1988, Rn. 765 ff.). Diese Pflicht zur Buchwertfortführung in der steuerlichen Übertragungsbilanz schreiben Tz. 14.02 und 14.03 UmwSt-Erlass ausdrücklich fest. Allerdings ist in jüngster Zeit durch den Beschluss des FG München vom 5. 10. 2000 in diese Streitfrage wieder Bewegung gekommen, da das FG unter Verweis auf die Nichtanwendbarkeit des Maßgeblichkeitsgrundsatzes für den Fall, dass ausschließlich das Steuerrecht, nicht aber das Handelsrecht ein Bewertungswahlrecht einräumt, dem Steuerpflichtigen ein entsprechendes vom Umwandlungssteuerrecht vorgesehenes Bewertungswahlrecht zugestanden hat. Jedoch betraf die Entscheidung die Umwandlung einer Personen- in eine Kapitalgesellschaft (§§ 25, 20 UmwStG). Eine entsprechende Entscheidung des BFH steht derzeit noch aus. Vgl. dazu Kilger, H., Durchbrechung des Maßgeblichkeitsgrundsatzes bei der formwechselnden Umwandlung von einer Personenhandelsgesellschaft in eine Kapitalgesellschaft, DB 2001, S. 230; allg. Kort, M., Der Maßgeblichkeitsgrundsatz des § 5 Abs. 1 EStG – Plädoyer für dessen Aufgabe, FR 2001, S. 53 ff.; Kußmaul, H./Klein, N., Überlegungen zum Maßgeblichkeitsprinzip, DStR 2001, S. 546 ff.

928 Vgl. zu dieser Berechnung a. Tz. 04.10 UmwSt.-Erlass.

der Buchwerte der übergehenden Wirtschaftsgüter und dem steuerlich relevanten Buchwert der untergehenden Anteile der Ziel-GmbH (§ 4 Abs. 4 UmwStG).[929] Da über den Kaufpreis im Rahmen des share deal nicht nur die Buchwerte der ursprünglichen Ziel-GmbH, sondern auch deren stille Reserven sowie ein etwaiger Firmenwert abgegolten wurden, wird der Wert der untergehenden Beteiligung typischerweise höher sein und ein Übernahmeverlust auf Ebene der Personengesellschaft entstehen. Grundsätzlich wird dabei der Übernahmeverlust für jeden Gesellschafter getrennt auf Grund der für ihn maßgebenden Einlagewerte errechnet. Der Übernahmeverlust verringert sich um die nach § 10 Abs. 1 UmwStG a. F. anzurechnende Körperschaftsteuer sowie um einen etwaigen Sperrbetrag im Sinne des § 50c EStG a. F. (§ 4 Abs. 5 UmwStG a. F.[930]). Die Realisierung des in den Kapitalgesellschaftsanteilen gespeicherten Körperschaftsteuerguthabens erfolgt im Rahmen des Umwandlungsmodells also "in einem einstufigen Entlastungsverfahren, das den cash out gewährleistet"[931] (§§ 4 Abs. 5, 10 Abs. 1 UmwStG a. F.[932]).
Mit Realisierung des Übernahmeverlustes ist das eigentliche Ziel, der step up im Sinne von § 4 Abs. 6 UmwStG a. F., erreicht, und die (Buch-)Wertansätze der übergegangenen Wirtschaftsgüter nach § 4 Abs. 1 UmwStG sind in der Bilanz der Personengesellschaft einschließlich der Ergänzungsbilanzen für die Erwerber-GmbH und die Tochter-GmbH als Gesellschafter aufzustocken (§ 4 Abs. 6 Satz 1 UmwStG n. F.). Der in den steuerrechtlichen Ergänzungsbilanzen[933] der Personengesellschaft ausgeworfene Übernahmeverlust der Personengesellschafter wird durch die auf die

929 § 4 Abs. 4 Satz 1 UmwStG geht von dem – in der Konstellation des Spin-Off-MBO gegebenen – Fall aus, dass sämtliche Anteile an der übertragenden Ziel-GmbH nun zum Betriebsvermögen der übernehmenden Personengesellschaft gehören. Es muss also nicht auf die Einlage- und Übertragungsfiktionen des § 5 Abs. 2 bis 4 UmwStG zurückgegriffen werden. Vgl. dazu a. Widmann/Mayer-Widmann, Umwandlungsrecht, Bd. 4, § 4 UmwStG Rn. 3.

930 Gemeint ist hier die Fassung ab dem 6. 8. 1997 (neugef. durch Gesetz vom 29. 10. 1997 (BGBl. I 1997, S. 2590)).

931 Herzig, N., Umwandlungsmodell beim Kauf von Anteilen an Kapitalgesellschaften, 2000, S. 163 (172).

932 Gemeint ist die Fassung ab dem 6. 8. 1997 (neugef. durch Gesetz vom 29. 10. 1997 (BGBl. I 1997, S. 2590)).

933 Vgl. Sagasser/Bula/Brünger-Sagasser/Pfaar, Umwandlungen, 2000, L Rn. 91 a. E.; Thiel, J./Eversberg, H./Lishaut, I. van/Neumann, S., Der Umwandlungssteuer-Erlaß 1998, GmbHR 1998, S. 397 (406 li. Sp.).

untergehende Beteiligung an der Ziel-GmbH entfallenden stillen Reserven[934] über die Aufstockung nach § 4 Abs. 6 UmwStG a. F. voll ausgeglichen.[935]
Damit ist im Endeffekt das in den ehemaligen Gesellschaftsanteilen der Ziel-GmbH ungenutzt eingeschlossene Abschreibungspotential steuerneutral in aktives Abschreibungsvolumen auf der Ebene der Erwerber-GmbH und Tochter-GmbH als Gesellschafter[936] der neue entstandenen Personengesellschaft transformiert worden.

Getrübt wird dieses Ergebnis jedoch durch den über § 1 Abs. 3 UmwStG anwendbaren, im Rahmen des Steuerentlastungsgesetzes 1999/2000/2002 eingeführten § 18 Abs. 2 UmwStG n. F., wonach ein Übernahmeverlust seit dem 1. 1. 1999 gewerbesteuerlich nicht mehr zu erfassen ist (Satz 1) und eine Aufstockung der Buchwerte nach § 4 Abs. 6 UmwStG a. F. in gewerbesteuerlicher Hinsicht nicht stattfindet (Satz 2).[937] Dies führt dazu, dass "für Zwecke der Gewerbesteuer eine getrennte Gewinnermittlung durchzuführen ist."[938]

B. Bewertung aus Sicht der veräußernden Konzernobergesellschaft

Die Bewertung aus Sicht der veräußernden Konzernobergesellschaft wirft keine besonderen Schwierigkeiten auf. Wie beim Kombinationsmodell wird auch im Rahmen des Umwandlungsmodells die vom Erwerber intendierte Buchwertaufstockung trotz share deal auf post-akquisitorischem Wege ohne weitere Beteiligung des Veräuße-

---

934 Die genaue, stufenweise Aufstockung regelt § 4 Abs. 6 UmwStG a. F. Danach ist ein verbleibender Übernahmeverlust zunächst um die stillen Reserven in den bilanzierten Wirtschaftsgütern, dann um solche in immateriellen Wirtschaftsgütern und schließlich um einen Aktivposten in Höhe des etwaig noch verbleibenden Betrages aufzustocken. Vgl. a. das übersichtliche Schema bei Widmann/Mayer-Widmann, Umwandlungsrecht, Bd. 4, § 4 UmwStG Rn. 2 sowie Sagasser/Bula/Brünger-Sagasser/Pfaar, Umwandlungen, 2000, L Rn. 92 ff.; Rödder, T., Fallstudie 2: Umwandlungsmodell nach dem Kauf von Kapitalgesellschaftsanteilen, 2000, S. 495 (512 f.) und Herzig, N., Umwandlungsmodell beim Kauf von Anteilen an Kapitalgesellschaften, 2000, S. 163 (188 ff.).

935 Vgl. dazu das Beispiel bei Widmann/Mayer-Widmann, Umwandlungsrecht, Bd. 4, § 4 UmwStG Rn. 59, das sich hinsichtlich der Ergänzungsbilanz von Gesellschafter E auf den vorliegenden Fall übertragen lässt.

936 Die Personengesellschaft unterliegt weder der Einkommen- noch der Körperschaftsteuer, sondern ist nach der Einheitstheorie lediglich Subjekt der Einkünfteermittlung. Vgl. Loritz, K.-G., Einkommensteuerrecht, 1988, Rn. 210 f.; Blümich-Stuhrmann, EStG/KStG/GewStG, Bd. 2, § 15 EStG Rn. 441 ff.; Schmidt-Schmidt, EStG, § 15 Rn. 163 ff. m. w. Nachw.

937 Vgl. a. Endres, D., Kombinations-, Mitunternehmerschafts- und Umwandlungsmodell im Vergleich, 2000, S. 197 (S. 211 Fußnote 27).

938 Endres, D., Kombinations-, Mitunternehmerschafts- und Umwandlungsmodell im Vergleich, 2000, S. 197 (211).

rers erreicht. Für den Veräußerer stellt sich das Umwandlungsmodell mithin als reiner share deal dar.[939]

C. Bewertung aus Sicht des Erwerbers

I. Steuerliche Perspektive

Diffiziler fällt die Bewertung des Umwandlungsmodells aus der Perspektive der Erwerber-Gesellschaften aus. Hier ist strikt zwischen der Rechtslage vor und nach dem Steuersenkungsgesetz zu trennen.

1. Rechtslage vor dem Steuersenkungsgesetz

Auf Grund der gleichen Zielsetzung bietet es sich an, die Effizienz des Umwandlungsmodells vor dem Hintergrund des Kombinations- bzw. des Mitunternehmermodells zu bewerten.
Das Umwandlungsmodell hat gegenüber dem Kombinations- und Mitunternehmermodell den nicht unbeträchtlichen Vorteil, keine (vorübergehenden) Liquiditätsbelastungen auszulösen, da keine Gewinne ausgeschüttet werden, die zur Belastung mit Kapitalertragsteuer und der körperschaftsteuerlichen Ausschüttungsbelastung führen. Diese Nachteile erspart der spezielle umwandlungsrechtliche "Entlastungsmechanismus" des § 10 Abs. 1 UmwStG a. F.[940]
Ferner vermeidet das Umwandlungsmodell die drohende Teilwertzuschreibung[941] auf Grund einer Werterholung der Beteiligung nach § 6 Abs. 1 Nr. 1 Satz 4, Abs. 1 Nr. 2 Satz 3 EStG mit ihren nachteiligen steuerlichen Konsequenzen, die allerdings im Bereich des Spin-Off-MBO regelmäßig nicht zu befürchten ist.
Weiter erlaubt es das Umwandlungsmodell, da der step up nach § 4 Abs. 6 UmwStG a. F. in den Ergänzungsbilanzen der Personengesellschaft erfolgt[942], trotz der Mehrabschreibungen aus der Buchwertaufstockung das handelsbilanzielle Ergebnis nicht belasten zu müssen.[943]
Zwar wirken sich Sperrbeträge im Sinne von § 50c EStG a. F. ebenfalls negativ aus, indem sie das Volumen des Übernahmeverlustes und damit der Buchwertaufstockung schmälern, jedoch fällt keine quotal den § 50c EStG-behafteten Anteilen zu-

---

939 Vgl. dazu Kapitel IV § 2 B. (S. 152 ff.).

940 Herzig, N., Umwandlungsmodell beim Kauf von Anteilen an Kapitalgesellschaften, 2000, S. 163 (174).

941 Vgl. Beck'scher Bilanz-Kommentar-Hoyos/Schramm/Ring, § 253 Rn. 12 c f. sowie ausführlich Rn. 450 ff.

942 Herzig, N., Umwandlungsmodell beim Kauf von Anteilen an Kapitalgesellschaften, 2000, S. 163 (175); Endres, D., Kombinations-, Mitunternehmerschafts- und Umwandlungsmodell im Vergleich, 2000, S. 197, (211 m. Übersicht).

943 Herzig, N., Umwandlungsmodell beim Kauf von Anteilen an Kapitalgesellschaften, 2000, S. 163 (175).

zurechnende Belastung des Veräußerungsgewinns mit Körperschaft- und Gewerbesteuer an wie beim internen asset deal des Kombinationsmodells.[944]

Nachteilig ist hingegen die Versagung der gewerbesteuerlichen Nutzung des Übernahmeverlustes auf Grund § 18 Abs. 2 UmwStG n. F. Diese Einschränkung wiegt sogar schwerer als die im Kombinationsmodell gegebene definitive Belastung des Veräußerungsgewinns aus dem internen asset deal mit Gewerbesteuer, die partiell durch die infolge des Veräußerungsvorgangs gewonnenen Abschreibungen wieder ausgeglichen wird. Denn das gewerbesteuerliche Aufstockungsverbot lässt die fiktiv in die Personengesellschaft eingelegten Kapitalgesellschaftsanteile mit den in ihnen gespeicherten Anschaffungskosten gewerbesteuerlich definitiv und ohne die Möglichkeit einer zumindest zeitversetzten Abschreibung ersatzlos untergehen. Diese gewerbesteuerliche Mehrbelastung wird allerdings erst bei der Realisierung der in den übertragenen Wirtschaftsgütern enthaltenen stillen Reserven, denen gewerbesteuerlich kein entsprechender Abschreibungsaufwand gegenübersteht, definitiv.[945]
"Als weiterer Nachteil des Umwandlungsmodells ist festzuhalten, daß Leistungsvergütungen an Gesellschafter wegen § 15 Abs. 1 Nr. 2 EStG nach Umwandlung nicht mehr mit steuerlicher Wirkung geltend gemacht werden können. Dies gilt auch für Zuführungen zu Pensionsrückstellungen für Gesellschafter-Geschäftsführer, die ab dem Zeitpunkt der Umwandlung nicht mehr mit steuerlicher Wirkung vorgenommen werden können."[946]
Ein Risiko hinsichtlich des Verdikts des Gestaltungsmissbrauchs nach § 42 AO kann sich nur dann ergeben, wenn der formwechselnden Umwandlung in die Personengesellschaft zeitnah die Rückumwandlung in eine Kapitalgesellschaft folgt.[947]

2. Rechtslage nach dem Steuersenkungsgesetz

a) § 4 Abs. 6 UmwStG n. F.

Sedes materiae für das künftige Leerlaufen der steuerlichen Vorzüge des Umwandlungsmodells ist § 4 Abs. 6 UmwStG n. F., wonach ein Übernahmeverlust außer Ansatz bleibt. Damit hat der Gesetzgeber einen für den Steuerpflichtigen ungünstigen und teilweise auch ungerechten[948] Gleichlauf mit dem gewerbesteuerlichen Aufsto-

---

944 Vgl. dazu Otto, H.-J., MBO, 1997, § 26 Rn. 187.

945 Vgl. dazu a. Herzig, N., Umwandlungsmodell beim Kauf von Anteilen an Kapitalgesellschaften, 2000, S. 163 (176 f.).

946 Herzig, N., Umwandlungsmodell beim Kauf von Anteilen an Kapitalgesellschaften, 2000, S. 163 (178).

947 Herzig, N., Umwandlungsmodell beim Kauf von Anteilen an Kapitalgesellschaften, 2000, S. 163 (176); Endres, D., Kombinations-, Mitunternehmerschafts- und Umwandlungsmodell im Vergleich, 2000, S. 197 (211).

948 Vgl. zur Kritik die folgenden Ausführungen.

ckungsverbot des § 18 Abs. 2 UmwStG n. F. nun auch auf körperschaftsteuerlicher Ebene bewirkt.
Auf das Umwandlungsmodell als Gestaltungsinstrument kann daher nicht mehr zurückgegriffen werden.[949]
Die Neuregelung ist inhaltlich erheblicher Kritik ausgesetzt.[950] Die Kritik geht in die gleiche Stossrichtung, die bereits bei Einführung des § 18 Abs. 2 UmwStG n. F. eine Rolle spielte.[951] Ein Übernahmeverlust im Sinne von § 4 Abs. 4 UmwStG ist die Folge davon, dass im Buchwert der Beteiligung zusätzlich stille Reserven sowie der Firmenwert gespeichert sind, die über den Kaufpreis mitabgegolten werden. Die Versagung einer Geltendmachung dieses Übernahmeverlustes führt nun dazu, dass der Erwerber bei einer späteren Veräußerung die stillen Reserven und den Firmenwert versteuern muss, obwohl diese Posten bereits über den Kaufpreis mitbezahlt worden sind.[952]
Allerdings ist einzuräumen, dass die Regelung des § 4 Abs. 6 UmwStG n. F. im Kern systemkonform ist[953], jedoch in weiten Teilbereichen über das steuersystema-

---

949 Vgl. dazu Pung, A., Steuersenkungsgesetz: Änderungen des UmwStG, DB 2000, S. 1835 (1835); Roos, R./Annuß, M., Steuerliche Gestaltung des Unternehmenskaufs durch das Mitunternehmerschaftsmodell – Eine Vorteilhaftigkeitsanalyse, DStR 2000, S. 954 (956); Haritz, D./Wisniewski, T., Das Ende des Umwandlungsmodells, GmbHR 2000, S. 161 (162); Haritz, D./Wisniewski, T., Das Umwandlungssteuerrecht nach Verabschiedung der Unternehmenssteuerreform, GmbHR 2000, S. 789 (790); Haritz, D./Slabon, G., Unternehmenssteuerreform: Übergangsregelungen bis in das Jahr 2002, GmbHR 2000, S. 593 (595); Förster, G./Lishaut, I. van, Steuerliche Folgen der Umwandlung einer Kapitalgesellschaft in ein Personenunternehmen nach neuem recht, FR 2000, S. 1189 (1193 f.); Thiel, J., Unternehmenssteuerreform: Auswirkungen auf das Umwandlungssteuerrecht, FR 2000, S. 493 (495 f.); Kessler, W./Schmidt, W., Steuersenkungsgesetz: Umwandlung von Kapital- in Personengesellschaften (Erwerberfall), DB 2000, S. 2088 (2090 f.); Rödder, T./Schumacher, A., Unternehmenssteuerreform 2001 – Eine erste Analyse des Regierungsentwurfs aus Beratersicht, DStR 2000, S. 353 (367); Rödder, T./Schumacher, A., Unternehmenssteuerreform 2001: Wesentliche Änderungen, DStR 2000, S. 1453 (1458).

950 Vgl. nur Förster, G./Lishaut, I. van, Steuerliche Folgen der Umwandlung einer Kapitalgesellschaft in ein Personenunternehmen nach neuem Recht, FR 2000, S. 1189 (1193 f.); Kessler, W./Schmidt, W., Steuersenkungsgesetz: Umwandlung von Kapital- in Personengesellschaften (Erwerberfall), DB 2000, S. 2088 (2091); Stegner, A./Heinz, C., Übernahmeverlust bei der Umwandlung einer Kapitalgesellschaft in ein Personenunternehmen, GmbHR 2001, S. 54 (59 f.).

951 Vgl. ob. Kapitel V § 4 C. I. 1. (S. 237 ff.).

952 Vgl. das Beispiel 5 bei Förster, G./Lishaut, I. van, Steuerliche Folgen der Umwandlung einer Kapitalgesellschaft in ein Personenunternehmen nach neuem Recht, FR 2000, S. 1189 (1193).

953 Vgl. die ausweislich der Gesetzesbegründung zu verhindernde Gestaltung: BT-Drs. 14/2683 Zu § 4 Abs. 5 (sic!) UmwStG.

tisch Veranlasste hinausschießt.[954] An sich sollte § 4 Abs. 6 UmwStG n. F. lediglich sicherstellen, dass "nach Maßgabe des neuen Körperschaftsteuersystems jede in einer Kapitalgesellschaft gebildete stille Reserve im Zeitpunkt ihrer Realisation einmal einer definitiven Körperschaftsteuer und Gewerbesteuer und dann bei Weiterausschüttung des realisierten Gewinns auf Ebene des Gesellschafters einmal der Halbeinkünfte-Einkommensteuer unterliegen soll." [955]

Allerdings wird über § 4 Abs. 6 UmwStG n. F. nicht allein dieser Grundsatz sichergestellt, sondern es werden – überschießend – auch Fälle erfasst, in denen das obige Ziel bereits verwirklicht wurde, wie z. B. in den vielfältigen und weit gefassten Konstellationen des § 8b Abs. 4 KStG n. F., in denen der Veräußerungsgewinn nicht steuerbefreit, sondern voll steuerpflichtig bleibt.

Ferner ist auch zu berücksichtigen, dass, ausgehend von der Ausgangskonstellation auf den Seiten 206 ff., die stillen Reserven, die über den Kaufpreis mitbezahlt wurden, beim Veräußerer nach dem Halbeinkünfteverfahren versteuert werden und später noch einmal vom Veräußerer der Anteile im Zeitpunkt der Realisation der Besteuerung unterliegen, was im Ergebnis auf eine "Eineinhalbfachbesteuerung" hinausläuft.[956] Der Gesetzgeber hätte in derartigen Fällen daher nicht den gesamten Übernahmeverlust als steuerlich verloren erklären dürfen, sondern die Berücksichtigung auf die Hälfte des Verlustes beschränken müssen, um zu einer systemgerechten Lösung zu gelangen.[957]

954 So die einschränkende Kritik insb. von Kessler, W./Schmidt, W., Steuersenkungsgesetz: Umwandlung von Kapital- in Personengesellschaften (Erwerberfall), DB 2000, S. 2088 (2091); Schaumburg/Rödder-Rödder, Unternehmenssteuerreform 2001, 2000, S. 684 f. *Kessler/Schmidt* weisen ferner darauf hin, dass aus "Sicht der Unternehmensbewertung (...) § 4 Abs. 6 UmwStG (n. F.; Anm. des Verf.) dazu (führt), dass der für die Anteile maximal erlösbare Veräußerungspreis sinkt, da die auf den stillen Reserven lastende Definitivsteuer (GewSt, KSt) c. p. ansteigt." (Kessler, W./Schmidt, W., Steuersenkungsgesetz: Umwandlung von Kapital- in Personengesellschaften (Erwerberfall), DB 2000, S. 2088 (2091).

955 Schaumburg/Rödder-Rödder, Unternehmenssteuerreform 2001, 2000, S. 684.

956 Vgl. Förster, G./Lishaut, I. van, Steuerliche Folgen der Umwandlung einer Kapitalgesellschaft in ein Personenunternehmen nach neuem Recht, FR 2000, S. 1189 (1193 f.). *Stegner/Heinz* sehen in der Neuregelung des § 4 Abs. 6 UmwStG in der Konstellation, in der der Übernahmeverlust aus stillen Reserven resultiert, die über die Anschaffungskosten abgegolten wurden, einen Verstoß gegen das Prinzip der Einmalbesteuerung, das Nettoprinzip (Prinzip der objektiven Leistungsfähigkeit) und das Neutralitätsprinzip (Stegner, A./Heinz, C., Übernahmeverlust bei der Umwandlung einer Kapitalgesellschaft in ein Personenunternehmen, GmbHR 2001, S. 54 (60 li. Sp.)).

957 Vgl. ebso. Oppenhoff & Rädler-Willibald/Schaflitzl, Unternehmensbesteuerung, 2000, S. 345.

b) Zeitliche Anwendbarkeit der Neuregelungen des Umwandlungssteuerrechts
Die Regelung der zeitlichen Anwendbarkeit der durch das Steuersenkungsgesetz im Umwandlungssteuergesetz neu gefassten Normen in § 27 Abs. 1a UmwStG n. F. wird überwiegend als völlig missglückt angesehen.[958]

Zunächst ist von § 27 Abs. 1a Satz 1 UmwStG n. F. auszugehen: Die Vorschriften der Neufassung des Umwandlungssteuergesetzes sind danach erstmals auf Umwandlungen anwendbar, bei denen der steuerliche Übertragungsstichtag in dem ersten Wirtschaftsjahr der übertragenden Körperschaft liegt, für das das neue Körperschaftsteuergesetz erstmals anzuwenden ist. Dabei ist der steuerliche Übertragungsstichtag, der in § 2 Abs. 1 Satz 1 UmwStG legal definiert ist, nicht mit dem handelsrechtlichen Umwandlungsstichtag[959] identisch[960], sondern bezeichnet den Tag, auf den der übertragende Rechtsträger eine Schlussbilanz aufzustellen hat.[961] Liegt also dieser Tag in dem Wirtschaftsjahr der *übertragenden* Körperschaft, auf das gemäß § 34 Abs. 1 und 1a KStG n. F. erstmals das neue Körperschaftsteuergesetz anzuwenden ist, so gelten zugleich die Neuregelungen des Umwandlungssteuerrechts. Bei kalenderjahrgleichem Wirtschaftsjahr der übertragenden Körperschaft gilt also das UmwStG n. F. erstmals für steuerliche Übertragungsstichtage, die in das Jahr 2001 fallen. Sofern das Wirtschaftsjahr nicht mit dem Kalenderjahr übereinstimmt, greifen die Vorschriften entsprechend später.[962] Wegen des Zusammenspiels des § 27 Abs. 1a Satz 1 UmwStG n. F. mit der zeitlichen Anwendungsvorschrift des § 34 Abs. 1, 1a KStG n. F. ergeben sich auch im Zusammenhang mit der zeitlichen Anwendbarkeit des neuen Umwandlungssteuerrechts die gleichen Gestaltungsmöglichkeiten wie im neuen Körperschaftsteuerrecht. Insofern sind insbesondere Konstruktionen attraktiv, die die zeitliche Anwendbarkeit des § 4 Abs. 6 UmwStG n. F. hinauszögern.[963]

---

958 Vgl. zur Kritik an § 27 Abs. 1a UmwStG nur: Haritz, D./Wisniewski, T., Das Umwandlungssteuerrecht nach Verabschiedung der Unternehmenssteuerreform, GmbHR 2000, S. 789 (791 f.) (die Autoren sprechen – wohl nicht zu Unrecht - von "Rechtsesoterik" (S. 792)); Pung, A., Steuersenkungsgesetz: Änderungen des UmwStG, DB 2000, S. 1835 (1838 f.); Förster, G., Steuerliche Folgen der Umwandlung einer Kapitalgesellschaft in ein Personenunternehmen nach neuem Recht, FR 2000, S. 1189 (1195 ff.); Oppenhoff & Rädler-Willibald/Schaflitzl, Unternehmensbesteuerung, 2000, S. 346 f.; Schaumburg/Rödder-Rödder, Unternehmenssteuerreform 2001, 2000, S. 701 f.; Kreisch, B./Kahl, I., § 27 Abs. 1a Satz 2 UmwStG n. F. – Rechtsunsicherheit durch eine "zeitliche Anwendungsregel", DB 2001, S. 727 ff.

959 Tz. 02.02 Satz 1 UmwSt-Erlass.

960 Tz. 02.01 UmwSt-Erlass.

961 Tz. 02.02 Satz 2 UmwSt-Erlass.

962 Läuft das Wirtschaftsjahr der übertragenden Körperschaft etwa vom 1. 7. bis zum 30. 6., so greifen die Neuregelungen für steuerliche Übertragungsstichtage ab dem 1. 7. 2001.

963 Vgl. insb. Orth, M., Steuersenkungsgesetz: Umstellung des Wirtschaftsjahres als Gestaltungsmöglichkeit, DB 2000, S. 2136 (2137 li. Sp.).

Legt man beim Spin-Off-MBO auf der Ebene der übertragenden Ziel-GmbH ein kalenderjahrgleiches Wirtschaftsjahr zugrunde, ist ein gemäß § 4 Abs. 6 UmwStG a. F. noch gewährter "Step Up" ab dem 1. 1. 2001 nicht mehr realisierbar. Ordnet man die Vorschrift des § 4 Abs. 6 UmwStG a. F. richtigerweise als Vorschrift ein, die den Unternehmenskauf – in seiner post-akquisitorischen Phase – regelt, so kann es wegen der ein Jahr nach hinten zeitversetzten Anwendbarkeit des § 8b Abs. 2 KStG n. F. zu extrem unbilligen Ergebnissen kommen. Denn die Erwerber-GmbHs die eine Ziel-GmbH mit kalenderjahrgleichem Wirtschaftsjahr erwerben, können diese ab 1. 1. 2001 nicht mehr unter Ausnutzung von § 4 Abs. 6 KStG a. F. umwandeln, obwohl zu diesem Zeitpunkt die veräußernde Konzernobergesellschaft im Rahmen des share deal den Kaufpreis noch nicht steuerfrei vereinnahmen kann, da § 8b Abs. 2 KStG n. F. wegen § 34 Abs. 6d Satz 1 Nr. 2 KStG n. F. in dieser Konstellation erst ab dem 1. 1. 2002 anwendbar ist.
Im Ergebnis läuft dies auf eine steuerliche Doppelbelastung von Veräußerer und Erwerber hinaus, die durch eine Asymmetrie in der zeitlichen Anwendbarkeit verursacht wird, mit anderen Worten, das neue Umwandlungsgesetz ist ein Jahr zu früh anwendbar.[964]

Hauptpunkt der Kritik ist jedoch die in rechtsdogmatischer wie sprachlicher Hinsicht vollkommen verquere Regelung des § 27 Abs. 1a Satz 2 UmwStG, der an sich lediglich einen missbräuchlichen Wechsel vom neuen zum (günstigeren) alten Recht durch rückwirkende Umwandlungen verhindern will.[965] Bereits die Formulierung "Rechtsakt im Sinne des Umwandlungssteuergesetzes", der mit steuerlicher Wirkung belegt ist, geht fehl, weil es nur *Rechtsakte* im Sinne des (handelsrechtlichen) Umwandlungsgesetzes gibt.[966] Ferner wurde von Anfang an kritisiert[967], dass es nicht sachgerecht sei, die Anwendbarkeit des neuen Rechts vom Rechtsakt der Eintragung der Umwandlung im Handelsregister abhängig zu machen, da dieser Zeitpunkt von der vom Steuerpflichtigen nicht beeinflussbaren Bearbeitungszeit des Registergerichts abhängt. Dies hatte zur Folge, dass die Neuregelungen auch solche Fälle er-

---

964 Zur Kritik vgl. Pung, A., Steuersenkungsgesetz: Änderungen des UmwStG, DB 2000, S. 1835 (1838); Förster, G., Steuerliche Folgen der Umwandlung einer Kapitalgesellschaft in ein Personenunternehmen nach neuem Recht, FR 2000, S. 1189 (1195); Rödder, T./Schumacher, A., Unternehmenssteuerreform 2001: Wesentliche Änderungen, DStR 2000, S. 1453 (1458); Schaumburg/Rödder-Rödder, Unternehmenssteuerreform 2001, 2000, S. 701 f.

965 Vgl. die Begründung des Vermittlungsausschusses, BT-Drs. 14/3760.

966 Förster, G., Steuerliche Folgen der Umwandlung einer Kapitalgesellschaft in ein Personenunternehmen nach neuem Recht, FR 2000, S. 1189 (1195); Kreisch, B./Kahl, I., § 27 Abs. 1a Satz 2 UmwStG n. F. – Rechtsunsicherheit durch eine "zeitliche Anwendungsregel", DB 2001, S. 727 (727).

967 Pung, A., Steuersenkungsgesetz: Änderungen des UmwStG, DB 2000, S. 1835 (1836); Förster, G., Steuerliche Folgen der Umwandlung einer Kapitalgesellschaft in ein Personenunternehmen nach neuem Recht, FR 2000, S. 1189 (1195 f.).

fasst haben, in denen zwar der steuerliche Übertragungsstichtag, die Umwandlungsbeschlüsse und auch die Anmeldungen zum Handelsregister vor dem Systemwechsel erfolgten, jedoch der Handelsregistereintrag mit der Wirkung des § 202 UmwG erst nach Inkrafttreten des neuen Umwandlungssteuerrechts vom Registerrichter vorgenommen wurde.
Auf die Kritik hat das BMF mit Schreiben vom 17. 11. 2000[968] mittlerweile reagiert: "§ 27 Abs. 1a Satz 2 UmwStG ist auf übereinstimmenden Antrag aller an der Umwandlung Beteiligten[969] aus Billigkeitsgründen nicht anzuwenden, wenn lediglich die Eintragung im Register in dem ersten Wirtschaftsjahr der übertragenden Körperschaft erfolgt, für das das KStG in der Fassung des Artikels 3 des StSenkG erstmals anzuwenden ist."[970]
Auf die vielen weiteren Ungereimtheiten der zeitlichen Anwendungsregel, die bei wortlautgetreuer Umsetzung zugleich erhebliche materielle Auswirkungen[971] hätten, wird an dieser Stelle nicht eingegangen.[972]

II. Gesellschaftsrechtliche Perspektive

In gesellschaftsrechtlicher Hinsicht[973] kann sich die umwandlungsrechtlich notwendige formwechselnde Umwandlung der nur mit dem Gesellschaftsvermögen haftenden (§ 13 Abs. 2 GmbHG) Ziel-GmbH in eine Personengesellschaft, in der die Gesellschafter persönlich mit ihrem gesamten Vermögen haften, als unerwünscht darstellen. Allerdings wird dieser Nachteil dadurch relativiert, dass unabhängig von der konkreten Ausgestaltung der entstehenden Personengesellschaft die Gesellschafter der Erwerber-GmbHs durch diese haftungsrechtlich abgeschirmt werden.[974]

Ferner werden die von der formwechselnden Umwandlung betroffenen Gläubiger des untergehenden Rechtsträgers, das heißt, der Ziel-GmbH, durch die Gläubigerschutzvorschrift des

---

968 BMF, DB 2000, S. 2452 = DStR 2000, S. 2087.

969 Die OFD fasst darunter die übertragende Kapitalgesellschaft, deren Anteilseigner sowie die übernehmende Gesellschaft (vgl. OFD Koblenz, Verfügung vom 11. 12. 2000, DB 2001, S. 70).

970 So schon der Vorschlag von *Rödder* (Schaumburg/Rödder-Rödder, Unternehmenssteuerreform 2001, 2000, S. 701).

971 Siehe dazu insb. Kreisch, B./Kahl, I., § 27 Abs. 1a Satz 2 UmwStG n. F. – Rechtsunsicherheit durch eine "zeitliche Anwendungsregel", DB 2001, S. 727 ff.

972 Vgl. dazu die o. g. Literaturhinweise (Fußnote 958, S. 241).

973 Zum Verfahren des Formwechsels vgl. Rödder, T., Fallstudie 2: Umwandlungsmodell nach dem Kauf von Kapitalgesellschaftsanteilen, 2000, S. 495 (499 ff. m. Beispiel eines Umwandlungsbeschlusses (S. 502 ff.)).

974 Vgl. ausführlicher Otto, H.-J., MBO, 1997, § 26 Rn. 189 ff.

§ 22 UmwG, die über § 204 UmwG Anwendung findet, sowie die etwaige Schadensersatzverpflichtung der beteiligten Verwaltungsträger nach §§ 205, 25 UmwG geschützt.

Schließlich sind nach herrschender Ansicht in Literatur und Rechtsprechung auch die GmbH-rechtlichen Kapitalerhaltungsvorschriften eingeschränkt anwendbar, wenn es sich bei dem Rechtsträger neuer Form – wie häufig – um eine GmbH & Co. KG handelt.[975] Im Hinblick auf die dann denkbaren Problemkonstellationen ist auch auf die Ausführungen zum share deal zu verweisen.[976]

III. Bewertung

Bei einer Bewertung des Umwandlungsmodells aus Erwerbersicht ist streng zwischen der Rechtslage vor und nach dem Steuersenkungsgesetz zu differenzieren. Vor der Unternehmenssteuerreform 2001 hat das Umwandlungsmodell erhebliche Vorteile geboten, da es auf Grund einer relativ kostengünstigen und in ihrer Durchführung – gerade im Vergleich zum komplizierten internen asset deal – recht unkomplizierten Vorgehensweise eine sowohl körperschaft- als auch gewerbesteuerlich neutrale Transformation des Kaufpreises in aktives Abschreibungssubstrat ermöglichte. Liquiditätsbelastungen wurden dabei auf Grund des umwandlungssteuerlichen Entlastungsmechanismus des § 10 Abs. 1 UmwStG a. F. (cash out) vermieden. Gegenüber dem Kombinationsmodell ist das Umwandlungsmodell ein streng formalisierter Rechtsakt mit gesetzlich vorgegebenem Verfahren und angeordneter Gesamtrechtsnachfolge, so dass die post-akquisitorische Gestaltung weniger fehleranfällig und die Gefahr, dass einzelne Wirtschaftsgüter "verloren gehen", geringer sind.[977] Schließlich erlaubt das Umwandlungsmodell über die §§ 17 Abs. 2 UmwG in Verbindung mit § 2 UmwStG, dass die Umwandlung und damit die Buchwertaufstockung steuerlich auf einen bis zu acht Monate zurückliegenden Zeitpunkt zurückbezogen werden[978], was dem Erwerber insbesondere einen größeren zeitlichen Spielraum lässt.[979]

---

975 Vgl. dazu ausführlich: Baumbach/Hueck-Hueck/Fastrich, GmbHG, § 30 Rn. 22 ff.; Lutter/Hommelhoff, GmbHG, § 30 Rn. 41 ff.; Scholz-Westermann, GmbHG, § 30 Rn. 38 ff.; Rowedder-Rowedder, GmbHG, § 30 Rn. 41 ff.; Hunschka, A., Die Anwendung der § 30 Abs. 1, 31 GmbHG auf Zahlungen der GmbH & Co. KG an ihre Kommanditisten, GmbHR 1973, S. 257 ff.; Schmidt, K., Kapitalsicherung in der GmbH & Co. KG: Schlußbilanz oder Zwischenbilanz einer Rechtsfortbildung?, GmbHR 1989, S. 141 ff.; Schnelle, U., Haftung des Nur-Kommanditisten nach §§ 30, 31 GmbHG, GmbHR 1995, S. 853 ff.

976 Vgl. Kapitel IV § 2 C. II. (S. 173 ff.).

977 Vgl. Holzapfel, H.-J./Pöllath, R., Unternehmenskauf in Recht und Praxis, 2000, Rn. 356.

978 Kreisch, B./Kahl, I., § 27 Abs. 1a Satz 2 UmwStG n. F. – Rechtsunsicherheit durch eine "zeitliche Anwendungsregel", DB 2001, S. 727 (728); Holzapfel, H.-J./Pöllath, R., Unternehmenskauf in Recht und Praxis, 2000, Rn. 346.

979 Holzapfel, H.-J./Pöllath, R., Unternehmenskauf in Recht und Praxis, 2000, Rn. 346, 356.

Steuerlich wurden diese Vorteile nicht unerheblich durch die gewerbesteuerliche Nichtberücksichtigung der Buchwertaufstockung durch § 18 Abs. 2 UmwStG a. F. eingeschränkt. Im Endeffekt wurden so "historische(..) Anschaffungskosten" vernichtet mit der Folge, dass abschreibungstechnisch und damit letztendlich "wirtschaftlich nicht entstandene Gewinne besteuert" wurden.[980] Ferner ist die gewerbesteuerlich sanktionierte Behaltefrist des § 18 Abs. 4 UmwStG zu berücksichtigen. Soll selektiv vorgegangen werden, will also die Erwerber-GmbH die Ziel-GmbH nicht in toto fortführen, so ist das Kombinationsmodell dem Umwandlungsmodell daher im Einzelfall überlegen.[981]
In gesellschaftsrechtlicher und handelsrechtlicher Hinsicht ergeben sich, neben den umwandlungsrechtlichen Gläubigerschutzvorschriften, keine besonderen Schwierigkeiten.

Mit dem Steuersenkungsgesetz wurde jedoch die Möglichkeit des step up in § 4 Abs. 6 UmwStG a. F. ersatzlos gestrichen, so dass von nun an ein Übernahmeverlust nicht mehr ertragsteuerneutral in Abschreibungsvolumen umsetzbar ist. Daneben ist auch die Möglichkeit der Mobilisierung von Körperschaftsteuer-Guthaben (cash out) gemäß §§ 4 Abs. 5, 10 Abs. 1 UmwStG a. F. weggefallen.[982] Diese Eliminierung des Umwandlungsmodells greift bei kalenderjahrgleichem Wirtschaftsjahr der übertragenden Ziel-GmbH bereits ab dem 1. 1. 2001.

Angesichts der unterschiedlichen zeitlichen Anwendbarkeit der Versagung des step up und der – zeitlich späteren – Steuerfreistellung der Veräußerungsgewinne von Schachtelbeteiligungen nach § 8b Abs. 2 KStG n. F., kann es im Einzelfall steuerlich attraktiv sein, dass zunächst die veräußernde Konzernobergesellschaft die Ziel-GmbH ertragsteuerneutral in eine Personengesellschaft umwandelt und dann an die Erwerber-GmbHs veräußert. Die Erwerber-GmbHs können – ohne weitere Umstrukturierungsmaßnahmen – den Kaufpreis für Körperschaft- und Gewerbesteuerzwecke als Anschaffungskosten steuerlich abschreiben.[983]
Auf Seiten der veräußernden Konzernobergesellschaft ist der Veräußerungsgewinn zwar voll körperschaftsteuerpflichtig[984], was außerhalb der zeitlichen Anwendbar-

980 Herzig, N., Umwandlungsmodell beim Kauf von Anteilen an Kapitalgesellschaften, 2000, S. 163 (177).

981 Holzapfel, H.-J./Pöllath, R., Unternehmenskauf in Recht und Praxis, 2000, Rn. 356 a. E.

982 Vgl. Oppenhoff & Rädler-Benz, Unternehmensbesteuerung, 2000, S. 235. *Benz* weist in diesem Zusammenhang ferner darauf hin, dass wegen der Beseitigung des cash out auch ein gesonderter Kaufpreis für ein entsprechendes Körperschaftsteuer-Guthaben nicht mehr in Betracht komme.

983 Vgl. zu dieser Gestaltung Erle/Sauter-Brendt, Reform der Unternehmensbesteuerung, 2000, S. 278 f. sowie Jakobs, N./Wittmann, H.-J., Steuersenkungsgesetz: Besteuerung von Anteilserwerben, GmbHR 2000, S. 1015 (1021 f.).

984 Tipke, K./Lang, J., Steuerrecht, 1998, § 12 Rn. 34.

keit des § 8b Abs. 2 KStG n. F. aber auch bei Veräußerung von Kapitalgesellschaftsanteilen der Fall gewesen wäre.
Getrübt wird die Gestaltung, die sich sinnvollerweise nur im divergierenden Zeitkorridor des Veranlagungszeitraums 2001 anbietet, durch die zusätzliche Gewerbesteuerpflichtigkeit des Veräußerungsgewinns auf Veräußererseite infolge § 18 Abs. 4 Satz 1 UmwStG[985], sofern die Personengesellschaft innerhalb von fünf Jahren nach dem Vermögensübergang veräußert wird.[986]

§ 5 Verschmelzungsmodell

A. Inhalt

Auf das Verschmelzungsmodell[987] soll an dieser Stelle nur kurz eingegangen werden, da sich für die hier interessierende Konstellation des Spin-Off-MBO in ertragsteuerlicher Hinsicht mutatis mutandis die gleichen Rechtsfolgen wie beim Umwandlungsmodell ergeben. Insbesondere führt § 4 Abs. 6 UmwStG n. F. auch zu einer entsprechenden Beseitigung des Verschmelzungsmodells.[988]

Handelsrechtlich erfolgt die Durchführung des Verschmelzungsmodells nach den §§ 1 Abs. 1 Nr. 1, 2 ff. UmwG. Die Erwerber-GmbH überträgt - nach dem Erwerb aller Anteile der Ziel-GmbH - nach §§ 2 ff. UmwG im Wege der Gesamtrechtsnachfolge das gesamte Vermögen der Ziel-GmbH auf eine bereits bestehende oder neu gegründete gewerblich tätige Personengesellschaft. Im Rahmen dieser Verschmelzung zur Aufnahme bzw. zur Neugründung im Sinne von § 2 Nr. 1 bzw. Nr. 2 UmwG kommt es zur Auflösung der Ziel-GmbH, ohne dass es dazu einer Abwicklung bedarf. Alternativ kann die Erwerber-Gesellschaft auch als GmbH & Co. KG gegründet werden und sodann die erworbene Ziel-GmbH auf die Erwerber-GmbH & Co. KG verschmolzen werden.

---

985 Vgl. Widmann/Mayer-Widmann, Umwandlungsrecht, Bd. 5, § 18 UmwStG Rn. 222 ff.

986 § 18 Abs. 4 Satz 1 UmwStG stellt eine Ausnahme von dem Grundsatz dar, dass der Gewinn aus der Veräußerung eines Betriebs bei einer Personengesellschaft selbst dann nicht gewerbesteuerpflichtig ist, wenn aus dem Betrieb gewerbliche Einkünfte erzielt werden (vgl. Abschn. 39 Abs. 1 Nr. 1 GewStR). Vgl. Widmann/Mayer-Widmann, Umwandlungsrecht, Bd. 5, § 18 UmwStG Rn. 138.

987 Vgl. Otto, H.-J., Buy-Out-Finanzierungen: Neue Akquisitionsstrukturen nach neuem Umwandlungsrecht; DB 1994, S. 2121 (2121 ff.); Otto, H.-J., MBO, 1997, § 26 Rn. 188 ff.; Fahrholz, B., Neue Formen der Unternehmensfinanzierung, 1998, S. 33 ff.

988 Da bezüglich der Neuregelungen in der Aufsatz- und Kommentarliteratur Umwandlungs- und Verschmelzungsmodell parallel besprochen werden, sei auf die zum Umwandlungsmodell angegebenen, einschlägigen Fundstellen verwiesen (Fußnote 949, S. 239).

Umwandlungsrechtlich sind neben dem Verfahren der §§ 4 ff. UmwG wieder die Gläubigerschutzvorschriften der §§ 22, 25 UmwG sowie (mittelbar) § 27 UmwG[989] zu beachten. Zu Konflikten mit den GmbH-rechtlichen Kapitalerhaltungsvorschriften kann es nur kommen, wenn der Zugriff noch auf die Vermögenswerte der Ziel-GmbH, mithin vor der Verschmelzung erfolgt. Wartet hingegen die Erwerber-Gesellschaft den Verschmelzungsvorgang ab, ist die Ziel-GmbH bereits aufgelöst, wenn die Erwerber-Gesellschaft auf die übertragenen Wirtschaftsgüter zugreift.

Steuerrechtlich unterfällt das Verschmelzungsmodell als Vermögensübergang einer Körperschaft auf eine Personengesellschaft dem zweiten Teil des Umwandlungssteuerrechts (§§ 3 ff. UmwStG). Über den step up des § 4 Abs. 6 UmwStG a. F. wird hier ebenfalls eine ertragsteuerneutrale Buchwertaufstockung erreicht. Allerdings findet wegen § 18 Abs. 2 UmwStG a. F. auch in diesem Fall keine gewerbesteuerliche Berücksichtigung des Verschmelzungsverlustes statt. Die Ausführungen zum Formwechsel gelten entsprechend.[990]

B. Bewertung

Da sich auch das Verschmelzungsmodell aus Sicht der veräußernden Konzernobergesellschaft auf einen bloßen share deal reduziert, kommt es hier allein auf die Bewertung aus Sicht des Erwerbers an. Insofern darf auf die entsprechenden Ausführungen zum Umwandlungsmodell verwiesen werden, da handels,- gesellschafts,- und steuerrechtlich beide Modelle analoge Bewertungsparameter aufweisen.
Hervorzuheben ist jedoch, dass das Umwandlungsmodell – im Vergleich zum Verschmelzungsmodell - in der Regel kostengünstiger[991] ist, da zum einen geringere Notargebühren anfallen und zum anderen eine Grunderwerbsteuerbelastung ausbleibt, da der BFH[992] und daraufhin auch die Finanzverwaltung[993] den Formwechsel als nicht grunderwerbsteuerbar ansehen.[994] Demgegenüber kann das Verschmel-

---

989 Allerdings ist § 27 UmwG bei einer Verschmelzung zur Neugründung nicht anwendbar, was § 36 Abs. 1 Satz 1 UmwG klarstellt und was daraus folgt, dass die Übernehmerin in dieser Konstellation bis zur Fassung der Verschmelzungsbeschlüsse noch gar nicht besteht. Vgl. Widmann/Mayer-Vossius, Umwandlungsrecht, Bd. 2, § 27, Rn. 1 f.

990 Vgl. a. Widmann/Mayer-Widmann, Umwandlungsrecht, Bd. 4, § 4 UmwStG Rn. 60.

991 Vgl. a. Herzig, N., Umwandlungsmodell beim Kaüf von Anteilen an Kapitalgesellschaften, 2000, S. 163 (172 ob.).

992 BFH vom 4. 12. 1996, DB 1997, S. 79 (Aussetzungsbeschluss) = DStR 1997, S. 112.

993 Finanzministerium Baden-Württemberg vom 19. 12. 1997, DB 1998, S. 166; Veröffentl. des BFH-Beschlusses vom 4. 12. 1996 in BStBl. II 1998, S. 661.

994 Begründen lässt sich dies damit, dass kein Eigentumsübergang im Sinne des § 1 Abs. 1 Nr. 3 GrEStG vorliegt, da § 202 Abs. 1 Nr. 1 UmwG ausdrücklich anordnet, dass der formwechselnde Rechtsträger in der in dem Umwandlungsbeschluss bestimmten Rechtsform weiterbesteht. Vgl. Reiß, W., Umsatzsteuer und Grunderwerbsteuer beim Unternehmens(ver)kauf, 2000, S. 283 (315) m. w. Nachw. sowie zum Gesamtkomplex.

zungsmodell grundsätzlich mit Grunderwerbsteuer belastet sein, da es hier zu einem Vermögensübergang vom übertragenden Rechtsträger auf einen anderen im Sinne von § 1 Abs. 1 Nr. 3 GrEStG kommt.[995] Vermeiden lässt sich dies allenfalls durch eine Verschmelzung auf die grundbesitzende Gesellschaft, was jedoch – im Fall einer grundbesitzenden Ziel-GmbH - aus umwandlungssteuerlichen Gründen im Rahmen des Verschmelzungsmodells ausscheidet.

Abschließend soll nochmals betont werden, dass sich auch das Verschmelzungsmodell auf Grund der Neufassung des § 4 Abs. 6 UmwStG erledigt hat.[996] Im Hinblick auf die zeitliche Anwendbarkeit gelten die zum Umwandlungsmodell gemachten Ausführungen entsprechend[997]: Hat die übertragende Ziel-GmbH also ein kalenderjahrgleiches Wirtschaftsjahr, funktioniert das Verschmelzungsmodell grundsätzlich ab dem 1. 1. 2001 nicht mehr.

---

995 Vgl. Reiß, W., Umsatzsteuer und Grunderwerbsteuer beim Unternehmens(ver)kauf, 2000, S. 283 (313 f.).

996 Vgl. zum umwandlungssteuerlichen Hintergrund Kapitel V § 4 C. I. 2. a) (S. 238 ff.).

997 Vgl. Kapitel V § 4 C. I. 2. b) (S. 241 ff.).

Kapitel VI Spin-Off-MBO-taugliche Akquisitionsmodelle nach der Unternehmenssteuerreform 2001

Das Schlusskapitel befasst sich mit zwei Modellen, die möglicherweise auch noch nach der Unternehmenssteuerreform 2001 die Transformation des im Rahmen des share deal gezahlten Kaufpreises in aktives Abschreibungsvolumen sicherzustellen vermögen.
Beide Modelle werden zur Zeit zwar in Beraterkreisen kontrovers diskutiert, in welcher Weise Finanzverwaltung und –rechtsprechung auf die Konstruktionen reagieren, ist momentan jedoch noch nicht absehbar.

§ 1 Down-Stream-Merger-Modell

A. Inhalt

Unter dem Stichwort Down-Stream Merger[998] wird im Rahmen des Unternehmenskaufs folgende Vorgehensweise vorgeschlagen[999]:
Mindestens zwei Erwerber-GmbHs gründen als Erwerbs-Vehikel mindestens zwei Tochter-GmbHs (T-GmbHs)[1000] und statten sie im Wege einer offenen oder verdeckten Einlage mit dem erforderlichen Kaufpreis aus. Die T-GmbHs erwerben in einem zweiten Schritt im Rahmen eines share deal die Gesellschaftsanteile der Ziel-GmbH und werden mithin deren Gesellschafter. Sodann wird drittens die Ziel-GmbH formwechselnd nach §§ 1 Abs. 1 Nr. 4, 190 ff. UmwG in eine Personengesellschaft (Z-KG) umgewandelt.
Auf einer vierten und letzten Stufe werden die T-GmbHs auf die neu entstandene Personengesellschaft nach §§ 1 Abs. 1 Nr. 1, 2 ff. UmwG verschmolzen. Dieser letz-

---

998 Zur Terminologie vgl. bereits Fußnote 910 (S. 229). Das Begriffspaar "Up-Stream" und "Down-Stream" orientiert sich an der gesellschaftsrechtlichen Beteiligungsstruktur. "Up-Stream" meint dementsprechend den Fall der Verschmelzung der Tochter- auf die Muttergesellschaft und "Down-Stream" die Konstellation, dass die Mutter- auf die Tochtergesellschaft verschmolzen wird.

999 Vgl. Dieterlen, J./Schaden, M., Sofort abzugsfähiger Verlust oder step up durch downstream merger auch nach In-Kraft-Treten des Steuersenkungsgesetzes in Erwerberfällen?, BB 2000, S. 2552 f.; Hannemann, S., Down-Stream Merger einer Kapitalgesellschaft auf eine Personengesellschaft, DB 2000, S. 2497 ff.; Blumers, W./Beinert, S./Witt, S.-C., Unternehmenskaufmodelle nach der Steuerreform, DStR 2001, S. 233 (234 f.).

1000 Die Einschaltung von (mindestens) zwei Erwerber-GmbHs und die Zwischenschaltung von mindestens zwei Tochter-GmbHs ist aus personengesellschaftsrechtlichen Gründen erforderlich, da eine Personengesellschaft mindestens zwei Gesellschafter voraussetzt. Im Rahmen des Down-Stream-Merger-Modells sind zunächst die T-GmbHs und nach dem Down-Stream-Merger nurmehr die Erwerber-GmbHs als Gesellschafter an der Ziel-Personengesellschaft beteiligt. Wie die jeweiligen Beteiligungsverhältnisse dabei ausgestaltet werden, ist Frage des Einzelfalls. Vgl. i. ü. a. Kapitel III § 2 C. II. 2. e) (S. 127, Fußnote 468).

te Schritt gibt dem Modell seinen Namen, da die T-GmbHs, die alle Anteile an der Z-KG halten, "down-stream" auf die Z-KG verschmolzen werden.[1001]

Die dargestellte handelsrechtliche Durchführung ist steuerrechtlich motiviert. Ziel des Down-Stream-Merger-Modells ist es, über die Generierung eines Übernahmeverlustes, der jedoch nicht unter § 4 Abs. 6 UmwStG n. F. fällt, den gezahlten Kaufpreis entweder sofort als Betriebsausgabe abzuziehen oder zumindest in steuerlich nutzbares Abschreibungssubstrat zu transformieren.
Technisch lehnt sich der Down-Stream Merger an das Umwandlungsmodell an, das jedoch wegen der Neufassung des § 4 Abs. 6 UmwStG nicht mehr zur intendierten Buchwertaufstockung gelangt.

Idealiter sollen mit den skizzierten handelsrechtlichen Vorgängen folgende steuerrechtliche Konsequenzen verbunden sein[1002]: Nach Gründung der Erwerbs-Vehikel (T-GmbHs) durch die Erwerber-GmbHs und Einlage des entsprechenden Kaufpreises setzen die Erwerber-GmbHs die T-GmbHs mit einem Buchwert in Höhe des eingelegten Kaufpreises an. Der Erwerb der Anteile der Ziel-GmbH entspricht den – steuerlichen wie nichtsteuerlichen – Interessen des Veräußerers und bewirkt, dass die T-GmbHs einen Beteiligungsbuchwert in Höhe des gezahlten Kaufpreises ansetzen, der als nicht abnutzbares Wirtschaftsgut grundsätzlich nicht abschreibbar ist.
Auf Ebene der Erwerber-GmbHs kommt es zu keiner Veränderung. Die formwechselnde Umwandlung der Ziel-GmbH in eine Personengesellschaft (Z-KG) hat steuerlich (§§ 1 Abs. 3, 14 UmwStG in Verbindung mit §§ 3 ff. UmwStG) nach der neuen Rechtslage die bereits im Rahmen des Umwandlungsmodells erörterten Folgen[1003]: Auf Ebene der untergehenden Ziel-GmbH wird durch das Beibehalten der Buchwerte in der Schlussbilanz ein ertragsteuerpflichtiger Übertragungsgewinn vermieden (§ 3 Satz 1 Alt. 1 UmwStG, Buchwertfortführung). Über § 4 Abs. 1 UmwStG wird auf Ebene der Personengesellschaft eine Buchwertverknüpfung hergestellt.
Sodann wird gemäß § 4 Abs. 4 Satz 1 UmwStG ermittelt, ob auf Ebene der Z-KG ein den KG-Gesellschaftern (T-GmbHs) zurechenbarer Übertragungsgewinn oder –verlust entstanden ist. Da im Beteiligungsbuchwert der untergegangenen Ziel-GmbH auch die stillen Reserven und ein etwaiger Firmenwert enthalten sind, kommt es in der Regel zu einem Übertragungsverlust, der jedoch wegen § 4 Abs. 6 UmwStG n. F. nicht mehr zu einer Buchwertaufstockung in den Ergänzungsbilanzen der Personengesellschafter führt, sondern ertragsteuerlich außer Ansatz bleibt.

1001 Vgl. Dieterlen, J./Schaden, M., Sofort abzugsfähiger Verlust oder step up durch downstream merger auch nach In-Kraft-Treten des Steuersenkungsgesetzes in Erwerberfällen?, BB 2000, S. 2552 (2552 re. Sp. unt.).

1002 Vgl. die Darstellung bei Dieterlen, J./Schaden, M., Sofort abzugsfähiger Verlust oder step up durch down-stream merger auch nach In-Kraft-Treten des Steuersenkungsgesetzes in Erwerberfällen?, BB 2000, S. 2552 f.

1003 Vgl. ausführlich Kapitel V § 4 A. (S. 233 ff.) sowie Kapitel V § 4 C. I. 2. a) (S. 238 ff.).

Die Verschmelzung der T-GmbHs down-stream auf die Personengesellschaft hat steuerrechtlich zunächst die gleichen Konsequenzen wie der vorgeschaltete Formwechsel: Auf Ebene der T-GmbHs entsteht wegen der Buchwertfortführung nach § 3 Satz 1 Alt. 1 UmwStG kein steuerpflichtiger Verschmelzungsgewinn.
Steuerlich attraktiv ist hingegen die Änderung auf Ebene der Erwerber-GmbHs: Vor der Verschmelzung der Erwerbs-Vehikel (T-GmbHs) mit der Personengesellschaft (Z-KG) waren die Erwerber-GmbHs unmittelbar an den T-GmbHs und mittelbar (sc. vermittelt über die T-GmbHs) an der Ziel-GmbH beteiligt. Nach der Verschmelzung halten die Erwerber-GmbHs eine Beteiligung an der Personengesellschaft, so dass sie nach allgemeinen Bilanzierungsgrundsätzen die Wirtschaftsgüter der Z-KG mit den bei dieser geführten Buchwerten anzusetzen haben.[1004]
Da der Beteiligungsbuchwert seit Einlage des Kaufpreises in die T-GmbHs unverändert geblieben ist und in ihm auch die über den Kaufpreis abgegoltenen stillen Reserven sowie – gegebenenfalls – ein Firmenwert enthalten ist, entsteht infolge der Differenz zwischen dem Buchwert der (abgeschriebenen, nicht aufgestockten) Wirtschaftsgüter der Z-KG und dem höheren Beteiligungsbuchwert ein Verlust auf Ebene der Erwerber-GmbHs.
Dieser Verlust – so wird argumentiert – sei weder unter § 4 Abs. 6 UmwStG n. F. noch unter die Einlage- und Übertragungsfiktionen des § 5 UmwStG zu subsumieren, da vorliegend gerade nicht – wie dies die §§ 4 und 5 UmwStG voraussetzen – "die aufnehmende Personengesellschaft die Anteile der übertragenden Kapitalgesellschaft in ihrem Betriebsvermögen (halte)."[1005]

Die erstaunliche Konsequenz wäre, dass die Erwerber-GmbHs den entstandenen Verlust sofort als Betriebsausgabe geltend machen könnten. Der Kaufpreis, der über die zwischengeschalteten T-GmbHs für die Anteile an der Ziel-GmbH entrichtet wurde, würde so nicht nur in aktives Abschreibungsvolumen transformiert, sondern zur sofort abzugsfähigen Betriebsausgabe. Aus Käufersicht wäre damit das Down-Stream-Merger-Modell allen anderen Modellen, die es vor der Unternehmenssteuerreform gab, weit überlegen. Denn der Käufer gewinnt die sofortige Abzugsfähigkeit des Verlustes als zusätzlichen Abzinsungsvorteil hinzu.

1004 Vgl. Dieterlen, J./Schaden, M., Sofort abzugsfähiger Verlust oder step up durch downstream merger auch nach In-Kraft-Treten des Steuersenkungsgesetzes in Erwerberfällen?, BB 2000, S. 2552 (2552 re. Sp.).

1005 Vgl. Dieterlen, J./Schaden, M., Sofort abzugsfähiger Verlust oder step up durch downstream merger auch nach In-Kraft-Treten des Steuersenkungsgesetzes in Erwerberfällen?, BB 2000, S. 2552 (2553 li. Sp.).

Allerdings wird auch von den Befürwortern des Down-Stream Merger dieser Schluss nicht mit ganzer Überzeugung gezogen.[1006] Daneben wird nämlich auch noch die steuerrechtliche Einordnung als "Tausch oder tauschähnliches Geschäft" erwogen, weil aus Sicht der Erwerber-GmbHs Kapitalgesellschaftsanteile an den T-GmbHs gegen Personengesellschaftsanteile an der Z-KG getauscht werden. Konsequenterweise müsste dann § 6 Abs. 6 Satz 1 EStG Anwendung finden, wonach sich die Anschaffungskosten für die Z-KG-Anteile nach dem gemeinen Wert des hingegebenen Wirtschaftsguts (sc. Anteile der T-GmbHs) bemessen. Der gemeine Wert entspricht in diesem Fall dem Buchwert der Beteiligung an den T-GmbHs. Im Ergebnis würde es damit zu einer Buchwertaufstockung auf Ebene der Erwerber-GmbHs um die über den Kaufpreis entrichteten stillen Reserven sowie einen möglichen Firmenwert kommen.

Im Endeffekt käme das Down-Stream-Merger-Modell – sein Funktionieren unterstellt – im Vergleich zum Umwandlungsmodell vor Inkrafttreten des Steuersenkungsgesetzes zu einem verbesserten (Sofortabzug), wenigstens aber zu einem gleich attraktiven (step up) Ergebnis.

B. Bewertung

I. Steuerrechtliche Perspektive

Da das Down-Stream-Merger-Modell aus Veräußerersicht einen normalen share deal darstellt und die post-akqusitorischen Umstrukturierungsmaßnahmen ausschließlich in der Erwerbersphäre stattfinden, wird auf eine gesonderte Darstellung der Sicht des Veräußerers verzichtet.

Problematisch ist allerdings im Hinblick auf die Erwerbersicht, ob der Down-Stream-Merger, so wie es von seinen Befürwortern vertreten wird, umwandlungssteuerrechtlich überhaupt funktioniert.

Insofern ist maßgeblich, ob sich die Annahme, der Down-Stream Merger werde weder von § 4 Abs. 4 UmwStG noch von den Einlagefiktionen des § 5 UmwStG erfasst, tatsächlich halten lässt. Kann dies nämlich widerlegt werden, so berechnet sich der Verschmelzungsverlust im Rahmen der Verschmelzung down-stream von den T-GmbHs auf die Z-KG ganz normal nach § 4 Abs. 4 und 5 UmwStG in Verbindung mit § 5 UmwStG, so dass ein eventuell entstehender Verschmelzungsverlust auch §

1006 Vgl. Dieterlen, J./Schaden, M., Sofort abzugsfähiger Verlust oder step up durch downstream merger auch nach In-Kraft-Treten des Steuersenkungsgesetzes in Erwerberfällen?, BB 2000, S. 2552 (2553): "Fraglich ist, welche Konsequenzen der down-stream merger dann für die M-GmbH (= Erwerber-GmbH; Anm. des Verf.) hat. Verbleibt es insoweit bei einem steuerlich beachtlichen Verschmelzungsverlust in Höhe von 90? Dies wäre *eigentlich* (Hervorhebung des Verf.) die logische Konsequenz."

4 Abs. 6 UmwStG n. F. unterfiele und von den Erwerber-GmbHs gerade nicht zu Abschreibungszwecken genutzt werden könnte.[1007]
Die alles entscheidende Frage ist also, ob die von den T-GmbHs übertragenen Anteile zum Betriebsvermögen der Z-KG gehören oder zumindest als zum Betriebsvermögen der Z-KG gehörend fingiert werden. Der erste Teil der Frage lässt sich klar verneinen. § 4 Abs. 4 Satz 1 UmwStG geht seinem Wortlaut nach von der Konstellation aus, dass der *übernehmende* Rechtsträger alle Anteile am übertragenden Rechtsträger hält und sich deshalb die Anteile des übertragenden Rechtsträgers bereits in toto im Betriebsvermögen des übernehmenden Rechtsträgers befinden. Dies ist zwar beim Up-Stream Merger, jedoch gerade nicht beim Down-Stream Merger der Fall, bei dem ja der *übertragende* Rechtsträger die Alleinbeteiligung am übernehmenden Rechtsträger hält und nicht umgekehrt.

Dementsprechend ist in einem zweiten Schritt zu erörtern, ob das Down-Stream-Merger-Modell von den Einlage- und Übertragungsfiktionen des § 5 UmwStG erfasst wird.

Noch am ehesten scheint der Wortlaut des § 5 Abs. 3 Satz 1 UmwStG der oben dargestellten Konstellation des Down-Stream-Merger-Modells zu entsprechen: Hier hält ein Gesellschafter zum steuerlichen Übertragungsstichtag in seinem inländischen Betriebsvermögen[1008] sowohl Gesellschaftsanteile an der übernehmenden Personengesellschaft als auch an der übertragenden Körperschaft mit der Folge, dass die Anteile an der übertragenden Körperschaft als in das Betriebsvermögen der Personengesellschaft überführt anzusehen sind. Allerdings geht auch diese Regelung ganz offensichtlich davon aus, dass die übernehmende Personengesellschaft die Anteile an der übertragenden Körperschaft hält. Dem wird lediglich der Fall gleichgestellt, dass der Personengesellschaft vermittelt über einen ihrer Gesellschafter – quasi als "umgekehrt mittelbare Gesellschafterin"[1009] – die Anteile der übertragenden Körperschaft zugerechnet werden. § 5 Abs. 3 UmwStG regelt also den "Fall der aufnehmenden Verschmelzung einer Körperschaft auf ihre Schwesterpersonengesellschaft".[1010] Möglicherweise könnte man im Hinblick auf die gesellschaftsrechtliche

1007 So zu Recht die Schlussfolgerung bei Blumers, W./Beinert, S./Witt, S.-C., Unternehmenskaufmodelle nach der Steuerreform, DStR 2001, S. 233 (234 f.).

1008 Die Anteile müssen sich also im wirtschaftlichen Eigentum des Gesellschafters befinden und das Betriebsvermögen muss im Inland belegen sein und dem Besteuerungsrecht der Bundesrepublik Deutschland unterliegen (vgl. statt aller Haritz/Benkert-Haritz, Umwandlungssteuergesetz, § 5 Rn. 104).

1009 Gemeint ist damit, dass der übernehmenden Personengesellschaft eine Gesellschafterstellung im Sinne von § 4 Abs. 4 UmwStG nicht über eine andere Gesellschaft, sondern über ihren Gesellschafter vermittelt wird.

1010 Hannemann, S., Down-Stream Merger einer Kapitalgesellschaft auf eine Personengesellschaft, DB 2000, S. 2497 (2499).

Struktur auf Ebene der Erwerber-GmbHs § 5 Abs. 3 UmwStG anwenden. Denn die Erwerber-GmbHs sind Gesellschafter der übertragenden T-GmbHs, wie dies § 5 Abs. 3 Satz 1 UmwStG voraussetzt, und mittelbare Gesellschafter der Z-KG. Hinsichtlich dieser bloß mittelbaren Gesellschafterstellung unterscheiden sich die Konstellationen jedoch erheblich.[1011] Denn insofern liegen – bezogen auf die Erwerber-GmbHs – keine Schwestergesellschaften, sondern zwei Tochtergesellschaften und eine Enkel-Gesellschaft vor. Diese bloß mittelbare Gesellschafterstellung wandelt sich erst mit Formwechsel der T-GmbHs in die Z-KG in eine unmittelbare Gesellschafterstellung um - allerdings bei gleichzeitigem Untergehen der Gesellschafterstellung bezüglich der T-GmbHs. Auch insoweit besteht zu keinem Zeitpunkt – und erst recht nicht an dem steuerlichen Übertragungsstichtag – eine doppelte Mutter-Gesellschafterstellung der Erwerber-GmbHs. Auch die - eher abseitige[1012] – Annahme eines Durchgangserwerbs im Rahmen des Verschmelzungsvorgangs würde nicht weiterhelfen. Denn damit ist nur ausgesagt, dass die Erwerber-GmbHs nicht direkt zur Anteilseignerin der Z-KG werden, sondern – für eine logische Sekunde – zunächst die Z-KG ihre nunmehr eigenen Anteile hält.

Gleichwohl weitet eine Ansicht in der Literatur[1013] - wohl - im Wege einer teleologischen Extension den zu eng geratenen Wortlaut des § 5 UmwStG auch auf den Fall des Down-Stream Merger aus, indem das Verbum "gehören" in § 5 Abs. 3 Satz 1 UmwStG so verstanden wird, dass der Gesellschafter der untergehenden, übertragenden Körperschaft nicht notwendig bereits an dem steuerlichen Übertragungsstichtag zugleich Gesellschafter der aufnehmenden Personengesellschaft ist, sondern, dass es ausreicht, "daß die Gesellschafterstellung durch die Verschmelzung selbst begründet wird."[1014]

Von einer Integration des Down-Stream Merger in das Regelungsgefüge der §§ 4, 5 UmwStG geht implizit wohl auch die Finanzverwaltung aus. Denn in Tz. 03.10 UmwSt-Erlass findet sich eine Vorschrift, die die Konstellation der Beteiligung der übertragenden Körperschaft an der übernehmenden Personengesellschaft regelt und die im Zusammenhang mit der Frage des Wertansatzes nach § 3 UmwStG bestimmt, dass die Beteiligung der übertragenden Kapitalgesellschaft an der übernehmenden

---

1011 So a. Hannemann, S., Down-Stream Merger einer Kapitalgesellschaft auf eine Personengesellschaft, DB 2000, S. 2497 (2499, Fußnote 11).

1012 Vom Direkterwerb geht ganz offensichtlich § 20 Abs. 1 Nr. 3 Satz 1 Halbs. 1 UmwG (Zweiter Abschnitt: Verschmelzung zur Aufnahme) aus: "Die Anteilsinhaber der übertragenden Rechtsträger werden Anteilsinhaber des übernehmenden Rechtsträgers". Vgl. ferner die Hinweise auf die Finanzverwaltung und die h. M. in Literatur bei Hannemann, S., Down-Stream Merger einer Kapitalgesellschaft auf eine Personengesellschaft, DB 2000, S. 2497 (2498, Fußnote 3 a. E.).

1013 Haritz/Benkert-Haritz, Umwandlungssteuergesetz, § 5 Rn. 102.

1014 Haritz/Benkert-Haritz, Umwandlungssteuergesetz, § 5 Rn. 102.

Personengesellschaft in der Übertragungsbilanz mit dem auf die Körperschaft entfallenden anteiligen Kapitalkonto der Personengesellschaft zu berücksichtigen ist.
Ausdrücklich zu § 4 UmwStG (Auswirkungen auf den Gewinn der übernehmenden Personengesellschaft) ordnet dann Tz. 04.12 UmwSt-Erlass unter der Überschrift "Übernahmegewinn und Übernahmeverlust" an: "Ist die übertragende Körperschaft an der übernehmenden Personengesellschaft beteiligt, gehören zum übergehenden Vermögen auch die der übertragenden Körperschaft anteilig zuzurechnenden Wirtschaftsgüter der übernehmenden Personengesellschaft. Auf Tz. 03.10 wird hingewiesen." Dies hat zur Folge, dass sich das Verschmelzungsergebnis aus der Differenz zwischen dem Vermögen der T-GmbHs (einschließlich des Anteils am Vermögen – also den "anteilig zuzurechnenden Wirtschaftsgütern" – der Z-KG)[1015] und dem Beteiligungsbuchwert auf Ebene der Erwerber-GmbHs ermittelt und sich so ein Verschmelzungsverlust ergibt, der § 4 Abs. 6 UmwStG n. F. unterfällt.
Da die Finanzverwaltung also wohl die Konstellation des Down-Stream Merger unter § 4 UmwStG subsumieren will, könnte dementsprechend auch eine Versagung der Buchwertaufstockung drohen.[1016]

Zwar ist der Hinweis auf den Umwandlungssteuererlass als solcher sicherlich kein dogmatisch haltbares Argument gegen die durchaus schlüssigen Erwägungen der Vertreter des Down-Stream-Merger-Modells, jedoch legt die quasi selbstverständliche Subsumtion unter § 4 UmwStG nahe, dass zumindest die Finanzverwaltung möglicherweise das Down-Stream-Merger-Modell als Ausweg aus der step-up-Versagung des § 4 Abs. 6 UmwStG n. F. wohl einstweilen nicht anerkennen wird.
Dieser Aspekt muss redlicherweise bei einer steuerlichen Evaluation der Praktikabilität des Modells berücksichtigt werden. Inwieweit der Steuerpflichtige sich dann dennoch für den Down-Stream-Merger in der Hoffnung entscheidet, die Finanzverwaltung oder zumindest die Finanzgerichtsbarkeit werde sich den (guten) Argumenten beugen, muss er selbst entscheiden.
Darüber hinaus ist auf Grund der Historie des § 4 Abs. 6 UmwStG zumindest de lege ferenda damit zu rechnen, dass die möglicherweise durch das Down-Stream-Merger-Modell entstandene Besteuerungslücke zeitnah geschlossen wird, da es ausweislich der Gesetzesbegründung zu § 4 Abs. 5 UmwStG gerade die Intention des Gesetzgebers war, die mit dem Umwandlungsmodell verbundene "Aufdeckung der stillen Reserven (...), ohne dass eine Einmalbesteuerung eintritt", zu vermeiden.[1017]

1015 Vgl. *insoweit* das Beispiel bei Widmann/Mayer-Widmann, Umwandlungsrecht, Bd. 4, § 3 UmwStG Rn. 129.

1016 Darauf weisen auch Blumers, W./Beinert, S./Witt, S.-C., Unternehmenskaufmodelle nach der Steuerreform, DStR 2001, S. 233 (234 re. Sp.) hin. Ferner findet sich – noch zur alten Rechtslage - ein entsprechender Verweis bei Hannemann, S., Down-Stream Merger einer Kapitalgesellschaft auf eine Personengesellschaft, DB 2000, S. 2497 (2500 li. Sp.).

1017 Begründung des Gesetzentwurfes (BT-Drs. 14/2683) vom 15. 2. 2000.

In die gleiche Richtung wie der Umwandlungssteuererlass geht aber auch die Darstellung des Down-Stream Merger durch einen bedeutenden Teil der Literatur. So ermittelt *Widmann* für den Fall, dass die übertragende Körperschaft an der übernehmenden Personengesellschaft beteiligt ist, das Übernahmeergebnis nach § 4 Abs. 4 UmwStG in Verbindung mit § 5 Abs. 2 UmwStG mit der Begründung, dass "(d)er Umstand, daß die Beteiligung der (übertragenden Körperschaft) an der übernehmenden Personengesellschaft mit der Verschmelzung untergeht, (...) die Ermittlung des Übernahmeergebnisses nicht" beeinflusst.
Dies ergebe sich daraus, dass "durch die Zugrundelegung des Buchvermögens" der übertragenden Körperschaft unter Einschluss der Beteiligung an der aufnehmenden Personengesellschaft "letztlich anteilig die Wirtschaftsgüter" der übernehmenden Personengesellschaft einbezogen worden sind, die im Wege der Verschmelzung auf die Personengesellschaft übergehen.[1018]

Allerdings ist an dieser Stelle den Befürwortern des Down-Stream-Merger-Modells zu konzedieren, dass *Widmann* von einer im Vergleich zum hier behandelten Fall abweichenden Konstellation ausgeht. Bei ihm sind nämlich an der übertragenden Körperschaft (GmbH) zwei natürliche Personen beteiligt, die die GmbH-Anteile in ihrem Privatvermögen halten. Es handelt sich mithin um Kapitalgesellschaftsanteile im Sinne von § 17 EStG. Aus diesem Grund kann *Widmann* auch zwanglos die Einlagefiktion des § 5 Abs. 2 Satz 1 UmwStG heranziehen, der zwar nicht explizit die Konstellation des Down-Stream Merger regelt, jedoch die bei *Widmann* thematisierte Variante erfasst, ohne dass auf eine extensive Wortlautauslegung oder gar eine Analogie zurückgegriffen werden müsste.[1019]
Dass sich also zumindest eine Spielart des Down-Stream Merger unter § 5 Abs. 2 Satz 1 UmwStG subsumieren lässt, schwächt den Umkehrschluss aus den Tz. 04.12 und 03.10 UmwSt-Erlass ab, da insoweit eben auch die Konstellation des § 5 Abs. 2 Satz 1 UmwStG gemeint sein kann. Dies gilt umso mehr, als die zitierten Teilziffern offen lassen, ob die Anteile der an der Personengesellschaft beteiligten Körperschaft

1018 Widmann/Mayer-Widmann, Umwandlungsrecht, Bd. 4, § 3 UmwStG Rn. 128 f. m. w. Nachw. (u. a. auf Tz. 03.10 und 04.12 UmwSt-Erlass). So a. i. E. Thiel, J./Eversberg, H./Lishaut, I. van/Neumann, S., Der Umwandlungssteuer-Erlaß 1998, GmbHR 1998, S. 397 (406 li. Sp. unt.), die auf die sonst entstehenden Zufallsergebnisse hinweisen, die auch Hannemann, S., Down-Stream Merger einer Kapitalgesellschaft auf eine Personengesellschaft, DB 2000, S. 2497 (2499 f.) nachweist. Vgl. a. Dötsch, E., Umwandlungssteuerrecht, 1998, UmwStG Rn. 134a.

1019 So das zitierte Beispiel bei Widmann/Mayer-Widmann, Umwandlungsrecht, Bd. 4, § 3 UmwStG Rn. 129 sowie Hannemann, S., Down-Stream Merger einer Kapitalgesellschaft auf eine Personengesellschaft, DB 2000, S. 2497 (2499 li. Sp. Mitte).

zum Privatvermögen (§ 5 Abs. 2 Satz 1 UmwStG) oder zum Betriebsvermögen (eventuell § 5 Abs. 3 Satz 1 UmwStG analog) gehören.[1020]

Schließlich wird die Durchführbarkeit des Down-Stream-Merger-Modells noch unter einem anderen rechtlichen Gesichtspunkt bezweifelt. Unabhängig von der Anwendbarkeit der §§ 4, 5 UmwStG sei bei Abstellen auf das reine Verschmelzungsergebnis zumindest § 8b Abs. 3 KStG n. F. anwendbar, so dass auch insofern ein Verlust außer Ansatz bleiben müsse.[1021]

§ 8b Abs. 3 KStG n. F. erfasse auch die Verschmelzung auf eine Personengesellschaft. Als systematisches Argument wird ein Vergleich mit § 15 Abs. 3 Satz 2 UmwStG herangezogen, der die Spaltung der Veräußerung gleichstellt.[1022]

M. E. ist es jedoch sehr fraglich, ob aus § 15 Abs. 3 Satz 2 UmwStG ein Rückschluss auf den sachlichen Anwendungsbereich des § 8b Abs. 3 KStG n. F. gezogen werden kann. Denn zum einen geht es beim Down-Stream-Merger-Modell nicht um Probleme der Spaltung nach §§ 1 Abs. 1 Nr. 2, 123 ff. UmwG, 1 Abs. 4, 15 f. UmwStG, so dass schon der schlichte Rückschluss auf die Behandlung der Verschmelzung problematisch erscheint. Zum anderen kannte der Gesetzgeber den Streit um die Auslegung des Veräußerungsbegriffs in § 8b Abs. 2 KStG a. F. und hat

---

1020 Insofern ist auch die Berufung auf die Tz. 03.10 und 04.12 UmwSt-Erlass bei Blumers, W./Beinert, S./Witt, S.-C., Unternehmenskaufmodelle nach der Steuerreform, DStR 2001, S. 233 (234 re. Sp. a. E. in Verbindung mit Fußnote 15) nicht ganz unproblematisch. Dort heißt es: "Gegen diese Schlussfolgerung (sc. aus dem Down-Stream-Merger-Modell; Anm. des Verf.) dürfte zunächst einzuwenden sein, dass der Down-Stream-Merger einer Kapital- auf eine Personengesellschaft zwar nicht dem Grundmodell entspricht, aber von den Einlagefiktionen des § 5 UmwStG erfasst wird. *Davon geht offensichtlich auch die Finanzverwaltung aus. Dies folgt daraus* (Hervorhebungen des Verf.), dass die Finanzverwaltung ausdrückliche Regelungen für den Fall einer Beteiligung der übertragenden Kapitalgesellschaft an der übernehmenden Personengesellschaft vorsieht (es folgt der Fußnotenverweis auf Tz. 03.10 und 04.12 UmwSt-Erlass; Anm. des Verf.)."

Auf diese Weise wird suggeriert, dass die Tz. 03.10 und 04.12 UmwSt-Erlass ausdrücklich auch die Konstellation des Down-Stream-Merger-Modells erfassen. *Dies* ist jedoch gerade nicht der Fall. Es ist vielmehr ebenso denkbar, dass lediglich auf die Down-Stream-Merger-Situation abgestellt wird, die sich unstreitig unter § 5 Abs. 2 Satz 1 UmwStG subsumieren lässt. Mangels dieser Klarstellung im UmwSt-Erlass kann die Erfassung des Down-Stream-Merger-Modells durch § 4 UmwStG in dieser Schärfe sicherlich nicht im Wege eines argumentum e contrario aus den entsprechenden Teilziffern des Umwandlungssteuererlasses hergeleitet werden.

1021 So Blumers, W./Beinert, S./Witt, S.-C., Unternehmenskaufmodelle nach der Steuerreform, DStR 2001, S. 233 (234 f. m. w. Nachw.).

1022 A.A. Dötsch/Eversberg/Jost/Witt-Buyer, Die Körperschaftsteuer, § 8b KStG Rn. 84 m. w. Nachw., wo allerdings noch die auf Sachverhalte mit Auslandsbezug beschränkte Vorgängernorm, also § 8b Abs. 2 KStG a. F., erörtert wird. A. A. ebf. Dieterlen, J./Schaden, M., Sofort abzugsfähiger Verlust oder step up durch down-stream merger auch nach In-Kraft-Treten des Steuersenkungsgesetzes in Erwerberfällen?, BB 2000, S. 2552 (2553).

gleichwohl in § 8b Abs. 3 KStG n. F. von einer Gleichstellung der Verschmelzung mit der Veräußerung abgesehen.

II. Gesellschaftsrechtliche Perspektive

In gesellschaftsrechtlicher Hinsicht können sich allenfalls Probleme mit den GmbH-rechtlichen Kapitalerhaltungsvorschriften ergeben, wenn auf eine *Kapitalgesellschaft* verschmolzen wird. Übersteigt nämlich das negative Vermögen der übertragenden Muttergesellschaft das freie Eigenkapital der Tochter-GmbH, so liegt darin eine sub specie § 30 Abs. 1 GmbHG unzulässige Auszahlung an die Gesellschafter der gemäß § 20 Abs. 1 Nr. 2 UmwG erloschenen Muttergesellschaft, die im Wege des Direkterwerbs zu Gesellschaftern der Tochter-GmbH werden, weil dann die Tochter-GmbH die wirtschaftlichen Schulden ihrer Neu-Gesellschafter übernimmt.[1023]

Bei einer Verschmelzung auf eine *Personengesellschaft* – wie dies das Down-Stream-Merger-Modell vorsieht – kann es hingegen nicht zu derartigen Konflikten kommen, da das Personengesellschaftsrecht entsprechende Kapitalerhaltungsvorschriften nicht kennt.[1024]

III. Praxistauglichkeit

In steuerlicher Hinsicht muss an die – notwendigerweise – recht vagen obigen Ausführungen zur steuerrechtlichen Perspektive angeknüpft werden. Inwieweit die Finanzverwaltung die Tz. 04.12 und 03.10 UmwSt-Erlass auch auf Anteile an den übertragenden Körperschaften, die ihrerseits an der übernehmenden Personengesellschaft beteiligt sind, anwenden wird, die sich nicht im Privat-, sondern im Betriebsvermögen eines Gesellschafters der Körperschaften, der nicht zugleich eine Beteiligung an der Personengesellschaft hält, ist derzeit noch offen.

Gesichert ist, dass sich das Down-Stream-Merger-Modell weder unter § 4 UmwStG noch unter die Einlage- und Übertragungsfiktionen des § 5 Abs. 2 und 3 UmwStG – auch bei einer extensiven Wortlautauslegung – subsumieren lässt. Für eine teleologi-

---

1023 Eine Auszahlung in Form einer verdeckten Gewinnausschüttung liegt deshalb vor, weil die Tochter-GmbH im Ergebnis die Schulden der Muttergesellschaft übernimmt, die im Rahmen einer wirtschaftlichen Betrachtungsweise Schulden der Gesellschafter der Muttergesellschaft sind, und hierfür keine adäquate Gegenleistung erhält. Mit der Verschmelzung werden im Wege des Direkterwerbs die Gesellschafter der Muttergesellschaft Gesellschafter der Tochter-GmbH, so dass ihnen gegenüber eine (unzulässige) Auszahlung im Sinne von § 30 Abs. 1 GmbHG vorliegt. Vgl. die ausführliche Darstellung bei Widmann/Mayer-Mayer, Umwandlungsrecht, Bd. 2, § 5 Rn. 40.1 m. w. Nachw. sowie Rödder, T./Wochinger, P., Besteuerung des down-stream merger, FR 1999, S. 1 (4).

1024 Allerdings ist der Sonderfall der GmbH & Co. KG zu beachten. Vgl. dazu sogleich Kapitel VI § 2 B. II. (S. 266 f.).

sche Extension spräche die ratio legis – gerade - auch nach Neufassung des § 4 Abs. 6 UmwStG.

Gesellschaftsrechtlich ergeben sich bei der Verschmelzung der T-GmbHs auf die Personengesellschaft keine Sonderprobleme. Allerdings sind die umwandlungsrechtlichen Gläubigerschutzvorschriften sowohl beim vorgeschalteten Formwechsel wie auch bei der nachfolgenden Verschmelzung zu beachten (§§ 204, 205 UmwG in Verbindung mit §§ 22, 25 UmwG bzw. §§ 22, 25 UmwG sowie jeweils mittelbar § 27 UmwG, § 43 Abs. 2 GmbHG). Ferner entsteht infolge der aus personengesellschaftsrechtlichen Gründen notwendigen Einschaltung mehrerer Erwerber- und Tochter-GmbHs ein nicht unerheblicher Gründungsaufwand.

§ 2 Organschaftsmodell[1025]

Das Organschaftsmodell basiert auf einem ähnlichen Mechanismus wie das Kombinationsmodell, trägt jedoch durch die von einer natürlichen Person gehaltene Personengesellschaft und die Bildung einer Organschaft den Veränderungen der Unternehmenssteuerreform Rechnung, um über eine abführungsbedingte Teilwertabschreibung die intendierte Buchwertaufstockung trotz share deal sicherstellen zu können.
Nachfolgend soll zunächst das Organschaftsmodell in seiner Reinform dargestellt und im Rahmen der Bewertung schwerpunktmäßig die Anwendung dieses Modells auf den Spin-Off-MBO diskutiert werden.

A. Inhalt

Die Funktionsweise des Organschaftsmodells lässt sich in sieben Schritte auffächern:[1026]
Zunächst wird eine GmbH & Co. KG gegründet. Die Komplementär-GmbH hat eine Kapitaleinlage von 0 % und ist auch sonst weder am Gewinn noch am Verlust der KG beteiligt. Um die spätere Teilwertabschreibung zu gewährleisten, muss der Tatbestand der § 8b Abs. 6 Satz 1 in Verbindung mit § 8b Abs. 3 KStG n. F. vermieden werden. Daher dürfen Gesellschafter der KG nur natürliche Personen sein oder (zwi-

---

1025 Vgl. zum Organschaftsmodell (Stand: Juni 2001): Haufe (Hrsg.), Steueroffice, Unternehmenssteuerreform 2001, S. 204; Schwedhelm, R./Olbing, K./Binnewies, B., Gestaltungsüberlegungen zum Jahreswechsel 2000/2001 rund um die GmbH, S. 1173 (1180 li. Sp.); ausführlich: Blumers, W./Beinert, S./Witt, S.-C., Unternehmenskaufmodelle nach der Steuerreform, DStR 2001, S. 233 ff.

1026 Die Vorstellung des Organschaftsmodells lehnt sich an die Darstellung bei Blumers, W./Beinert, S./Witt, S.-C., Unternehmenskaufmodelle nach der Steuerreform, DStR 2001, S. 233 ff. an.

schengeschaltete) Personengesellschaften, an denen ihrerseits nur natürliche Personen beteiligt sind.
Als natürliche Person, die – idealiter – die GmbH & Co. KG gründet und ihre Anteile im Privatvermögen hält, wird der Verkäufer (V) der Ziel-GmbH gewählt. Diese Verfahrensweise hat – wie später noch zu zeigen sein wird – den Vorteil, sub specie § 42 AO weniger missbrauchsgefährdet zu sein. Mit Blick auf § 42 AO hat dieses Vorgehen auch eine vordergründige, rein wirtschaftlich – das heißt, eben nicht rein steuerlich – motivierte Ursache. Denn mittelbar ist der Verkäufer von der - scheinbar nur an den post-akquisitorischen Käufer adressierten - Vorschrift des § 8b Abs. 3 KStG n. F. genauso betroffen, da ein Erwerber, dem gesetzlich die Abschreibungsmöglichkeit seines Investments genommen wird, nur einen geringeren Kaufpreis zu zahlen bereit sein wird.

In einem zweiten Schritt erwirbt die GmbH & Co. KG vom Verkäufer V im Wege eines share deal die Anteile an der Ziel-GmbH.

Sodann bildet die GmbH & Co. KG mit der Ziel-GmbH eine körperschaftsteuerliche wie gewerbesteuerliche Organschaft. "Für die Organträgerfähigkeit der GmbH & Co. KG reicht es aus, dass es sich um eine gewerblich geprägte Personengesellschaft im Sinne von § 15 Abs. 3 Nr. 2 EStG handelt."[1027] Auf die auf Grund der Neufassung des § 14 KStG gegenüber den früheren Anforderungen[1028] an die körperschaftsteuerliche Organschaft abgesenkten Voraussetzungen wurde bereits eingegangen.[1029] Auch die (gleich gebliebenen) Voraussetzungen der gewerbesteuerlichen Organschaft nach § 2 Abs. 2 Satz 2 GewStG sowie die Möglichkeit, trotz Vorliegens einer Holding-Struktur eine gewerbesteuerliche Organschaft zu begründen, wurden bereits erörtert und sind auf die vorliegende Konstellation übertragbar.[1030]

Auf einer vierten Stufe veräußert die Ziel-GmbH im Wege eines internen asset deal ihre Vermögensgegenstände zum Teilwert an die KG, so dass letztere die Wirtschaftsgüter mit den entsprechend aufgestockten Buchwerten ansetzen kann und auf diese Weise das bloß latente Abschreibungssubstrat der Gesellschaftsanteile in steuerlich nutzbares Abschreibungsvolumen transformiert.
Allerdings sollte im Hinblick auf den Umfang des asset deal darauf geachtet werden, dass der Ziel-GmbH weiterhin eine geringe Geschäftstätigkeit ermöglicht bleibt, da von der herrschenden Meinung angenommen wird, dass die wirtschaftliche Eingliederung bereits zum Zeitpunkt der Veräußerung des Geschäftsbetriebs und nicht erst eine juristische Sekunde danach, entfällt. Dies hätte die missliche Folge, dass mit der

---

1027 Blumers, W./Beinert, S./Witt, S.-C., Unternehmenskaufmodelle nach der Steuerreform, DStR 2001, S. 233 (235 re. Sp. unt.) m. w. Nachw.

1028 Vgl. zur alten Rechtslage die Ausführungen in Kapitel V § 1 C. I. 1. a) (S. 214 ff.).

1029 Vgl. Kapitel III § 2 C. I. 3. c) (S. 110 ff.).

1030 Siehe Kapitel III § 2 C. I. 3. c) (S. 114 ff.).

Veräußerung des gesamten Geschäftsbetriebs die gewerbesteuerliche Organschaft beendet und eine nachgeschaltete abführungsbedingte Teilwertabschreibung gewerbesteuerlich unmöglich gemacht würde.[1031]
Jedoch sollte die verbleibende Geschäftstätigkeit klein gehalten werden und möglichst wenig stille Reserven beinhalten, um nicht die bezweckte Buchwertaufstockung zu torpedieren.

Das Zurückbehalten einer angemessenen Geschäftstätigkeit ist auch bezogen auf die Wirksamkeit der körperschaftsteuerlichen Organschaft veranlasst. Zwar bedarf es nach § 14 Nr. 2 KStG n. F. nicht mehr des Tatbestandsmerkmals der wirtschaftlichen Eingliederung der Organgesellschaft in das Unternehmen des Organträgers, jedoch darf gemäß Abschn. 55 Abs. 7 Satz 3 KStR nicht von Anfang an geplant sein, den mit der Organgesellschaft zu schließenden Ergebnisabführungsvertrag im Sinne von § 291 Abs. 1 Satz 1 AktG vor Ablauf von fünf Jahren wieder zu beenden.
Mit Veräußerung aller Wirtschaftsgüter würde aber der Ergebnisabführungsvertrag wirtschaftlich leer laufen und steuerlich nicht mehr anerkannt werden.[1032]

In einem fünften Schritt wird der auf der Ebene der Ziel-GmbH erzielte körperschaftsteuerpflichtige Veräußerungsgewinn neutralisiert. Dazu wird eine abführungsbedingte Teilwertabschreibung der Beteiligung an der Ziel-GmbH vorgenommen, da infolge der vorzunehmenden Dividendenausschüttung der Wert der Beteiligung an der Z-GmbH unter den Anschaffungskosten liegt, in denen auch stille Reserven sowie möglicherweise ein Firmenwert abgegolten wurden.[1033]
Diese abführungsbedingte Teilwertabschreibung wird steuerlich anerkannt und unterliegt insbesondere nicht § 8b Abs. 3 KStG n. F., da keine Organschaft zwischen zwei Körperschaften, sondern zwischen einer Personengesellschaft als Organträger und einer Körperschaft als Organgesellschaft vorliegt.[1034]
Einer auch gewerbesteuerlichen Neutralisation der Steuerlast aus dem asset deal scheint prima vista die Hinzurechnungsvorschrift des § 8 Nr. 10 GewStG – wie beim Kombinationsmodell – entgegenzustehen. Allerdings steht der GmbH & Co. KG als

---

1031 Vgl. zum entsprechenden Streit Blumers, W./Beinert, S./Witt, S.-C., Unternehmenskaufmodelle nach der Steuerreform, DStR 2001, S. 233 (236 f. m. w. Nachw.).

1032 Vgl. Blumers, W./Beinert, S./Witt, S.-C., Unternehmenskaufmodelle nach der Steuerreform, DStR 2001, S. 233 (237 li. Sp.).

1033 Vgl. Abschn. 60 Abs. 1 KStR, der auf die nach dem geltenden Recht hierfür erforderlichen Voraussetzungen verweist, womit § 6 Abs. 1 Nr. 1 Satz 2 EStG gemeint ist. Zur Anwendung im Zusammenhang mit einer abführungsbedingten Teilwertabschreibung vgl. BFH vom 23. 10. 1996, DStR 1997, S. 284; Streck, KStG, § 14 Rn. 83 m. w. Nachw. Zur Problematik der Bemessung der Höhe der Teilwertabschreibung vgl. ob., Kapitel V § 1 A. (S. 211 f.).

1034 Vgl. Blumers, W./Beinert, S./Witt, S.-C., Unternehmenskaufmodelle nach der Steuerreform, DStR 2001, S. 233 (237 re. Sp. ob.).

Personengesellschaft die Möglichkeit der pauschalen Gewerbesteueranrechnung gemäß § 35 Abs. 2 EStG offen, sofern – wie hier – eine gewerbesteuerliche Organschaft besteht.[1035]

Sechstens veräußert der Inhaber der KG-Anteile, also idealerweise der ehemalige Anteilseigner der Ziel-GmbH Kommandit- und Komplementär-GmbH-Anteile an die (eigentliche) Erwerber-GmbH.
Damit ist in der Darstellung des Organschaftsmodells der kritische Punkt erreicht, an dem sich die Frage nach der steuerlichen Anerkennung unter dem Gesichtspunkt des Missbrauchsvorwurfs nach § 42 AO stellt. Denn de facto hat der Verkäufer V seine GmbH-Anteile zunächst an eine von ihm selbst gehaltene GmbH & Co. KG veräußert, nur um in einem engen zeitlichen und sachlichen Zusammenhang die KG-Anteile an die Erwerber-GmbH weiterzuveräußern, die letztlich den gesamten Veräußerungsvorgang initiiert und gelenkt hat. Einziger (steuerlicher) Hintergrund – so könnte man meinen – ist die Umgehung des § 8b Abs. 3 KStG n. F. und die wirksame Herbeiführung einer abführungsbedingten Teilwertabschreibung, die der Erwerber-GmbH nach dem klassischen Kombinationsmodell versagt geblieben wäre. Bei einer solchen Vorgehensweise liegt der Vorwurf des § 42 AO, dass die rechtliche Gestaltung –gemessen am erstrebten Ziel – unangemessen ist, der Steuerersparnis dienen soll und durch wirtschaftliche oder sonst beachtliche nichtsteuerliche Gründe nicht gerechtfertigt ist, recht nahe.[1036]

Dem widersprechen jedoch die Vertreter des Organschaftsmodells und führen im wesentlichen drei Argumente an.[1037] Zum einen wird argumentiert, dass letztlich gar nicht V Steuern sparen will, sondern nur seinem Vertragspartner, der Erwerber-GmbH, einen steuerlichen Vorteil verschaffe, der ihm über einen höheren Kaufpreis wieder vergolten wird. Insofern liege allenfalls die Figur eines Rechtsmissbrauchs zu Gunsten Dritter vor. Letztendlich müsse es aber dem Verkäufer überlassen bleiben, wie er seinen Veräußerungserlös optimiere.
Zum anderen könne in der vorliegenden Konstellation nur durch eine Anerkennung des Organschaftsmodells ein dem neuen Steuersystem als solchem inhärenter Systembruch vermieden werden. Denn ohne das Organschaftsmodell würde der Kauf von Kapitalgesellschaftsanteilen, die eine natürliche Person oder eine Personengesellschaft hält, durch eine andere Kapitalgesellschaft nicht systemkonform zwei-

---

[1035] Vgl. dazu ausführlich und m. w. Nachw. Blumers, W./Beinert, S./Witt, S.-C., Unternehmenskaufmodelle nach der Steuerreform, DStR 2001, S. 233 (238 li. Sp. ob.).

[1036] Tipke/Kruse, AO – FGO, Bd. 1, § 42 Rn. 30; Koch/Scholz-Hoffmann, AO Kommentar, § 42 Rn. 6; Klein-Brockmeyer, AO Kommentar, § 42 Rn. 11; Schöller/Leopold/Madle/Rader, AO Praktikerkommentar, § 42 Rn. 78.2.

[1037] Vgl. zum Folgenden Blumers, W./Beinert, S./Witt, S.-C., Unternehmenskaufmodelle nach der Steuerreform, DStR 2001, S. 233 (238).

mal[1038], sondern im Ergebnis dreimal besteuert. Denn zusätzlich hat ja der Verkäufer V bereits die über den Kaufpreis abgegoltenen stillen Reserven in Gestalt seines Veräußerungsgewinns in Höhe von 50 % nach dem Halbeinkünfteverfahren versteuert.
"Angesichts dieser Systembrüche zu Lasten des Steuerpflichtigen", so wird argumentiert, "stellt sich die Frage, ob ein Steuerpflichtiger, der unter Nutzung der vorhandenen Steuerregeln die Systembrüche vermeiden will, überhaupt rechtsmissbräuchlich handeln kann."[1039]
Schließlich wird als letztes Argument angeführt, dass der Gesetzgeber der Unternehmenssteuerreform den Wechsel zwischen der einkommen- und körperschaftsteuerlichen Besteuerung bedacht und entsprechend ausführlich geregelt habe, was sich an Vorschriften wie § 8b Abs. 4 KStG n. F. oder § 4 Abs. 6 UmwStG n. F. zeige. Diese Regelungen sind daher enumerativ und dürfen nicht durch eine entsprechende Instrumentalisierung des § 42 AO weiter ausgedehnt werden.

Ob und inwieweit das Organschaftsmodell dem Verdikt des § 42 AO ausgesetzt ist, soll und – wie später zu zeigen sein wird – muss für die Konstellation des Spin-Off-MBO nicht ausführlich untersucht werden. An dieser Stelle soll lediglich kurz zu dem Argument Stellung genommen werden, § 42 AO sei nicht einschlägig, da lediglich ein im Gesetz angelegter Systembruch vermieden werde. M. E. ist diese Argumentationslinie in steuersystematischer wie in allgemein rechtsstaatlicher Hinsicht nur schwer vertretbar. Denn damit wird das steuerlich Wünschenswerte mit dem steuergesetzlich Möglichen verwechselt. Wenn das Körperschaftsteuergesetz verunglückte Regelungen enthält, die in letzter Konsequenz gar zu Systembrüchen führen – und allein im Verlauf dieser Arbeit haben sich dafür etliche Beispiele finden lassen -, so ist es Aufgabe des Gesetzgebers diese Ungereimtheiten zu beseitigen. Der Steuerpflichtige kann sich im Rahmen von Gestaltungen lediglich umgekehrt bestehender Systemlücken zu seinen Gunsten bedienen, weil er damit nur das geltende Recht und Gesetz anwendet. Die Entscheidung, ob eine Gestaltung im Sinne von § 42 AO unangemessen ist, wird hingegen nicht dadurch tangiert, dass der – an sich tatbestandsmäßige – Rechtsmissbrauch lediglich den - bei nicht missbräuchlicher – Anwendung drohenden Systembruch quasi in Vertretung des Gesetzgebers abwendet. Denn eine Rechtfertigung zu Gunsten von Rechtsgütern der Allgemeinheit gibt es nicht und die partielle Fehlbarkeit des Steuergesetzgebers lässt auch keinen Raum für einen "über-steuergesetzlichen Notstand", sondern nur den Wunsch einer Verbesserung de lege ferenda.

1038 Das heißt – bezogen auf das neue Halbeinkünfteverfahren - auf Ebene der Kapitalgesellschaft und auf Ebene ihrer Anteilseigner.

1039 So Blumers, W./Beinert, S./Witt, S.-C., Unternehmenskaufmodelle nach der Steuerreform, DStR 2001, S. 233 (238 re. Sp.).

Ordnet man das Organschaftsmodell gleichwohl als nicht rechtmissbräuchlich ein, so kann in einem siebten Schritt die Komplementär-GmbH – mangels Vermögensbeteiligung an der KG – steuerneutral aus der KG ausscheiden, mit der Folge, dass das Unternehmen der ehemaligen GmbH & Co. KG bei der Erwerber-GmbH als Kommanditistin anwächst. Auch bei diesem Vorgehen steht der Vorwurf des Gestaltungsmissbrauchs im Raum, der jedoch dann entkräftet werden kann, wenn mit dem Ausscheiden der Komplementär-GmbH eine angemessene Zeitspanne abgewartet wird. *Blumers/Beinert/Witt* führen als (gutes) Argument gegen die Beachtung irgendeiner Frist an, dass die GmbH & Co. KG ja nicht von der Erwerber-GmbH, sondern von V gegründet wurde und daher ein Gestaltungsmissbrauch von vornherein nicht in Betracht komme, weil es der Erwerber-GmbH überlassen bleiben müsse, "ob sie den Geschäftsbetrieb in Form einer Personen- oder einer Kapitalgesellschaft weiterführen will."[1040]

B. Bewertung

I. Steuerrechtliche Perspektive

Bewertet man das Organschaftsmodell unter Spin-Off-MBO-spezifischer Optik, so ist es in der dargestellten Reinform nicht durchführbar. Denn nach der Verkaufskonstellation, die der Arbeit zugrunde liegt, agiert auf Verkäuferseite kein Einzelunternehmer, sondern - typischerweise – ein größerer Konzern in der Rechtsform einer AG. Daher scheidet die Gestaltung, den Verkäufer – auch in dessen eigenem Interesse – zu überreden, die Ziel-GmbH zunächst an eine von ihm selbst gegründete GmbH & Co. KG zu veräußern von vornherein aus.

Es kommt allenfalls in Betracht, einen oder mehrere Gesellschafter der Erwerber-GmbH, ihrerseits aus Haftungsgründen organisiert in Form einer GmbH & Co. KG, als Erwerber zwischenzuschalten.

Im Rahmen einer solchen Gestaltung steigt jedoch die Gefahr des Missbrauchsvorwurfs gemäß § 42 AO weiter an.[1041] Denn zumindest das Argument, dass die Konstruktion nur Ausdruck des Verkäuferrechts sei, einen optimalen Kaufpreis zu erzielen, scheidet bei einer wirtschaftlichen Betrachtungsweise der Vorgänge mehr oder weniger aus, da der die GmbH & Co. KG haltende Gesellschafter (G) wirtschaftlich der Erwerber-GmbH zuzurechnen ist. Daran ändert sich nur dann etwas, wenn er auch tatsächlich das wirtschaftliche Risiko der GmbH & Co. KG trägt, was dadurch erreicht werden kann, dass zwischen G und der Erwerber-GmbH ein erfolgsabhängiges Kaufpreismodell vereinbart wird.

Zu einer solchen Konstruktion wird jedoch kaum ein Gesellschafter der Erwerber-GmbH bereit sein. Denn der Spin-Off-MBO ist auf Grund des hohen Grades an

1040 Blumers, W./Beinert, S./Witt, S.-C., Unternehmenskaufmodelle nach der Steuerreform, DStR 2001, S. 233 (239 li. Sp.).

1041 So a. die Einschätzung bei Blumers, W./Beinert, S./Witt, S.-C., Unternehmenskaufmodelle nach der Steuerreform, DStR 2001, S. 233 (239 re. Sp.).

Fremdfinanzierung ein im Zweifel sehr lukratives, aber ebenso risikoreiches Geschäft.
Umgekehrt werden die in der Erwerber-GmbH zurückbleibenden Gesellschafter nur mit Unbehagen auf die Tätigkeiten der KG blicken, die sie zwar faktisch, nicht aber rechtlich beeinflussen können.[1042] Insoweit wird der in die KG eingelegte Kaufpreis häufig eine allzu große Verantwortungsbürde für den oder die KG-Gesellschafter sein und auf der anderen Seite das Vertrauen der Erwerber-GmbH-Gesellschafter überstrapazieren.
Relativ unproblematisch ist dagegen die Handhabung des personengesellschaftsrechtlichen Grundsatzes der Eigenorganschaft. Denn in der GmbH & Co. KG ist zur organschaftlichen Vertretung ausschließlich die Komplementär-GmbH berechtigt(§§ 161 Abs. 2 in Verbindung mit
§ 125 Abs. 1 HGB bzw. e contrario § 170 HGB), die ihrerseits wiederum vom Grundsatz der Fremdorganschaft bestimmt wird. Insofern ist es also auch nicht an der KG beteiligten Gesellschaftern der Erwerber-GmbH möglich, die KG zu vertreten.
Ferner werden außenstehende Investoren eher skeptisch reagieren, wenn sie mit einer derart komplizierten und steuerrechtlich unter Missbrauchsgesichtspunkten risikobehafteten Gestaltung konfrontiert werden.
Schließlich stellt sich auch die Frage, auf welche Rechtsträger die Eigen- und Fremdkapitalfinanzierung verteilt wird.

Die Einschaltung eines Dritten als Alleingesellschafter der GmbH & Co. KG ist zwar ebenfalls denkbar, eignet sich m. E. für die Konstellation des Spin-Off-MBO jedoch noch weniger. Zwar bleibt das Risiko der Rechtsmissbräuchlichkeit nur gering, soweit der Dritte nicht der Erwerber-GmbH zugerechnet wird, mithin für eigene Rechnung handelt. Ein derartiges Vorgehen entspricht aber in keiner Weise mehr dem ausgewogenen internen Interessen- und Verantwortungsgefüge der am Spin-Off-MBO Beteiligten. Die Zwischenschaltung eines fremden, das heißt, wirtschaftlich nicht der Buy-Out-Gruppe zurechenbaren Dritten lässt sich in die Spin-Off-MBO-Konstellation kaum integrieren.
Hinzu kommen Probleme, den späteren Erwerb durch die Erwerber-GmbH sicherzustellen, ohne dass das steuerrechtlich relevante wirtschaftliche Eigentum im Sinne von § 39 Abs. 1, 2 Nr. 1 AO bereits auf die Erwerber-GmbH übergeht.

[1042] Der zugleich rechtliche Einfluss könnte nur über einen Verkauf des Komplementär-Anteils an die Erwerber-GmbH realisiert werden, wobei dann sicherzustellen ist, dass die als Kommanditisten tätigen Gesellschafter weiter Mitunternehmerrisiko und –verantwortung in der GmbH & Co. KG tragen. Ein Malus dieser Konstruktion ist freilich, dass der Gewinn der KG nicht der mit 0 % Kapitaleinlage beteiligten Komplementär-GmbH, sondern weiterhin allein den Kommanditisten zugerechnet wird. Dieses Ergebnis lässt sich allenfalls über die Verpachtung des Betriebs der GmbH & Co. KG an die Erwerber-GmbH modifizieren (vgl. dazu Blumers, W./Beinert, S./Witt, S.-C., Unternehmenskaufmodelle nach der Steuerreform, DStR 2001, S. 233 (239)).

II. Gesellschaftsrechtliche Perspektive

In gesellschaftsrechtlicher Hinsicht entstehen keine Schwierigkeiten im Hinblick auf die Kapitalerhaltungsvorschriften der §§ 30, 31 GmbHG, wenn mit dem Zugriff auf das Vermögen der Ziel-GmbH solange gewartet wird, bis der asset deal vollzogen wurde und die GmbH & Co. KG als Kreditnehmerin sodann zwecks Tilgungs- und Zinszahlungen sowie zu Besicherungszwecken auf ihr eigenes Vermögen zugreift. Ansonsten kommen Verstöße gegen die §§ 30, 31 GmbHG in Betracht und zwar auch dann, wenn die Zahlungen an die Erwerber-GmbH als Nicht-Gesellschafterin erfolgen. Denn wegen der Personalunion der KG-und Erwerber-GmbH-Gesellschafterstellung wären derartige Zahlungen den KG-Gesellschaftern zuzurechnen.[1043]

Zu Konflikten mit den §§ 30, 31 GmbHG kann es ferner kommen, wenn nicht die GmbH & Co. KG selbst, sondern ihr Gesellschafter bzw. die Erwerber-GmbH das Fremdkapital aufgenommen haben. Dann gelangt man zum vielschichtigen Problem der Anwendung der §§ 30, 31 GmbHG auf Zahlungen, die aus dem KG-Vermögen an den Kommanditisten bzw. – in der vorliegenden Konstellation – an eine diesem nahestehende dritte GmbH, die dem Kommanditisten zuzurechnen ist, fließen. An dieser Stelle soll daher der Hinweis ausreichen, dass die dargestellte Konstellation sub specie §§ 30, 31 GmbHG keineswegs unproblematisch ist. Da die persönliche Haftung einer (Komplementär-)GmbH nicht die "gleiche Regulationsfunktion"[1044] wie die einer natürlichen Person hat, werden aus Gläubigerschutzgesichtspunkten die §§ 30, 31 GmbHG auch im Zusammenhang mit der GmbH & Co. KG bei Auszahlungen an deren Gesellschafter unter bestimmten Voraussetzungen angewandt.[1045] Im Rahmen des Organschaftsmodells kann es zu Konflikten mit § 30 Abs. 1 GmbHG kommen, "wenn die GmbH zum Ausgleich ihrer zu passivierenden Haftungsverpflichtung gegenüber den KG-Gläubigern (§§ 161 Abs. 2, 128 HGB) durch eine Aushöhlung des Vermögens der KG keinen werthaltigen Freistellungsanspruch gegen diese aktivieren kann, und es dadurch zu einer Unterbilanz kommt. Deshalb

---

1043 Vgl. Baumbach/Hueck-Hueck/Fastrich, GmbHG, § 30 Rn. 17; Scholz-Westermann, GmbHG, § 30 Rn. 28; Lutter/Hommelhoff, GmbHG, § 30 Rn. 25; Beck'sches Handbuch der GmbH-Gandenberger, § 8 Rn. 35 ff.

1044 Hachenburg-Goerdeler/Müller, GmbHG, Bd. 1, § 30 Rn. 81. *Goerdeler/Müller* weisen an gleicher Stelle auch darauf hin, dass die GmbH-rechtliche Haftungsausweitung auf die KG auch der Intention des modernen Gesetzgebers entspreche, was sich an den neu eingefügten §§ 130a, 177a HGB ablesen lasse.

1045 Vgl. i. e. Hachenburg-Goerdeler/Müller, GmbHG, Bd. 1, § 30 Rn. 82 ff.; Baumbach/Hueck-Hueck/Fastrich, GmbHG, § 30 Rn. 22; Scholz-Westermann, GmbHG, § 30 Rn. 38 ff.; Lutter/Hommelhoff, GmbHG, § 30 Rn. 46 ff.; Brönner, H./Rux, H.-J./Wagner, H., Die GmbH & Co. KG, 1998, Rn. 330 ff.

ist nicht entscheidend, ob die GmbH am Vermögen der KG beteiligt ist,"[1046] was im Rahmen des Organschaftsmodell ja gerade nicht der Fall ist.

III. Praxistauglichkeit

Ob und inwieweit das Organschaftsmodell sich steuerrechtlich tatsächlich als praxistauglich erweisen wird, bleibt noch abzuwarten und wird sich vor allem danach entscheiden, wie die Rechtsprechung und Finanzverwaltung den Vorwurf der Rechtsmissbräuchlichkeit werten.
Bezogen auf die hier untersuchte Konstellation des Spin-Off-MBO, in der wegen des hohen Grades der Fremdfinanzierung und des damit verbundenen erheblichen wirtschaftlichen Risikos die Übernahme der Gesellschafterstellung in der GmbH & Co. KG durch einen oder mehrere Gesellschafter der Erwerber-GmbH äußerst problematisch ist, erscheint das Organschaftsmodell keine praktikable Alternative zu sein, die Transformation der Anschaffungskosten in steuerlich verwertbares Abschreibungssubstrat sicherzustellen.
Auch in gesellschaftsrechtlicher Hinsicht bleiben Probleme mit den Kapitalerhaltungsvorschriften der §§ 30, 31 GmbHG bestehen. Darüber hinaus fällt infolge der Gründung zweier am Erwerbsvorgang beteiligter Gesellschaften sowie infolge der Bildung einer körperschaft- und gewerbesteuerlichen Organschaft ein erheblicher Organisationsaufwand an, der mit entsprechenden Kosten und entsprechender Fehleranfälligkeit verbunden ist.

1046 Hachenburg-Goerdeler/Müller, GmbHG, Bd. 1, § 30 Rn. 82.

Kapitel VII Zusammenfassung

Im Schlusskapital soll ein Resümee aus den behandelten Problemkomplexen gezogen werden, an das sich die Vorstellung des daraus resultierenden "idealen" Spin-Off-MBO-Modells nach der Unternehmenssteuerreform 2001 anschließt.

1. Aus Sicht der veräußernden Konzernobergesellschaft kommen mit der Unternehmenssteuerreform 2001 zu den nichtsteuerlichen Vorzügen, die für einen share deal sprechen, angesichts der Steuerfreistellung des Veräußerungsgewinns von Schachtelbeteiligungen gemäß § 8b Abs. 2 KStG n. F. ab dem 1. 1. 2002 – bei kalenderjahrgleichem Wirtschaftsjahr der Beteiligungsgesellschaft - nun auch erhebliche steuerliche Vorteile hinzu.
In Zukunft werden daher noch mehr Konzern-Spin-Offs als share deal ausgestaltet sein.
Um in den Genuss dieser Steuerbefreiung zu gelangen, existieren viele Gestaltungsmöglichkeiten, die Veräußerung der Ziel-GmbH in den Veranlagungszeitraum 2002 zu verlagern und zugleich dem Erwerber schon vorher eine wirtschaftlich starke, lenkende Stellung einzuräumen.

2. Aus Erwerbersicht hat – bezogen auf den typischen Fall einer Erwerber-GmbH – die Unternehmenssteuerreform zwar insoweit zu steuerlichen Entlastungen geführt, als nun auf Ebene der regelmäßig als Holding ausgestalteten Erwerber-GmbH die von der Ziel-GmbH ausgeschütteten Schachteldividenden steuerfrei nach § 8b Abs. 1 KStG n. F. ab dem 1. 1. 2002 vereinnahmt werden können, sofern die Ziel-GmbH ein kalenderjahrgleiches Wirtschaftsjahr aufweist.
Damit verbunden ist jedoch als ein bis dato kaum relevantes Problem das Zinsabzugsverbot gemäß § 3c Abs. 1 EStG n. F. hinzugekommen, das insbesondere im Rahmen des stark fremdfinanzierten Spin-Off-MBO eine erhebliche Rolle spielt. Als Ausweg aus § 3c Abs. 1 EStG n. F. bietet sich neben anderen Modellen die Organschafts-Lösung als praktikabelste und effizienteste Lösung an.

3. Der für den Spin-Off-MBO charakteristische, umfassende Zugriff der Erwerber-GmbH auf das Vermögen der Ziel-GmbH kann sub specie §§ 30, 31 GmbHG Probleme aufwerfen. Die Unwirksamkeit des Besicherungsgeschäfts kommt nur in extremen Ausnahmefällen in Betracht.
In allen Konstellationen sind, bezogen auf den Grundsatz der Kapitalerhaltung, konservative Vorgehensweisen angezeigt, wenn man angesichts des Fehlens einer klaren Linie der Rechtsprechung und Literatur von vorneherein Risiken angesichts des Kapitalerhaltungsgrundsatzes aus dem Weg gehen will. Von Besicherungs- und Darle-

hensgeschäften, die der Ziel-GmbH-Gesellschafterin zugute kommen, sollte am besten abgesehen werden, wenn dadurch eine Unterbilanz begründet oder vertieft werden würde.

4. Das wahrscheinlich schwierigste Problem im Rahmen künftiger Spin-Off-MBO liegt in der Transformation des Kaufpreises von beim share deal bloß latentem Abschreibungspotential in steuerlich nutzbares Abschreibungsvolumen.
Diesbezüglich hat die Unternehmenssteuerreform – bedingt durch die Systemumstellung vom Vollanrechnungsverfahren auf das Halbeinkünfteverfahren – zu gravierenden Veränderungen geführt. Bereits ab dem 1. 1. 2001 sind im Regelfall die umwandlungs(-steuer-)rechtlich geprägten Modelle (Umwandlungs- und Verschmelzungsmodell) wegen der Neufassung des § 4 Abs. 6 UmwStG nicht mehr durchführbar. Ab dem 1. 1. 2002 werden sich das Kombinations- und das Mitunternehmermodell wegen der Neufassung von § 8b Abs. 3 KStG erledigen.
Von den beiden kontrovers diskutierten Modellen (Down-Stream-Merger- und Organschaftsmodell), die auch in Zukunft Abschreibungsvolumen sicherstellen sollen, kommt der Down-Stream-Merger beim Spin-Off-MBO zwar grundsätzlich in Frage. Jedoch ist noch unklar, wie Finanzrechtsprechung, –verwaltung sowie der Gesetzgeber auf diese – wohl weder von § 4 Abs. 6 UmwStG n. F. noch von § 8b Abs. 3 KStG n. F. erfasste – Gestaltung reagieren werden.

5. Unter dem Vorbehalt der Anerkennung durch Rechtsprechung und Finanzverwaltung würde das Modell der Zukunft für Spin-Off-MBOs folgendermaßen aussehen: Die Manager und Eigenkapital gebenden Investoren sind aus Gründen organisationsverfassungsrechtlicher Flexibilität und aus Haftungserwägungen in Form einer Erwerber-GmbH zusammengeschlossen.
Den Interessen der veräußernden Konzernobergesellschaft wird über Abwicklung des Unternehmenskaufs als share deal Rechnung getragen. Die verkäuferseitige Steuerfreistellung schlägt sich in einem tendenziell moderateren Kaufpreis nieder.
Das Abschreibungsvolumen aus dem Kaufpreis wird trotz share deal in steuerlich verwertbarer Weise über das Down-Stream-Merger-Modell sichergestellt.
Probleme mit dem Zinsabzugsverbot des § 3c Abs. 1 EStG n. F. ergeben sich nicht, da die Betriebseinnahmen aus der GmbH & Co. KG, auf die die zwischengeschalteten Tochter-GmbHs der Erwerber-GmbHs verschmolzen worden sind, nicht steuerfrei gestellt sind. Die Betriebseinnahmen, die die GmbH & Co. KG als Subjekt der Einkünfteermittlung erzielt, sind auf Ebene ihrer Gesellschafter, der Erwerber-GmbHs, körperschaft- und gewerbesteuerpflichtig.
Sofern die GmbH & Co. KG später im Wege der formwechselnden (Rück-)Umwandlung in eine GmbH verwandelt werden soll, ist einerseits darauf zu achten, dass dies nicht zeitnah zum bereits vorgenommenen Formwechsel geschieht,

da ansonsten der Missbrauchsvorwurf nach § 42 AO im Raum steht. Andererseits stellt sich nach der Rückumwandlung das Problem des Zinsabzugsverbotes infolge § 3c Abs. 1 EStG n. F., das allerdings über die Bildung einer körperschaftsteuerlichen und – gegebenenfalls - gewerbesteuerlichen Organschaft zwischen den Erwerber-GmbHs und der entstandenen Tochter-GmbH gelöst werden kann.
Im Hinblick auf die GmbH-rechtlichen Kapitalerhaltungsvorschriften ist im Rahmen des Down Stream-Merger-Modells zu beachten, dass - auch soweit auf das KG - Vermögen seitens der Erwerber-GmbHs zugegriffen wird - eine Anwendung der §§ 30, 31 GmbHG denkbar ist.

Literaturverzeichnis

Abramenko, A., Die Sicherheitsleistung einer GmbH für Gesellschafter und der Kapitalerhaltungsgrundsatz (§§ 30, 31 GmbHG), GmbHR 1997, S. 875-880.

Allen (Hrsg.), Roundtable – The LBO Market, Mergers and Acquisitions, 1984.

Ammelung, U./Pletschacher, S./Jarothe, H., Die Teilwertabschreibung auf GmbH-Beteiligungen, GmbHR 1997, S. 97-112.

Armitage, B., Tax implications for managers in a buyout scheme, Accountancy, Jan. 1985.

Arnold, M. S., Lohnsteuerliche Behandlung von Stock Options – Ein Überblick über die Praxis, NZG 2001, S. 215-217.

Ballwieser, W./Schmidt, H., Charakteristika und Problembereiche von Management Buy-Outs I und II, in: WISU, 1990, S. 299-305 und S. 258-364.

Bamberger, B., Der Erfolg von Unternehmensakquisitionen in Deutschland – Eine theoretische und empirische Untersuchung, Bergisch-Gladbach/Köln 1994.

Bastuck, B., Kreditbesicherung im Konzern – Geklärte Fragen, offene Fragen und Vertragsgestaltung, <http:www.freshfields.com/publications/de.asp>, S. 1-22 [zit. Bastuck, B., Kreditbesicherung im Konzern, S.].

Baumbach, A./Hueck, A., GmbH-Gesetz, 17. Auflage, München 2000 [zit. Baumbach/Hueck-Bearbeiter, GmbHG, § Rn.].

Baumbach, A./Hopt, K. J., Handelsgesetzbuch, 30. Auflage, München 2000 [zit. Baumbach/Hopt, HGB, § Rn.].

Bechthold, R., GWB – Kartellgesetz – Gesetz gegen Wettbewerbsbeschränkungen - Kommentar, 2. Auflage, München 1999 [zit. Bechthold, R., GWB Kommentar, § Rn.].

Becker, R., Gesellschaftsrechtliche Probleme der Finanzierung von Leveraged-Buy-Outs, DStR 1998, S. 1429-1434.

Beck'scher Bilanz-Kommentar, Handels- und Steuerrecht - §§ 238 bis 339 HGB -, 4. Auflage, München 1999 [zit. Beck'scher Bilanz-Kommentar-Bearbeiter, § Rn.].

Beck'sches Handbuch der GmbH – Gesellschaftsrecht – Steuerrecht, hrsg. von Müller, W./Hense, B., 2. Auflage, München 1999 [zit. Beck'sches Handbuch der GmbH-Bearbeiter, § Rn.].

Beisel, W./Klumpp, H.-H. Der Unternehmenskauf – Gesamtdarstellung der zivil- und steuerrechtlichen Vorgänge einschließlich gesellschafts-, arbeits- und kartellrechtlicher Fragen bei der Übertragung eines Unternehmens, 3. Auflage, München 1996.

Berens, W./Mertes, M./Strauch, J., Unternehmensakquisitionen, in: Berens, W./Brauner, U. (Hrsg.), Due Diligence bei Unternehmensakquisitionen, 2. Auflage, Stuttgart 1999, S. 21-67.

Berger, M., Management Buy-Out und Mitarbeiterbeteiligung – Finanzwirtschaftliche Analyse von Konzepten zur Übernahme von Unternehmen durch Management und Belegschaft, Köln 1993.

Bernewitz, T., Spin-Off-Betriebsgründungen – Ein Start mit Vorsprung, Köln 1989.

Bijarke, E., "Demerger" als neues Restrukturierungselement, Börsenzeitung v. 9.6.1994, S. 20.

Bitter, G./Meidt, E., Nacherfüllungsrecht und Nacherfüllungspflicht des Verkäufers im neuen Schuldrecht, ZIP 2001, S. 2114-2124.

Blank, D., International Business Lawyer 1989, S. 353-356.

Blümich, Einkommensteuer – Körperschaftsteuer – Gewerbesteuer - Kommentar, Band 1 (§§ 1-8 EStG); Band 2 (§§ 9-21a EStG); Band 4 (KStG/GewStG) München 1988, Loseblattsammlung, Stand: 69. EL/Februar 2001, München [zit. Blümich-Bearbeiter, EStG/KStG/GewStG, Bd., § Rn.].

Blumentritt, J., Unternehmensveräußerungen durch den Konzern, Bergisch-Gladbach/Köln 1993.

Blumers, W./Beinert, S./Witt, S.-C., Unternehmenskaufmodelle nach der Steuerreform, DStR 2001, S. 233-240.

Blumers, W./Beinert, S., Unternehmenskauf und Mitunternehmermodelle, DB 1997, S. 1636-1640.

Blumers, W./Marquardt, M., Unternehmenskäufe durch Anteilserwerb nach neuem Umwandlungs(-steuer)recht, DStR 1994, 1869-1874.

Blumers, W./Schmidt, G., Leveraged Buy-Out/Management Buy-Out und Buchwertaufstockung – Gestaltungsvarianten für die Praxis, DB 1991, S. 609-613.

Boerner, D., Kaufrechtliche Sachmängelhaftung und Schuldrechtsreform, ZIP 2001, S. 2264-2273.

Booth, Management Buyouts, Shareholder welfare and the limits of fiduciary duty, 60 N.Y. Univ. L. Rev. 630-635 (1985).

Born, K., Überleitung von der Discounted-Cash-flow-Methode (DCF-Methode) zur Ertragswertmethode bei der Unternehmensbewertung, DB 1996, S. 1885-1889.

Bornheim, W., Die Erweiterung der Besteuerung nach § 17 Abs. 1 EStG durch das StSenkG – Auswirkungen und Gestaltungsüberlegungen, DB 2001, S. 162-170.

Boxberg, F. von, Das Management Buyout-Konzept, Hamburg 1991.

Brammsen, J., Strafbare Untreue des Geschäftsführers bei einverständlicher Schmälerung des GmbH-Vermögens, DB 1989, S. 1609-1615.

Brezing, K., Die Bewertung von Beteiligungen in der Steuerbilanz, StbJb 1972/1973, S. 339-374.

Brönner, H./Rux, H.-J./Wagner, H., Die GmbH & Co. KG – Umfassende Erläuterungen – Beispiele und Musterformulare für die Rechtspraxis, 8. Auflage, Freiburg u. a.1998.

Bühner, R., Betriebswirtschaftliche Organisationslehre, 4. Auflage, München/Wien 1989.

BVK (Bundesverband Deutscher Kapitalbeteiligungsgesellschaften) – Statistiken der Jahre 1990, 1995, 1999 und BVK Nachrichten – Special vom 5.7.2000 zu beziehen über BVK, Reinhardstrasse 27C, 10117 Berlin bzw. Statistik des Jahres 2000 unter <http://www.bvk-ev.de/fakten00/fakten.cfm>.

Canaris, C.-W., Schuldrechtsreform 2002 [Textsammlung], München 2002.

Canaris, C.-W., Handelsrecht, 23. Auflage, München 2000.

Carlson, D. G., Leveraged buyouts in bankruptcy, Georgia Law Review 1985, S. 74-78.

Caytas, I. G./Mahari, J. I., Im Banne des Investment Banking – Fusionen und Übernahmen überleben den Crash '87, Zürich 1988.

Coenenberg, A. G./Sautter, M. T., Strategische und finanzielle Bewertung von Unternehmensakquisitionen, in: Die Betriebswirtschaft 1988, S. 691-710 (wiederabgedruckt in: Busse von Colbe, W. v./Coenenberg, A. G. (Hrsg.), Unternehmensakquisition und Unternehmensbewertung, Stuttgart 1992, S. 189-217).

Continental Bank (Hrsg.), Management-Buy-Out, o. O. 1990.

Crawford, E. K., A Management Guide to Leveraged Buyouts, New York 1987.

Dauner-Lieb, B./Heidel, T./Lepa, M./Ring, G. (Hrsg.), Das Neue Schuldrecht – Ein Lehrbuch, Heidelberg 2002 [zit. Dauner-Lieb/Heidel/Lepa/Ring (Hrsg.)-Bearbeiter, Das Neue Schuldrecht, 2002, S.].

Dauner-Lieb, B./Arnold, A./Dötsch, W./Kitz, V., Fälle zum Neuen Schuldrecht, Heidelberg 2002.

Dauner-Lieb, B./Thiessen, J., Garantiebeschränkungen in Unternehmenskaufverträgen nach der Schuldrechtsreform, ZIP 2002, S. 108-114.

Dehmer, H., Umwandlungsgesetz – Umwandlungssteuergesetz - Kommentar, 2. Auflage, München 1996 [zit. Dehmer, UmwG – UmwStG].

Department of Finance, Leonard N. Stern School of Business, New York University, Restructuring Firms & Industries, o. O. 2001.

Dieterlen, J./Schaden, M., Sofort abzugsfähiger Verlust oder step up durch down-stream merger auch nach In-Kraft-Treten des Steuersenkungsgesetzes in Erwerberfällen?, BB 2000, S. 2552-2553.

Dietz, G./Foß, H./Weis, A., Grunderwerbsteuer - Kommentar, Loseblattsammlung, Stand: 13. EL/September 2000, Neuwied 2000 [Dietz/Foß/Weis-Bearbeiter, Grunderwerbsteuer, § Rn.].

Dirrigl, H., Die Bewertung von Beteiligungen an Kapitalgesellschaften – Betriebswirtschaftliche Methoden und steuerlicher Einfluss -, Hamburg 1988.

Döllerer, G., Aktienrecht und Steuerrecht, Wpg 1969, S. 333-340.

Dötsch, E./Pung, A., Die Änderung des § 17 des Einkommensteuergesetzes durch das Steuerentlastungsgesetz 1999/2000/2002, BB 1999, S. 1352-1358.

Dötsch, E./Eversberg, H./Jost, W. F./Witt, G., Die Körperschaftsteuer – Kommentar, Band 1 (Übersichten StSenkG); Band 2 (§§ 1-8b KStG 1999), Stuttgart 1988, Loseblattsammlung: Stand: 40. EL/Dezember 2000 [zit. Dötsch/Eversberg/Jost/Witt-Bearbeiter, Die Körperschaftsteuer, Bd., § Rn.].

Dötsch, E., Umwandlungssteuerrecht – Umstrukturierung von Unternehmen – Verschmelzung – Spaltung – Formwechsel - Einbringung, 4. Auflage, Stuttgart 1998.

Doralt, W., Der Teilwert als Anwendungsfall des Going-Concern-Prinzips, in: Raupach, A. (Hrsg.), Werte und Wertermittlung im Steuerrecht, Köln 1984, S. 141-154.

Drews, M., Auswirkungen der Grundstückswerte nach dem Jahressteuergesetz ab dem 1.1.1997 auf die Grunderwerbsteuer, UVR 1996, S. 389-390.

Ebke, W. F., Management Buy-Outs, ZHR 155 (1991), S. 132-162.

Eckhardt, D., BGH EWiR § 30 GmbHG, 1/98, S. 699-700.

Ehricke, U., Das abhängige Konzernunternehmen in der Insolvenz, Tübingen 1998.

Eilers, S., Steuerorientierte Gestaltungsüberlegungen bei Unternehmensveräußerungen durch Kapitalgesellschaften, in: Schaumburg, H. (Hrsg.), Unternehmenskauf im Steuerrecht, 2. Auflage, Stuttgart 2000, S. 43-73.

Eilers, S./Wienands, H.-G., Steuersenkungsgesetz: Besteuerung der Dividendeneinnahmen von Körperschaften nach der Neufassung von § 8b Abs. 1 KStG, GmbHR 2000, S. 957-964.

Eilers, S./Wienands, H.-G., Gestaltungsüberlegungen zur Strukturierung von Unternehmenskäufen nach der BFH-Entscheidung vom 27. 3. 1996 – I R 89/95, GmbHR 1997, S. 577-581.

Eisolt, D./Wickinger, S., Veräußerung von einbringungsgeborenen Anteilen nach der Neuregelung des § 8b Abs. 4 KStG-StSenkG, BB 2001, S. 229-234.

Ellison, M., LMBOs with tax inducement – French style, Accountancy Jan 1986, S. 76-79.

Emmerich, V., Kartellrecht, 8. Auflage, München 1999.

Endres, D., Kombinations-, Mitunternehmerschafts- und Umwandlungsmodell im Vergleich, in: Schaumburg, H. (Hrsg.), Unternehmenskauf im Steuerrecht, 2. Auflage, Stuttgart 2000, S. 197-232.

Engelmeyer, C., Die Wirtschaftsprüfer im Rahmen der Verschmelzungs- und Spaltungsprüfung, Wpg 1996, S. 732-737.

Erle, B./Sauter, T. (Hrsg.), Reform der Unternehmensbesteuerung. Kommentar zum Steuersenkungsgesetz mit Checklisten und Materialien, Köln 2000 [zit. Erle/Sauter-Bearbeiter, Reform der Unternehmensbesteuerung, 2000, S.].

Erman, Bürgerliches Gesetzbuch – Handkommentar, hrsg. von Westermann, H. P., Band 1, 10. Auflage, Köln 2000 [zit. Erman-Bearbeiter, § Rn.].

Euler, W., Gemeiner Wert und Teilwert, in: Raupach, A. (Hrsg.), Werte und Werterмittlung im Steuerrecht, Köln 1984, S. 155-168.

Fahrholz ,B., Neue Formen der Unternehmensfinanzierung, München 1998.

Fanselow, K.-H., Management-Buy-Out – ein Weg in die Selbständigkeit, ZfK 1987, S. 696-700.

Flume, W., Der Gesellschafter und das Vermögen der Kapitalgesellschaft und die Problematik der verdeckten Gewinnausschüttung, ZHR 144 (1980), S. 18-33.

Förster, G., Steuerliche Folgen der Umwandlung einer Kapitalgesellschaft in ein Personenunternehmen nach neuem Recht, FR 2000, S. 1189-1199.

Forst, M., Management Buy-out und Buy-in als Form der Übernahme mittelständischer Unternehmen, Stuttgart 1992.

Fox, T./Hüttche, T./Lechner, F., Mitarbeiterbeteiligung an der GmbH – Aktuelle Entwicklung, steuerliche Aspekte, Gestaltungsmöglichkeiten, GmbHR 2000, S. 521-534.

Franke, G./Hax, H., Finanzwirtschaft des Unternehmens und Kapitalmarkt, 3. Auflage, Berlin/Heidelberg 1994.

Freiman, H. A., Understanding the Economics of Leveraged ESOPs, Financial Analysts Journal 1990, S. 51-55.

Freshfields Bruckhaus Deringer, Unternehmenssteuerreform, NJW-Beilage 51/2000, S. 1-53.

Frommann, H., Beteiligungskapital und Management-Buy-Out, ZfK 1993, S. 444-446.

Früh, A., Kreditsicherung und Mithaftung bei Krediten an Konzernunternehmen, GmbHR 2000, S. 105-110.

Füger, R./Rieger, N., Die fehlgeschlagene Verschärfung des § 3c EStG oder "Die wundersamen Fiktionen des § 8b Abs. 7 KStG", IStR 1999, S. 257-260.

Füger, R./Rieger, N., Das Gesetz zur Fortsetzung der Unternehmenssteuerreform, DStR 1997, S. 1427-1440.

Garthe, E. C., Management Buyout (MBO) Finanzierung, in: Institute for International Research (Hrsg.), Dokumentation zum "Management Buy-Out Seminar", Frankfurt a.M. 1989.

Geßler, E./Hefermehl, W./Eckhardt, U./Kropff, B., Aktiengesetz Kommentar, Band 1, München 1984 [zit. Geßler/Hefermehl/Eckhardt/Kropff-Bearbeiter, AktG, § Rn.].

Göz, P./Ehlich, J., Die Haftung von Gesellschafter und Geschäftsführer bei Verwendung eines GmbH-Mantels, ZIP 1999, S. 1653-1662.

Goltz, H.-W., Vertragsgestaltung: Risiken meiden und Chancen nutzen, in: Lütjen, G. (Hrsg.), Management Buy-Out – Firmenübernahme durch Management und Belegschaft, Frankfurt a.M./Wiesbaden 1992, S. 145-168.

Gondesen, H., Rechtliche Aspekte des Management Buy-Out, WM 1989, S. 201-209.

Goutier, K., § 8 Nr. 10 GewStG n. F. und die gewerbesteuerliche Organschaft, DB 1989, S. 244-246.

Graebner, U. A. C., Die Auseinandersetzung um Leveraged Buyouts, Frankfurt a.M. 1991.

Gräper, M., Management Buy Out. Eine empirische Analyse zur deutschen Entwicklung bis 1990, Kiel 1993.

Gronstedt, S./Jörgens, S., Die Gewährleistungshaftung bei Unternehmensverkäufen nach dem neuen Schuldrecht, ZIP 2002, S. 52-65.

Groß, W./Sonnenhol, J., Besicherung von Krediten an Konzernunternehmen, GmbHR 1995, S. 561-564.

Grotherr, S., Das neue Körperschaftsteuersystem mit Anteilseignerentlastung bei der Besteuerung von Einkünften aus Beteiligungen, BB 2000, S. 849-861.

Haarmann, W. (Leitung), Podiumsdiskussion auf der Steuerfachtagung am 22. September 1999, Wpg 2000, S. 78-88.

Haarmann, W., Steuerliche Folgen des grenzüberschreitenden Erwerbs oder Zusammenschlusses von Unternehmen, in: International Fiscal Association (Hrsg.), Tax consequences of international acquisitions and business combinations, Cahiers de droit fiscal international, Volume LXXVIIb, Deventer/Boston 1992, S. 297-319.

Hachenburg, Gesetz betreffend die Gesellschaften mit beschränkter Haftung (GmbHG), Großkommentar, hrsg. von Ulmer, P., 8. Auflage, Band 1, Berlin 1992 [zit. Hachenburg-Bearbeiter, GmbHG, Bd., § Rn.].

Häuselmann, H., Wertpapier-Darlehen in der Steuerbilanz, DB 2000, S. 495-497.

Haley, C. W./Schall, L. D., The theory of financial decisions, 2. Auflage, New York 1979.

Hannemann, S., Down-Stream Merger einer Kapitalgesellschaft auf eine Personengesellschaft, DB 2000, S. 2497-2500.

Harbers, N., Zivilrechtliche Probleme beim Management Buy-Out, München 1992.

Hardenberg, Colin Graf von, Die Bereitstellung von venture capital durch Großunternehmen: Ein Mittel zur Sicherung und Aufdeckung ihrer Entwicklungsmöglichkeiten, Göttingen 1989.

Haritz, D., Unternehmenssteuerreform 2001: Begünstigte Veräußerungsgewinne bei einbringungsgeborenen Anteilen, DStR 2000, S. 1537-1546.

Haritz, D./Benkert, M., Umwandlungssteuerrecht, 2. Auflage, München 2000 [zit. Haritz/Benkert-Bearbeiter, Umwandlungssteuerrecht, § Rn.].

Haritz, D./Slabon, G., Unternehmenssteuerreform: Übergangsregelungen bis in das Jahr 2002, GmbHR 2000, S. 593-595.

Haritz, D./Wisniewski, T., Das Umwandlungssteuerrecht nach Verabschiedung der Unternehmenssteuerreform, GmbHR 2000, S. 789-796.

Haritz, D./Wisniewski, T., Das Ende des Umwandlungsmodells – Erste Anmerkungen zu umwandlungssteuerlichen Aspekten der geplanten Unternehmenssteuerreform, GmbHR 2000, S. 161-165.

Haufe (Hrsg.), Steueroffice, Unternehmenssteuerreform 2001.

Hauschka, C. E., Wirtschaftliche, arbeits- und gesellschaftsrechtliche Aspekte des Management Buy-Out, BB 1987, 2169-2178.

Hauschka, C. E./Roth, G. H., Übernahmeangebote und deren Abwehr im deutschen Recht – Zugleich ein Beitrag zur internationalen Standortbestimmung des deutschen Aktienrechts, AG 1988, S. 181-196.

Heckschen, H., Verschmelzung von Kapitalgesellschaften, Stuttgart 1989.

Heidemann, K., Das Verhältnis zwischen Management und Aktionären beim Management Buy Out in den USA und Deutschland – unter besonderer Berücksichtigung der Treuepflichten des Managements, Frankfurt a.M. u.a. 1994.

Heine, K., Das Jahressteuergesetz 1997 und die Grunderwerbsteuer, UVR 1996, S. 387-389.

Helbling, C., Unternehmensbewertung und Steuern, 7. Auflage, Düsseldorf 1993.

Herden, R. W./Ficke, R., Im Jahr 2000 erneut Rekordvolumen bei Unternehmenstransaktionen, M&A Review 2/2001, S. 59-62.

Herfort, C., Besteuerung von Management-Buy-Outs in der Bundesrepublik Deutschland, Baden-Baden 1991.

Herrmann, C./Heuer, G./Raupach, A., Einkommensteuer- und Körperschaftsteuergesetz - Kommentar, Loseblattsammlung, 20. Auflage Köln 1992: Band 4 (Stand: 191. EL/Januar 1998); Band 17 (Stand: 197. EL/Oktober 1999) [zit. Herrmann/Heuer/Raupach, EStG/KStG, Bd., § Rn.].

Herz, R. H./Abahoonie, E. J., Divestiture alternatives for minimizing taxes, M & A 1988, S. 43-48.

Herzig, N., Gestaltung steuerorientierter Umstrukturierungen im Konzern, DB 2000, 2236-2245.

Herzig, N., Umwandlungsmodell beim Kauf von Anteilen an Kapitalgesellschaften, in: Schaumburg, H. (Hrsg.), Unternehmenskauf im Steuerrecht, 2. Auflage, Stuttgart 2000, S. 163-195.

Herzig, N./Rieck, U./Gehring, N., Vermeidung steuerpflichtiger Zuschreibungen bei Beteiligungen an Kapitalgesellschaften, BB 1999, S. 575-579.

Herzig, N., Steuerorientierte Grundmodelle des Unternehmenskaufs, DB 1990, S. 133-138.

Herzig, N. / Hötzel, O., Ausschüttungsbedingte Teilwertabschreibungen – Zugleich eine kritische Auseinandersetzung mit § 26 Abs. 8 KStG und § 8 Nr. 10 GewStG, DB 1988, S. 2265-2272.

Herzig, N., Anteilsrotation vor Liquidation einer Kapitalgesellschaft, DB 1980, S. 1605-1611.

Heß, B., Das neue Schuldrecht – In-Kraft-Treten und Übergangsregelungen, NJW 2002, S. 253-260.

Hild, D., Report zum Steuersenkungsgesetz, BB 2000, S. 1656-1657.

Hirte, H., Kapitalgesellschaftsrecht, 2. Auflage, Köln 1999.

Hirte, H., Die Behandlung unbegründeter oder mißbräuchlicher Gesellschafterklagen im Referentenentwurf eines Umwandlungsgesetzes, DB 1993, S. 77-80.

Hirte, H., Zivil- und kartellrechtliche Schranken für Wettbewerbsverbote im Zusammenhang mit Unternehmensveräußerungen, ZHR 154 (1990), S. 443-469.

Hitschler, W., Leveraged (Management-) Buyouts – Bestimmungsfaktoren, Finanzierung und rechtliche Gestaltungsmöglichkeiten in der BRD, BB 1990, 1877-1883 [zit. Hitschler, W., L(M)BOs, Bestimmungsfaktoren, Finanzierung und rechtliche Gestaltungsmöglichkeiten in der BRD, BB 1990, S.].

Hörger, H., Neue Tendenzen zur steuerorientierten Kaufpreisaufteilung beim Kauf von Wirtschaftsgütern und Anteilen an Personengesellschaften, in: Schaumburg, H. (Hrsg.), Unternehmenskauf im Steuerrecht, 2. Auflage, Stuttgart 2000, S. 141-161.

Hörger, H./Scheipers, T., Steuersenkungsgesetz: Einschränkung der Steuerfreiheit für Veräußerungsgewinne gem. § 8b Abs. 2 KStG durch § 8b Abs. 4 KStG, DB 2000, S. 1988-1990.

Hörger, H./Stobbe, T., Die Zuordnung stiller Reserven beim Ausscheiden eines Gesellschafters einer Personengesellschaft – Modifizierte Stufentheorie -, DStR 1991, S. 1230-1235.

Hötzel, O., Unternehmenskauf und Steuern, Düsseldorf 1997.

Hoffmann, P./Ramke, R., Management Buy-Out in der Bundesrepublik Deutschland – Anspruch, Realität und Perspektiven, 2. Auflage, Berlin 1992.

Holzapfel, H.-J. / Pöllath, R., Unternehmenskauf in Recht und Praxis, 9. Auflage, Köln 2000.

Hommel, M./Braun, I./Schmotz, T., Neue Wege in der Unternehmensbewertung? – Kritische Würdigung des neuen IDW-Standards (IDW S 1) zur Unternehmensbewertung -, DB 2001, S. 341-347.

Honert, J., Der deutsche Management Buy-Out – Bedingungen, Methodik und rechtliche Besonderheiten im Vergleich zu einem herkömmlichen Unternehmenskauf unter besonderer Berücksichtigung des GmbH-Rechts, Diss. Bremen 1995.

Hüffer, U., Aktiengesetz Kommentar, 4. Auflage, München 1999 [zit. Hüffer, AktG, § Rn.].

Hunschka, A., Die Anwendung der § 30 Abs. 1, 31 GmbHG auf Zahlungen der GmbH & Co. KG an ihre Kommanditisten, GmbHR 1973, S. 257-263.

Hunt, J./Lees, S./Grumbar, J./Vivian, P. D., Acquisitions – The Human Factor, London 1987.

Institut der Wirtschaftsprüfer (Hrsg.), Wirtschaftsprüfer-Handbuch 1998 – Handbuch für Rechnungslegung, Prüfung und Beratung, Band II, 11. Auflage, Düsseldorf 1998.

Jacoby, S., Erfolgsfaktoren von Management Buyouts in Deutschland, Diss. Lohmar u. a. 2000.

Jansen, A., Desinvestitionen, Frankfurt a.M. 1986.

Jauernig, Bürgerliches Gesetzbuch, 9. Auflage, München 1999 [zit. Jauernig-Bearbeiter, BGB, § Rn.].

Jennissen, T., Das Kombinationsmodell als Gestaltungsalternative beim Kauf von Anteilen an Kapitalgesellschaften im Privatvermögen, DStR 1994, S. 347-352.

Jensen, M. C., Agency Costs of Free Cash Flow, Corporate Finance and Takeovers American Economic Review, Vol. 76, 1986, S. 323-328.

Jensen, M.C./Ruback, R.S., The Market for Corporate Control: The Scientific Evidence, JFE, Vol. 11, 1983, S. 5-51.

Jung, W., Praxis des Unternehmenskaufs, Stuttgart 1993.

Kallmeyer, H., Umwandlungsgesetz, Köln 1997 [zit. Kallmeyer-Bearbeiter, Umwandlungsgesetz, § Rn.].

Kamien, M. I./Schwartz, N. L., Market structure and innovation, Cambridge 1982.

Karsunky, R., Entwicklung eines funktionenorientierten "Leveraged Management Buy-Out" – Modells und Beurteilung seiner Strukturierungs- und Finanzierungsalternativen in der Bundesrepublik Deutschland, Großbritannien und Frankreich, Diss. Frankfurt a.M. 1992.

Kessel, B., Leveraged Buy-out der Aktiengesellschaft, Diss. Frankfurt a. M. 1998.

Kessler, W./Schmidt, W., Steuersenkungsgesetz: Umwandlung von Kapital- in Personengesellschaften – Vergleich der derzeitigen und zukünftigen Steuerwirkungen im Gründerfall, DB 2000, S. 2032-2038.

Kessler, W./Schmidt, W., Steuersenkungsgesetz: Umwandlung von Kapital- in Personengesellschaften – Vergleich der derzeitigen und zukünftigen Steuerwirkungen im Erwerberfall, DB 2000, S. 2088-2094.

Kirchhof, P. (Hrsg.), EStG KompaktKommentar, Heidelberg 2001 [zit. Kirchhof-Bearbeiter, EStG KompaktKommentar, § Rn.].

Kirchmann, J. H. von, Die Wertlosigkeit der Jurisprudenz als Wissenschaft, hrsg. von Klenner, H., Freiburg/Berlin 1990.

Kitzes, J. A./Lamb, D. H., Tax and Accounting Considerations, in: Diamond, S. C. (Hrsg.), Leveraged Buyouts, Homewood/Illinois 1985.

Kleffner, T., Erhaltung des Stammkapitals und Haftung nach §§ 30, 31 GmbHG, Berlin 1994.

Klein, F., Abgabenordnung Kommentar, 7. Auflage, München 2000 [zit. Klein-Bearbeiter, AO Kommentar, § Rn.].

Koch, K./Scholz, R.-D., Abgabenordnung Kommentar, 5. Auflage, Köln u. a. 1996 [zit. Koch/Scholz-Bearbeiter, AO Kommentar, § Rn.].

Koenen, S./Gohr, M, Asset deal, share deal oder Kombinationsmodell – Anwendungsvoraussetzungen und ertragsteuerliche Effekte der Übernahme von Kapitalgesellschaften, DB 1993, 2541-2549.

Köster, B.-K., StSenkG: Befreiung innerkonzernlicher Beteiligungserträge – Dividenden und Veräußerungsgewinne, Abzugsbegrenzungen, FR 2000, S. 1263-1269.

Kohlmann, U., Die strafrechtliche Verantwortung des GmbH-Geschäftsführers, München 1990.

Kokalj, L./Hüfner, P., Management-Buy-out/Buy-in als Übernahmestrategie ostdeutscher Unternehmen, Stuttgart 1994.

Koppensteiner, H.-G., GmbH-rechtliche Probleme des Management Buy-Out, ZHR 155 (1991), S. 97-119.

Kort, M., Der Maßgeblichkeitsgrundsatz des § 5 Abs. 1 EStG – Plädoyer für dessen Aufgabe, FR 2001, S. 53-62.

Krause, G., Die geltende Auslegung des steuerlichen Teilwertbegriffs – die Tabuisierung einer Legaldefinition, Inf 1984, S. 293-298.

Kreisch, B./Kahl, I., § 27 Abs. 1a Satz 2 UmwStG n. F. – Rechtsunsicherheit durch eine "zeitliche Anwendungsregel", DB 2001, S. 727-730.

Krieger, I. (Hrsg.), Management Buy-outs, London u.a. 1990.

Kröner, M., Ausweitung der Besteuerung privater Veräußerungsgewinne bei Beteiligungen an Kapitalgesellschaften, StbJb 1997/98, S. 193-228.

Kropp, M., Management Buy-Outs und die Theorie der Unternehmung, Wiesbaden 1992.

Kühbacher, U., Darlehen an Konzernunternehmen – Besicherung und Vertragsanpassung, Diss. Berlin 1993.

Kütting, K./Kessler, H., Teilwertabschreibungen auf Beteiligungen unter besonderer Berücksichtigung der höchstrichterlichen Rechtsprechung, GmbHR 1995, S. 345-356.

Kugler, S., Die Anteilsbewertung beim Management Buyout, Aachen 1998, zugl.: Diss. Konstanz, Univ.1996.

Kupsch, P., Zur Problematik der Ermittlung von Anschaffungskosten, StbJb 1989/90, S. 93-127.

Kußmaul, H./Klein, N., Überlegungen zum Maßgeblichkeitsprinzip im Kontext jüngerer nationaler wie internationaler Entwicklungen, DStR 2001, S. 546-550.

Lamparter, D. H., Den Löwen gepackt, Management Wissen 1989, S. 20-26.

Lang, J., Die Unternehmenssteuerreform – eine Reform pro GmbH, GmbHR 2000, S. 453-462.

Larenz, K., Methodenlehre der Rechtswissenschaft, 6. Auflage, Berlin u. a. 1991.

Larenz, K./Canaris, C.-W., Lehrbuch des Schuldrechts Besonderer Teil, Band II/2, 13. Auflage, München 1994.

Larenz, K./Wolf, M., Allgemeiner Teil des Bürgerlichen Rechts, 8. Auflage, München 1997.

Laub, J. C., Management Buy-outs und management Buy-ins in den neuen Bundesländern, Diss. St. Gallen/Wiesbaden 1995.

Lerbinger, P., Unternehmensakquisition durch Leveraged Buy Out, in: Die Bank, 1986, S. 133-142.

Lishaut, I. van, Die Reform der Unternehmensbesteuerung aus Gesellschaftersicht, StuW 2000, S. 182-196.

Lishaut, I. van/Förster, G., Steuersenkungsgesetz: Anteilsveräußerungen im neuen Recht, GmbHR 2000, S. 1121-1128.

Littmann, E./Bitz, H./Pust, H., Das Einkommensteuerrecht, Kommentar, Band 1 (§§ 1-5a); Band 2 (§§ 6-12); Band 3 (§§ 13-17), 15. Auflage, Stuttgart 1988, Loseblattsammlung, Stand:47. EL/April 2001 [zit. Littmann/Bitz/Pust-Bearbeiter, Das Einkommensteuerrecht, Bd. § Rn.].

Löhr, D., Bewertungen von Kapitalgesellschaften mit dem Zukunftserfolgswert – Auswirkungen des Steuersenkungsgesetzes, BB 2001, S. 351-357.

Lorenz, S./Riehm, T., Lehrbuch zum neuen Schuldrecht, München 2002.

Loritz, K.-G., Rechtsfragen der notariellen Beurkundung bei Verkauf und Abtretung von GmbH-Geschäftsanteilen, DNotZ 2000, S. 90-109.

Loritz, K.-G., Das Recht des GmbH-Gesellschafters auf anteiligen Dividendenbezug nach Anteilsübertragung, DStR 1998, S. 84-88.

Loritz, K.-G., Ausgewählte Rechtsfragen bei der Übertragung und Teilung von GmbH-Anteilen, in: Festschrift für Helmut Schippel, hrsg. von der Bundesnotarkammer, München 1996, S. 437-454.

Loritz, K.-G./Wagner, K.-R., Konzeptionshandbuch der steuerorientierten Kapitalanlage, Band 2 (Gesellschafterliche Beteiligungen), München 1995.

Loritz, K.-G., Einkommensteuerrecht, Heidelberg 1988.

Lowenstein, L., Management Buyouts, Columbia Law Review, 1985, S. 730-784 (wiederabgedruckt in: Wright, M. (Hrsg.), Management Buy-outs, Aldershot u. a. 1994, S. 11-65).

Lütjen, G., Die Verhandlung mit dem Verkäufer – nicht nur der Preis ist entscheidend, in: Lütjen, G. (Hrsg.), Management Buy-Out, Firmenübernahme durch Management und Belegschaft, Frankfurt a.M./Wiesbaden 1992, S. 135-143.

Luippold, T. L., Management Buy-Outs – Evaluation ihrer Einsatzmöglichkeiten in Deutschland, 2. Auflage, Bern/Stuttgart 1992.

Lutter, M./Hommelhoff, P., GmbH-Gesetz, Kommentar, 15. Auflage, Köln 2000 [zit. Lutter/Hommelhoff, GmbHG, § Rn.].

Lutter, M. (Hrsg.), Umwandlungsgesetz – Kommentar, Band I, 2. Auflage, Köln 2000 [zit. Lutter-Bearbeiter, UmwG, § Rn.].

Lutter, M./Assmann, H.-D. (Hrsg.), Handbuch der Konzernfinanzierung, Köln 1998.

Lutter, M. / Wahlers, H. W., Der Buyout: Amerikanische Fälle und die Regeln des deutschen Rechts, AG 1989, 1-17.

Martens, K.-P., Kontinuität und Diskontinuität im Verschmelzungsrecht der Aktiengesellschaft, AG 1986, S. 57-67.

Martin, A., Management Buy Out, WiSt 1988, S. 247-249.

Maselli, A., Spin-offs zur Durchführung von Innovationen – Eine Analyse aus institutionenökonomischer Sicht, Diss. Wiesbaden 1997.

Mathiak, W., Anschaffungs- und Herstellungskosten, in: Raupach, A. (Hrsg.), Werte und Wertermittlung im Steuerrecht, Köln 1984, S. 97-140.

Matuschka, Graf A., Konzern-Spin-Off, in: HB/BDU/AGP (Hrsg.), Dokumentation zum MBO-Kongreß, Neuss 1988, S. 117-121.

Matzen, T. U. C./Krenz, T. U., Leverage- und Management-Buy-outs als Option der strategischen Konzernplanung, in: Riekhof, H.-C. (Hrsg.), Strategieentwicklung – Konzepte und Erfahrungen, Stuttgart 1989, S. 451-469.

Melchior, J., Übersicht über die Änderungen durch das Gesetz zur Fortentwicklung des Unternehmenssteuerrechts (Unternehmenssteuerfortentwicklungsgesetz), DStR 2002, S. 1-10.

Menke, U., Der Management Buy-Out als Konzept der Unternehmensübernahme unter besonderer Berücksichtigung rechtlicher und steuerlicher Gestaltungsmöglichkeiten, Diss. Würzburg 1993.

Menth, P., Privatisierung durch Management-Buy-out in den neuen Bundesländern, Diplomarbeit, München 1997.

Meister, B. W., Die Sicherheitsleistung der GmbH für Gesellschafterverbindlichkeiten, WM 1980, S. 390-401.

Meyer-Landrut, A./Kiem, K., Der Formwechsel einer Publikumsaktiengesellschaft – Erste Erfahrungen aus der Praxis -, WM 1997, S. 1361-1373.

Michalski, L., Abwehrmechanismen gegen unfreundliche Übernahmeangebote („unfriendly takeovers“) nach deutschem Aktienrecht, AG 1997, S. 152-163.

Möller, W.-P., Der Erfolg von Unternehmenszusammenschlüssen – Eine empirische Untersuchung, München 1983.

Mösbauer, H., Die Steuerhaftung bei Unternehmensveräußerung, BB 1990 Beilage 3 zu Heft 4/90, S. 1-12.

Mülbert, P. O., Aktiengesellschaft, Unternehmensgruppe und Kapitalmarkt, 2. Auflage, München 1996.

Mülbert, P. O., Sicherheiten einer Kapitalgesellschaft für Verbindlichkeiten ihres Gesellschafters, ZGR 1995, S. 578-612.

Müller, K. J., Darlehensgewährung der GmbH an ihren Gesellschafter, BB 1998, S. 1804-1807.

Müller-Christmann, B./Schnauder, F., Durchblick: Zum strafrechtlichen Schutz des Gesellschaftsvermögens, JuS 1998, S. 1080-1085.

Müller-Dott, J. P., Die ausschüttungsbedingte Teilwertabschreibung nach § 28 Abs. 8 KStG, GmbHR 1990, S. 269-276.

Müller-Gatermann, G., Grundentscheidungen der Unternehmenssteuerreform, Entlastungswirkungen und Gegenfinanzierungsmaßnahmen, GmbHR 2000, S. 650-657.

Münchener Kommentar zum Bürgerlichen Gesetzbuch, Band 1 (Allgemeiner Teil), 3. Auflage, München 1993; Band 3 (Schuldrecht Besonderer Teil I), 3. Auflage, München 1995; Band 4 (Schuldrecht Besonderer Teil II), 3. Auflage, München 1997; Band 5 (Schuldrecht Besonderer Teil III), 3. Auflage, München 1997; Band 6 (Sachenrecht), 3. Auflage, München 1997 [zit. MünchKomm-Bearbeiter, BGB, Bd., § Rn.].

Münchener Kommentar zum Handelsgesetzbuch, hrsg. von Schmidt, K., Band 1, München 1996 [zit. MünchKomm-Bearbeiter, § Rn.].

Nadig, L., Spin Offs mittels Management Buyout, Diss. Bern u.a. 1992.

Nemec, E., Management Buy-Outs als innovative Form der Firmenübernahme, Wien 1991.

Niemann, W., Top oder Flop – Zur Bedeutung des Ratings für die Kreditvergabe an Unternehmen, DStR 8/2001 (Der Kommentar).

Nölkel, D., Besonderheiten bei der Durchführung von MBOs in den neuen Bundesländern, DStR 1994, S. 761-767.

Nolte, K. H., Zum Problemkreis: Besteuerung bei Interessengleichlauf, DB 1981, S. 908-913.

Oppenhoff & Rädler/Linklaters & Alliance (Hrsg.), Reform der Unternehmensbesteuerung – Steuersenkungsgesetz, Stuttgart 2000 [zit. Oppenhoff & Rädler-Bearbeiter, Unternehmensbesteuerung, 2000, S.].

Opermann, T., Europarecht, 2. Auflage, München 1999.

Ordelheide, D., Zu den Anschaffungsnebenkosten nach Handels- und Steuerrecht, in: Carle, D. (Hrsg.), Herausforderungen – Steuerberatung im Spannungsfeld der Teilrechtsordnung, Festgabe für Günther Felix zum 60. Geburtstag, Köln 1989, S. 223-237.

Ormerod, J./Burns, I., Raising Venture Capital in the UK, London/Edinburgh 1988.

Orth, M., Steuersenkungsgesetz: Umstellung des Wirtschaftsjahres als Gestaltungsmöglichkeit, DB 2000, S. 2136-2140.

Otto, H.-J., Buy-Out-Gestaltungen bei Konzern-spin offs mittels umgekehrtem Kombinationsmodell, AG 1999, S. 173-177.

Otto, H.-J., Management Buy-Out, in: Assmann, H.-D./Schütze, R. A. (Hrsg.), Handbuch des Kapitalanlagerechts, 2. Auflage, München 1997, § 26, S. 1079-1130 [zit. Otto, H.-J., MBO, 1997, § 26 Rdnr.].

Otto, H.-J., Buy-Out Finanzierungen: Neue Akquisitionsstrukturen nach neuem Umwandlungsrecht, DB 1994, 2121-2124.

Otto, H.-J., Übernahmeversuche bei Aktiengesellschaften und Strategien der Abwehr, DB 1988 Beilage 12/1988, S. 1-12.

Pache, S. Die Neuregelung der körperschaftsteuerlichen und gewerbesteuerlichen Organschaft nach dem Steuersenkungsgesetz, GmbHR 2000, S. 764-767.

Pache, S., Die Auswirkungen der Neuregelung der körperschaftsteuerlichen und gewerbesteuerlichen Organschaft im Rahmen des Gesetzentwurfs eines "StSenkG", GmbHR 2000, S. 317-321.

Pache, S., Der Tatbestand der wirtschaftlichen Eingliederung im Ertragsteuer- und im Umsatzsteuerrecht unter besonderer Berücksichtigung der Fallgruppen der Betriebsaufspaltungen und der Holdinggesellschaften, GmbHR 1997, S. 926-935.

Palandt, Bürgerliches Gesetzbuch, 60. Auflage, München 2001 [zit. Palandt-Bearbeiter, BGB, § Rn.].

Peltzer, M., Besicherte Darlehen von Dritten an Konzerngesellschaften und Kapitalerhaltungsvorschriften, GmbHR 1995, S. 15-23.

Peltzer, M./Bell, M., Besicherung von Gesellschafterkrediten mit dem GmbH-Vermögen?, ZIP 1993, S. 1757-1765.

Peltzer, M., Rechtliche Problematik der Finanzierung des Unternehmenskaufs beim MBO, DB 1987, S. 973-978 [zit. Peltzer, M., Finanzierung/MBO, DB 1987, S.].

Perridon, L./Steiner, M., Finanzwirtschaft der Unternehmung, 10 Auflage, München 1999.

Picot, G. (Hrsg.), Unternehmenskauf und Restrukturierung, 2. Auflage, München 1998.

Piltz, D. J., Teilwertabschreibungen auf Beteiligungen an Kapitalgesellschaften, in: Institut "Finanzen und Steuern" e.V. (Hrsg.), Heft 123, Bonn 1985.

Pöllath, R./Wenzel, B., Gewerbesteuerliche Teilwertabschreibungen bei Organschaften?, DB 1989, S. 797-798.

Pohlmann, P., GmbH-Anteilskauf: Formzwang für Nebenabreden und Vertragsübernahme; Heilung bei Veräußerungskette – Zugleich Besprechung von BGH v. 27.6.2001 – VIII ZR 329/99, GmbHR 2001, 815 -, GmbHR 2002, S. 41-47.

Porter, M. E., From competitive advantage to corporate strategy, in: The McKinsey Quarterly, Spring1988, S. 35-49.

Posner, D., Der Erwerb eigener Aktien in der US-amerikanischen Unternehmenspraxis, AG 1994, 312-320.

PWC Deutsche Revision/Pricewaterhouse Coopers, Steuer Briefe, hrsg. vom Präsidium des Bundes der Steuerzahler e. V., Freiburg 2000 [zit. PWC, Steuer Briefe, 2000, S.].

Prinz, U., Steuerorientierte Kaufpreisfinanzierung, in: Schaumburg, H. (Hrsg.), Unternehmenskauf im Steuerrecht, 2. Auflage, Stuttgart 2000, S. 233-281.

Prinz, U., Neues zur Gesellschafter-Fremdfinanzierung (§ 8a KStG) nach der Unternehmenssteuerreform 2001 – Bestandsaufnahme und Gestaltungsmöglichkeiten, FR 2000, S. 1061-1069.

Prinz, U., Unternehmenssteuerreform 2001: Organschaftsbesteuerung im Wandel, FR 2000, S. 1255-1262.

Prinz, U., Steuerentlastungsgesetz 1999/2000/2002 – Auswirkungen auf den Holdingstandort Deutschland, FR 1999, S. 356-362.

Pung, A., Steuersenkungsgesetz: Änderungen des UmwStG, DB 2000, S. 1835-1839.

Quick, R., Management Buy-Outs – Motive und Anforderungsprofil, in: Wirtschaftswissenschaftliches Studium 1991, S. 311-315.

Quillmann, W., Venture Capital in den USA und Deutschland, Die Bank 1987, S. 669-673.

Rädler, A. J. / Pöllath, R., Handbuch der Unternehmensakquisition, Frankfurt a.M. 1982.

Raiser, T., Konzernhaftung und Unterkapitalisierungshaftung, ZGR 1995, S. 156-169.

Raiser, T., Recht der Kapitalgesellschaften, 2. Auflage, München 1992.

Rhein, T., Der Interessenkonflikt der Manager beim Management Buy-out. Zugleich ein Beitrag zu den organschaftlichen Treuebindungen in GmbH und AG, München 1996.

Reiß, W., Umsatzsteuer und Grunderwerbsteuer beim Unternehmens(ver)kauf, in: Schaumburg, H. (Hrsg.), Unternehmenskauf im Steuerrecht, 2. Auflage, Stuttgart 2000, S. 283-322.

Rödder, T., Gestaltungsbeispiele für die Verbesserung des Steuerstatus des Unternehmensverkäufers, in: Schaumburg, H. (Hrsg.), Unternehmenskauf im Steuerrecht, 2. Auflage, Stuttgart 2000, S. 75-101.

Rödder, T., Unternehmenskauf und –verkauf nach der Unternehmenssteuerreform 2001, in: Schaumburg, H. (Hrsg.), Unternehmenskauf im Steuerrecht, 2. Auflage, Stuttgart 2000, S. 421-437.

Rödder, T., Fallstudie 2: Umwandlungsmodell nach dem Kauf von Kapitalgesellschaftsanteilen, in: Schaumburg, H. (Hrsg.), Unternehmenskauf im Steuerrecht, 2. Auflage, Stuttgart 2000, S. 495-522.

Rödder, T./Schumacher, A., Unternehmenssteuerreform 2001: Wesentliche Änderungen des Steuersenkungsgesetzes gegenüber dem Regierungsentwurf und Regeln zu seiner erstmaligen Anwendung, DStR 2000, S. 1453-1460.

Rödder, T./Schumacher, A., Unternehmenssteuerreform 2001 – Eine erste Analyse des Regierungsentwurfs aus Beratersicht, DStR 2000, S. 353-368.

Rödder, T./Wochinger, P., Besteuerung des down-stream merger, FR 1999, S. 1-14.

Rödder, T./Hötzel, O., Perspektiven für die steueroptimale Form des Unternehmenskaufs, FR 1994, S. 285-289.

Rödder, T., Gestaltungssuche im Ertragssteuerrecht, Wiesbaden 1991.

Röhricht, V./Westphalen, F. Graf von, Handelsgesetzbuch Kommentar, Köln 1998 [zit. Röhricht/Westphalen-Bearbeiter, HGB, § Rn.].

Röhrkasten, B., Die Rückzahlung des Stammkapitals, GmbHR 1974, S. 36-38.

Rösel, F., Grunderwerbsteuerfreie Übertragungen aller Anteile an einer Kapitalgesellschaft mit Grundbesitz zum Jahreswechsel 1999/2000, DStR 1999, S. 1844-1845

Rolfes, B./Emse, C., Interne Rating-Verfahren zur Bonitätsklassifizierung, DStR 2001, S. 316-324.

Roos, R./Annuß, M., Steuerliche Gestaltung des Unternehmenskaufs durch das Mitunternehmerschaftsmodell – Eine Vorteilhaftigkeitsanalyse, DStR 2000, S. 954-959.

Roschmann, C., Haftungsklauseln in Unternehmenskaufverträgen, ZIP 1998, S. 1941-1950.

Ross, S. A./Westerfield, R. W./Jaffe, J., Corporate Finance, 6. Auflage, 2002.

Roth, G. H./Altmeppen, H., GmbHG, Kommentar, 3. Auflage, München 1997 [zit. Roth/Altmeppen-Bearbeiter, GmbHG, § Rn.].

Rowedder, H., GmbH-Gesetz, Kommentar, 3. Aufl., München 1997 [zit. Rowedder-Bearbeiter, GmbHG, § Rn.].

Säcker, F. J./Joost, D., Auswirkungen eines Betriebsübergangs auf Ruhestandsverhältnisse (I), DB 1978, S. 1030-1035 sowie Teil (II) S. 1078-1083.

Sagasser, B./Bula, T./Brünger, T. R., Umwandlungen / Verschmelzung – Spaltung – Formwechsel – Vermögensübertragung, 2. Auflage, München 2000 [zit. Sagasser/Bula/Brünger-Bearbeiter, Umwandlungen, Abschnitt Rn.].

Sauter, T./Heurung, R., Errichtung steuerlicher Organschaften aufgrund der Unternehmenssteuerreform, GmbHR 2001, S. 165-171.

Sauter, T./Heurung, R./Oblau, M., Anwendungs- und Zweifelsfragen zur Fortentwicklung des Unternehmenssteuerrechts, BB 2001, S. 2448-2451.

Schanz, G., Mitarbeiterbeteiligung in den Vereinigten Staaten von Amerika, Die Betriebswirtschaft 1987, S. 655-671.

Schiffers, J., Die Besteuerung der Kapitalgesellschaften und deren Anteilseigner nach dem Regierungsentwurf eines "StSenkG", GmbHR 2000, S. 205-214.

Schmidt, K., Handelsrecht, 5. Auflage, Köln u. a. 1999.

Schmidt, K., Gesellschaftsrecht, 3. Auflage, Köln u. a. 1997.

Schmidt, K., Die fehlerhafte Verschmelzung nach dem Aktiengesetz, AG 1991, S. 131-137.

Schmidt, K., Kapitalsicherung in der GmbH & Co. KG: Schlußbilanz oder Zwischenbilanz einer Rechtsfortbildung?, GmbHR 1989, S. 141-145.

Schmidt, L.(Hrsg.), EStG, 20. Auflage, München 2001 [zit. Schmidt-Bearbeiter, EStG, § Rn.].

Schneider, D., Investition, Finanzierung und Besteuerung, 7. Auflage, Wiesbaden 1992.

Schneider, U. H., "Kapitalmindernde Darlehen" der GmbH an ihre Gesellschafter – Zugleich ein Beitrag zu den rechtlichen Grenzen der Finanzierung des Leveraged/Management Buy out, in: Festschrift für G. Döllerer (Handelsrecht und Steuerrecht), hrsg. von Knobbe-Keuk, B./Klein, F./Moxter, A., Düsseldorf 1988, S. 537-551.

Schneider, U. H., Mittelbare verdeckte Gewinnausschüttungen im GmbH-Konzern, ZGR 1985, S. 279-306.

Schneider, U. H., Das Recht der Konzernfinanzierung, ZGR 1984, S. 497-537.

Schnelle, U., Haftung des Nur-Kommanditisten nach §§ 30, 31 GmbHG, GmbHR 1995, S. 853-857.

Schöll, W./Leopold, P./Madle, U./Rader, J., Abgabenordnung Praktikerkommentar, Loseblattsammlung, Stand: 52. EL (März 2001), München [zit. Schöll/Leopold/Madle/Rader, AO Praktikerkommentar, § Rn.].

Schön, W., Kreditbesicherung durch abhängige Kapitalgesellschaften, ZHR 159 (1995), S. 351-374.

Schönke, A./Schröder, H., Strafgesetzbuch Kommentar, 26. Auflage, München 2001 [zit. Schönke/Schröder-Bearbeiter, StGB, § Rn.].

Scholz, F., Kommentar zum GmbH-Gesetz, Band 1 (§§ 1-44, Konzernrecht), 9. Aufl., Köln 2000 [zit. Scholz-Bearbeiter, GmbHG, § Rn.].

Scholz, F., Kommentar zum GmbH-Gesetz, Band 2 (§§ 45-85), 8. Aufl., Köln 1993/95 [zit. Scholz-Bearbeiter, GmbHG, Bd. 2, § Rn.].

Schwarz, S., Die GmbH als Konzerntochtergesellschaft. Recht, Steuer, Betriebswirtschaft, Bielefeld 1988.

Schaumburg, H., Grundsätze des steuerorientierten Unternehmenskaufs und –verkaufs, in Schaumburg, H. (Hrsg.), Unternehmenskauf im Steuerrecht, 2. Auflage, Stuttgart 2000, S. 1-23.

Schwedhelm, R./Olbing, K./Binnewies, B., Gestaltungsüberlegungen zum Jahreswechsel 2000/2001 rund um die GmbH, S. 1173-1189.

Schwenkedel, S., Management Buyout – ein neues Geschäftsfeld für Banken, Wiesbaden 1991.

Schwien, B., Das Management-Buy-out-Konzept in der Bundesrepublik Deutschland - Ein Instrument zur Erhaltung und Schaffung mittelständischer Strukturen, insbesondere in den neuen Bundesländern, Frankfurt a.M. u. a. 1995.

Sieben, H./Sielaff, M. (Hrsg.), Unternehmensakquisition: Berichte des Arbeitskreises "Unternehmensakquisition", Stuttgart 1989.

Soergel, Bürgerliches Gesetzbuch, Band 1 (Allgemeiner Teil), 12. Auflage, Stuttgart u. a. 1987; Band 3 (Schuldrecht), 12. Auflage, Stuttgart u. a. 1991; Band 4/1 (Schuldrecht), Stuttgart u. a. 1997 [zit. Soergel-Bearbeiter, BGB, Bd., § Rn.].

Sonnenhol, J./Groß, W., Besicherung von Krediten Dritter an Konzernunternehmen, ZHR 159 (1995), S. 388-417.

Sonnenhol, J./Stützle, R., Bestellung von Sicherheiten durch eine GmbH und der Grundsatz der Erhaltung des Stammkapitals (§ 30 GmbHG), DB 1979, S. 925-929.

Stahl, M., Buyouts zur Privatisierung in den Transformationsländern Mittel- und Osteuropas - Eine Analyse im Lichte der Neuen Institutionenökonomik, Wiesbaden 1995.

Staudinger Kommentar zum Bürgerlichen Gesetzbuch, Zweites Buch – Recht der Schuldverhältnisse (§§ 433 – 534), 13. Auflage, Berlin 1995; (§§ 611 – 615), 13. Auflage, Berlin 1999 [zit. Staudinger-Bearbeiter, BGB, § Rn.].

Stegner, A./Heinz, C., Übernahmeverlust bei der Umwandlung einer Kapitalgesellschaft in ein Personenunternehmen, GmbHR 2001, S. 54-65.

Steuer-Akademie Knoll/Eisgruber, T. (Hrsg.), Unternehmenssteuerreform 2001 – Das Steuersenkungsgesetz (StSenkG), Kommentierte Ausgabe des Gesetzestextes, Band 1, München 2000.

Stimpel, W., Zum Auszahlungsverbot des § 30 Abs. 1 GmbHG: Die Befreiung vom handelsbilanziellen Denken und die Unzulässigkeit von Vermögenszuwendungen an Gesellschafter gegen hinausgeschobene schuldrechtliche Ausgleichsverpflichtungen, in: Festschrift 100 Jahre GmbHG, hrsg. von Lutter, M./Ulmer, P./Zöllner, W., Köln 1992, S. 335-361.

Stoll, J., Rechtliche Aspekte von "feindlichen" Übernahmen von Aktiengesellschaften, BB 1989, S. 301-304.

Sträter, U./Real, G. K. L., Vom steuerpflichtigen laufenden Gewinn zum steuerfreien Veräußerungsgewinn – Anwendungsmodell zur ausschüttungsbedingten Teilwertabschreibung, GmbHR 1996, S. 180-185.

Streck, M., Körperschaftsteuergesetz – Kommentar, 5. Auflage, München 1997.

Streck, M./Schwedhelm, R., Management Buy-Out und verdeckte Gewinnausschüttung, BB 1992, S. 792-795.

Streck, M., Die Steuerinteressen und Steuermodelle beim Unternehmenskauf, BB 1992, 685-690.

Thiel, J., Unternehmenssteuerreform: Auswirkungen auf das Umwandlungssteuerrecht – Geplante Änderungen und Ausblick, FR 2000, S. 493-500.

Thiel, J./Eversberg, H./Lishaut, I. van/Neumann, S., Der Umwandlungssteuer-Erlaß 1998, GmbHR 1998, S. 397-443.

Thömmes, O., Unvereinbarkeit des neuen § 8b Abs. 7 KStG mit der EG-Mutter-/Tochterrichtlinie, DB 1999, S. 500-503.

Thomas/Putzo, Zivilprozeßordnung, 22. Auflage, München 1999 [zit. Thomas/Putzo-Bearbeiter, § Rn.].

Thompson, R. S., Trends in Management Buy-Outs, in: De Caires, B. (Hrsg.), Management Buy-outs, London 1988, S. 5-25.

Tipke, K./Kruse, H.-W., Abgabenordnung – Finanzgerichtsordnung, Band 1, Loseblattsammlung, Stand: 93. EL (November 2000), Köln [zit. Tipke/Kruse, AO – FGO, Bd. 1, § Rn.].

Tipke, K./Lang, J., Steuerrecht, 16. Auflage, Köln 1998.

Tröndle/Fischer, Strafgesetzbuch und Nebengesetze, 49. Auflage, München 1999 [zit. Tröndle/Fischer-Bearbeiter, StGB, § Rn.].

Utescher, T./Blaufus, K., Unternehmenssteuerreform 2001: Begrenzung des Betriebsausgabenabzugs bei Beteiligungserträgen, DStR 2000, S. 1581-1586.

Vest, P., Der Verkauf von Konzernunternehmen durch MBO, Diss. Wiesbaden 1995.

Wächter, H./Koch, T., ESPOs – Nur Vorteile?, Zeitschrift für Betriebswirtschaft 1992, S. 293-296.

Wagner, K.-R., Management Buy Out – Führungskräftebeteiligung, Arbeitnehmerbeteiligung, Neuwied u. a. 1993.

Wassermeyer, F., Will Baden-Württemberg wirklich das Veranlassungsprinzip des deutschen Ertragsteuerrechts abschaffen?, DB 1998, S. 642-644.

Webb, I., Management Buy-Out. A guide for the prospective entrepreneur, Hants/Vermont 1985.

Weber, D., GmbH-rechtliche Probleme des Management Buy-Out, ZHR 155 (1991), 120-131.

Weber, K., Ausgewählte Zweifelsfragen zum Formwechsel einer Kapitalgesellschaft in eine Personengesellschaft (I), GmbHR 1996, S.261-275.

Werra, M., Unternehmenssteuerreform: Aspekte des nationalen und internationalen Konzernsteuerrechts, FR 2000, S. 645-650.

Westermann, H. P., Das neue Kaufrecht, NJW 2002, S. 241-253.

Westermann, H. P., EwiR BGH § 30 GmbHG 2/97.

Westphalen, F. Graf von, Ein Stein des Anstoßes: § 444 BGB n. F., ZIP 2001, S. 2107.

Widmann, S./Mayer, R., Umwandlungsrecht – Kommentar, Bände 2, 4 und 5, Loseblattsammlung Stand EL 57 (Dezember 2000) [zit. Widmann/Mayer, Umwandlungsrecht, Bd., § / UmwStG 1995 Kurzkommentierung Rn.].

Wiedemann, H., Gesellschaftsrecht. Ein Lehrbuch des Unternehmens- und Verbandsrechts, Band 1: Grundlagen, München 1980.

Wittkowski, L., Haftung und Haftungsvermeidung beim Management Buy-Out einer GmbH, GmbHR 1990, S. 544-552.

Wöhe, G., Einführung in die Allgemeine Betriebswirtschaftslehre, 19. Auflage, München 1996.

Wöhe, G./Döring, U., Einführung in die Allgemeine Betriebswirtschaftslehre, 20. Auflage, München 2000 [zit. Wöhe, G., Einführung in die Allgemeine Betriebswirtschaftslehre, 2000, S.].

Wright, M./Coyne, J./Mills, A., Management buy-outs, Cambridge/London 1987.

Zöllner, R., Zivilprozeßordnung, 21. Auflage, Köln 1999 [zit. Zöllner-Bearbeiter, ZPO, § Rn.].

Zöllner, W., Bemerkungen zu allgemeinen Fragen des Referentenentwurfs eines Umwandlungsgesetzes, ZGR 1993, S. 334-342.

Zöllner, W./Loritz, K.-G., Arbeitsrecht, 5. Auflage, München 1998.

Schriften zum Gesellschafts- und Kapitalmarktrecht

Herausgegeben von Lutz Michalski,
Axel Jäger und Klaus-Rudolf Wagner

Band 1 Volker Schulenburg: Bankenhaftung bei geschlossenen Immobilienfonds. Zugleich eine Untersuchung der Wissenszurechnung im Konzern. 2002.

Band 2 Jan Wittenberg: Der Bestandsschutz von Arbeitsverhältnissen im Umwandlungsrecht. 2002.

Band 3 Christian A. Eichner: Management-Buy-Out-Gestaltungen beim Konzern-Spin-Off. Unter besonderer Berücksichtigung der Unternehmenssteuerreform. 2002.

Erich Waclawik

Die Bedeutung des rechtsgeschäftlichen Willens und seiner Erklärung für die Geltung von Verträgen

Am Beispiel des Versuchs der Beschränkung der Irrtumsanfechtung

Frankfurt/M., Berlin, Bern, Bruxelles, New York, Oxford, Wien, 2001. IX, 88 S.
ISBN 3-631-38028-3 · br. € 23.-*

Die Erörterung der Bedeutung des rechtsgeschäftlichen Willens und seiner Erklärung für die Geltung von Verträgen blickt im deutschen Zivilrecht auf eine lange Geschichte zurück. Das BGB hat diese Grundfrage nicht ausdrücklich beantwortet; die Diskussion ist daher weiterhin in Bewegung. In neuerer Zeit wird hierbei die Auffassung vertreten, der Rechtsgeschäftslehre liege als Grundkonzept die Willenstheorie zu Grunde. Die Untersuchung geht der Berechtigung dieser These nach. Ihr Schwerpunkt bildet dabei die Erörterung einer Kontroverse, deren Entscheidung von der Richtigkeit dieser These abhängt: Die Einschränkung der Irrtumsanfechtung wegen ihrer Verwendung als „Reurecht". Die Untersuchung kommt zu dem Ergebnis, dass eine solche Einschränkung nicht notwendig, sondern im Gegenteil systemwidrig ist. Ferner wird nachgewiesen, dass der Rechtsgeschäftslehre kein ideologischer Ansatz zu Grunde liegt, auch nicht die Willenstheorie.

Aus dem Inhalt: Bisherige Begründung der Beschränkung der Irrtumsanfechtung · Das neue „Prinzip des Rechtsausschlusses" · Wege des geltenden Rechts zu dem durch den Irrtum verhinderten Vertrag · Erkenntnisse aus dem Streit um das „Reurecht" des Irrenden